JN146203

考古学リーダー25

北方世界と秋田城

小口　雅史 編

六一書房

本書のなりたち

本書は平成23年度～26年度科学研究費補助金（基盤研究（B）一般）採択「律令国家の北限支配からみた、津軽海峡を挟む古代北方世界の実態的研究」（研究代表者　小口雅史）にもとづいて、様々な形でなされてきた研究成果をまとめ、かつそれを広く学界や社会に対して還元すべくして企画された総括シンポジウム「北方世界と秋田城」（平成26年12月27日～28日 於：秋田市中央公民館サンパル秋田）においてなされた諸報告と、それを受けての討論をもとに編成している。

シンポジウム当日の構成は以下のようなものであった。

第一日目（12月27日）
第1部　秋田城総論
　基調報告「古代城柵秋田城の実態―その機能と役割―」伊藤武士
　「秋田城の歴史的展開」熊谷公男
　「出土文字資料からみた秋田城」小口雅史
　「城柵構造からみた秋田城」八木光則
第二日目（12月28日）
第2部　秋田城の北方支配の具体的展開
　「須恵器からみた古代の北海道と秋田」鈴木琢也
　「五所川原須恵器窯跡群の成立と北海道」中澤寛将
　「土製支脚からみる秋田城周辺地域と北海道の交流について」柏木大延
　「土器からみた地域間交流―秋田城・津軽・北海道―」齋藤淳
　「土器色の色調変化が示す元慶の乱後の米代川流域在地集落の動態」宇田川浩一
　「古代北海道の鉄器・鉄製品と秋田城」天野哲也
　「秋田城出土の羽釜から見る古代の東北と大陸」小嶋芳孝
　「渤海上京龍泉府」伊藤博幸
　「コメント」笹田朋孝

※紙上報告「城柵と北東北の鉄」高橋学
第３部　総括討論　司会：小口雅史・伊藤武士・八木光則

これらのうち、伊藤博幸報告は本来、北海道で出土した須恵器の科学分析結果をもとに、五所川原産須恵器以外の須恵器について、その出自が必ずしも明確になっていない現状を打開すべく、北海道出土須恵器の産地を考える（結果として交流範囲が推測可能になる）ことを予定していたが、研究期間内についに自然科学分析装置を北海道に持ち込むことができず、急遽、伊藤が現地調査で訪れた渤海上京龍泉府に関する紹介に振り替えた。そこで本書ではその掲載を割愛させていただいた。

また笹田によるコメントは、鉄器に関わる天野報告、小嶋報告、伊藤博幸報告について、北海道の鉄を専門に扱ってきた研究者としての立場からのものであった。本書では第３部総括討論のなかに、そのコメント内容を組み込んでいる。

それらをのぞく諸報告はすべて本書に収めたが、実際の報告内容をふまえて、また一書として読みやすくするために、シンポジウム当日とは一部排列を変え、タイトルも若干変更したものがある。

なお紙上報告となった高橋報告は、報告予定者のやむをえない事情で当日登壇できなかったもの[1)]。当日配布の資料をもとに本書で成文化され、城柵と北東北の鉄の関係を明らかにする一助にすることができた。

今回の科研費補助金による研究は、それに先行する平成20年度～22年度科学研究費補助金（基盤研究（B）一般）採択「交易と交流の深化と断絶過程からみた、津軽海峡を挟む古代北方世界の実態的研究」（研究代表者：小口雅史）の成果（津軽海峡を行き来した古代蝦夷の交流世界はどのようなものであったのか）[2)]を受けて、今度は律令国家の北方支配の最前線である秋田城に一つの焦点をあて、そこを基点として北方世界内部あるいは本州北部と北方世界との交流の実像を探ろうとしたものである。日本学術振興会への申請書には、その目的としておおよそ以下のようなことを記した。

律令国家の北の境界領域と、そのさらに外に広がる北方世界の実態は、かつて日本列島各地に存在した多様な文化相とその相互関係を、具体的に検討することが可能な貴重な舞台である。しかし残存するわずかな文献史料から得られる成果と一方での豊富な考古学的成果とのすりあわせ、あるいはその多岐にわたる考古学的成果同士のすりあわせが必ずしも十分に機能していないのではないか。また考古学的成果と文献史学の成果の協業が重要な意味をもつ出土文字資料の解釈についても一定していない。本研究では文献史学と考古学とのより緊密な協業によって、律令国家最北の支配拠点である秋田城の北方支配や北方世界との交流が、具体的にどのようなもので、それがどこまで及んだのか、またその一方で北方世界内部のみの、秋田城支配と関わらない交流がどのようなものであったのかを、時期による変化をも考慮しながら明らかにし、北方世界の具体像を詳細に描き出し、多様な日本像理解のための史資料を提供することを目的とする。

本シンポジウムは研究計画立案時に策定したこの課題にできるだけ迫るべく、助成期間の４年間に行われた成果を、まずはシンポジウムとして公表し、さらにそれらをあらためて再整理して、わかりやすい形に編成し直して公刊するものである。

本書を構成する各論考の内容をあらかじめここで紹介しておこう。第１部「秋田城総論―遺構と文字史資料からみた」からはじめる。

冒頭の伊藤武士「古代城柵秋田城の機能と特質」は、シンポジウムにおいては基調報告として位置づけた、まさに秋田城総論の最初を飾るにふさわしいもので、自らも携わってきたこれまでの長い発掘成果を要領よくまとめて、秋田城の実像を的確に紹介するものとなっている。遺構から知られる基本的機能、さらには最北の城柵としての特徴的な機能とその変化を明らかにし、秋田城の特質をわかりやすくまとめている。

熊谷公男「秋田城の歴史的展開―国府問題を中心にして―」は、正史などの記述をもとに、古代東北史において近時大いに議論が盛り上がっている秋田城に出羽国府が置かれたかどうかをもふくめて、文献史料から秋田城を眺めるとどのように位置づけられるのかを論じたもの。秋田城には一貫して出羽国府が置かれたことはないとする今泉隆雄の論考を踏まえて、それを補強する立場からの論調となっている。関連して渤海来航と秋田城の関係についても今回、追加で論じることとなった。

小口雅史「出土文字資料からみた秋田城」は、上記の熊谷論文の立場をとれば、これまで秋田城国府説の重要な根拠となってきた出土文字資料からえられてきた結論と齟齬するという問題をどのように考えるべきかを様々な可能性を想定しながら論じたもの。ある意味で秋田城について一番難しい問題を、本企画における責任者としての立場上扱うことになったが、本論文で明確な解決論を打ち立てることができたわけではない。小口論文への具体的な反論については、第3部総括討論にまとめた。

八木光則「城柵構造からみた秋田城の特質」は、奥羽両国の城柵遺跡を総合的に比較し、行政と軍事の拠点であるという共通性とは別に、城柵立地の選定、区画施設の変更、四面廂建物と政庁建物の柱間、官衙域の企画配置などに相違点が目立つことを明らかにする。奥羽両国のそうした独自性に着目して、城柵構造（遺構）からみて秋田城とは何であったのかを論じたもの。あくまで政庁規模の比較という視点からのみであるが、そこからは秋田城が国府であるとはいえないとした。また9世紀以降は、太平洋側の城柵で饗給機能が色濃く見出される構造になっていくのに対して、日本海側の秋田城ではむしろ律令制支配を重視した実務的機能が顕著になってくることも指摘している。

第2部「秋田城と北方世界の交流の具体想」は、そうした律令国家最北の城柵としての秋田城が、北方世界とどのように関わったのか、あるいは関わらなかったのか（律令国家とは無関係の、北方世界独自で完結する交流が存在するのではないか）、という問題、すなわち古代北方世界の実相を、さまざまな遺物を媒体に、できるだけ具体的に描き出すことを目的とするものである。

宇田川浩一「土師器の色調変化が示す元慶の乱後の米代川流域在地集落の動態」は、米代川流域の在地集落において、ロクロ土師器ないし赤焼土器の坏の色調が時期的に変化することを明らかにし、その原因を元慶の乱と十和田火山噴火による地域社会の再編に伴う「律令制的価値感による管理思想の浸透」に求めたもの。検品の存在を明らかにした点は興味深い。宇田川は本科研のメンバーではなかったが、私は科研費申請段階においてすでに秋田城の土器、米代川流域の土器、さらにその外側の津軽地方などの土器の相互比較などから秋田城の北方支配を明らかにできる可能性を考えていたので、このテーマに最適の研究者として総括シンポジウムに招聘し、当方の期待に応えていただいた。

柏木大延「土製支脚からみる出羽と石狩低地帯の交流について」は、土製支脚が、その祭祀性や専業性ゆえに、それを有していた集団の移動が反映しやすいとされることにもとづいて、ともに土製支脚が出土している出羽国と北海道の石狩低地帯とを比較して、両者の交流の可能性を検討しようとするもの。柏木も本科研のメンバーではなかったが、すでに上記の土製支脚についての論文を学界誌に公表していたこともあって、やはり総括シンポジウムに招聘して、ご自身の見解をまとめ直していただいた。結論としては石狩低地帯で出土する土製支脚は米代川河口域と密接な関係があったことは明らかであるが、秋田城跡出土の円筒状支脚は、秋田城以南のものに類似していて、秋田城以北との交流はみられないとした。

齋藤淳「土器からみた地域間交流―秋田・津軽・北海道―」は、古代土器の様相からうかがうことができる地域間交流の具体想を、8世紀後半～9世紀前半、9世紀後半～10世紀前半、10世紀後半～11世紀の3時期に区分して、各時期の特徴的な土器の分析から明らかにしたもの。齋藤はこうしたテーマについてこれまでも多数の論考を公表している。それらによれば、東北地方北部における土器の交流基点は、8世紀後半～9世紀前半においては秋田城周辺であったものが、9世紀後半以降は津軽地域にシフトするという。とくに10世紀後半以降については、東北地方北部と北海道との結びつきの深化がうかがえ、秋田城の存在する秋田地域との関係は希薄であると結論づける。

鈴木琢也「須恵器からみた古代の北海道と秋田」は、北海道と秋田県域との物流や交流が活発に展開していたとされる8～9世紀を中心に、①秋田県域から北海道にもたらされた須恵器を検討し、これらの地域間の物流や交流の様相とそのルートを明らかにする。②北海道と東北地方北部にみられる横走沈線文系土器と須恵器の共伴関係やその分布から、これらの地域間の交流の様相を検討する。③北海道にもたらされた鉄製品の物流の様相について須恵器の物流と比較検討する。④文献史料に示された北海道から本州への交易品や、北海道方面の人々と出羽国との間の往来や交流・交易の記事を、須恵器や鉄製品などの物流の状況と比較検討する、といった四つの視点から、古代における北海道と出羽国域との物流や交流の実態について検討したもの。鈴木はこれまで擦文期を中心に古代の交易ルートについて豊富な研究実績を有している。それらを背景に、今回は秋田城との関係で8〜9世紀に重点をおいて検討した。この時期には北海道石狩低地帯と出羽国との間で「日本海ルート」を通じた活発な物流や交流が展開していたとする一方で、同じ時期に北海道石狩低地帯と東北地方北部の太平洋沿岸域（馬渕川・新田川水系下流〜中流域）との地域間交流も連綿と続いていたという。出羽国との「日本海ルート」による物流や交流が8世紀後半以降に活発化していくことの背景には、秋田城設置があるともしている。

中澤寛将「五所川原須恵器窯跡群の成立と北海道」は、日本最北の古代須恵器窯跡として古くから著名でありながら、なお未解明の部分が多い五所川原須恵器窯跡群に焦点をあてる。領域支配の拡大と密接に関わる須恵器生産技術が、なぜ中央政府からエミシの居住地と認識されていた津軽地方で行われたのか。またその導入過程において陸奥・出羽両国がどの程度関与していたのか。五所川原窯における須恵器生産体制・組織はいかなるものであったのか。なぜ五所川原産須恵器は北海道へ流入したのか、といった点が従来重要な問題となってきたが、必ずしもそれらは十分に解明されているわけではない。ここでは秋田城の北方支配の実態を考える一つの視点として、五所川原窯跡群の歴史的意義を検討することになる。中澤はこの須恵器生産は、津軽に拠点をおいた在地有力者主導のもと、出羽・陸奥両国から間接的な技術的支援を受けながら、津軽に居住する土師器工人を須恵器工人として再編成してなされたものという立場にたつ。エミシ社会の自立的な手工業生産活動の萌芽を示す画期的なできごとと評価するわけである。この五所川原産須恵器は在地社会への供給を目的としながらも、10世紀から周辺各地に広がり、中葉以降には北海道にも広がるようになる。それは陸奥・出羽の城柵・官衙が実質的に機能を停止し、須恵器生産が行われなくなることと連動する。一方で五所川原産須恵器が秋田城や胆沢城に供給されることはなく、あくまで非律令社会が流通圏であった。こうした実態はアムール河中流域のパクロフカ文化における北東アジア最北の陶質土器生産とも似ているとする。五所川原窯の須恵器生産は、日本列島のみならず、東アジアの歴史動態を理解するうえで重要な意義をもつ遺跡として再評価する点は興味深い。

小嶋芳孝「秋田城出土の羽釜・再検討」は、形態的には明らかに大陸産とみられ、日本の羽釜とは異なった系譜上にある秋田城出土の羽釜が、成分分析の結果、砂鉄を原料としていることが明らかになったことにより国産とされたことに疑問を呈したもの。たしかに大陸では鉄鉱石が始発原料であるとされてきたが、小嶋は、中国やロシアの渤海遺跡から出土する鉄製品の分析調査がまだ十分でないことから、今後、渤海における砂鉄製錬が明らかになれば、秋田城出土羽釜の製作地が確定することになるという。もちろん現段階ではまだ立証されていない。小嶋自身、シンポジウム当日は苦悩に満ちた報告となったが、最終的に本書所収に際してこうした形でまとめ直したものである。

高橋学「城柵と北東北の鉄」は、9世紀後半以降、北東北で集落が爆発的に増加することが知られているが、その背後に製鉄や鍛冶など鉄生産関連の生業があったことを指摘する。しかしいわゆる蝦夷の人々が鉄生産・加工という特殊な技術をいかにして取得できたのかについては、根拠となる考古資料が乏しく、従来必ずしも明らかにはされていない。高橋はこうしたなかで、かつて払田柵跡から検出された鍛冶関連工房群を「技術伝習」の一端を担う遺構群ではないと推定しており、これを入口として、北東北の地に広く展開した古代集落の存立基盤となった鉄、鉄生産と出羽国の城柵との関係について論じている。結論的には、城柵側から「技術伝習」を受けた人員が北東北の集落内に入り込んで技術を伝播し、作業を行うための工房や居住空間確保には、側柱式竪穴建物や竪穴・掘立柱併用建物を取り入れることで解決していったという。鉄と側柱式竪穴建物の相性の良さが、爆発的増加の一因ではないかとも推測している。

天野哲也「古代日本列島北部の諸集団間における鉄鋼製品の流通問題」は、長年の学界の疑問であった、北海道を中心としたサハリンや千島を含む北方世界の鉄は日本に由来するのか大陸に由来するのかという大問題に正面から取り組んだもの。シンポジウム当日には、その報告はまだ暗中模索状態であったといってもいいと思うが、本書に収める段階で全面的に改稿し、方法論や扱う素材を含めて意欲的な力作となった。天野によれば7世紀後半から8世紀前半までの間に、交流の相手が北から南に変わったという。そこには擦文集団、あるいはさらに東北地方北部の蝦夷集団による積極的な働きかけがあったかもしれない。あるいはサハリン・アムール流域交易ルートがなんらかの事情で機能が低下したこと可能性もあるという。この問題を最終的に解決するためには、靺鞨・渤海の動向に注目すべきであり、またこれらをめぐる古代中国・朝鮮、さらにはモンゴル・ザバイカル方面の動きを検討する必要があるとしている。今後の展開が楽しみである。

最後の第3部「総括討論」は当日の討論の内容を、司会者である小口雅史・伊藤武士・八木光則の責任において、あえて発言順にこだわらず、関連する内容ごとに再整理し、さらに重要と思われる後日談なども折り交ぜながらまとめ直したもの。「文献史料、出土文字資料からみた秋田城の性格」（文責：小口)、「構造と機能からみた秋田城の性格」（文責：伊藤)、「遺物からみた秋田城の北方交流」（文責：八木）の三つのテーマに分けてまとめてみた。秋田城をめぐる様々な論点を浮き彫りにすることができ、各報告をより一層わかりやすくするとともに、今後の研究の方向性を示すものになったと考えている。ただし当日の討論の内容を受けて、本書所収の各論文のなかには当日の報告の論旨を一部修正ないし補足している部分があることをご了解いただきたい。

最後になるが、助成期間の4年の間には、北海道ないし東北地方の多くの研究者や機関の助力をいただくことができた。本シンポ準備段階での比較的大規模な研究会としては、秋田城跡発掘調査事務所（予備シンポおよび秋田城周辺須恵器調査など）や大館市教育委員会郷土博物館（予備シンポおよび米代川流域の土器調査など）、あるいは北海道大学総合博物館（予備シンポなど）ほかの機関およびそれぞれの関係者各位のお世話になった。

またそれらに加えて、秋田城と北海道の関係を明らかにする可能性を秘めている北方須恵器調査では、恵庭市郷土資料館、札幌市埋蔵文化財センター、千歳市埋蔵文化財センター、北海道埋蔵文化財センター、江別市郷土資料館、根室市歴史と自然の資料館などおよびそれぞれの関係者各位にもご尽力いただいた。

また本シンポ当日は、伊藤武士氏や神田和彦氏をはじめとした秋田城跡発掘調査事務所の皆さんに大変お世話になった。

その他多くの皆さんのご協力によって本書が成り立っている。末尾ながら記して各位に謝意を表したい。

編者識す

註

1）本来はシンポ当日の司会も担当していただく予定でもあった。

2）その成果は小口雅史編『海峡と古代蝦夷』（高志書院、2011 年）として公刊された。

目　次

第１部　秋田城総論
―遺構と文字史資料からみた

古代城柵秋田城の機能と特質

伊藤武士

はじめに

秋田城跡は秋田県秋田市に所在する城柵官衙遺跡である。遺跡は秋田平野の西、雄物川が日本海にそそぐ河口付近の独立した標高40～50mの低丘陵上、通称高清水丘に立地する。

秋田城跡は律令国家体制下における最北の城柵である（第1図）。和銅年間に山形県庄内地方に設置された出羽柵が、天平5（733）年に秋田に北進・遷置された秋田「出羽柵」をその始まりとする。『続日本紀』天平5年12月条には、「出羽柵遷二置於秋田村高清水岡一」の記載がある。天平宝字年間（760）頃には秋田城と改称された。その後、延暦23年の停廃問題、天長7（830）年の出羽国大地震、元慶2（878）年元慶の乱等を経て、遺構

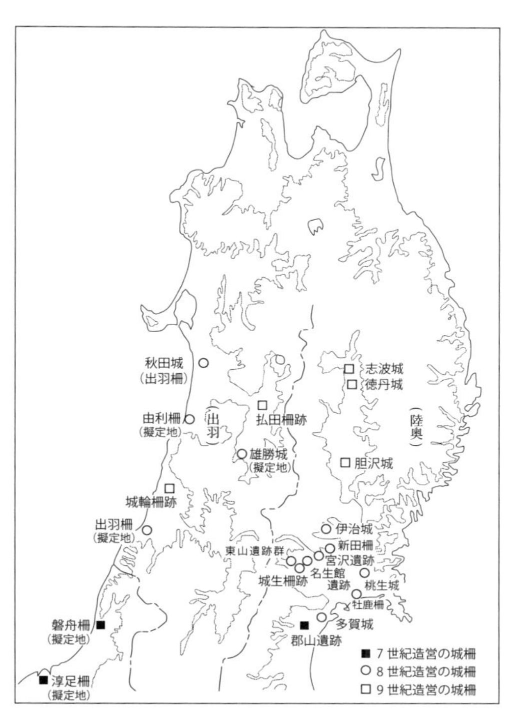

第1図　東日本古代城柵位置図

変遷上では10世紀中頃まで存続したことが確把されている。奈良時代から平安時代を通じ、日本海側出羽国における行政と軍事の重要拠点であり続け、奈良時代には出羽国府が置かれたと考えられる。近年は対大陸外交や対北方交流・交易の拠点としての役割も注目されている。

1　秋田城の実態

秋田城を含む東北の古代城柵は、築地塀などの区画施設で外郭と中心施設である政庁を囲う二重構造を基本構造としている。秋田城跡の外郭線は丘陵の高い部分を取り囲み、その範囲は東西・南北ともに約550mで、地形の制約を受け不整方形を呈する。政庁は外郭内の中心からやや南西に位置し、東西約94m、南北77mの東西に長い長方形のプランを呈する。都城をモデルとした二重の基本構造は創建から終末まで維持され、その位置等に大きな変化はない（第２図）。

政庁や外郭区画施設といった主要施設は、「天平六年■月」の釘書き木簡（第１号木簡）に代表される紀年の記された木簡や漆紙文書といった出土文字資料、

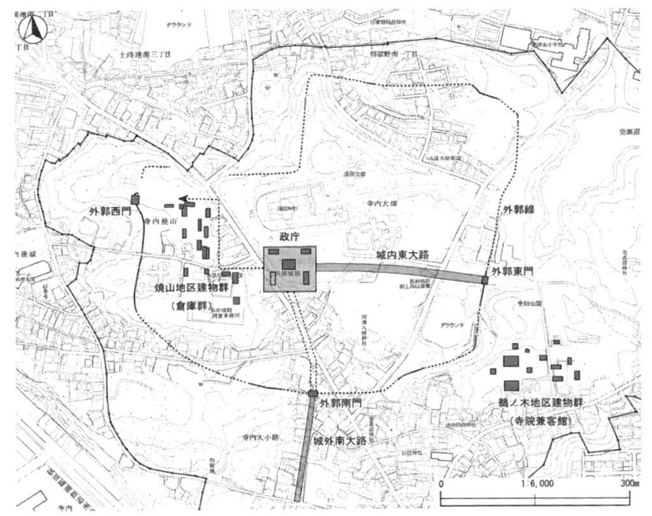

第２図　秋田城跡全体図

または出土土器の年代などから、秋田「出羽柵」創建期の８世紀第２四半期から10世紀中葉まで継続し変遷することが把握されている。その年代と改修の画期については前述した史料上の動向と一致する（第１表、伊藤2006）。

外郭区画施設は大きく４時期の変遷が把握され、奈良時代の外郭Ⅰ期と外郭Ⅱ期は壮麗な外観の築地塀（第３図）、平安時代以降は櫓が付属する材木塀に改修される。外郭諸門のうち、外郭東門と西門が確認されている。政庁は大きく６時期の変遷が把握され、正殿と前面広場、脇殿などで構成される「コの字型」（「品字型」）建物配置が全期を通じ維持される。政庁区画施設は奈良時代が築地塀、平安時代は材木塀に改修される。官衙的建物配置が確認される最北の事例である（第４・５図）。

創建期の外郭および政庁の区画施設は、壮麗な瓦葺き築地塀であり、主要殿舎も瓦葺きと考えられる。古代の瓦葺き施設が確認される最北の事例である。秋田平野周辺の丘陵では瓦の生産と秋田城への供給関係が把握されてお

第１表　秋田城跡遺構変遷表

	733 750	760	800	830	850	878 900	915	950
政　庁 政庁区画施設	Ⅰ期 築地塀	Ⅱ期 築地塀・材木列塀	Ⅲ期 一本柱列塀	ⅣA期 一本柱列塀	ⅣB期 一本柱列塀	Ⅴ期 材木列塀	Ⅵ期 一本柱列塀	
外　郭 外郭区画施設	Ⅰ期 瓦葺き築地塀	Ⅱ期 非瓦葺き築地塀	Ⅲ期 （小期あり） 柱列塀			Ⅳ期 （小期あり） 材木列塀	Ⅴ期	大溝
大畑地区	Ⅰ期	Ⅱ期 生産施設	Ⅲ期 生産施設整備 居住域住居数増加	Ⅳ期 生産施設充実		Ⅴ期 官衙建物		
焼山地区	Ⅰ期　A類建物 倉庫	Ⅱ期　B類建物 倉庫群か？	Ⅲ期(小期あり)　C類建物 倉庫群			D類建物？		
鵜ノ木地区	Ⅰ期 寺院兼客館	Ⅱ期 寺院兼客館	Ⅲ期 寺院	Ⅳ期 寺院	区画施設	Ⅴ期		
時　期	天平５年 （733）～	8C後半前葉～	8C末・9C初～	9C第２四半期～	9C第３四半期～	元慶二年 （878）～	10C第２四半期～10C中葉	
備　考	秋田出羽柵 創建期	天平宝字年間 「秋田城」改修期	第Ⅲ期全体 大改修期	天長七年 (830)大地震後復興期	元慶の乱で 焼失	元慶の乱 (878)後復興期	最終末期	

第３図　復元された外郭東門と築地塀（創建時の外観）

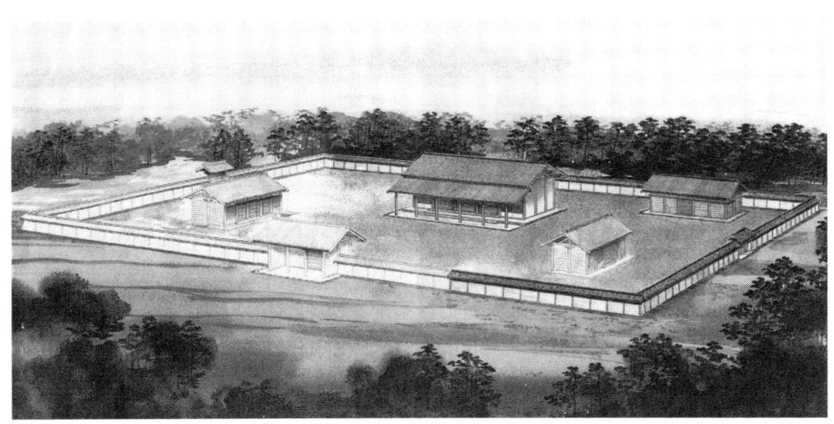

第４図　政庁推定復元図

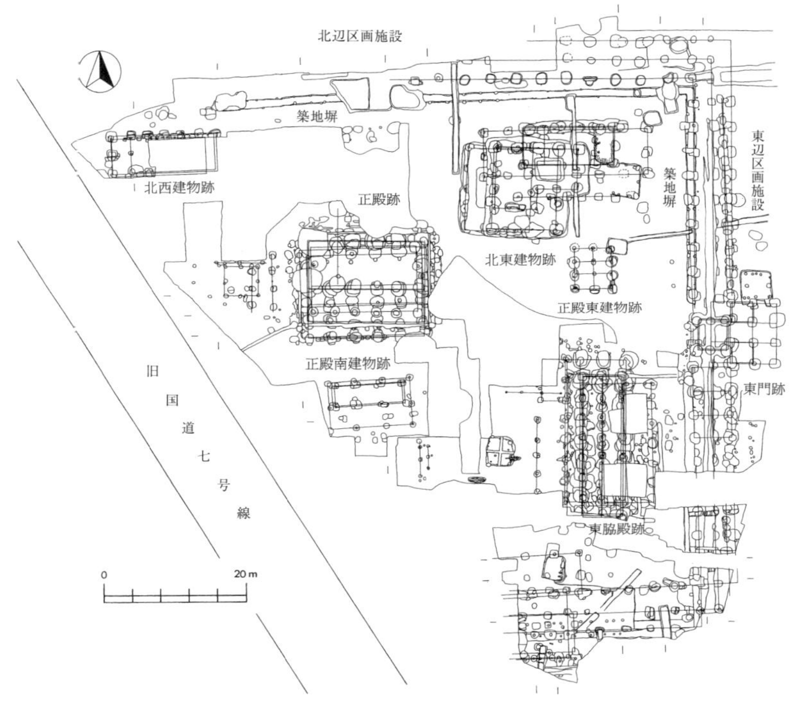

第5図　政庁遺構配置図

り、古代最北の瓦生産地ともなっている（伊藤 1998）。

城内西側の焼山地区に大規模建物群（倉庫群）、大畑地区に官衙域と鍛冶工房群からなる生産施設、外郭南辺から東辺の城内側には竪穴建物群が存在し、兵士や下級官人の居住域となっている。城外南東側の鵜ノ木地区には奈良時代の附属寺院兼客館となる建物群や、平安時代に律令祭祀を執り行った祭祀場（祓所）などが確認されている。

城の基本構造に係わる城内外の道路としては、外郭東門から政庁にいたる城内東西道路（東大路）や、政庁から外郭南門を通り城外に伸びる城内および城外南大路が検出されている。

2　秋田城の基本的機能

東北地方の古代城柵は律令国家が地域支配の拠点として設けた地方行政施設である。蝦夷や移民（柵戸）の統括と支配を行い、各地を国郡制の地方行政機構に編入し、租税収奪を行うことを目的とした広域の行政施設、軍事拠点であり、その基本的機能は行政・軍事機能、そして蝦夷に関係する朝貢と饗給機能といえる。

秋田城における行政機能については、行政文書の漆紙文書や木簡などの出土文字史料、官人の存在を示す各種出土遺物により裏付けられる。とくに様々な漆紙文書の行政文書類は、奈良時代から平安時代を通じ実際に秋田城で人民支配の行政実務が執り行われていたことを裏付けている。さらに第54次調査SG1031土取り穴内出土の漆紙文書類の詳細な検討から、それらは出羽柵・秋田城が出羽国府としての機能を果たしていたことを示し、奈良時代には出羽柵・秋田城に出羽国府が置かれていたと判断されることが、平川南に

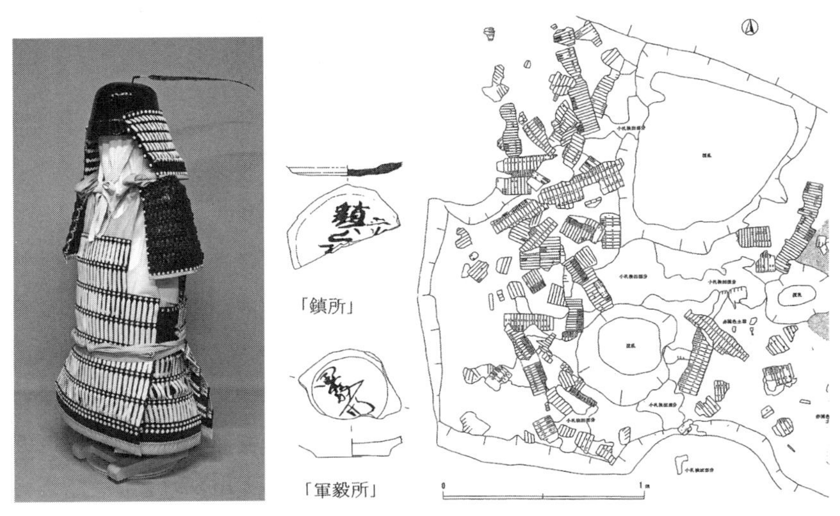

第6図　秋田城跡出土軍事関係遺物

より明確に指摘されている（平川 2014）。

一方、軍事機能については、武器・武具類の出土や、秋田城への武器の集積管理を示す器状帳漆紙文書や、鎮兵や軍団兵士、軍毅所の存在を示す木簡や墨書土器によっても裏付けられる（第 6 図）。饗給の機能については、「狄饗料」の第 71 号木簡により直接的に裏付けられる（第 7 図）。

検出遺構からみた場合にも、外郭と政庁の基本構造、外郭区画施設の構造や政庁の建物配置などからは、官衙としての行政機能、対蝦夷の軍事機能、蝦夷との朝貢・饗給の機能など、城柵としての基本的な機能が理解される。

3　秋田城の特徴的機能

以上のように、秋田城跡においては、行政機能、軍事機能、朝貢と饗給機能などの基本的機能が出土遺物や検出遺構から把握されている。

それに加え近年は、多様な機能が付加された特殊な広域行政施設として、物資集積管理の機能、生産施設の機能、さらには外交施設の機能などの特徴的な機能が把握されている。また、その基本構造や造営時の基本プランにおいても最北の城柵としての特徴が把握さ

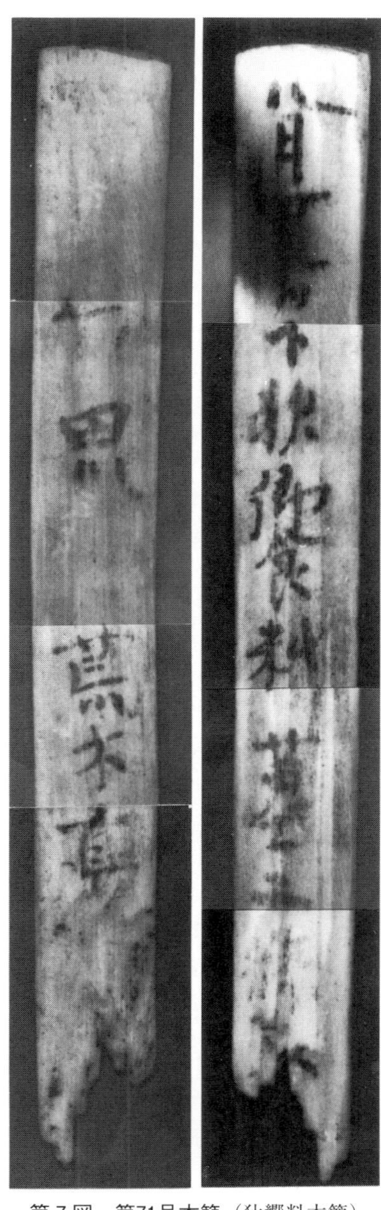

第 7 図　第71号木簡（狄饗料木簡）

れている。

(1)遺構群からみた秋田城の特徴的機能

城内遺構群においては、焼山地区の倉庫群からは物資集積管理機能、大畑地区の鍛冶・精錬工房などの生産施設などの存在からは生産機能などが把握されている。

城内西半部の焼山地区建物群は南北120mを超える大規模建物群である。8世紀第2四半期の創建期から9世紀代にかけて総柱建物から「屋」構造建物、さらに総柱建物と構造が変遷し、倉庫群として継続的に機能したと考えられる（第8図）。継続して城内に大規模な倉庫群を伴う城柵は数少なく、最北の城柵としてより広域の蝦夷への饗給を行うために、平安時代以降は活発化する対北方交易のために物資集積管理機能がとくに強化されていたことを示すと考えられる。秋田城における蝦夷への饗給に関しては、前述したように第54次調査SG1031出土の8世紀末・9世紀初めに位置づけられる木簡群のなかに「狄饗料」の第71号木簡がある。また、物資集積管理機能についても、各地からの物品進上木簡などから裏付けられる。

城内東半部の大畑地区では、8世紀末から9世紀中葉を中心とした時期に位置づけられる多数の鍛冶工房が検出されている。鍛冶や精錬に関わる生産関連施設がこの時期に整備され、活発に操業していることが把握されている。城内に長期わたり継続的に操業する大規模な生産施設をもつ城柵は、これまでほとんど確認されておらず、秋田城の特徴として指摘される。

秋田城における外交・交流機能に関係する遺構群としては、城外附属施設である鵜ノ木地区の寺院兼客館およびそれに付属する奈良時代後半の水洗厠舎跡が検出されている（第9・10・11図）。

城外南東の鵜ノ木地区建物群は秋田「出羽柵」創建期の8世紀第2四半期から9世紀第3四半期にかけて変遷する規則的配置に基づく掘立柱建物群であり、「寺」墨書土器出土や幢竿支柱遺構の存在などから秋田城の附属寺院と判断され、天長7（733）年大地震で倒壊した「四天王寺」に比定される。その鵜ノ木地区建物群の北東、古代沼地跡の西岸部で検出されたSB1351水

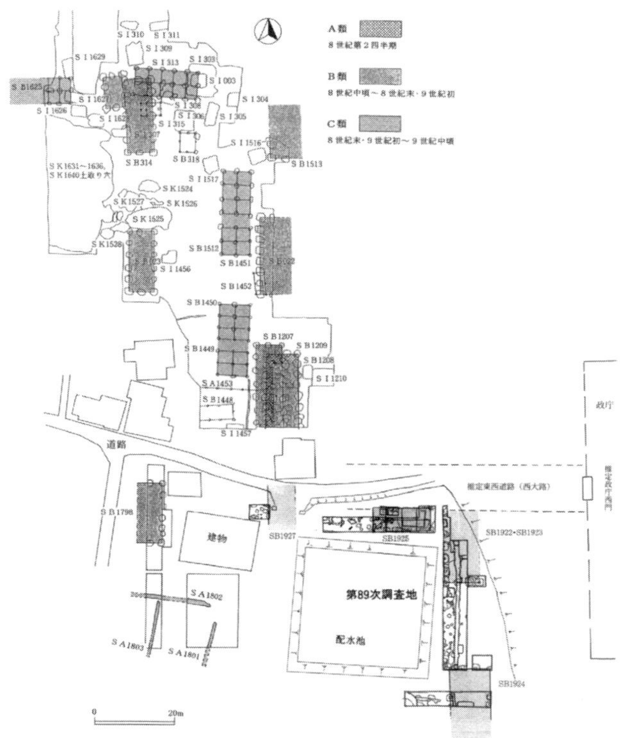

第８図　焼山地区建物群配置図

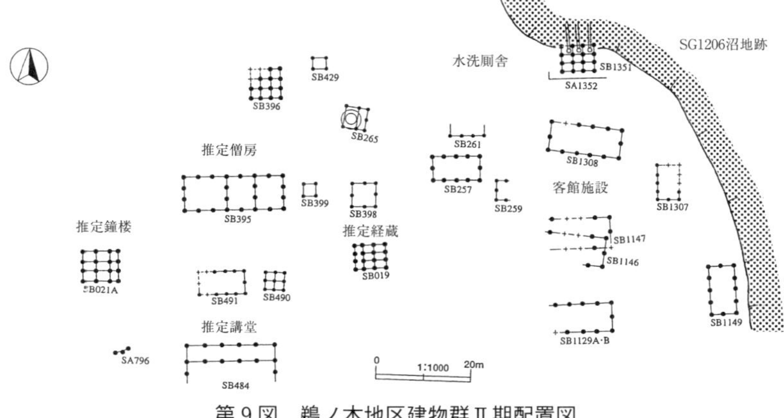

第９図　鵜ノ木地区建物群Ⅱ期配置図

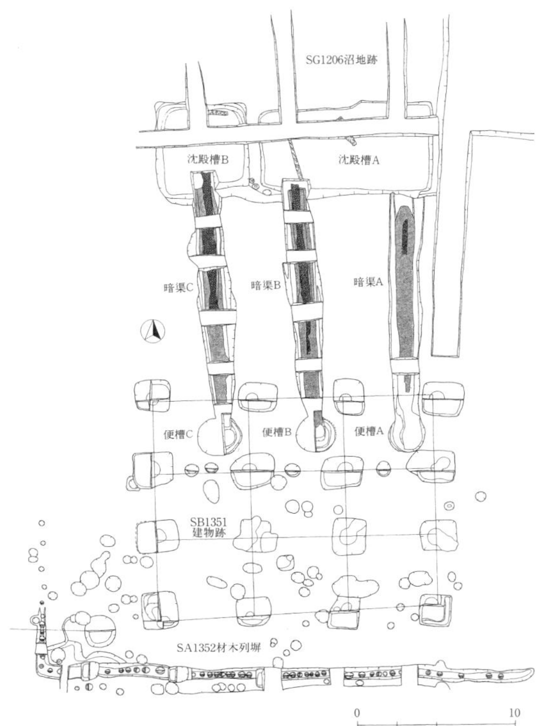

第10図　水洗厠舎跡遺構図

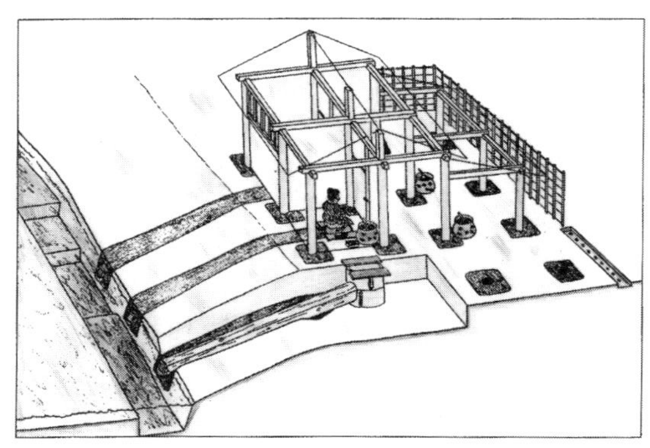

第11図　水洗厠推定図

洗厠舎跡は、中心伽藍建物の東に8世紀後半のⅡ期段階で増設される建物群に属している。Ⅱ期段階には、鵜ノ木地区建物群に付属するSE406井戸跡より仏教祭祀関係の木簡に加え、物資や人の貢進を示す木簡が出土しており、後述する水洗厠跡の調査・分析結果をふまえると、寺院に官衙的機能をもつ客館（迎賓館施設）が付加されたと判断される（秋田市教育委員会2008）。

SB1351水洗厠舎跡は掘立柱建物、便槽、木樋（暗渠）、沈殿槽（浄化槽）、目隠し塀で構成されている。建物跡の中に三つの便槽が配置され、それぞれの便槽から沼地側となる北側の斜面方向に木樋が埋設され、その先端の沼地部分には沈殿槽が掘られている。沈殿槽からは、用便後の始末に使用した約150点の籌木（ちゅうぎ）が出土し、堆積土からは未消化の種実や糞虫の遺体、寄生虫卵が検出され、厠舎跡であることが裏付けられている。

建物内に個室状に便槽が並ぶ暗渠による水洗式で、沈殿槽まで備えるという、現代の簡易水洗便所に限りなく近い構造をもった秋田城跡の便所遺構は、特異かつ優れた構造であり、古代では全国的に類例がないものである。

沈殿槽堆積土の自然科学分析では、豚食の習慣のある人間へ寄生する有鉤条虫のものと判断される寄生虫卵が検出されている（第12図）。金原正明は、豚を常食とする食習慣は当時の日本にはなく、豚の飼育が盛んな中国大陸などにみられる食習慣であること、有鉤条虫卵が福岡市の中国大陸や朝鮮半島からの来航者に対する迎賓館施設である鴻臚館跡の便所遺構からも検出されていることなどから、豚食習慣のある大陸からの外来者の使用を指摘している（金原ほか1996）

出羽国と大陸との交流を見た場合、律令国家は8世紀から9世紀にかけて中国大陸東北部の渤海国と外交関係をもち、8世紀代には神亀4（727）年の第1回使から第13回使までのうち、出羽に来着したものが6回を占めている。遣唐使や遣渤海使など日本使節の船に同乗して来日している事例を除けばほとんどが出羽国に来航しているのである（第13図・第2表）（古畑1994）。そしてその渤海使の来航時期と大陸からの来訪者が使用した可能性をもつ特異な水洗厠舎および客館建物群の増設時期とは一致しており、また、8世紀末以降に出羽国への来航が無くなると厠舎を含む客館建物群は機能を停止して

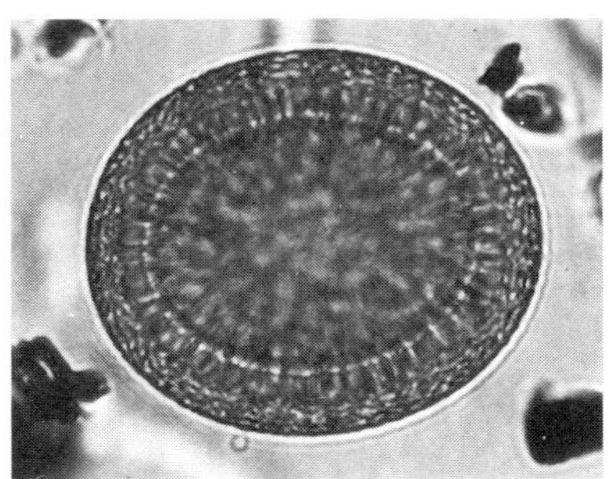

第12図　水洗厠舎跡沈殿槽堆積土検出有鉤条虫卵

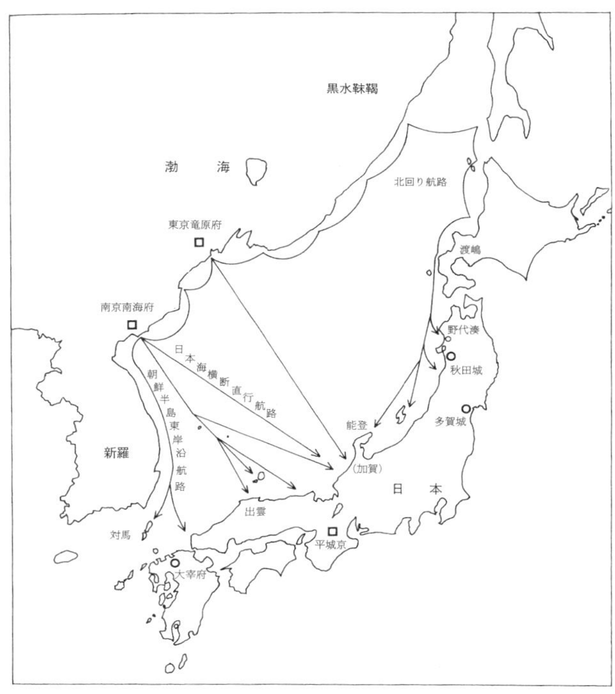

第13図　渤海から日本への航路推定図（古畑 1994）

第2表　渤海使の着岸地と来日航路（古畑 1994 より作成）

回	到着年月日	人数（隻数）	着岸地	来日航路（注）	備　考
1	神亀 4 (727).9.21	24	**出羽国**	北回り	蝦夷の地に着岸、大使ら 16 人殺害。入京。
2	天平 11(739).7.13		**出羽国**	北回り	途中一船沈没し大使ら 40 人水死。入京。
☆	天平 18(746)	1100 余	**出羽国**	北回り	渤海人と鉄利人が亡命を求める。正式な使節ではない。放還。
3	天平勝宝 4 (752).9.24	75	越後国佐渡嶋	北回り	入京。
4	天平宝字 2 (758).9.18	23	越前国	横断	遣渤海使の帰路に同行。入京。
5	天平宝字 3 (759).10.18		対馬	朝鮮	迎藤原清河使判官の帰路に同行。入京。
6	天平宝字 6 (762).10.1	23	越前国加賀郡佐利翼津	横断	遣渤海使の帰路に同行。入京。
7	宝亀 2 (771).6.27	325 (17)	**出羽国賊地野代湊**	北回り	入京。
8	宝亀 4 (773).6.12	40 (1)	能登国	北回り	日本、筑紫（大宰府）からの来朝を要求。放還。
9	宝亀 7 (776).12.22	187 or 166	越前国加賀郡に安置	朝鮮	対馬を目指すが遭難。141～120人が水死。入京。
10	宝亀 9 (778).9.21	(2)	越前国坂井郡三国湊	横断	遣渤海使を日本に送るための遣使。入京。
11	宝亀 10(779).9.14	359	**出羽国**	北回り	鉄利人を伴う。使者が軽微のため放還。
12	延暦 5 (786).9.18	65 (1)	**出羽国**	北回り	蝦夷の略奪を受け、生存者 41 人。放還。
13	延暦 14(795).11.3	68	**出羽国夷地志理波村**	北回り	蝦夷の略奪を受ける。入京。
14	延暦 17(798)		隠岐国智夫郡	横断	遣渤海使の帰路に同行。入京。

いる。

出羽国の枢要官衙（国府）であった秋田城は、来着した渤海使節の対応を行った可能性が高く（新野 2003）、自然科学分析結果と遺構の時期および内容を踏まえた場合、渤海使節などの大陸からの来航者が、増設整備された鵜ノ木地区建物群を迎賓館施設として使用し、水洗厠を使用した可能性が高いと判断される。客館および特異な水洗厠舎は、秋田城の外交施設としての機能を示唆するものと考えられる。

秋田城跡における渤海使や大陸との関連遺物としては、第 54 次調査 SG1031 土取り穴内の 8 世紀第 3 四半期の土層から鋳造品の鍔釜（つばがま）が出土している（第 14 図）。古代の鋳造品としては東北地域で最古級のものであるとともに、渤海使の来着時期と一致している点が注目される。頸部から鍔部にかけて沈線を有するその形状などの類似から、大陸製の鍔釜との関連性が指摘

第14図　SG1031 出土鍔釜

されており（小嶋 1997）、大陸方面や渤海国との技術交流または交易を裏付ける資料となる可能性が高い。他に国内に事例のない特殊な黒色土器の出土例もあり、さらなる渤海使の関連遺物の把握や文字資料の把握は、秋田城調査の課題の一つといえる。

⑵基本プランに示される秋田城の機能的特性

近年の城内西半部における外郭西門や前述した焼山地区大規模建物群（倉庫群）の把握など調査成果により、城内の西側と東側で創建当初より基本的プランが異なり、重視する機能が異なるが明らかとなっている。城内東側は方位や規則性を重視した施設の配置、城内の西側は規則性よりも地形に合わせた施設の配置、物資集積管理などの実務的機能の重視が認められ、そこに秋田城の特徴が指摘される（第２図）。

城内西半の基本プランは、同じく８世紀前半の創建で低丘陵上立地である多賀城（地形に合わせた外郭東門や西門および城内道路の配置）と類似する。一方で城内東半の基本プランは、政庁真東に位置する外郭東門から伸びる直線的な城内東大路の配置など、客館が存在する鵜ノ木地区から政庁へのアプローチルートの規則性・視覚的効果を重視しており、それが秋田「出羽柵」の特徴として指摘される。その基本プランの差異は、城柵としての基本的機能に加え、出羽柵・鵜ノ木地区に付加された外交・交流機能を反映し、出羽国側城柵の特性を反映していると考えられる（伊藤 2011）。

4　秋田城における城柵機能の変化

秋田城においては、行政機能、軍事機能、朝貢・饗給機能などの基本的機能が終末まで維持されることが明らかになる一方で、平安初期以降は、外郭や政庁の区画施設の構造、城内外各地区の遺構群の建物配置、施設の構造や機能などが大きく変化している（第 1 表）。

全体的な機能をみた場合、8 世紀代の奈良時代には、軍事施設としての機能よりも行政官衙、外交交流施設としての機能重視が認められる。8 世紀末以降、平安時代初期の外郭・政庁Ⅲ期以降は軍事機能、行政実務・生産機能などの重視が認められる（伊藤 2006）。

⑴秋田城の奈良時代における特徴

8 世紀代の奈良時代に創建された、外郭と政庁の区画施設はともに瓦葺きの築地塀である。寺院や役所にみられる壮麗な外観の築地塀には、外観を威厳あるものにして視覚的効果を重視する意図があり、蝦夷や外交使節に国家の威信を示す目的などが想定される。鵜ノ木地区においても、建物群の客館的機能や秋田城自体の外交施設としての機能に結びつく水洗厠跡が機能している。焼山地区建物群や鵜ノ木地区建物群のように際立って大規模な施設が目立ち、全体に壮麗な行政施設としての実態が色濃い。

⑵秋田城の平安時代における変化

平安初期の外郭・政庁Ⅲ期以降は、外郭と政庁の区画施設は築地塀を放棄し、実質的な維持管理に即した材木塀に画一的に変化する。外郭については新たに櫓状建物が付設され、防御性、軍事機能が強化される。軍事機能については、非鉄製小札甲などの武器・武具類の出土や、秋田城への武器の集積管理を示す器状帳漆紙文書、軍毅所の存在を示す木簡や墨書土器によっても裏付けられる。城内焼山地区では倉庫群としての機能が充実し、大畑地区では鍛冶や精錬に関わる生産関連施設がこの時期に整備され活動が活発となる。政庁をはじめとする官衙域が充実し、生産施設の活動が活発となり、行政実務・生産活動の機能強化が図られる。行政実務機能については、人民支配の進展を示唆する俘囚計帳様文書などの漆紙文書からも裏付けられる（第 15 図）。

秋田城における９世紀代の行政実務機能、軍事機能、生産機能の充実強化は、出羽北半部における律令国家の地域支配方針の変化、周辺地域における実質的な律令支配の拡大と強化を反映、示唆するものと考えられる。

周辺地域の様相をみた場合、８世紀末・９世紀初以降は、秋田平野の北部から八郎潟東岸・男鹿半島東部にかけて、集落の増加と官衙およびその関連遺跡の増加とが認められ、律令支配と秋田郡域の拡大が理解される（神田 2005）。律令支配の拡大と強化の目的は、北方交易の律令側交易物（布・米・鉄）

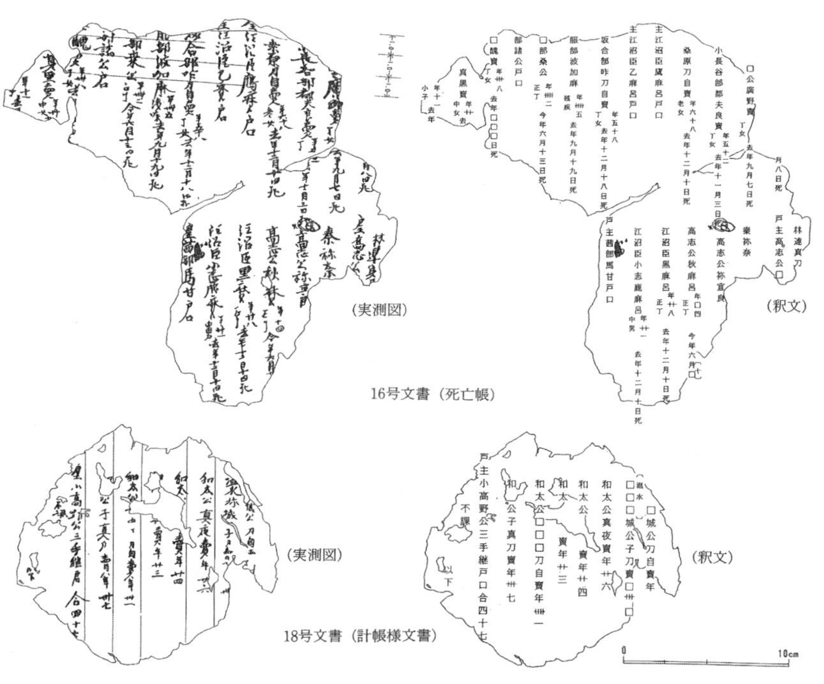

第15図　第 72次調査出土漆紙文書

の確保などにあったと考えられる。

5　出羽国および最北の古代城柵である秋田城の特質

秋田城は、城柵としての基本的機能である行政・軍事機能、そして蝦夷に対する朝貢と饗給機能をもっていることが明らかとなった。さらに、最北の城柵として蝦夷社会に接し・北方と大陸への窓口でもあった秋田城には、他の城柵とは異なる形で、外交と交流施設の機能、饗給のための物資集積管理の機能、生産施設の機能がとくに付加されており、それが古代城柵としての秋田城の特質ともなっている。

前述のように秋田城の機能変化をみた場合、平安時代に入り、客館の消滅や壮麗な外観の改変に象徴される外交・交流機能の消滅、出羽国府の庄内移転による国府機能の移転があるなかで、一貫して維持され、重視されている機能は、朝貢と饗給機能と物資集積管理の機能といえる。朝貢の場としての政庁施設および饗給・交易物資の集積管理のための倉庫群の8世紀代から9世紀代への継続が、それを裏付けている。

宝亀年間以降の停廃問題があったにもかかわらず、城柵として最終的に維持されたことも勘案すれば、その城柵としての設置目的、その後も秋田城について第一に重視された根幹としての機能は、北方蝦夷に対する朝貢と饗給機能、北方支配・北方交易の拠点としての機能であったといえる。

そもそも律令支配領域の北端部への設置は、集落分布の少ない8世紀前半段階の周辺地域社会の様相を踏まえれば、支配領域の拡大と律令的収奪が主目的ではないことは明らかである。また、国府として国域全体の行政的統括を主目的としたのではないことも明らかである。一方で出土文字資料の検討からは、出羽柵・秋田城に出羽国府が所在、機能していたことも明らかである（平川 2014）。では、なぜ国府も北端部へ進出・移転したのかが問題となる。

それについては、出羽国のあり方、出羽国における国府のあり方自体を考え、踏まえる必要がある。出羽国は、越国の北端に出羽柵と出羽郡が設置された後に越国から分国され建国されている。また、当初の国域においても、ともに出羽国を構成することとなった最上・置賜の二郡よりも、庄内地方にある出羽郡と出羽国府自体が、北に位置していた。そもそも出羽国は、国域の北端の海沿いに国府と城柵を置くという特質をもっていたといえる。それは、領域支配を重視した陸奥国、陸奥国府のあり方と相違しており、律令国家体制下における出羽国の国域および国府のあり方や行政的統括のあり方は、他国と異なっていることを示している。出羽国は面的領域支配、国域の行政的統括より、北方支配・北方交易を重視した点的支配、枢要行政機関の進出と国域の拡大を特徴としているといえる。

そのことは、つまり出羽国における国府の北進は、北方支配において、そして外交交流において「国府」の果たした役割が重要であったことを示唆している。とくに外交使節、蕃客への対応において国府が果たした役割と権限は、従前から指摘されているところであり（石井 1970）、渤海使への対応、対大陸外交を重視した施策のもと、国府も北進したものと考えられる（新野 2003）。その段階では、国域の行政的統括やその効率性よりも、国府における外交交流機能がとくに重視される形で、国府は北端部へ置かれたと考えられる（平川 2014）。その後、国家施策が変化し、国域のさらなる拡大が行われず、渤海使の出羽来航がなくなるといった秋田城における外交交流機能の必要性の低下により、国府機能は、領域支配と行政的統括に適し、国域の中央となった庄内へ移転したと考えられる。

領域支配と行政的統括に適さない秋田への国府機能を伴う出羽柵北進は、律令国家の施策が、端的かつ直接的に反映された結果であり（伊藤 2006）、国府機能ですら、政治的背景や国家の施策的意図により秋田城に付加された特徴的機能の一つであると考えられる。

秋田城の調査研究においては、今後は北方支配の機能と役割を根幹とする最北の城柵のさらなる実態把握に努めていくとともに、北方地域においては秋田城との、秋田城においては北方地域との関係を示す遺物等の把握に努めていく必要がある。また、一方で、秋田城の特徴的機能とその変化をとらえ、各時期の特質を把握していく必要がある。そうしたなかでは、奈良時代の出羽柵北進段階における、出羽国における国府機能のあり方、国府における外交交流機能について、さらなる実態把握に努めていく必要があるといえる。

参考文献

石井正敏 1970「太宰府の外交面における機能」『法政史学』第22号
伊藤武士 1998「秋田城跡周辺須恵器窯の動向について」『秋田考古学』46号 秋田考古学協会
伊藤武士 2006『秋田城跡』日本の遺跡12 同成社
伊藤武士 2011「秋田城跡の調査成果について」『条里制・古代都市研究』第26号 条里制・古代都市研究会
金原正明ほか 1995「秋田城跡における自然科学分析」『秋田城跡：平成6年度秋田城跡調査概報』秋田市教育委員会
金原正明 1996「秋田城跡における自然科学分析」『秋田城跡：平成7年度秋田城跡調査概報』秋田市教育委員会
金原正明・金原正子 1996「秋田城跡便所遺構における微遺体分析」『秋田城跡：平成7年度秋田城跡調査概報』秋田市教育委員会
神田和彦 2007「元慶の乱と古代地域社会―秋田平野における古代集落の分析を中心にして―」『考古学談叢』東北大学大学院文学研究科考古学研究室 須藤隆先生退任記念論文集刊行会 六一書房
小嶋芳孝 1997「日本海の島々と靺鞨・渤海の交流」『境界の日本史』山川出版社
新野直吉 2003『古代東北と渤海使』歴史春秋出版
平川 南 2014『律令国郡里制の実像 上』吉川弘文館
古畑 徹 1994「渤海・日本間航路の諸問題―渤海から日本間への航路を中心に―」『古代文化』46-8

※本論に関係する秋田城跡調査報告等は以下のとおり
秋田市教育委員会 1973～2003『秋田城跡―昭和47年～平成14年秋田城跡調査概報』
秋田市教育委員会 1992『秋田城跡出土文字資料集Ⅱ―秋田城跡調査事務所研究紀要Ⅱ』
秋田市教育委員会 2002『秋田城跡―政庁跡―』
秋田市教育委員会 2008『秋田城跡―鵜ノ木地区―』
秋田市教育委員会 2004～2015『秋田城跡―秋田城跡調査事務所年報2003～2014』

秋田城の歴史的展開
—国府問題を中心にして—

熊 谷 公 男

はじめに

今回のシンポジウム「北方世界と秋田城」は4年間にわたった共同研究の成果を公開シンポジウムの形で総括したものである。文献史学の立場から秋田城についての研究を分担してきた報告者にとっては、長年にわたって議論がされてきた秋田城国府説と非国府説の論者が地元秋田において一堂に会して議論を行ったという点において、きわめて意義深いものであった。このようなシンポジウムが実現したことについて、伊藤武士氏をはじめとする秋田城調査事務所の関係の方々のご配慮に、心より感謝の意を表したい。

筆者の当日の報告は、文字通り「秋田城の歴史的展開」であって、必ずしも秋田城の国府問題を主題としたものではなかったが、その後の討論では国府問題に議論が集中したので、本報告ではとくに国府問題に焦点を絞って、現在の筆者の見解を述べさせていただくことにしたい。なお、筆者の秋田城の歴史的展開全般についての考えは、拙稿（熊谷2013）を参照されたい。

1　問題の所在—出羽国府の所在地をめぐる論争—

国府問題とは、秋田城に出羽国府が置かれたことがあったか否かをめぐる論争のことである。国府問題に関する研究史は、今泉隆雄の論考（今泉2015a）に詳細にまとめられているので、ここでは要点だけを簡単に紹介しておきたい。

まず諸説が一致しているのは、出羽国の建国時（和銅3（712）年）の国府は出羽柵に相違ないこと、また『日本三代実録』仁和3（887）年5月20日癸巳条の出羽守坂上茂樹の言上に「国府は出羽郡井口の地に在り。即ち是れ去る延暦年中、陸奥守従五位上小野朝臣岑守、大将軍従三位坂上大宿祢田村麻呂の論奏に拠りて建つる所なり」[1)]とあるので、「延暦年中」[2)] 以来、出羽郡の井口の地にあったこと、の２点である。後者を酒田市城輪柵跡に比定することでも異論はない。

説が分かれるのは、出羽柵が秋田村高清水岡に移転する天平５（733）年から「延暦年中」までの間の出羽国府の所在地についてである。平川南は、この間、国府は一貫して秋田にあったとする（平川 2014b）。また新野直吉は、当初、秋田村に移った出羽柵が秋田城と改称される天平宝字年間に国府も秋田城に移され、宝亀６（775）年にふたたび出羽郡の旧府「河辺府」にもどるとしていたが（新野 1976）、後には平川と同様に、天平５年に国府も秋田に移り、延暦 23（804）年まで所在したという見解に改める。ただし延暦 23 年に国府はいったん秋田城から河辺府に移され（大仙市払田柵跡に比定）、それが弘仁６〜10（815〜9）年に出羽郡の井口の地に移ったとする点は平川と見解を異にする（新野・船木 1990）。それに対して今泉隆雄は、出羽国府は一貫して出羽郡にあり、秋田に移転したことは一度もなかったとするのである（今泉 2015a）。筆者もまた今泉の見解を継承し、秋田に出羽国府が置かれたことは一度もなかったとする立場から、近年、秋田城の歴史をあとづけた（熊谷 2013）。

現在、秋田城国府説は主として秋田城跡出土の漆紙文書、非国府説は逆に『続日本紀』などの国史の記事を主要な根拠としている。筆者は後者の立場にたっているので、まず非国府説の最大の論拠となっている『続日本紀』宝亀 11（780）年８月乙卯条の内容を、改めて文脈に沿ってたどることからはじめ、つぎにそれに付随した問題を取り上げ、最後にシンポジウム当日に十分に取り上げられなかったいくつかの問題にも言及してみたい。

２　『続日本紀』宝亀11（780）年８月乙卯条の文脈と内容

国史の関係記事で国府問題のカギとなるとみられるのが、『続日本紀』宝亀11（780）年8月乙卯条（史料1）である。従来、この記事は、この後に掲げる史料2・3とともに、秋田城にある国府の移転問題に関わる史料と考えられてきた。それに対して今泉はそのような解釈を批判し、国府の移転に関係するのは史料3のみで、史料1・2は秋田城そのものの停廃問題に関する史料であって、国府の移転問題とは関係しないと解し、秋田城国府説を批判した。筆者は、この今泉の見解を支持する。つぎに関係史料を掲げる。

〈史料1〉『続日本紀』宝亀11年8月乙卯条

(A)出羽国鎮狄将軍安倍朝臣家麻呂等言さく、「狄志良須・俘囚宇奈古等款して曰く、
『(1)己等官威に拠り憑みて、久しく城下に居る。(2)今此の秋田城は、遂に永く棄てられんか。(3)番を為し旧に依りて、還保たんか』てへり」と。

(B)報を下して曰く、

(B−1)「(4)夫れ秋田城は、前代の将相僉議して建つる所也。敵を禦ぎ民を保ちて、久しく歳序を経たり。(5)一旦挙げて之を棄てるは、甚だ善計にあらざる也。(6)宜しく且く多少の軍士を遣はして、之が鎮守と為すべし。彼の帰服の情を䩄らしむること勿れ。(7)仍て即ち使、若くは国司一人を差はして、以て専当と為せ。(8)又由理柵は、賊の要害に居りて、秋田の道を承く。亦、宜しく兵を遣し相助けて防禦せしむべし。

(B−2)但し以みるに、

(9)宝亀の初、国司言さく。『秋田は保ち難く、河辺は治め易し』てへり。(10)当時の議、河辺に治むるに依れり。(11)然るに今、積むに歳月を以てしても、尚未だ移徙せず。(12)これを以て言はば、百姓遷るを重ること明かなり。(13)宜しくこの情を存て、狄俘并せて百姓等を歴問し、具に彼此の利害を言ふべし」と。

〈史料2〉『日本後紀』延暦23（804）年11月癸巳条

出羽国言さく、(C)「秋田城は建置以来卌余年なり。土地墝埆（こうかく）にして、五穀に宜しからず。加以（しかのみならず）、北隅に孤居し、相救ふに隣無し。伏して望むらくは、永く停廃に従ひ、河辺府を保たん」てへり。(D)「宜しく城を停めて郡と為し、土人・浪人を論ぜず、彼の城に住む者を以て編附すべし」と。

〈史料３〉『続日本紀』宝亀６（775）年10月癸酉条

出羽国言さく、(E)「蝦賊の余燼、猶ほ未だ平殄（へいてん）せず。三年の間、鎮兵九百九十六人を請ひて、且（か）つは要害を鎮め、且つは国府を遷さん」と。勅して、(F)「相摸・武蔵・上野・下野四国の兵士を差して、発遣せしむ」と。

一見して明らかなように、問題の史料１は三つの史料のなかで飛び抜けて長い。秋田城関係の史料全体のなかでも、元慶の乱関係の記事を除けば、もっとも長大な史料といってよい。したがってそこに含まれる秋田城に関する情報量も、他の史料に比べて格段に多く、国府問題に対する立場如何に関わらず、秋田城の歴史を考えるうえで欠くことのできない史料なのである。

ところが史料１は、従来の秋田城の研究史においてほとんど重要視されてこなかった。それはこの史料がきわめて難解なことが最大の理由であろう。この記事について、初めて全体の文脈を明らかにし、それに沿った解釈を提示したのは今泉である。以後、現在にいたるまで、それに代わる文脈をふまえた解釈は提示されていない。熊田亮介も基本的に今泉の解釈に賛同しているし（熊田1998）、筆者の解釈もまた、今泉説を基本的に継承するものである。なお、以下の私見は、拙稿2011・2012・2013で述べたものと基本的に同じである。

史料１は、文脈からみて大きく(A)(B－1)(B－2)の三つに分けられる。(A)は、このとき秋田城に来ていた鎮狄将軍安倍家麻呂が狄志良須・俘囚宇奈古らの秋田城の存廃についての問い合わせを中央政府（太政官）へ取り次いだもので、(B)はそれに対する中央政府の報答であるが、それはさらに(B－1)と(B－2)に分けられる。(B－1)は(A)に対する直接の回答で、秋田城の暫定存続の方針を伝え、それに伴って新たな警備体制を指示した箇所である。つづく(B−2)はこの措置に関連して、「宝亀の初」の「議」によって決定された秋田城の停廃について、その実現のために百姓・狄俘の説得の努力を継続するよう命じた箇所と理解できる。

史料1の冒頭部分(A)には、この時期の秋田城が置かれている状況を理解するうえできわめて重大なことが記されている。それは服属した蝦夷である(イ)狄・俘囚らが、このとき秋田城に来ていた(ロ)鎮狄将軍に、(ハ)秋田城の存廃について回答を求めたことである。

このとき狄・俘囚らは、(2)秋田城はこのまま永久に廃棄されてしまうのか、それとも(3)交代勤務(「番を為し」)による以前と同じような(「旧に依りて」)警備体制に復帰するのか、回答を求めたのである。これは今泉が指摘したように、(2)からは秋田城の停廃がすでに決定していたこと、(3)からは秋田城ではもともと番上兵である軍団兵士が警備を行っていたが、その停廃決定に伴って軍団兵士がすでに引き上げていたことを意味する。すなわちこの時期の秋田城は、公式には廃城が決定されていた城柵であったということになる。

すでに廃城が公式に決定されて武装解除がされた秋田城に国府が置かれていたとは考えがたい。これは出羽国府をめぐる問題ばかりでなく、秋田城の歴史にとってきわめて重大なことのはずであるが、今泉説が発表されて以来、今日にいたるまでこの解釈の当否について本格的な検討がされないまま今日に至っているといって過言でない[3)]。

さらに筆者が注意したいのは、ここで(イ)一介の狄・俘囚が、(ハ)秋田城の存廃という国家の重要政策について回答を求めていること自体きわめて異例なことと、さらにその相手が、通常の国府・城柵の責任者である国守や城司(国司の一人が兼務)ではなくて、呰麻呂の乱勃発後に臨時に出羽国に派遣されてきた(ロ)鎮狄将軍であることである。これらのことは、このとき秋田城には国守はおろか正規軍を統率する城司すらもいなかったことを前提としなければ理解しがたいし、狄・俘囚らが秋田城の存廃によって大きな影響を受ける立場にあったことを示唆しよう。これは今泉の指摘をさらに裏付けるものであって、以下の(B)の内容を理解する際にも念頭においておくべき事柄である。

つぎに(B－1)をみていくが、筆者は、(B)においても冒頭の(4)が(B)全体の文脈を理解するのにきわめて重要であると考える。ここで中央政府は、秋田城のはたしてきた役割について概括している。もし以下が国府移転に関わる指示だとすれば、ここで秋田城が国府としてはたしてきた役割にふれてしかるべきであろう。ところがここでは、秋田城が(イ)「敵」（＝蝦夷）を防御して、(ロ)城下の住民（柵戸や狄・俘囚）を守ってきたことをあげるのみである。これは城柵の機能そのものあって、国府の機能にはまったく言及がない。おそらく(イ)は(B－1)で秋田城の警備体制の強化を指示していることに対応し、(ロ)は、秋田城の存廃は城下住民である狄・俘囚らの大きな関心事であったことを想起させるし、(B－2)で秋田城下の住民の移住問題に言及していることにも関連しよう。

(5)では、秋田城を完全に放棄するのは「善計」ではないとして、既定の秋田城停廃の見直しの方針が提示されている。ついで(6)ではそれをうけて、一定数の軍士（鎮狄使に属する兵）を派遣して秋田城の警備に当たらせ、さらに(7)で「使」（鎮狄使の官人）か国司の一人を「差」して「専当」とするよう命じて、秋田城の新たな警備体制についての指示が行われている[補註1]。最後の(8)では、「秋田の道」が通じている由理柵にも「兵」を派遣して、秋田城と連携して防御するよう命じている。要するに(B－1)は、既定の秋田城停廃の方針の部分的変更と、それに伴う新たな秋田城の警備体制の指示を行っていることが明らかで、国府に関わることにはいっさい言及がないことを改めて確認しておきたい。

(B－1)には、もう１点注意すべきことがある。それは(6)に「且く多少の軍士を遣はして」とあることである。「且く」とは当面の間という意味であり、「軍士」は常備軍である軍団兵士や鎮兵ではなく、臨時に派遣されてきた征夷軍の兵士のことである（鈴木 1998a）から、この警備体制、したがってその前提となっている秋田城存続の方針もあくまでも暫定的な措置なのである。国府であればいうまでもないが、城柵であっても通常は正規軍が恒常的に警備する体制がとられるので、この点からも秋田城がすでに廃城が決定された、きわめて変則的な状態に置かれた城柵であったことが裏付けられよう。

このように、史料１で問題となっているのは、既定の秋田城の停廃が変更できないのかどうかということであり、国府の移転とは明らかに別個の問題である。ところが秋田城国府説では、いまなおこれを国府の移転問題の記事とみているようなので、そもそも停廃問題の存在さえ認めていないことになる。

しかしながら改めて考えてみると、この記事を秋田城の停廃問題ととらえるのと国府の移転問題ととらえるのでは、ことの重大性がまるで違う。国府の移転であれば、秋田城から国府機能だけをほかに移すということで、その存廃には関わらない。ところが停廃問題ということになると、秋田城自体の存廃問題ということになるので、その影響は単に国府の所在地問題に留まらず、秋田城の歴史をどうとらえるかという問題にも波及することは必至である。したがってこの解釈の正否は、もっと議論されてしかるべきであろう。

最後の(B－2)段落は、史料１のなかでもっとも難解な箇所である。まず(B－1)と(B－2)の二つの段落がどのような関係にあるのかを明らかにする必要がある。その際ポイントとなるのが、(B－2)冒頭の「但し以みるに」という語句である。

上に見たように、(B－1)段落は、(A)での狄・俘囚らの秋田城の存廃についての確認に対して、暫定的存続の方針を表明すると同時に、その警備体制を指示したものであるが、それを「但し以みるに」(ただし想い起こしてみると)という語句をはさんで(B－2)につなげているのである。「宝亀の初」に出羽国司から「秋田は維持が困難であるが、河辺は治めやすい」という申請があって、そのときは「河辺を治める」ことに決定したという(10)。ところがいまに至るまで、歳月が経ったのにいまだに「移徙」していない、というのである。「移徙」とは移動の意であるが、ここで考えなければならないのは「移徙」の主語である。これまで国府説はこれを国府の移動と考えてきた。それは「宝亀の初」を史料３の国府移転問題と結びつけて考えてきたからである。しかしこれは今泉が詳細に類例をあげて批判したように、宝亀６年を「宝亀の初」というのは何としてもおかしい[補註2]。やはり「宝亀の初」が何を指すのかを明らかにするには、まずは史料１の文脈をたどりながら「移徙」の主語が何かを考えるのが正道であろう。そこでまず(B－1)とのつながりから考えると、(B－1)で問題とされているのは秋田城の暫定的存続にともなう警備体制であって、国府の移転については片言隻語もふれられていないことは上にみたとおりである。したがって文脈上からも、ここに国府の移転の話が出てくるというのは、唐突に過ぎよう。しかも直後の(12)に、「百姓」が移るのをいやがっている（「重」はハバカルと訓み、忌み嫌うの意）と出てくるので、ここは百姓などの城下の住民を主語と解するのがもっとも自然であろう。

なお「移徙」に関しては、『続日本紀』ではほかに神護景雲３（769）年２月丙辰条に「宜しく坂東八国をして、各部下の百姓を募り、如し情に農桑を好みて、彼の地利に就く者有らば、則ち願の任に移徙し、便の随に安置せしむべし」という用例があり、やはり百姓の移住という意味で用いられている。平安時代にはこれを「わたまし」と訓み、貴人の転居の意に用いるのが一般的となるが、それは後次的な用法である。

ただここに百姓の移住問題が出てくることについては、多少の補足説明が必要であろう。実はここにいう秋田城の停廃問題とは、すでに今泉が指摘しているように、秋田城の停廃と同城下の百姓の「河辺府」への移住が一体となった問題のことなのである。それはこの(B－2)と(B－1)の関係からばかりでなく、史料２からもそのように理解される。すなわち史料２(C)によれば、このとき出羽国は、再び、秋田城を停廃して「河辺府を保」つよう要請するのであるが、中央政府はそれを却下して、代わりに「城」制の廃止と「郡」制の施行、および城下の住民を「土人・浪人を論ぜず」秋田郡に編附することを命じるのである(D)。すなわちここでも秋田城の存廃と城下住民の処遇が一つの問題として取り扱われていることが確認できる。同じことは、(B－1)の(4)に秋田城は久しく「敵を禦ぎ民を保」ってきたといういい方にも表われているし、(A)の(1)でも狄・俘囚の側から「己等官威に拠り憑みて、久しく城下に居る」ともいわれている。要するに、「敵を禦ぎ民を保」ってきた秋田城の停廃は、不可避的にその城下住民の移住問題を惹起するのである。この点をふまえれば、ここで問題となっていることが、国府の移転のような秋田城の機能の一部の移転ではなく、秋田城という施設自体の停廃、すなわち廃城にほかならないことは明白であろう。

国府説では、ここにみえる「河辺」を出羽郡河辺郷や払田柵跡に比定している。それが成り立たないことは、今泉の批判の通りである。さらに秋田城の停廃に伴う住民の移転先を遠く離れた出羽郡とみることの不自然さを考えれば、史料１の「河辺」も史料２の「河辺府」も、今泉のいうように秋田の南隣の「河辺郡府」以外には考えがたいと思われる。

以上の点をふまえたうえで、もう一度(B－2)の文脈をたどってみよう。「宝亀の初」に出羽国は秋田城の停廃と城下住民の河辺郡への移住を提案し、中央政府もそれを承認するが、その後宝亀11年に至っても住民の移住の忌避によって秋田城の停廃は完了していなかった(9～12)。そこで中央政府はこの情況をふまえて、出羽国に城下の「狄俘并せて百姓等を歴問し」、十分に「彼此の利害」、すなわち秋田城を存続させた場合と河辺郡へ移住した場合の利害得失を説明して、河辺郡へ移住するよう説得せよ(13)、と命じたのである。要するに、「宝亀の初」に秋田城の停廃が決定されながら、それがほぼ10年経過しても実現しなかったのは、住民が南隣の河辺郡への移住を忌避していたためであることが(B－2)から知られるのである。

(B－2)の冒頭で「但し以みるに」として「宝亀の初」の出羽国からの提案を想起しているのは、それが宝亀11年の時点でもなお未解決であった秋田城の停廃問題の発端となる出来事であるからと解される。すなわち文脈からみても、「宝亀の初」の出来事とは決して出羽国府の移転問題などではなく、延暦23年に決着をみるまで続く秋田城自体の停廃問題のことであると考えられるのである。

また(B－2)が「但し以みるに」として(B－1)を承けているのは、(B－1)で中央政府が打ち出した秋田城存続の方針が、あくまでも暫定的なものであることに関係しよう。すなわち暫定的存続を掲げる一方で、出羽国に廃城を妨げている城下住民の説得に当たらせ、それが成功すれば改めて廃城を実施する方針を留保したのが(B－2)なのである。すなわち秋田城は、公式にはこれ以降も廃城が決定された城柵なのであり、それが史料２における廃城の再提案をまねく要因にもなったと考えられる。

以上、史料1をその文脈をたどりながら読解してきた。その結果、これは「宝亀の初」にいったん決定した秋田城の停廃と城下住民の南隣の河辺郡への移住問題に関わる史料であって、国府の移転問題とは無関係であることが改めて確認できたと思われる。ここで、史料1から知られる秋田城停廃問題に関わる事柄を、時系列に沿って整理しておきたい。

(a)「宝亀の初」（宝亀元・2（770・771）年ごろ）、出羽国は防備が困難なことを理由に、秋田城の停廃と城下の百姓・狄俘の河辺郡への移住を提案し、中央政府もそれを承認する(9・10)。

(b)その後、その決定にもとづいて秋田城に赴任していた城司も、警備にあたっていた軍団兵も引き上げてしまう(2・3)。

(c)ところが城下住民が移住を忌避したために秋田城の完全な廃城は実現しないまま宝亀11年にいたる(11・12)。

※宝亀11年3月に陸奥国で伊治公呰麻呂の乱が勃発すると、すぐさま陸奥国に征東使、出羽国に鎮狄使が派遣される。

(d)同年8月、鎮狄将軍が秋田城にやってきたときに、城下の狄・俘囚らが改めて秋田城存廃の方針について問いただすと、鎮狄将軍はそれを中央政府に取り次ぐ(1～3)。

(e)鎮狄将軍の言上を受けた中央政府（太政官）は、「宝亀の初」の決定を一部変更し、暫定的に秋田城存続の方針に転じる(5)。

(f)さらに、それに伴って当面の警備体制として、軍士を秋田城に派遣して警備にあたらせ、その専当官として鎮狄使ないし出羽国司1人を派遣すること、近隣の由理柵にも兵を派遣して連携して防備にあたることを指示する(6～8)。

(g)ただし、もう一方で廃城の妨げになっている城下住民の説得を出羽国に命じ、秋田城停廃の道も残す(13)。

史料1の検討の結果、上記の(a)～(g)の事実が確認できたと考える。これらはいずれも秋田城の歴史を考えるうえで重要な事柄であり、史料2の内容とも整合的である。なお史料2についての私見は、拙稿2011・2012・2013等を参考にされたい。

もし上記のことが事実として認められるとすれば、秋田城は宝亀初年に廃城が決定され、まもなく城司も常備軍も引き上げてしまったことになるので、そのような城柵に国府が置かれていたと考えがたいことは多言を要すまい。秋田城国府説が説得力をもつためには、如上の史料1の解釈が成り立たないことを示す必要があると思われる。

3　秋田城国府説をめぐる二、三の論点

(1)国府の通常業務と秋田城の位置

今泉や筆者が秋田城に国府が置かれたとは考えがたいとみるもう一つの理由は、秋田城の位置である。

秋田城は最北の城柵として名高い。いい換えれば、秋田城は律令国家の北端に位置する城柵ということになる。とくに天平5（733）年に出羽柵が庄内地方の出羽郡からいっきに約100km北上して秋田村高清水岡に移転したときには、秋田出羽柵は出羽国の疆域から隔絶した場所に飛び地状に存在していた。同じ時期の陸奥国の北辺と比べてみても、圧倒的に北方に突出した場所である。しかも当初は駅路も通じていなかったと考えられ（熊谷2014）、庄内地方とは主に海路によって結ばれていたとみられる（第1図）。

天平宝字3（759）年に山北地方（横手盆地）に雄勝城が造営されると、雄勝・平鹿両郡が置かれ、さらに秋田出羽柵（このころ秋田城と改称）と陸奥国を結ぶ駅路が完成して、秋田城の飛び地的状態はようやく解消される。しかしながら、その後も雄勝城（現横手市付近か）と約60km、由理柵（780年以前に創建、現由利本荘市子吉川下流域か）とも約40km離れており、秋田城が出羽国の北西隅に孤立した状況は依然として解消されなかった。そのうえ、この時期の陸奥国の北辺はなお桃生城（759年創建、現石巻市）・伊治城（767年創建、現栗原市）を結ぶライン付近に留まっていた。当時の秋田城の状況を雄弁に物語るのが、史料2の「北隅に孤居して、相救ふに隣無し」という一節である（第1図）。この孤立状況がようやく解消されるのは、坂上田村麻呂による山道の

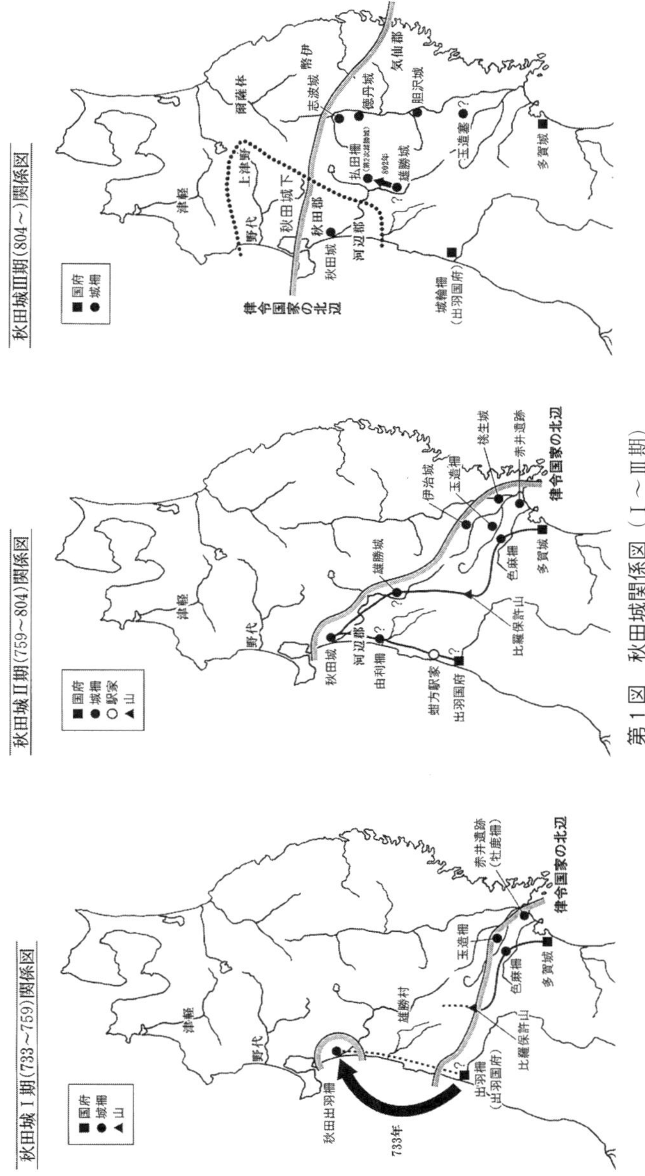

第1図　秋田城関係図（Ⅰ～Ⅲ期）

蝦夷の制圧を前提とした胆沢城（802年創建、現奥州市）・志波城（803年創建、現盛岡市）、さらには払田柵跡の造営（802年ごろ創建、現大仙市、第2次雄勝城か）によって北辺の城柵支配体制が刷新された後のことである（第1図）（熊谷2011・2013）。

このような9世紀初頭以前の秋田城の孤立した立地が、史料1・2にみえる秋田城の停廃問題を惹起した根本原因でもあった。そのような、戦略上、危険のともなうところにあえて国府を置くようなことをするであろうかというのが、非国府説側の基本的な疑問である。

それに加えて、秋田城の場所は出羽国の北辺にもあたっている。国府が所在国の縁辺部、それも京とは反対側の縁辺部に所在するというのは、国務遂行上、種々の不便が生じると考えられる。これまた秋田城国府説にとってはきわめて不利な要素であろう。

国府にはさまざまな通常業務があった（加藤1993）。なかでも国内支配にとって重要なのは、毎年定期的に行われる国司の部内巡行であろう。部内巡行に関しては、戸令33国守巡行条に百姓の教化・勧農と郡司の政績の監察を中心とした規定がみえる。一方、正税帳等からは、正税の出挙と収納、計帳手実の責取、検調庸、検水田などが巡行の重要な業務であったことがうかがわれる（亀田1973、高垣1988、藤井1998など）。東野治之が紹介しているように、『口遊』（970年成立）では、部内巡行のうち出挙使、検田使、計帳使、収納使の4使を「四度使」とよんでいるので、これらの四つの業務が部内巡行でもとりわけ重要なものであったとみてよい（東野1995）。

正倉院所蔵の正税帳のうち、6か国に部内巡行の記載がみられる。そのなかで唯一、首部に1年間の巡行の記載を完存しているのが天平10（738）年周防国正税帳である。それによれば、年間13度の巡行があったが、その構成は守ないし掾が1名に目・史生が1～3名加わり、それに3～7名の将従を従えた、総勢5～11名で行われた。巡行日数をみてみると、短かいもので6日、もっとも長い官稲（正税）の収納で32日間におよぶ。13度の巡行の延べ日数は269日で、1年のほぼ4分の3に達する。国府の通常業務のなかでも、部内巡行がもっとも重要なものの一つであったことがうかがわれよう。

もし出羽国の国府が秋田出羽柵・秋田城に所在したとすると、部内巡行は、つねに北端の秋田城を起点とし、国内を周回してまた秋田城にもどってくることになる。出羽国は南北に長い国なので、南端の置賜郡とは直線距離で200km近く離れている。しかも途中、「道路嶮絶にして、大河の流れ急」で「迎送の煩、勝げて計ふべからず」（『日本三代実録』元慶3年（879）3月2日壬辰条）といわれた難所の最上郡を経なければならないのである。さらに既述のように、雄勝城が完成する天平宝字3年以前は、秋田は駅路さえ通じていなかったとみられる。そのような出羽国内でもっとも北に偏った陸路の便がいいとはいいがたい場所に国府を置いて、はたして定められた部内巡行を確実に遂行することができたのだろうか、という素朴な疑問を禁じえない。

それに対して庄内地方は出羽国の中央部に位置するので、北の秋田城へも南の置賜郡へも、直線距離でほぼ100kmと、秋田城の約半分の距離である。このように庄内地方の国府としての地理的優位性は、数字のうえからも明らかであろう。しかもこのことは単なる憶測ではなく、今泉が注意を喚起しているように、仁和3（887）年に出羽国の国府の移転問題が起こったときに、中央政府の裁定で具体的に述べられていることでもある（『日本三代実録』仁和3（887）年5月20日癸巳条）。すなわち嘉祥3（850）年に出羽国で起こった大地震の影響で、出羽郡井口の地にあった出羽国府（現酒田市城輪柵跡に比定）周辺で地盤沈下が進行し、ついに国府を移転せざるを得なくなって、このとき中央政府に許可を求めるのである。出羽国は最上郡大山郷保宝士野（現河北町付近か）への移転を提案する。それを受けて太政官は、太政大臣藤原基経以下が「左仗頭」すなわち左近衛陣に集まり、小野春風・藤原保則らから意見を聴取したうえで裁定を下した。それによれば、まず国府の移転自体は首肯できるが、「中」（国府のある庄内地方）を出て「外」（最上郡をさす）に遷る計画には利点がないと断じる。その理由としては、最上郡は国の「南辺」にあって交通の便が悪く、秋田・雄勝両城からも遠く隔たっていて烽による連絡網も未整備なことを指摘したうえで、「挙納・秋饗」、すなわち春の出挙と秋の収納およびそれに伴う饗宴などの際の「国司の上下」（部内巡行）の困難さをあげ、出羽国の南遷案を却下して「旧府近側の高敞の地」（旧国府近傍の広い台地）への移転を命じるのである。城輪柵跡の東方３㎞の八森丘陵上に所在する八森遺跡（現酒田市）は、このとき移転した「旧府近側の高敞の地」の国府とみられている。

このように仁和３年に起こった国府移転問題では、出羽国の提案した「保宝士野」案を、国の「南辺」に偏していて交通の便が悪く、部内巡行が容易でないことを理由に却下している。この「南辺」を「北辺」に読みかえれば、そのまま秋田城に当てはまる話である。国府の立地からみると、庄内地方が「中」で、それ以外が「外」というのが、中央政府の認識であった。このことからみても、秋田城に国府が置かれたとは考えがたいであろう。

なお、以前に指摘したことがあるが、「挙納・秋饗には、国司の上下、必ず頭を分ちて入部し、衆を率ゐて城に赴くこと有り」とあるので、出羽国では、出挙とその収納の際に、城（＝秋田・雄勝両城）にも国府から国司が巡行してきていたことが知られる。このことから二城で行われる出挙についても、国府の管轄下にあったと考えざるをえないであろう（熊谷公男 2007）。陸奥国でも、仁寿４（854）年に「この国、所部道多く、有司員少し。春挙・秋収、事兼済し難し」との理由で少掾一員を加え置いている。これは陸奥国でも、「春挙秋収」すなわち出挙の春の貸付と秋の収納に際して、国府から国司が派遣され、その業務に当たっていたことを示している。鈴木拓也は、このことに加えて陸奥国の公廨稲の鎮官料の額が国司料に比して著しく少額であることなどから、鎮官が正税出挙などの陸奥国の財政運営には関与していなかったと推定している（鈴木 1998b）。

すなわち陸奥国の鎮官も含めて、城柵に常駐していた城司は、鎮兵・兵士等を率いて城柵を防衛する軍事の“専当官”であって、出挙・収納や計帳責取、検田などの国府の通常業務は、国府から巡行してくる国司が管轄していたようにみられるのである。

しかしながら、もう一方でそのような想定を妨げる史料も厳存している。『藤原保則伝』の一節に、「如聞（きくならく）、秋田城司良岑近（よしみねのちかし）は、聚斂（収奪）を厭（いと）ふこと無く、徴求すること万端なり。故に怨を畳ね怒を積みて叛逆を致す」、「異時（かつて）秋田城司、貪慾暴獷（ぼうこう）（暴虐）にして、谿壑塡（けいがくうづ）み難し（限りなく貪欲なこと）。

若し毫毛も（わずかでも）其の求めに協(かな)はざれば、楚毒（苦しみ）立ちどころに施す。故に苛政に堪へずして、遂に叛逆を作(な)せり」と、秋田城司良岑近の苛斂誅求のありさまを伝えるのがそれである。このことは『日本三代実録』が乱の原因について「抑(そもそ)も亦た国宰の良からず」（元慶2（878）年3月29日乙丑晦条）といっており、また乱のピークが過ぎた元慶2年8〜9月ごろのこととして、「賊徒、愁状十余状を進り、怨叛（怨みによる叛逆）の由を陳ぶ。詞旨深切にして、甚だ理致（道理）有り」（元慶3（879）年3月2日壬辰条）とも伝えられていることから裏付けられよう。すなわち、秋田城司は何らかの徴税行為に携わっていたのであり、そのなかで「苛政」が行われ、それに耐えきれなくなった俘囚が反乱に立ち上がったのである。

このように、この時期の秋田城司が城下の徴税業務にも従事していたことは否定しがたいが、もう一方で出挙・収納時に、国司が城柵に巡行してきてそれらの業務を管轄したことも明らかなので、城司と国司がどのような形で部内支配に関わっていたのかをさらに具体的に解明していく必要があろう。その場合、この時期の秋田は、城司の支配がおよぶ「城下」が、野代や上津野・火内などの米代川流域の郡制未施行地にまで広がっていたという「最北の城柵」の特殊事情があることに加えて、史料2にみられるように、延暦23（804）年以前は秋田郡が建置されておらず、出羽柵が秋田に移転してきた天平5（733）年以来、平川のいう「城制」（平川2014a）がしかれて、城司が直接城下を支配するという特異な支配体制が、実に70年余にわたって継続したということも考慮に入れなければならないであろう（熊谷2012）。このような点から、秋田城のような城柵支配のあり方を他の城柵に敷衍できるのかどうかも、慎重に見きわめる必要があると思われる。これらのことは、三上が提起している「国司分割統治システム」の問題（三上2012）とも関わってこよう。

⑵渤海との通交と秋田城

国府の通常業務の問題は、秋田城国府説にとって明らかに不利な要素であるが、いままでのところそれに対する明確な説明はない。それに代わって国府説が重要視するのが渤海使の受け入れである。渤海が神亀4（727）年にはじめて日本に外交使節を送ってきて以来、延暦14（795）年までの13回の来航のうち6回と、ほぼ半数が出羽国に来航している。その後、渤海使の来日は延喜19（919）年までの間にさらに21回を数えるが、出羽国への来航は1度もなくなるのである。このことから、とくに奈良時代には出羽国が渤海使の主要な来航地であったと考えられてきた。

文献史料からは出羽国のどこが渤海使の来航地であったかは知ることができないが、秋田城跡から大陸系の鉄製鍔釜が発見されたことや、鵜ノ木地区の水洗厠所跡から豚を中間宿主とする有鉤条虫の卵が検出されたことなどから、秋田城が渤海使の来航地になっていたと考えられるようになったのである。筆者も、このことが渤海使の秋田城来航を裏付ける貴重な考古学的発見であるということに異論はない。

筆者は、国府にとって最優先されるべき通常業務の遂行にさまざまな支障のある秋田にあえて国府を移転するようなことは考えがたいと思っているが、その問題はしばらく措いて、渤海使の来航地であったということが、秋田城が出羽国府であったことを証するにたるのかという問題をここで取り上げることにしたい[補註3]。この問題は秋田城の外交機能を重視する国府説においても、具体的な検討はほとんど行われていなかった。ところが今泉が近刊の遺稿においてこの問題に詳細に検討を加え、秋田城で渤海使を安置したことがあったとしても、それが国府であることの根拠とはならないことを明快に論じている（今泉2015b）。筆者も最近同じ問題について考えていたのであるが、今泉がすでに同様に結論に達していたことをことを知って、意を強くした次第である。この問題の詳細については今泉の遺稿を参照していただくことにして、ここでは私見を取り混ぜて渤海使の来航をめぐる問題を略述しておきたい。

この問題は、主として二つの点からのアプローチが可能であろう。一つは、秋田城以外の渤海使の受け入れ施設が一般的に国府であったかどうかという点、もう一つは、秋田城は渤海使の受け入れにおいて他の受け入れ地とは異なる特別な場所であったとみることができるのかという点である。

まず前者であるが、渤海使受け入れ地は国府以外の地であることがふつうであって、逆に国府であることが確認できる例はほとんどない。渤海使の客館として著名な越前国の松原客館は、『延喜式』によれば気比神宮の管轄下にあり、敦賀津からほど近い松原駅に付設されていたとみられる。敦賀市内の気比の松原周辺に比定する説が有力である（田島 1993）。越前国府は、『和名類聚抄』に「国府在丹生郡」とあり、また『催馬楽』に「武生の国府」とあることなどから、現越前市武生に比定するのが定説となっている。松原客館とは、直線距離で 20㎞余り離れている。

また能登の客院は、延暦 23（804）年の勅で「このごろ渤海国使の来着、多く能登国に在り。停宿の処､疎陋すべからず。宜しく早く客院を造るべし」と、建造が命じられたものであるが、ほかに史料がなく、詳細は不明である。ただ北陸では、能登半島西岸の福良津（現石川県羽咋郡志賀町福浦（ふくら）港）が渤海との通交の港としてよく使われたらしいので、能登の客院をこの福良津に比定する説が有力視されている。ほかに南に 20㎞ほど離れた羽咋市市街地に所在したと推定される羽咋郡家に近接して営まれたのではないかとする説もある。一方、能登国府は能登郡に所在したが（『和名類聚抄』）、その比定地は能登半島東岸の現七尾市の市街地にほど近い古府（ふるこ）町とさており、福良津・羽咋郡家推定地のいずれからも 20㎞ほど距たっている。

そのほか、天平宝字６（762）年と宝亀７（776）年の２度にわたって、渤海使を越前国加賀郡で安置、饗給している。弘仁 14（823）年の加賀国分置以前の加賀郡は、越前国の最北の郡であり、国府の比定地である越前市武生からは 80㎞ほども離れている。

このように渤海使の受け入れ施設は、国府である必要はまったくなかったことが明らかである。それは渤海使の存問（慰労と入国審査）のあり方が関係していると思われる。渤海使の存問は、その安置場所に国司や存問使を派遣して行う方式がとられた。たとえば、神亀４（727）年に初めて渤海使が出羽国に来航したときには、中央から存問使が派遣されているし、宝亀４（773）年に渤海使が能登国に来着したときには、国府から使者を派遣して勘問を行っている。この使者は国司であろう。さらに天長４（827）年に渤海使が但馬国に来航したときには、国府から国博士を派遣して、来航の理由を尋ね、来航の年限違反について説明を求めている（『類聚三代格』天長5年正月2日官符）。国博士は国務にも参画したので、ここは国司に准じて渤海使の存問にあたったのであろう。このように渤海使の存問は、通常、安置場所に国司や存問使を派遣して行われたので、受け入れ場所が国府である必要はないのである。

つぎに後者の秋田城での渤海使の受け入れ状況をみておきたい。まず渤海使が出羽国に来航した事例は、神亀4（727）～延暦14（795）年の間の13回中6回（第1・2・7・11・12・13次）に限られ、それに正式の外交使節と認定されなかった天平18年の渤海・鉄利人の来航が加えられる。このうち第1次は出羽柵の秋田移転以前であり、第7・13次は出羽国来航後ただちに他国に移されて安置・供給されている。蝦夷に襲われた12次も越後国に移されて安置された可能性が高い。11次は出羽国で安置・供給されているが、この時期の秋田城は廃城が決定され、城司も引き上げていたとみられるので、庄内周辺に安置されたとみてよい。しかもこのときは「来使軽微」とされて、入京は認められていない。そうすると、結局、秋田城で安置・供給された可能性のある正式な渤海使は、天平11年の第2次使節のみということになる。しかもこのときの使節の安置場所は伝えられていないので、秋田城以外の可能性も考えられる。要するに、秋田城で入京までの間、安置・供給された可能性のある渤海使はせいぜい1回程度で、まったくなかった可能性すら否定できないのである。このような実態をふまえれば、秋田城は多数あった渤海使の受け入れ施設の一つにとどまるとみるのが妥当で、この点からも秋田城を国府とみることはできないことにを確認しておきたい。

おわりに―出土文字資料と編纂史料―

以上、史料1・2などの国史の記事の考察によれば秋田城に国府があったとは考えがたく、そのことは国府の通常業務の問題や渤海使の受け入れの問題の検討によっても裏付けられることを述べてきた。最後に、本報告における考察を通して感じた若干のことを記して結びとしたい。

秋田城の国府問題では、現在、国府説は主として出土文字資料（とくに漆紙文書[補註4]）、非国府説は主として編纂史料（国史の記事）にそれぞれ立脚して論争が行われるという形を取っている。漆紙文書はとくに残そうとして残った文書ではないので、通常では知り得ない地方官衙での文書行政の実態などを解明しうる貴重な資料群であることは、改めていうまでもない。ただしもう一方で、断片的な資料という限界を有することも事実である。

一方、六国史などの編纂史料は、原史料をもとに編纂された史料という意味で一次史料ではない。原史料の節略・整形は避けられず、それに伴う錯誤や、ときには意図的改変もないわけではない。しかしながら『日本書紀』を別にすれば、以後の五国史の信憑性は、王権に直接関わりのある分野など特定の事柄を除けば総じて高いことも事実である。またこの際あえて強調しておきたいことは、編纂史料ならではのメリットもあることである。それは、国史は同時代の史官が重要と判断して選択した歴史的事実によって編纂されていることである。もちろん彼らの判断基準とわれわれ現代の歴史研究者の判断基準は同じではないし、採録すべくして落としてしまうこともままあったであろう。ただ全体としては、歴史の総体的な把握に六国史などの編纂史料が不可欠なことは改めていうまでもなかろう。これが編纂史料の大きなメリットである。

以上のような出土文字資料と編纂史料の関係は、秋田城の歴史研究においても再確認できる。秋田城の出土文字資料についていえば、木簡では天平５年の出羽柵秋田移転を裏づける「天平六年月」と記したクギ書き木簡をはじめ、「飽海郡」の習書木簡、浪人の調米木簡等々、国史の記述を補う事実を伝える木簡が出土している。漆紙文書では、出挙関係帳簿・大帳案・計帳歴名・死亡帳・戸籍・書簡など、地方官衙の日常的な業務を伝える多様な文書が、断片的とはいえ、多数出土している。これらの文字資料が、地方行政の実態について貴重な情報をわれわれに与えてくれたことは事実である。

しかしながらもう一方で、秋田城の歴史的展開の全体像ということになると、編纂史料を主体として組み立てられてきたことも認めなければならない。秋田城の歴史にとって重要とされてきた出来事というと、①天平５（733）年の出羽柵の秋田村への移転、②天平宝字年間の秋田（阿支太）城への改称と陸奥―秋田間の駅路開通、③延暦23（804）年の秋田郡の建置、④天長7（830）年の大地震による秋田城・四天王寺の建物・仏像などの倒壊、⑤元慶2（878）年の元慶の乱の勃発などであろう。このうち②の秋田城への改称の初見が「丸部足人解」（『青森県史』資料編古代1、Ⅱ-232）であることを除けば、それ以外はすべて『続日本紀』、『日本後紀』、『類聚国史』（『日本後紀』逸文）、『日本三代実録』などの国史の記事が伝える史実である。秋田城の歴史が、編纂史料を軸に理解されてきたことは厳然たる事実といってよい。

ここで改めて出土文字資料と編纂史料の関係について確認しておくと、第1に、通常、両者は一方から知られる事実によって他方の記述が否定されるというような関係ではなく（そのようなことは両者の史料的信憑性の高さを考えれば原理的に無理があろう）、基本的に相互補完の関係にあるとみるべきであろう。この点は出羽国の国府問題でも同様に考えるべきで、一方によって他方を否定しようとするのではなく、いかにすれば両者を整合的に理解できるかという観点から研究は進められるべきではないかということである。

第2には、上にも確認したように、秋田城の歴史的変遷の大綱は、やはり編纂史料＝国史を軸にして理解されるべきであろうということである。このことにくり返し言及するのは、秋田城の停廃問題を記した史料1が、内容的にも、また含まれる情報量の多さからも、きわめて重要な史料であるにもかかわらず、これまで秋田城の歴史研究にほとんど活かされてこなかったという経緯があるからである。筆者は、それは従来、今泉を別にすると、この史料が国府の移転に結びつけて理解されてきたために、“最北の城柵”秋田城のかかえる重要な問題が正当に認識されてこなかったためではないかと考えている。

筆者の理解を略述すると、“最北の城柵”秋田城はきわめてユニークな城柵であった。秋田城は、「秋田河」（雄物川）の河口にほど近い水上交通の要衝に移転してきた出羽柵を起源とする。出羽柵が100km余りも北の秋田に移転しても、しばらくの間「出羽柵」という名称を踏襲したのは、そこがイデハ（＝突端）の国のさらにイデハの地であったからにちがいない。しかしそこは「土地墝埆（やせ地）にして、五穀に宜しからず。加以、北隅に孤居し、相救ふに隣無し」（史料2）といわれた場所であって、もともと防御よりも交通の便を優先させた交易拠点として建置された城柵であったので、そこに集まり住んだのは交易を生業とする浮浪人や俘囚であったとみられる。ところが、蝦夷との緊張関係が高まった宝亀初年になると出羽国は防御が困難なことを理由に秋田城の停廃と城下住民の河辺郡への移住を要請し、中央政府もそれを承認する。しかしながらそれは、移住をきらう城下住民の抵抗のために廃城寸前のところで宙に浮いてしまうのである。城下住民の抵抗によって廃城の計画が頓挫するというようなことはほかに例をみない。私見によれば、そのような興味深い事実を伝えているのが史料1なのである。

この後、秋田城は交易を主体とした城柵から城下支配を主体とした城柵へと脱皮していく。それは坂上田村麻呂が登場し、山道の蝦夷の制圧と胆沢城・志波城・払田柵（＝第2次雄勝城）の造営によって「北隅に孤居し、相救ふに隣無し」という立地が劇的に解消され、秋田郡が置かれることが最大の要因となったと考えられる。以後、秋田城の支配体制は安定し、城司の支配がおよぶ城下を米代川流域まで拡大していくのである。『藤原保則伝』によれば、元慶当時の出羽国の繁栄ぶりを、「この国、民夷雑居して、田地膏腴なり。土産の出づる所、珍貨多端なり。豪吏并せ兼ぬること、紀極（際限）有ることなく、私に租税を増して、恣に徭賦（徭役）を加ふ。又権門の子、年来善馬・良鷹を求むる者、猥（みだりがは）しく聚ること雲の如し」と活写している。これは「民夷雑居」や「善馬・良鷹」の表現から秋田城下を中心とした記述とみてよいと思われる。多少の誇張は含まれようが、「土地墝埆」から「田地膏腴」へという表現の変化が、この間の秋田城下の発展を端的に物語っていよう（熊谷2013）。

このように史料1は、奈良時代末期の秋田城が置かれた困難な状況と、そのもとでの城下住民の国家の政策に対する抵抗という他のいかなる史料からも知ることのできない史実を伝える貴重な史料であると考える。その成否は読者の判断に委ねるしかないが、いずれにしても秋田城の歴史研究をより進展させるためには、立場の如何に関わらず、秋田城関係の史料のなかで質量ともに最上級と思われる史料1を、ほかの史料に合わせて解釈するのではなく、それ自体の文脈に即して理解しながらより多くの歴史的事実を引き出すことが何よりも求められていると考える。

註

1) 本報告では、文献史料はすべて書き下し文を掲げる。筆者が原文をどう読んだかは、関係の拙稿を参照されたい。

2) 小野岑守が陸奥守に任命されたのが弘仁6（815）年なので、今泉は田村麻呂が延暦年中に国府の建置を提案し、弘仁6年以降に小野岑守が建てたと解している。ただそう解しても、なぜ陸奥守が出羽国府を建てたのかという問題は残る。

3) 森田2000は、秋田城国府説の立場から今泉説を批判しているが、その主眼は出土文字資料の解釈にあり、史料1に関しては部分的な解釈しか提示していない。

補註

1) シンポジウムの当日、三上喜孝氏から、ここの「差」は「つかわす」ではなく「選ぶ、任命する」の意ではないかとの質問を受けた。確かにそのような解釈も可能と思われるが、いずれにしても既述のように、(A) の記述からこの時点で秋田城には国司・城司がいなかったとみられるし、直前の (6) では「多少の軍士を遣はして」と、専当官の率いる軍士は明らかに他所から「遣」わすよう指示しているので、史料1の文脈が変わることはない。

2) この史料3についての私見は、シンポジウムでの討論において述べたことにもとづき加筆した。本書304頁参照。その後気がついたことをあげておくと、元慶の乱の際に出羽権守に任じられた藤原保則が新たに戦略を立てたときに、向化3村の俘囚および良民を使って反乱軍を添河（現秋田市添川付近）に防がせるが、反乱軍は「次（つい）で雄勝を攻め、後に将に府（国府）を侵さむとす」と、雄勝城のみならず、出羽郡の国府（酒田市城輪柵跡）の攻撃も想定している（『日本三大実録』元慶2年7月10日癸卯条）。これは庄内の国府も蝦夷の攻撃目標になりうると認識されていたことを示す例として注目される。

3) 渤海来航と秋田城の関係についての私見は、シンポジウムでの討論において述べたことをさらに補強したものである。本書330頁註30）参照。

4) 今回のシンポジウムでもっとも衝撃を受けたのは、三上喜孝が秋田城跡第54次調査出土の28号漆紙文書を使って、秋田城国府説を強力に主張したことである。シンポジウムでは、出土文字資料に関しては小口雅史が報告を行ったので、本来であればすべてそちらに譲るべきことではあるが、国府の所在地問題にとって避けて通れない問題であるので、ここで筆者の見解を略述しておきたい。

三上の見解については、詳しくは本書討論の部と三上2012を見ていただくとして、そのポイントを、私の理解するところで簡単に要約すると、(1) オモテ面（1次文書）の出挙関係帳簿は1国単位の帳簿であるから国府で作成された、(2) 漆付着面（2次文書）の公廨稲の分配額を記したと思われるメモ的な文書も「長官御料」という語がみえるので、これは国府で作成されたとしか考えられない、(3) 表裏両面の文書とも国府で作成されたとすれば、廃棄場所も国府としか考えられない、したがって秋田城は国府である―これが三上説の大要と思われる。これに対して筆者は、シンポジウムの討論で三上の説明は正当と感じたと述べた。この文書に関しては、率直に自分の不勉強に恥じ入るしかないと思っている。

なお三上は、古代史サマーセミナーの報告（三上2012）で第28号漆紙文書を取り上げた際に、「この文書は、どこか別の国府からもたらされたと考えるべきものではなく、秋田城で作成された国府保管用文書が2次利用され、廃棄されたとみるべき」と解釈し、秋田城国府説を表明していた。この三上の見解は、公式の調査報告（鐘江・古尾谷2001）の見解をふまえ、さらに踏み込んで国府説を主張したものといえよう。

ただしもう一方で、この1点の漆紙文書によって本報告でとりあげた秋田城の停廃問題や国府の通常業務の問題、渤海使の受け入れの実態の問題などがすべて吹き飛んでしまうとは、筆者にはどうしても思えない。シンポジウムで「最終的には総合的判断」をしなければならないと発言したのも（伊藤武士も同じく「総合的」検討の重要性を述べている）、そのような考えにもとづいている。そこで、以下、シンポでの討論当日から現在にいたるまでに筆者が考ええたところをここで述べさせていただきたい。

一般論として、編纂史料よりも1次資料である出土文字資料の信憑性が高ことはいうまでもなかろう。しかしながら28号文書の場合、それ自体に秋田城に国府が所在することが明記されているわけではない。三上の説は、1次文書、2次文書の書かれた場所をいずれも国府と考定したうえで、さらに2次文書も同じ国府で「廃棄されたとみるべき」と解釈することによって、出土場所である秋田城を国府と結論づけたものである。あえていえば、この秋田城国府説は、漆紙文書の記載内容から直接導き出されたものではなく、その作成場所と廃棄場所の解釈を根拠に構築された説ということができる。

そこで三上の見解を改めて見直してみると、三上説の（1）（2）の作成場所については説得力が高く、容易に異論を差しはさむことを許さない。ただし（2）について多少私見を述べさせてもらうと、「長官御料」は国守の配分額の意とみてよいであろうが、「御料」という私的な丁寧語に着目すると、このメモは国守自らではなく、第三者が記したと考えざるをえない。しかも1行目に「□六千□」とあり、次行に「□長官御料三千」とあるので、長官御料の三千（束ヵ）は総額に対する守の配分額を記した可能性が考えられる。そしてさらに次行以降にも断片的な文字が確認されるので、このメモには介以下の国司の配分額も記されていたとみるのが自然であろう。あるいは、介以下の国司の誰かがこのメモの記主だったのかもしれない。

もしこのような可能性が認められるとすると、（3）の解釈にもほかの可能性が出てこよう。すなわち漆付着面が私的なメモで、しかも国守以外の人物が記したものと考えられるとすれば、このメモの廃棄場所を国府に限定することはできないのではないかということである。陸奥・出羽では、主要な城柵には国司が城司として常駐していたので、このメモの記主、あるいはメモを記主から取得した国司の誰かがそれを携行して秋田城に赴任したという可能性も考えられよう。そうであれば、この文書の廃棄場所までを同じく国府と断定するとしたら、それはこの文書の証拠能力の限界を超えているように思われる。

シンポジウム討論で小口が“(漆紙）文書は動く”ということを強調したように、漆紙文書は同じ出土文字資料である木簡とくらべても、文書として廃棄された後にその場所から移動する可能性が相対的に高いと考えられる。したがって第28号漆紙文書に依拠して国府説を主張する三上の見解にも、作成場所とは別に廃棄場所について異なる解釈をする余地が残されていることは否定できないであろう。

参考文献

伊藤武士 2006『秋田城跡』日本の遺跡12 同成社

今泉隆雄 2002「天平九年の奥羽連絡路開通計画について」『国史談話会雑誌』43

今泉隆雄 2015a「秋田城の初歩的考察」『古代国家の東北辺境支配』吉川弘文館 初出1995

今泉隆雄 2015b「秋田城と渤海使」『古代国家の東北辺境支配』吉川弘文館

加藤友康 1993「国・郡の行政と木簡―「国府跡」出土木簡の検討を中心として―」『木簡研究』15
鐘江宏之・古尾谷知浩 2001「秋田城跡第五四次調査出土漆紙文書について」『秋田城跡 平成12年度秋田城跡調査概報』秋田市教育委員会・秋田城跡調査事務所
亀田隆之 1973「古代の勧農政策とその性格」『日本古代用水史の研究』吉川弘文館 初出1965
熊谷公男 2007「城柵と城司―最近の「玉造等五柵」に関する研究を手がかりとして―」『東北学院大学 東北文化研究所紀要』39
熊谷公男 2011「秋田城の停廃問題と九世紀初頭の城柵再編」『アジア文化史研究』11
熊谷公男 2012「秋田城と城制」『日本古代の地域社会と周縁』吉川弘文館
熊谷公男 2013「秋田城の成立・展開とその特質」『国立歴史民俗博物館研究報告』179
熊谷公男 2014「出羽国飽海郡と蚶形駅家の成立をめぐって」『東北学院大学論集 歴史と文化』52
熊田亮介 1998「律令国家と北方地域」『能代市史』資料編 古代・中世1 能代市史編さん委員会
鈴木拓也 1998a「古代出羽国の軍制」『古代東北の支配構造』吉川弘文館 初出1992
鈴木拓也 1998b「古代陸奥国の官制」『古代東北の支配構造』吉川弘文館 初出1994
高垣義実 1988「天平期における地方支配の一断面―正税帳地方巡行記載の分析をとおして―」『古代史論集』中 塙書房
田島 公 1993「奈良・平安初期の対外交流」『福井県史』通史編1原始・古代 福井県
東野治之 1995「平安前期制度史小考二題」『日本古代の法と社会』吉川弘文館
新野直吉 1976「宝亀六年紀十月十三癸酉日条一段の解義」『続日本紀研究』186
新野直吉・船木義勝 1990『払田柵の研究』文献出版
平川 南 1992「律令制と東国」『新版古代の日本』8関東 角川書店
平川 南 2014a「古代における東北の城柵」『律令国郡里制の実像』上 吉川弘文館 初出1982
平川 南 2014b「文献史料からみた出羽国府論」『律令国郡里制の実像』上 吉川弘文館 初出1977
平川 南 2014c「秋田城跡漆紙文書からみた出羽国府論」『律令国郡里制の実像』上

吉川弘文館 初出 1977
藤井一二 1998「大伴家持の国内巡行と出挙―郡・郷にみる正税稲の配置と運用―」『情報と物流の日本史―地域間交流の視点から―』雄山閣
三上喜孝 2012「出羽から考える越後、越後から考える出羽―再考・国司分割統治システム―」『第40回古代史サマーセミナー資料集』新潟 2012.8.24
森田 悌 2000「秋田城と出羽国府」『日本古代の駅伝と交通』岩田書院

出土文字資料からみた秋田城

小口雅史

はじめに

本報告は、正史などの文献史料の解釈を中心に秋田城の性格を考える、先の熊谷公男報告を受けて、一方で秋田城が豊富な出土文字資料をも有することから、そこから得られる解釈と熊谷報告との整合性を問う、という役割を担って設定された。したがって正史その他の文献史料の解釈については基本的にすべて熊谷報告に譲り、本報告では当該期の出土文字資料に的を絞って、その解釈を文献史料と比較しながら論じることになる。

いうまでもなく、出土文字資料は、後世の編纂史料に対して、一次資料としてのきわめて重要な意味をもち、編纂史料の欠を補う、あるいは編纂史料の誤りを正す可能性すら有している。その一方で、編纂史料とは異なり断片的であって、その解釈にあたっては遺構との関係（とくに城柵の遺構論などとの関係が重要である）を十分吟味しなければならない。ところがこと漆紙文書については、早くより様々な遺跡において、出土地とは別な場所で作成されたものが出土している可能性があることも指摘されていて、単純に出土した遺構との関係を検討できないケースもありうる。通常より慎重な解釈が求められるゆえんである1)。

先の熊谷報告で明らかなように、文献史学を専門とする研究者の間では、とくに今泉隆雄説が発表されて以降（今泉 2015）、出羽国府は一貫して出羽郡にあり、秋田に移転したことは一度もなかったという理解が広まっている。その一方で、平川南をはじめとして秋田城跡出土文字資料を現物に即して考えてきた研究者の間では、その出土文字資料中に国府との関係を示す明確な記述が存在することから、出羽柵が秋田村高清水岡に移転する天平５（733）

年から「延暦年中」までの間、秋田城が出羽国府であったと考えるのが普通である（平川 1979～ほか）。この「正史類の記述」対「出土文字資料の語るもの」といった二項対立的状況をどう解決すべきであろうか。

ところで報告者が北方史研究に関わりをもったのは、昭和 60（1985）年に弘前大学人文学部（当時）に赴任したのがきっかけであった。それ以来、主に日本海側と北海道、あるいは大陸との交流に深い関心をもつ研究が自分の専門の一つの分野となり、以後継続してそれに取り組んできた。秋田城にも早い段階から何度も足を運び、大陸との関係の深さを感じてきた。もちろん秋田の地をめぐっては早くから大陸との日本海交流の視点に根ざした研究が存在しており（新野 1990 ほか）、平川もそれをうけて、秋田城への国府移転は渤海[2)] を意識した外交面も勘案した施策とするのである（平川 2014a）。秋田城の交易と交流の相手が「大陸」であったかどうかは別として、だれしも秋田城について、北方世界との交易と交流を想起せざるをえないところである。

その一方で、北東北で日本古代北方史を研究している者としては、対蝦夷世界の最前線である、いってみればきわめて危険な秋田城の地に、はたして政治の中枢である国府を置くであろうかという素朴な疑念を当初から抱かざるをえなかったというのが正直なところである。森田悌のように、多賀城が陸奥側の北辺最前線に置かれたのと同様に、秋田城も出羽側の最前線に置かれた国府なのだという立場（森田 2000）もあるが、やはり東北地方の太平洋側と日本海側とでは、歴史的にも当時の情勢からみても、相互に異なっているように思う。「現代人の心をもって過去を律するなかれ」という、秋田ゆかりの我が恩師の一人の「御遺誡」を承知のうえで、やはりこの点は秋田城国府問題の一つの論点になると考えてきた。

以上のような問題関心をふまえて、本報告では秋田城跡出土文字資料、なかんずく漆紙文書を中心に、あらためて秋田城国府問題について考え直してみたい。

1　平川南説の紹介
—秋田城国府説の立場から漆紙文書の分析を中心に—

本報告「はじめに」でもふれたように、平川は秋田城跡出土文字資料をめぐる一連の研究を通じて、一貫して秋田城国府説を主導してきた研究者である。出土情報を踏まえたうえでの実物に即した精緻な研究はもちろん大きな説得力をもつ。そこでまずこの平川説を総括的にまとめ直して検討することからはじめてみたい。詳細は原論文をあたっていただくとして、ここでは氏が取り上げた主要な秋田城跡出土漆紙文書とその解釈についての主張を、わかりやすく箇条書き的にまとめみよう。

①出挙帳様文書（秋田城跡第２号漆紙文書、参考史料①）の検討

・オモテ面１行目が人数および稲束量の総計、２行目以降が戸別の内訳である。

・個別稲束量は２束ないし５束に限られる[3)]。
類似の帳簿として「備中国大税負死亡人帳」があるが、本漆紙文書も同じく出挙関係か。ただし両者には一人あたりの稲束量に大きな差がある。
鹿の子C遺跡第174号漆紙文書は、春夏の出挙を記したものと推測されるが、一人あたりの稲束量は10束単位である。稲束量の違いは時期的あるいは地域的相違か。

・この鹿の子Ｃ遺跡第174号漆紙文書は郡衙段階のものであるのに対して、秋田城第２号漆紙文書は出羽国府＝秋田城に備え置かれた出挙帳様文書断簡である。早川庄八が推測するように、国衙には個々の農民に対する貸与額を正確に把握するための帳簿があったはずで（早川1997)、まだ類例は存在しないが、今後の出土が期待される。

・伊場遺跡出土第52号木簡も出挙貸付稲の歴名とする説がある[4)]（小林1981)。

②「出羽国大帳案」様文書（秋田城跡第８号漆紙文書、参考史料②）の検討

・書体は楷書で、数字は大字。公文のうちでも口数の統計的文書にあたる

（『延喜式』大帳式、「阿波国計帳（大帳）」参照）。

・「壱」の右肩に校合と思われる墨点があるので、国府作成の大帳の案文。

③具注暦・計帳様文書（秋田城跡第9号漆紙文書、参考史料③）の検討

・天平6年継目裏書があり、具注暦が紙背文書となっている。この暦は天平宝字3年暦（前年に廃棄されたか）で、国府内で書写された一本である。古代の具注暦は中央の陰陽寮で作成され、中務省を経て諸司へ頒下される。

郡司は国府に出向いてそれを書写する。他の機関から反故文書の紙背に具注暦が書かれて送付される例は存在しない[5)]。

・課戸主贄にはじまり、年・左の記載があるので計帳様文書とみなせる。

・計帳作成段階を知る手がかりとしては横界線の位置が決め手になるが、本文書は断片で墨痕の残存状況が悪く、界線が確認できない。

・天平5年・天平宝字2年はいずれも籍年。平川は戸籍作成にあたっては計帳が大きな役割をしたという立場にたつ（渡辺1992）。この文書が四比24年の長きにわたって保存されたのも籍年の歴名であることによるか。したがって本文書は計帳手実ではなく、国府に留め置かれた天平6年作成の計帳歴名である。

④出羽国司解案（秋田城跡第11号漆紙文書、参考史料④）の検討

・天平宝字3年ころの国司解文案文の末尾が残存したもの。

・国司自署の解文が国府に残された例である。「以解」なので太政官宛ではなく、出羽国司の上司にあたる陸奥出羽按察使宛である。多賀城跡出土漆紙文書の実例（第103号文書）では「謹解」とする太政官宛の案文にも国司の自署がある[6)]。

・たとえ別のところに居た出羽守・介から秋田城に来ていた陸奥国按察使に宛てた文書であると解したとしても、その公文書は、多賀城に置かれていた陸奥国按察使府に持参され、そこで廃棄されるべきものであり、秋田城で廃棄されることはありえない[7)]（森田2000参照）。

⑤公廨稲関係帳簿？（秋田城跡第28号漆紙文書、参考史料⑤）の検討

・某郡（田川郡か）＋出羽郡の記載。したがって出羽一国単位で作成され

た国府保管用の帳簿である。

・人名＋稲束量の記載から出挙関係の帳簿と考えられる。

・「長官御料」の長官は国守。したがって一次面が国府保管の文書で、やがて廃棄されたもの。国司が関与しているので公廨稲関係か。

⑥戸籍関係？（秋田城跡第29号漆紙文書、参考史料⑥）の検討

・年令と年齢区分を記した歴名様の帳簿である。身体的特徴の記載がないので戸籍関係か。「黄」とあるので養老令制下の文書である。

・御野国戸籍に似た特徴があるが、それと異なり末尾合計がない。

・楷書・大数字・界線がみられるので正式な控えとして国府に保管されたものである。

⑦出挙関係帳簿？（秋田城跡第13号漆紙文書、参考史料⑦）の検討

・国司記載と郡司記載との間は5行程度。したがって国郡司の官位姓名が繰り返される文書であって「越中国官倉納穀交替記」に類似したもの。

⑧具注暦断簡（秋田城跡第14号漆紙文書、参考史料⑧）の検討

・暦の復原から、天平勝宝4年暦・同5年暦とみられる。

以上の秋田城跡出土漆紙文書の解釈を踏まえれば、これらはすべて国府作成ないし国府に留め置く文書ということになる。

まず出挙関係文書についてまとめると、①は国府保管の個々の農民に対する出挙貸付帳で、⑤のように出羽国内の複数郡を含むものがあることから、それは国府にのみ備え置かれたものとしか考えられないということになる。

また計帳関係文書についてまとめると、②は国府作成の出羽国大帳案、③は国府に留め置かれる計帳歴名であって、四比24年間留め置かれた場所こそ国府すなわち秋田城にふさわしい。一方、秋田城に他の機関における公文書の紙背に記した具注暦を頒布することはありえないとみるのである。

その他の文書についても⑦〜⑨は、正式な控えとして国府に保管されていた帳簿であるし、④は国司上申文書であるが、国府＝秋田城に留め置かれた出羽国司解文である。以上のような出土文字資料の解釈から秋田城に出羽国府が置かれたことを証明できる、というのが平川説の中核部分である。

2　今泉隆雄説の紹介―秋田城非国府説の立場から―

本報告１で述べてきた平川説に、真っ向から異議を唱えたのがこの今泉隆雄説である（今泉 2015）。この今泉説は研究史的には、たとえば本報告冒頭で述べたような、文献史学者がそれまで漠然と抱え続けていた秋田城国府説への不安を一気に露呈させる役割を果たした。本報告に先立つ熊谷報告でも詳しく触れられているとおりである。本報告では熊谷報告との重複をできるだけ避けるために、この今泉説のうち、出土文字資料の理解に関する部分を中心に述べることとする。

今泉説では、議論の前提として、遺構の構造からは秋田城が城柵の形態をとる国府なのか、単なる城柵なのかを判断することは困難であるとし、したがって木簡や漆紙文書などの出土文字資料が注目されるのは当然であるとしながらも、その解釈には複数の可能性があるという。

ところが秋田城跡出土文字資料についての諸報告書（秋田市教育委員会・秋田城跡調査事務所編 1984～ほか）は、秋田城国府説を自明の前提としていて、様々な解釈の可能性のうちの一つを選択しているに過ぎないのであって、その前提さえ除けば、別の解釈も可能であるとする。

そうした立場にたてば秋田城出土の木簡・漆紙文書が直接、秋田城国府説の論拠にはならないし、かえって、ある資料はこの説の障害にすらなっていると主張した。

以下、各々の出土文字資料についての今泉説における解釈を簡潔にまとめてみよう。

1）秋田城跡出土木簡について

２号木簡（参考史料⑨）

報文では、奥羽両国では調は当国に収めるから、秋田城からの調米荷札の出土は、その地が国府であることを示すとする（平川 1992a）。

しかし調米は蝦夷の饗宴と食料にも宛てられるもので、その蝦夷の饗宴は国府でも城柵でも行われるから、調米荷札の出土からただちにそこが国府であるとは断定できない。

2）秋田城跡出土漆紙文書について

平川説①出挙帳様文書の解釈については、そうした文書の存在を消極的に推測した早川庄八の考え（早川 1997）を基にした推測に過ぎない。秋田城国府説を前提にした解釈である。

平川説③具注暦・計帳様文書の解釈も、秋田城国府説を前提にしたものである。秋田城ではない国府において破棄された計帳を用いて、京から頒下された具注暦を書写し、それが秋田城に頒下されたものとも解釈できる。

平川説④出羽国司解（案）については、国司（守・介）の自署があるのだから、それは案文ではなく素直に正文と考えるべきである。秋田城が宛先であれば、その文書に自署している国司は秋田城には居なかったはずである。書止文言が「以解」であるから、宛先は所管官司で、陸奥国按察使という解釈は平川説の通りであるが、このとき陸奥国按察使藤原朝獦が秋田城改修のためそこに居て、朝獦に宛てられた文書がそのまま秋田城に残されて廃棄されたのではないか8)。

今泉は以上のような出土文字資料の解釈に基づき、秋田城を国府とみることはできないとした。この解釈は、その後、文献史学者に大きな影響を与えることとなった9)。

3　森田悌説の紹介
—参考史料④について、秋田城国府説の立場から—

何の先入観も有しない普通の文献史学者の発想からすれば、今泉説のなかでも参考史料④出羽国司解の解釈、すなわち正文に国司の自署があることからその文書の宛先は国司ではなく、したがってその文書の出土地は国司の居る国府ではないとする点はわかりやすい。

しかし森田はこの点を問題視し、令規による公文書（正文）の廃棄過程から、これを否定する主張を展開した（森田2000）[10)]。国解は公文書であるから、廃棄にはそれなりの手続きが必要であるというわけである。例によってここでも論点を箇条書き的にまとめると、以下の通りになる。

・養老公式令82案成条・同83条文案条（参考史料④）の規程

非重要書類でも、官司の文書は目録とともに文案を15日ごとに整理し、巻物仕立てにして3年間は保管しなければならない。問題の秋田城第11号漆紙文書の場合は、その3年間の保管場所は按察使の居た陸奥国府であったはずである。秋田城で廃棄されたとは考えがたい。

・古文書学的に、正文が充所で保管されるとは限らないこと

これについては正倉院文書内に多数の実例がある。たとえば相手方へ渡された文書が別な機能を付されて発給許へ返還されることがある（参考史料⑩）。これは売券にも例がある[11)]。

陸奥国府で保管されていなかったとすれば、正文である以上、それは発給元である秋田城（出羽国府）へ返却されていた例とみなすべきである。

森田は以上の論点から今泉説を批判して、出土文字資料からも当該期に秋田城に出羽国府が置かれていたとみるべきだとしたのである。

4　若干の私見
—様々な可能性の提示、とくに漆紙文書の移動の可能性について—

以上、秋田城跡出土文字資料をめぐる既往の論文の主要な論点を提示してみた。最後にこれらを踏まえたうえで、私からも若干の新しい論点を提示し今後の議論の一助としてみたい。

秋田城跡出土漆紙文書それぞれの内容についての個別の平川の考証ないし分析については、斯界の碩学の論として、随処に優れた見解を含むものとして高く評価できることはいうまでもない。また一方で、その平川の指導をうけながらともに秋田城跡出土文字資料について優れた論考を発表してきた鐘江宏之や三上善孝は、理由はともかくとして、秋田城国府問題に直接触れることはなされていないように思う[12)]（鐘江2007ab、三上2005）。

そこで上記の平川説について、今泉説・森田説をも踏まえながら、まず若干の所感を述べることからはじめたい。

(1)既往諸説について

平川説①出挙帳様文書（参考史料①）の解釈について

平川は、本史料と早川庄八による推測（早川 1997）から、国衙（ここでは秋田城＝出羽国府）における出挙の貸出額を把握するための出挙関係帳簿の存在を示唆する。しかし出挙の実務は、郡稲出挙などの例から考えて郡司が主体であったことは明らかで、国司たちがそこまでの帳簿を作成したかについては、いまのところ不明である。ただし国府における出挙関係帳簿の存在を完全に否定するものではない。もっとも確かな類例がこれまでみつかっていないのはやはり気になるところである。類例としての小林昌二の伊場木簡の解釈（小林 1981）については、平川は当初「多少の躊躇を覚える」と記していた（平川 1989。この部分の論述は後に、平川 2014 においては削除された）。

なお正税借貸に関する題籤軸として市川橋遺跡市第 74 号木簡が存在する。鈴木拓也がこの木簡に注目しているが、その意図は必ずしも明確ではないけれども（鈴木 2011）、これがなぜここで出土したのかを含めて興味深い問題をはらんでいるように思う。ただし、報告者自身、今、確かな成案をもっているわけではないので、ここではこれ以上は踏み込まない。

平川説③具注暦・計帳様文書（参考史料③）の解釈について

戸籍と計帳の相互関係については、古代史学界でなお未解決の大きい問題を含んでいると考えるが、今はこの問題を論じる余裕はないので、そこまで踏み込むことはしない。

ここではむしろその廃棄過程に注目したいのである。なおその前提としてであるが、この文書が令規の通り四比 24 年間保管されてから廃棄されたものとは、正倉院文書に残された戸籍などの廃棄の実例からすれば、考えられないであろう。文書の廃棄過程は杓子定規には考えない方がよい。

さらに廃棄後の文書の移動も珍しくはない。そもそも正倉院文書、あるいはそのなかの特殊な一群として著名ないわゆる「石山紙背文書」群はそうしたものの宝庫である（吉田1983、小口1987）。この廃棄後の文書の移動については本章（3）であらためて詳述する。

なおその意味では、廃棄についての森田説も、あくまで法の建前にもとづく解釈であって、実態はそれとは別だと考えるべきであろう。養老公式令40天子神璽条、同82案成条、同83文案条の規程は必ずしも守られていないことは正史などから明らかである[13)]。

また平川は、「国府の具注暦がさらに書写されて郡に配付される際にも、同様に、郡家から国府に出かけて行き、そこで書写」されたとしたうえで、「秋田城における出羽国府の有無にかかわらず、他の機関から反故文書の紙背に具注暦が書かれて送付される例を聞かない」とし、今泉説が成り立たないことは明らかであるとしているが（平川2014b）、秋田城非国府説の立場からすれば、郡家から国府へ行って具注暦を書写したことは確かだとしても、国府にあらざる秋田城から国府へ行って、国府にある反故紙に具注暦を写して秋田城に持ち返ったとすれば、秋田城が国府とは限らなくなるわけで、今泉説はなお成り立つようにも思える。さらにいえば、一旦国府から郡家に具注暦が届けば、そこでさらにそれが書写される可能性もあるかもしれない。しかしいずれにしろこれらは解釈の問題であって、問題の議論について、決定的な根拠とはなりえない。

平川説④出羽国司解（案）（参考史料④）について

この文書が正文なのか案文なのかは、原資料であるこの秋田城出土第11号漆紙文書そのものに即しても判断は難しい[14)]。今泉説（森田説もそれに従う）では自署された文書であるから正文であると即断しているが、平川が後に追加資料として例示した市川橋遺跡第72次調査出土第16号漆紙文書はたしかに案文とみてよいのかもしれない（平川・武井2011、平川2014b）。もしこの解釈が確実であれば、案文に自署がある実例となる。ただこれも4行目の「□已上」の直上に置かれた文字がやや右に寄っていることを最大の根拠にしており、なお検討の余地はあるかもしれない。

そもそも案文に自署がある可能性が推測されたのは、養老公式令40天子神璽条に、諸国の印は「上京公文及び案、調物」に捺すとされていることが関係する（森田1986）。たしかに案文に自署がある可能性は否定できないとは思うが、上述したように、養老公式令40条などの解釈は、実例も踏まえるとそう簡単ではない。平川説は詳細な検討なしにこの条文を利用しているようにも思える。日本の養老公式令40条は、母法である唐公式令とはおそらくかなり異なっていて[15]、本来の令意がどこにあったのかを探ることが難しい条文である。また関連する養老公式令82条・83条の「案」「文案」という用語については、母法である唐公式令にもみえるが、その意味は集解諸説を踏まえると、他の「案」とは異なった特殊な解釈がなされていること[16]にも注意が必要であろう[補註]。

(2)移動する漆紙文書

さて以上のようないくつかの疑点に加えて、報告者が本報告でもっとも注意を喚起したいのは、かねて平川自身が実例として見出した卓見である、漆紙文書は漆容器の蓋として利用される以上、移動先で廃棄されることがあるという点である（平川1992c）。具体的には茨城県鹿の子C遺跡について、漆を納入する郡で廃棄された反故紙が蓋として再利用され、常陸国府に搬入されたという事例の検出である。こういう場合には、その文書が本来書かれた場所と廃棄されて出土した地点とは明らかに異なることはいうまでもない。

これを前提にすると、そもそもいつくかの秋田城跡出土漆紙文書が出羽国府で作成されたことが確実であったとしても、そのことからストレートに漆紙文書出土地が出羽国府であることの証明にはならないのではないかという疑点が生じるわけである。

この問題を検討するためには、文書1点1点について、それがどこで作成され、どこへ伝達され、どこで保管され、どこでどうやって払い下げられて、そしてどこで漆容器の蓋紙として廃棄されたのかを（それが可能かどうかは別として、あくまで論理的には）厳密に検討する必要があることはいうまでもない。

これまでも鈴木拓也は軍団関係の文書について個別にどこで書かれたもの

が残ったのかを丁寧に論証し（鈴木2011）、三上喜孝は城柵内機構の存在を見事に論証した（三上2005）。平川説も同様で、平川説④に限らず、秋田城跡出土漆紙文書のなかに、国府で作成された文書が多数含まれることは否定できないし、むしろ卓見である。ただそのことと、古文書の廃棄再利用関係とはただちに結びつけられないのではないか。もちろん廃棄文書のすべてが移動したわけではなく、その場で再利用されたケースが主体であることは十分考慮すべきではあろうが、出土場所がその文書の内容と直接関わるかどうかについては、なお慎重に検討しなければならないと考える。出羽国司が秋田城に頻繁に出入しているとすれば、様々な事態の派生も予想されるのであるから。ただこの解明はもちろんそうたやすいことではないことは報告者も自覚している。

単純にあくまで論理的に整理すれば、であるが、国府作成文書が秋田城で出土した場合は、

①出羽国府である秋田城で作成・保管・廃棄・払い下げられた可能性

②秋田城にあらざる出羽国府で作成され、秋田城にもたらされた可能性

があり、②については、論理的にはさらに、

②－１秋田城にあらざる出羽国府で作成され、それとは別に国府の業務を行う秋田城に現用文書として移管され、秋田城で保管・廃棄・払い下げられた可能性

②－２秋田城にあらざる出羽国府で作成・保管・廃棄され、国府の業務とは無関係な再利用可能な反古紙として秋田城にもたらされ、そこで払い下げられた可能性

②－３秋田城にあらざる出羽国府で作成・保管・廃棄され、漆生産地に払い下げられ、蓋紙として容器ごと秋田城にもたらされた可能性

などが想定される。

加えて紙背文書をどこで書いたかという問題も介在する。漆紙文書として残っている部分がたとえ白紙であったとしても、紙背に２次文書があった可能性はあるので、ますます事態は複雑になる[17)]。

また平川が鹿の子Ｃ遺跡で指摘したのと同じようなケース、すなわち漆

容器の蓋として、秋田城の外部の国府で廃棄された公文書が秋田城に搬入された可能性についてであるが、この問題も単純にそう考えてはいけない、いくつかの検討すべき点が残されている。

外部で廃棄された漆紙文書が漆容器の蓋として別な場所に搬入された例としては、鹿の子C遺跡の他にも、都城においてもすでにいくつかの指摘が古尾谷知浩によってなされている。たとえば平城京左京8条1坊6坪で出土した漆紙文書は地方で廃棄された文書であることが明らかであるし、また長岡京第373次調査で出土した文書は、田地に関する文書で、「郡戸主某」の表記があり、郡の固有名詞がないので、某郡内だけで通用した記載であった可能性がある[18]（古尾谷 2002）。

しかしここで問題となるのは漆の運搬容器の問題である。古尾谷は都城においては当初須恵器壺が利用されていたが、しだいにそれが曲物に変化していくことを指摘している（古尾谷 2002）。ただし地方官衙の場合についてはそこでは触れられていない。仮に地方官衙でも曲物で運搬されたとしたら、当然蓋紙は大きなものになるはずであるが、秋田城出土の漆紙文書はそれほど大きいものではない。地方官衙での漆搬入事例がよく分からないので断言はできないが、小さいものもあってもいいのかもしれない。ただし確証があるわけではない（むしろ曲物である可能性が高い状況下では考えにくいか）という歯切れの悪い状態である。また秋田城については、外部（国府？）から大量に漆を搬入する必要があるのかについても確証はない状況である。

また長距離移動の漆容器に紙の蓋はしないのではないかという疑問があるかもしれないが、都城近辺のように壺で運搬する場合は、蓋はたしかに木製の蓋、木製の栓、あるいは藁を布で巻いて作った栓が利用されたとされるが、曲物のような比較的大きいものの場合は蓋紙をするという（古尾谷 2002）。

漆紙が小さい場合は、消費地における小分け用の曲物の蓋紙であるという解釈もとれるであろう。ただその場合は、蓋紙は、漆の消費地の近くで調達されるか、あるいは工人が外部の某所で払い下げを受けて所持していた反古紙を使ったのかのいずれかであろうが、これも確実ではない。仮に前者であれば秋田城が国府であるという証拠になりうる。

(3)国府作成文書が再利用以前に移動する可能性あるいは国府作成類似文書が秋田城で作成される可能性

次に、国府作成文書が、運搬用の漆容器の蓋紙としてでなくとも移動して秋田城に来た可能性はないのか。そして後にそれが秋田城で蓋紙として再利用された可能性はいかん。最後にこの問題についても考えておきたい。

またここには東北の城柵に特有の問題もある。すなわち､城柵には国司（城司）が常駐し、さまざまな行政的な業務を行っていた。とくに秋田城は延暦23年まで郡がなかったのであれば、通常の城柵よりも城司の行政機能がより広範囲だったとみられるから、行政文書の保管も多方面にわたっていたであろうし、他の国司との間でやり取りされた行政文書も多数存在したであろうことをも考慮する必要がある。

さて本章（1）で、文書が廃棄後、移動する例としていわゆる「石山紙背文書」群について触れた。この問題は、出羽国府作成文書が秋田城で出土する場合について、背景にどういった事情があったのかを考える一つの示唆を与えてくれる。

「石山紙背文書」とは、周知のように造石山寺所別当を兼任していた造東大寺司主典安都雄足が、造石山寺所で自分宛の私信の紙背を再利用して、現場の必要に応じて様々なメモ類に転用した文書群で、おそらく数奇な運命をたどった後に、正倉院文書のなかの特殊な一群として現在に伝えられることとなったものである[19)]。

雄足が作成した様々なメモ類のなかには、造石山寺所に居る造東大寺司主典の安都雄足が、（自らもそこに属する）上級官庁である造東大寺司に石山から差し出した文書の案（控え）を、いわゆる「造石山寺所解移牒符案帳」などに収めたものも多数ある。この場合は、「石山に造東大寺司がある」とは決していえないけれども、石山で造東大寺司の業務が行われ、造東大寺司の文書が作成・保管されている、ということになるわけである。すなわち出羽国府作成文書が出土したからといってそこが出羽国府であるとは限らないという論理と通じるものがある。

ただし造石山寺所に造東大寺司長官が来ることはありえないが、秋田城には守が来る可能性はもちろんある。この辺りを重視すれば単純に石山紙背文書の事例をもって秋田城跡出土漆紙文書を理解することはできないという論理も成り立つであろう。ただ同じく国司である出羽介は秋田城との関係が深いので、この点をどう評価するかも問題であろう。

一方で、守が主として執務する場は、同時期には１か所に限られるとしても、介以下が執務する場や、国として文書を授受し、受信文書や発信文書の控えを保管する場は複数あってもいいわけで、秋田城はそうしたものの一つである可能性は否定できないであろう[20)]。出羽国印が一つしかなかったとすると、捺印の問題が生じることも確かであるが。

以上のように、秋田城跡出土漆紙文書のなかに出羽国府で作成されたものが含まれていることは確実であろうが、そのことをただちに出土場所である秋田城が出羽国府であるということと結びつけて良いのか、議論はまだ決着していないといわざるをえないのではなかろうか。

むすびにかえて

本報告「はじめに」で述べたように、本報告は正史類の記述による秋田城非国府説と矛盾する、これまでの秋田城跡出土文字資料の解釈をどのように考え直すべきかという役割を担ったものである。はじめから荷が重いことは承知していたが、私なりに一定の問題点を指摘できたとは思っている。

もちろんきわめて歯切れが悪いではないかという批判もあるであろう。これはひとえに出土文字資料というものに由来する、加えて漆紙文書という移動する可能性のある文字資料に由来する解釈の困難さがつきまとうからである。これは同じく移動する文書である正倉院文書、とりわけ石山紙背文書の場合とは決定的に異なる。正倉院文書の類では豊富な関連史料の存在により常に総体的な全体像がみえるなかでの文献解釈である。断片的な出土文字資料の場合は、ことはそう簡単ではない。

これまでは秋田城跡出土文字資料を出土地の考古学的状況を踏まえて、それに即して整合的に理解するという「王道」的研究に主眼が置かれ、それによってめざましい成果を得てきたわけであるが、私としてはもう少し慎重に再検討する余地があるのではないかという立場からの提言を行ったつもりである。

なお最後に一点だけ。文献史学の立場からは秋田城非国府説が優勢であることは確かだと思われるが、個人的には宝亀６年紀10月癸酉条（参考史料⑪）の解釈については、これまで秋田城非国府論者が（今泉2015を除けば意識的にか無意識にか）避けて通っている問題のように思われる。この解釈しだいでは文献史学的にも秋田城国府説が成り立つ余地があるから[21)]、これを放置したままにしてよいはずがなく、後段の討論の場でもあらためて問題として参加者のみなさんの意見を問いたいと思う。

また秋田城の性格については、遺構論や出土品の問題も重要であることは今さらいうまでもない。これらについては以降の諸報告が担うことになる。

註

1）なお漆紙文書に限らず、出土文字資料が移動している可能性があることは、報告者が直接関わった分野でいえば、たとえば初期荘園関連遺跡とされる上荒屋遺跡（石川県金沢市）出土の墨書土器において、その「（東・西・南・北などの）方位記載＋庄」墨書とその出土地とを単純に関係させることの危険性においても見出された。流路出土の墨書土器は移動している可能性が高く、その出土地と方位とは必ずしも直接は関係しないはずである。

2）こうした理解は、『続日本紀』養老４（720）年正月丙子条の「靺鞨」を「渤海」と理解する酒寄雅志説（酒寄2001）に立つものであるが、一方でそれを「粛慎」と理解する石井正敏の説（石井2001）も、なお有力であることに留意する必要がある。

3）ただしこの文書の冒頭に「五把」という端数がある。平川は出挙額として五束ないし二束以外が存在した可能性を示唆する。あるいはこの冒頭部分は、利五割ないし三割の利稲を含む部分かもしれない。

4）ただしこの解釈については、平川自身、多少の躊躇がある（平川1984）。

5）後に本報告２でふれる今泉批判となっている。

6)「上京公文」は案文にも捺印するという（参考資料④公式令40条、森田1986)。なお平川はその著『漆紙文書の研究』までは、多賀城跡出土第103号文書について、案文ではなく正文と考え、何らかの理由で手許に残されたものと理解していたが、秋田城での類例の出土にともない、いずれも案文であると考えるようになり、その解釈を変更した。

7) この部分は今泉説の批判をうけて､平川2014bで原論文に加筆された部分である。ここではまた市川橋遺跡第72次調査出土第16号漆紙文書も類例として追加された（平川・武井2011)。

8) 鈴木2011、また熊谷2013などが賛意を示している。

9) なお鈴木拓也は、秋田城跡出土漆紙文書第10号について、その充所が出羽守ではなく出羽介であることを重視して、当時の秋田城が出羽介によって管理される施設であった可能性を示唆するとして、今泉説を補強している（鈴木2011)。一方で、平川はこの点についてはとくに触れていない（平川1992b)。

10) 註7) で触れたように、後に平川もこの説と同じ論理を展開している（平川2014b)。

11) ちなみにこの点は、日本古文書学では周知の事実である。補任状などで文書の充所が実際の受取人でないケースがあることは珍しくなく、あるいは権利関係の文書では、その文書を持つことで利益を得る人物ないし組織が、その文書を実際に所有することも広く知られている。

ただし充所に残らないのは各々相応の理由があるからであって、一般にあらゆる文書が差出人に戻るわけではもちろんないので、秋田城や多賀城関係のものについては慎重な検討が必要である。これについては後にあらためて検討する。

12) ただし三上は､ある研究会の場で（報告者は在外研究中でそれに参加できなかった）秋田城国府説を披露していたこと（三上2012）を、本シンポの討論の場において知った。これはまだ論文としては公表されていない。詳しくは本書第3部総括討論を参照。

13) 公式令40条「公印」補注（岩波思想大系3『律令』岩波書店、1976年）ほか参照。

14) 前掲註6) 参照。

15) 本報告で利用する唐令はすべて『唐令拾遺』『唐令拾遺補』によっている。以下同様。

16) 公式令82条「案成」補注（前掲註13)『律令』参照)。

17）この問題は、シンポ終了直後の古尾谷知浩との私的議論で話題になった点でもある。様々な可能性を私に示唆された氏に謝意を表したい。

18）古尾谷よりの私信によれば、向日市の報告書（向日市埋蔵文化財センター・向日市教育委員会『向日市埋蔵文化財調査報告書』43）では、在京官司で田地の管理をしたところから廃棄された可能性が指摘されているが、直径が大きいため、容器ごと郡レベルから搬入された可能性もあるとのことである。

19）石山寺は当時は東大寺の末寺であり、その増築作業は造東大寺司の被管である造石山寺（院）所が担当していた。また安都雄足はその造石山寺所の責任者（別当）として、造東大寺司主典のまま現地に派遣されていた（吉田1983、小口1987）。

20）前掲註9）参照。

21）たとえば新野1976は続日本紀本条の「国府」を、秋田城以外あり得ないと理解している。ちなみに秋田城非国府説の論者が積極的にこの問題に踏み込まないのは、あるいは今泉説（同2015）による、先行する国府説への批判で十分ということなのかもしれない。ただし今泉説の核心は、宝亀6年が、宝亀11年紀8月乙卯条（熊谷報告の引く史料3）にいう「宝亀之初」に含まれないというただ一点にある。本書第3部総括討論の部（302頁～）参照。

補註

三上は別な視点から今泉批判をしていた。今泉のように考えると、「このとき守だけでなく介も秋田城に常駐していなかったことになり、他の史料から秋田城に「介御館」があったことと矛盾する」という（三上2012）。

参考文献

青森県史古代部会編 2008『青森県史』資料編古代2出土文字資料 青森県

秋田市教育委員会・秋田城跡調査事務所編 1984『秋田城跡発掘調査事務所研究紀要』Ⅰ 秋田城跡出土文字資料集Ⅰ（報文は平川南執筆）

秋田市教育委員会・秋田城跡調査事務所編 1992『秋田城跡発掘調査事務所研究紀要』Ⅱ 秋田城跡出土文字資料集Ⅱ（報文は平川南執筆）

秋田市教育委員会・秋田城跡調査事務所編 2000『秋田城跡発掘調査事務所研究紀要』Ⅲ 秋田城跡出土文字資料集Ⅲ（報文は平川南執筆）

石井正敏 2001『日本渤海関係史の研究』吉川弘文館

板橋 源 1954「陸奥出羽官稲出挙利率考」『岩手大学学芸学部研究年報』7-1
今泉隆雄 2015「秋田城の初歩的考察」『古代国家の東北辺境支配』吉川弘文館 初出1995
小口雅史 1987「安都雄足の私田経営—八世紀における農業経営の一形態—」『史学雑誌』96-6
鐘江宏之 2007a「出土文字資料からみた東西差・南北差」『九世紀の蝦夷社会』高志書院
鐘江宏之 2007b「出土文字資料から見た北日本の古代社会」『北方社会史の視座 歴史・文化・生活』1 清文堂出版
熊谷公男 2013「秋田城の成立・展開とその特質」『国立歴史民俗博物館研究報告』197
小林昌二 1981「伊場遺跡出土の第五十二号木簡について」『伊場木簡の研究』東京堂出版
酒寄雅志 2001『渤海と古代の日本』校倉書房
鈴木拓也 2011「古代東北の城柵と出土文字資料」『木簡研究』33
新野直吉 1976「宝亀六年紀十月十三癸酉日条一段の解義」『続日本紀研究』186
新野直吉 1990「古代秋田城の一性格」『政治経済史学』295
早川庄八 1997「所謂「伊予国正税帳」について」『日本古代の文書と典籍』吉川弘文館 初出1962
平川 南 1979「釈文・解説」「文書の考察」宮城県多賀城跡調査研究所編『多賀城漆紙文書』(「「此治城」文書」「多賀城跡第一〇二号文書—坂上田村麻呂第二子の自署」「多賀城跡第一〇三号文書」などに再編され、一部が同『漆紙実文書の研究』に再録)
平川 南 1984「秋田城跡第二・三号漆紙文書について」『秋田城跡発掘調査事務所研究紀要』Ⅰ 秋田城跡出土文字資料集Ⅰ(「出挙帳様文書—秋田城跡第二号文書—」と改題して同『律令国郡里制の実像』上に再編・再録(「秋田城跡漆紙文書からみた出羽国府論」のうち))
平川 南 1989『漆紙文書の研究』吉川弘文館
平川 南 1992a「第二五次調査出土木簡」『秋田城跡発掘調査事務所研究紀要』Ⅱ 秋田城跡出土文字資料集Ⅱ 初出1979
平川 南 1992b「第五四次調査出土漆紙文書」『秋田城跡発掘調査事務所研究紀要』Ⅱ 秋田城跡出土文字資料集Ⅱ(『律令国郡里制の実像』上に再録(「秋田城跡漆

紙文書からみた出羽国府論」のうち))
平川 南 1992c「律令制と東国」『新版古代の日本』8 関東 角川書店
平川 南 2014a「出羽国府と渤海国」『律令国郡里制の実像』上 吉川弘文館
平川 南 2014b「秋田城跡漆紙文書からみた出羽国府論」『律令国郡里制の実像』上 吉川弘文館
平川 南・武井紀子 2011「第十六号漆紙文書の解読と内容について」『市川橋遺跡―第 72 次調査―出土の漆紙文書』多賀城市文化財調査報告書第 107 集
古尾谷知浩 2002「都城出土漆紙文書の来歴」『木簡研究』24（「漆紙文書の来歴」として同『漆紙文書と漆工房』名古屋大学出版会、2014 に一部再録。長岡京関係の記述は削除）
古尾谷知浩 2014「漆紙文書の来歴」『漆紙文書と漆工房』名古屋大学出版会 初出 2002・2005
三上喜孝 2005「城柵」『文字と古代日本』2 文字による交流 吉川弘文館
三上喜孝 2012「出羽から考える越後、越後から考える出羽―再考・国司分割統治システム―」『第 40 回古代史サマーセミナー資料集』新潟 2012.8.24
森田 悌 1986「計帳制度の考察」『日本古代律令法史の研究』文献出版 初出 1980
森田 悌 2000「秋田城と出羽国府」『日本古代の駅伝と交通』岩田書院
吉田 孝 1983「律令時代の交易」『律令国家と古代の社会』岩波書店 初出 1965
渡辺晃宏 1992「籍帳制の構造―手実・歴名の検討から―」『日本歴史』525

参考史料　秋田城出土漆紙文書・木簡と関係史料

①秋田城跡第二号漆紙文書

2―1

・（オモテ面）

×□〔伯カ〕漆十人　　□□〔稲カ〕[　　　]拾参束伍把

×直忍麻呂戸口　　□[　　]麻呂弐束

×伍束　　丸子[　　]□〔刀カ〕自売伍束

×弐束　　戸主秦連恵尓×

×伍束　　戸主磯部小龍戸口

×束　　□部小刀自売伍束

戸主宍太部道石伍束

・（漆付着面）

[　　　　]

[　　]亡逃走

×[　　]□人　三人　伍人

[　　]　婢□□

2―2

・（オモテ面）

×伍束

・（漆付着面）

神護×

2―3

・（オモテ面）

矢作部×

2―4

・（漆付着面）

神護×

cf.備中国大税負死亡人帳

（継目裏書）
備中國天平十一年大税負死亡人帳従七位下行目日根造諸人

（正集三十 五）○紙面ニ「備中國印」四十八アリ、

備中國司解　申天平十一年大税負死亡人事

合九郡死亡人壹伯貳拾柒人　免税陸阡肆伯柒拾玖束柒把 頴五千八百五十三束七把／穀六十二斛六斗

都宇郡死亡人捌人　免税陸伯柒拾捌束 頴五百五十束／穀十二斛八斗

建部郷死亡人貳人　免税壹伯陸束 頴一百束／穀六斗

罡本里戸丸部得麻呂口西漢人志卑賣、玖拾貳束、天平十一年三月廿三日死

cf.伊予国正税帳

（越智郡）

出擧貳萬參伯束 春九千九百束／夏一万四百束

（野間郡）

出擧壹萬貳仟束 春五千六百束／夏六千四百束

cf.伊場遺跡出土木簡

第五二号木簡

」廣麻呂九束　戸主若倭部石□〔山カ〕六

戸主若倭部足嶋九束

」知麻呂廿束　戸主□〔委カ〕尓部刀良

部飯麻□□　馬主□□尓部吉麻呂廿束

□□□□〔令カ〕一束□□〔代黒カ〕毛牝馬

□□依戸口同部色夫知四束

馬主戸主宗宜部□□□〔鳥麻カ〕四束

□□□〔麻カ〕呂

戸主若倭部足□〔嶋カ〕□□

cf.鹿の子C遺跡第一七四号漆紙文書

（表）　⌴○廿

⌴三月○卅五月○卅

⌴マ宗足三月○廿五月○廿

刑マ子宗万呂三月○卅五月○卅

刑マ□〔綱カ〕人三月○廿五月○廿

占マ羊三月○廿五月○卅

「刑マ直□⌴□□○○□□」

□□□□□〔十一人カ〕

□〔仝カ〕刑マ□宿奈万呂三月○卅五月○卅

刑マ千法女三月○廿五月○廿

刑マ尼女三月○廿五月○廿

⌴三月○卅五月○卅

⌴三月○廿五月○廿

⌴□月○□廿□月

（裏）　⌴□月○十□月○十

⌴女三月○□五月○□「九月廿八日布一段」

⌴□□□〔人カ〕　「稲五百五十束」

⌴マ廣足三月○「卅」五月○廿　「九月十二日卅　九月廿九日□□九□」

若櫻マ尼□女三月○「廿」五月○廿　九月廿二日卅　九月廿八日一段二〔布カ〕〃

刑マ三成女三月○「十」五月○十

刑マ直廣足三月○「卅」五月○卅

刑マ綾万呂□月○「廿」五月○□〔十ヵ〕

刑マ廣主□月○「卅」五月○卅

⌴□稲虫女三月五月　□□

⌴□三□五□○□

⌴□

②秋田城跡第八号漆紙文書

口×

口陸×

口伍小子

口弐年十七

口壱年十六

③秋田城跡第九号漆紙文書

・(漆付着面)

×□×

姪□×　×売〔年卅五／□黒□××〕

□×　×□(売カ)×

課戸主贄×

男贄人部大麻〔年カ〕〔□□廿二／×左□×〕

・(オモテ面)

×歳×

□(三)月小

天気東行　天道乾巽

月徳在甲　人道艮坤

一日戊戌木□(危)　歳前小歳後×

『出羽国出羽郡井上×　×天平六年七月廿八日』

二日己亥木成　×□(前)母倉×

三日庚子土収　×□(前)母倉祭×

四×　×九(坎脱カ)移□(徙)×

秋田城第11号漆紙文書（『秋田城跡発掘調査事務所研究紀要』Ⅱ秋田城跡出土資料集Ⅱ（184頁））

④秋田城第一一号漆紙文書

×送以解

天平宝字×

従五位卜行守勲十二等小野朝臣『竹□〔良カ〕』

×六位上行介百済王『三忠』

養老公式令40天子神璽条

天子神璽。謂、践祚之日寿璽。宝而不㆑用。内印、方三寸。五位以上位記、及下㆓諸国㆒公文、則印。外印、方二寸半。六位以下位記、及太政官文案、則印。諸司印方二寸二分。上㆑官公文、及案移牒、則印。諸国印、方二寸。上㆑京公文、及案調物、則印。

養老公式令82案成条

凡案成者、具条二納目一。目皆案レ軸。書二其上端一云、某年其月其司納案目。毎二十五日一納レ庫使レ訖。其詔勅目、別所案置。

養老公式令83文案条

凡文案、詔勅奏案、及考案、補官解官案、祥瑞財物婚田良賤市估案、如此之類、常留。以外、年別検簡、三年一除之。具録二事目一為レ記。其須レ為二年限一者、量レ事留納。限満准除。

cf.市川橋遺跡第七二次調査出土漆紙文書

□□六

……………………………………………………（紙継ぎ目）

（陸奥国司解　申）為預馬官舎破壊之事夙夜

□□□□□

□年六月一日盡仝年七月□〔卅〕

□

□巳上依令為兵□率□□

□　□□考□〔課〕附朝集使　正七

□申上謹解

□〔位〕上　権大目　朝臣『安□〔年〕』

□□大中臣朝臣『貴□』

行大目大神朝□〔臣〕

従七□〔位〕

□〔位〕上

□

cf.多賀城跡第一〇三号漆紙文書

・(オモテ面)

□□但□□×

□仍録□□〔事状ヵ〕謹解

弘仁十四年七月十一日

少目三村部『野□』

×□〔広ヵ〕野

×□□〔石雄ヵ〕

・(漆付着面)

×幕

右民部×　　×九日符□〔偁ヵ〕

官□□得国解偁×

⑤秋田城跡第二八号漆紙文書

・(オモテ面)

□□××□陸拾束

海直千麻呂陸拾束

海直□××□束

度津×　×呂肆拾捌束

出羽郡

合口壹□□〔伍ヵ〕拾伍人

・(漆付着面)

□六千□

□長官御料三千

四百□〔束ヵ〕

□□□五百八□

□□

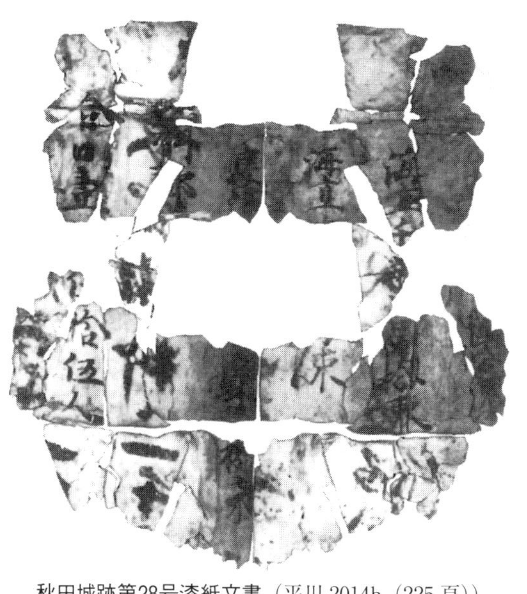

秋田城跡第28号漆紙文書（平川 2014b（225 頁））

⑥秋田城跡第二九号漆紙文書

・（漆付着面）

　　　　　　正女
×□〔弐カ〕拾伍　女
×肆拾弐　正女
×弐拾壱　□女
×拾□　正女
×参拾伍　正女
　　　　　　小女
　　　　　　×□

×口一黄男　口□妻妾
×小女　口二黄女
［　　　　　　］

・（オモテ面）

□□

⑦秋田城跡第一三号漆紙文書

13—1

・(オモテ面)

□〔阿カ〕刀部身×

麻続部忍麻呂戸口

・(漆付着面)

郡司少領

13—2

・(オモテ面)

戸主三村部真足陸拾束

□□□麻呂□

・(漆付着面)

□□

国司従五位下行守×

⑧秋田城跡第一四号漆紙文書

(表面略)

(裏)

×恩九坎十日辛×

×前天恩帰忌

×前天恩　十三日甲寅水□

×□官結婚治□×

⑨秋田城跡第二五次調査出土第二号木簡(SE四〇六井戸、八世紀中期)

・「<浪人丈部八手五斗」

・「<　勝寶五年調米」

⑩宛所から差出人に戻った文書例（大日本古文書一三巻九八ページ）

造東大寺司　牒山階寺三綱務

奉請法華經壹拾部 无帙

右、爲用本経奉請如件、乞察事趣、字搆不誤、暫間令請、事預　勅語、以勿迯廻、故牒、

天平勝寳六年八月七日

判官正六位上石川朝臣「（自署）豊麻呂」

「（異筆）使工石主」

「（徳祐筆）法花經十部 八十巻

右、依經數而領納已訖、

天平勝寳六年九月六日「（擦消）徳祐」

（書カ）盡官徳祐　」

⑪『続日本紀』巻卅三　宝亀六年（七七五）十月癸酉条

癸酉。出羽國言、蝦夷餘燼、猶未二平殄一。三年之間、請二鎮兵九百九十六人一、且鎮二要一害、且遷二國府一。勅差二相摸、武藏、上野、下野四國兵士一發遣。

城柵構造からみた秋田城の特質

八木光則

はじめに

天平5（733）年の造営から10世紀半ばまで、古代国家の最前線として、また環日本海の対外拠点として、秋田城は東北古代史のなかで大きな役割を果たしてきた。長年にわたる発掘調査の結果、城の南東部に位置する鵜ノ木地区で8世紀の渤海国使受け入れの客院施設が明らかになり、秋田城の役割を直截的に示す成果として注目されている。多彩な漆紙文書や木簡、墨書土器も出土し、それから秋田城の地域支配の様相なども明らかにされてきた。さらに東西に長い政庁や倉庫群とみられる官衙が検出され、これまでの城柵のイメージを変える成果も特筆される。調査担当者らを中心にそれらの成果が整理され、意義づけも行われて、秋田城研究は急速な進展をみせている。

しかし、出羽国府が秋田城に置かれていたのかという基本的な問題はまだ議論の途上である。これまで文献史学の立場から多くの議論がなされているが、考古学的にはあまり進められていない。奥羽両国の城柵支配の比較なども十分な議論が展開されているとは言い難く、課題として残されている。

さて、日本海側の城柵について以前から指摘されていることに、渟足柵から出羽柵や秋田城に至るまでそれぞれ100km近くも離れていることがあげられる。内陸の主要な盆地に舟運で連絡できる大河川の河口に位置して造られていたとするものである（近年では小松2005）。

こういったあり方はそれぞれの城柵を拠点とする点的支配であり、面的支配を企図した陸奥側と対照的である。陸奥側の城柵は、仙台平野から大崎平野まで河川と陸路、そして天平宝字3（759）年の桃生城造営以降北上川舟運が本格化する。古墳時代あるいは古代の初期から集落が展開していた地域を支配するために、陸路はもちろんのこと河川を掌握することが必要であった。それによって面的に地域支配の北漸を行うことができたのである。出羽側ではその時期の集落が閑散とした状況であったことが点的支配につながっており、時代背景が両国間のちがいに影響を与えたのであった[1)]。

城柵は出羽側と陸奥側とでは相違点、いいかえれば両国それぞれの独自性がある。本稿はとくに独自性に着目し、城柵構造の分析を通して奥羽両国間の特徴を明らかにし、そして古代国家が秋田城に課そうとした役割について考えてみることとしたい。出羽国府論についても、筆者はかつて渤海国使受け入れ施設を重視し、秋田城を出羽国府とする見方に同意していた（八木2001）。これについても今回再検討を行うこととしたい。

1　出羽側城柵の特徴

(1)区画施設の変更

出羽側には、調査で確認された城柵遺跡に秋田城跡のほか、秋田県仙北市払田柵遺跡と山形県酒田市城輪柵遺跡がある。これに外郭線がはっきりしないが、城輪柵の一時移転先とみられている同じ酒田市の八森遺跡が加わる。

それらの外郭線は、その構造が造営から廃城までの間に大きく変更されている。秋田城跡では、8世紀前半の瓦葺き築地がかさ上げ補修され板葺きになりながら8世紀末頃まで続く。その後、築地の高まりに深さ1.5mの布掘りを施し、間隔をおいて柱を立て並べた横板塀（柱列塀）に造り替えられる。さらに9世紀後葉には材木を密に立て並べた材木塀へと変更されている。

払田柵遺跡は、沖積地に角材を立て並べて落花生形の外柵が設けられている。角材の年輪年代が801年を示しており、創建当初に設けられていたことが明らかであるが、外柵南門とともに建て替えがなく、明確な区画線は次第に失われていったとみられている。外柵には櫓も設けられておらず、また河川流路にあたる部分は柵木が建てられず開放されていたことから、城柵本体を厳しく囲繞する外郭線とは異なり、いわば城下を画する程度のものであった。本来の外郭線は丘陵を取り囲むように裾にめぐらされている。造営当初

第１表　関連城柵の主要施設

	時期	外郭施設	外郭南門	外郭櫓	政庁区画	政庁正殿	政庁南門
郡山Ⅱ期	7世紀末～	材木塀	八脚門	2×2～間	—	四面廂	—
多賀城	8世紀前半	築地＋材木塀	瓦八脚門	—	築地	瓦南廂→四面廂	瓦八脚門
	9世紀前半	築地＋材木塀	瓦八脚門	有	築地	瓦四面廂	瓦八脚門
秋田城	8世紀前半	瓦築地	西門—八脚門	-	瓦築地	南廂	東門—棟門
	9世紀前半	横板塀→材木塀	東西門—瓦八脚門	有	横板塀	南廂	東門—八脚門
払田柵	9世紀前半	築地・角材塀	八脚門	有	竪板塀	南廂	八脚門
城輪柵	9世紀前半	築地？	八脚門	有	横板塀→築地	四面縁	棟門→八脚門
胆沢城	9世紀前半	築地	五間門	有	横板塀	四面縁	棟門→薬居門
志波城	9世紀前半	築地	五間門	有	築地	高床四面縁	八脚門
徳丹城	9世紀前半	築地＋材木塀	八脚門	有	横板塀	四面縁	四脚門

は築地塀と角材列が併用され、南門部は石塁が築かれていたが、9世紀中頃に築地は角材列に変わり、石塁も一部は角材列に変更される。城輪柵遺跡の外郭線については築地とみられているが、変遷はよくわかっていない。

政庁の区画施設と門は、秋田城跡では8世紀前半の瓦葺き築地と東門の棟門から9世紀初頭に横板塀（柱列塀）と八脚門へ変更されている。払田柵遺跡は竪板塀と南門の八脚門は変更なく継続されるが、9世紀末に竪板塀の北辺が移動し、政庁の面積が17％増やされる。城輪柵遺跡は9世紀前半の横板塀と南門の棟門が9世紀後半に築地と八脚門に変更されている。

陸奥側の城柵では、多賀城跡で創建期Ⅰ期と8世紀中葉のⅡ期では外郭南門を100mほど南へ移動させ、面積の拡大を図っている。東門も9世紀初頭前後に西に位置を移して建て替えられている。ただしともに築地の基本構造は変化させていない。他の城柵も外郭線の構造の変更は認められない。政庁区画線と南門の変更も、胆沢城での政庁南門が棟門から薬居門風への変化を除くと、みられない。

このように、出羽側城柵は外郭線と政庁の区画施設の構造が途中で変更され、陸奥側ではほとんど変化なく継続されている。とくに秋田城では9世紀初頭前後に外郭と政庁が築地から板塀に同時に変更されており、城柵としての荘厳性が後退し、秋田城の性格が大きく変化したことが示されている。払田柵、城輪柵遺跡の変化もそれぞれの状況の変化を示しているものと推定される。

⑵建物・官衙の建物構造と官衙域の規格配置

出羽側城柵の政庁正殿をみると、秋田城跡と払田柵遺跡では一貫して南廂建物が踏襲されている。城輪は９世紀前半に政庁正殿が四面縁、９世紀後半以降は位置を変えて北廂になるようである。八森遺跡の正殿は無廂で礎石建、後殿は南廂掘立柱で正殿より大きくなっている。四面廂建物は秋田城鵜ノ木地区の９世紀以降の宝形造建物（仏堂）のみである。

これに対し陸奥側では、四面廂建物が城柵政庁、推定国司館などに比較的多くみられる。宮城県仙台市郡山Ⅱ期官衙正殿、多賀城市多賀城跡Ⅱ～Ⅳ期正殿・館前地区主殿、岩手県奥州市胆沢城跡Ⅱ～Ⅲ期官衙建物群、胆沢城南側の伯済寺遺跡主殿と、７世紀末～８世紀前葉の政庁正殿、９世紀以降の官衙や城外の館に四面廂建物が建てられている。なお８世紀後半造営の桃生、伊治城跡の正殿は無廂、９世紀初頭に造営の胆沢、志波、徳丹三城の正殿は四面縁となっている[2)]。

このように出羽側の城柵は四面廂を志向していないが、秋田城の正殿建物面積は陸奥側と同じか大きい。決して建物の格式が異なるのではなく、積雪などの要因によって四面廂が採用されなかっただけである。北陸地方も四面廂は少ないことから、同じような理由によるものであろう（江口 2012）。

また、政庁建物の柱間は、出羽側の正殿は５×２間、脇殿は桁行 6～7 間、梁間３間、陸奥側は正殿、脇殿とも身舎５×２間が基本となっている。秋田城の正殿は身舎５×２間に南廂が付き、東脇殿は 6～7 ×２間で、９世紀初頭頃に西縁が取り付けられている。払田柵の正殿は身舎５×２間に南廂、脇殿は創建期が６×２間で無廂、城輪柵の正殿は身舎５×２間に四面縁、脇殿はⅡ～Ⅲ期７×２間。八森遺跡の正殿は７×３間礎石で無廂、脇殿は５×２間などとなっている。

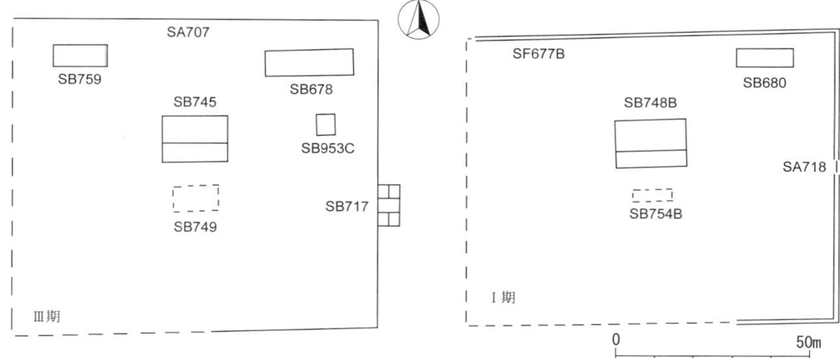

第1図　秋田城跡政庁の変遷（右：8世紀中葉─創建期　左：8世紀末～9世紀前葉）
（秋田市教育委員会2002から作成）

次に官衙域について、秋田城跡政庁東方地区は掘立柱建物による官衙的な構成となる時期があるが、工房竪穴などが造られ、時期により一貫していない。また焼山地区は掘立柱建物で構成される官衙で、9世紀以降は総柱建物に変化している。

払田柵遺跡東方地区は9世紀前半に建物方位に規格性のない無廂と竪穴住居で構成され、9世紀後半に方位の規格性をもつものの小形の建物での構成に変化している。城輪柵遺跡は郭内に一辺120mの方格地割が想定され、掘立柱建物も部分的に確認されているが、調査が限られていることもあって全体像は不明確となっている。概して出羽側城柵は官衙の規格性に乏しい。

陸奥側城柵の官衙域は規格的な配置が多い。多賀城の城前・大畑・作貫地区、胆沢城の東・南東官衙、志波城南東官衙、徳丹城の南西官衙などである。これについては後述する。

このように奥羽両国の城柵は、城柵間の距離、区画施設の変更、四面廂建物と政庁建物の柱間、官衙域の規格配置において、明らかな差異が認められ、城柵の設計基準が大きく異なっていたと考えざるを得ない。

2　城柵構造の奥羽の比較

(1)国府・郡家と城柵の政庁

国府や郡家の政庁はその規模に一定の法則性が認められる。国府の政庁は一辺75～105m（250～350尺）の方形～長方形が一般的で、郡家の政庁＝郡庁院の規模は一辺約45～60m（150～200尺）にほぼ限定されている。全国的なばらつきはほとんどみられず、宮城県東山遺跡など陸奥の郡家もこの範囲内に収まっている。両者の違いは所管する職務や管掌範囲の違いによるもので、明確な規定があったことがわかる。これに対し城柵の政庁規模は一つの基準ではなく、次の３類型に分かれる[3)]。

１類　一辺約120～150m（400～500尺）、多賀城跡・志波城跡・城輪柵遺跡が該当し、政庁区画が不明確であるも郡山Ⅱ期官衙もこの類型に属する。国府では筑後国府跡のみがこの規模を有する。

２類　一辺約75～105m（250～350尺）、秋田城跡は東西に細長い横長、胆沢城跡は正方形となっている。国府のほとんどはこの類型に属し、西日本は南北に長い縦長が多く、東日本は正方形が一般的となる。

３類　一辺約60～75m（200～250尺）、桃生城跡・伊治城跡・払田柵遺跡・徳丹城跡が該当する。国府は伯耆国府跡がこの規模となっている。

１類の城柵は志波城をのぞき陸奥国府や出羽国府であるが、一般国府（２類）の規模をしのぐ。志波城は造営時には陸奥北部の第二国府化が意図されたものと推測される（阿部・永嶋1985）。また１類城柵の区画施設は、区画が設けられていない郡山Ⅱ期をのぞき、すべて築地塀となっている。正殿は郡山Ⅱ期官衙が四面廂、多賀城跡Ⅰ期で瓦葺き南廂、Ⅱ期以降はで四面廂、志波城跡が高床四面縁となる。南門は城輪Ⅰ期が棟門、Ⅱ期以降八脚門、他の城柵もすべて八脚門である。１類城柵の政庁は規模だけでなく、築地による区画、四面廂・縁の正殿、八脚門の南門が基本となっている。

２類は一般国府級であるが、城柵のなかでは中規模となる。２類の区画施設は築地塀（9世紀に材木列塀）または板塀、正殿は南廂または四面縁、南門は胆沢城跡で棟門、東門は秋田城跡で棟門、9世紀に八脚門と変化している。

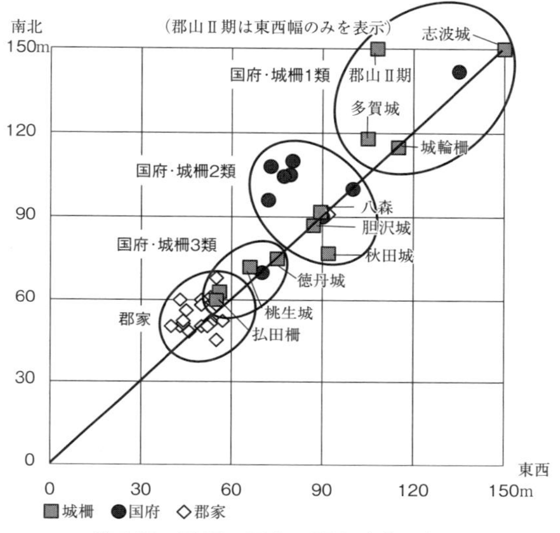

第２図　城柵・国府・郡家政庁の規模

1類城柵とは規模だけでなく質的な違いが認められる。胆沢城には鎮守府が造営後6年経った808年に多賀城から移転するが、鎮守府が国府に次ぐものとして当初から政庁規模もやや小さく設計されていたとみることができる。

3類城柵の区画施設は八世紀後半の桃生城跡、伊治城跡では土塁の区画と無廂の正殿、払田柵遺跡と徳丹城跡は板塀の区画と南廂・四面縁の正殿、南門は伊治城跡・徳丹城跡が四脚門、払田柵で八脚門と、一定していない。

このように城柵の政庁規模を比較すると造営時期の違いにかかわらず、1類は奥羽両国府もしくは国府級、2類は国府に次ぐ形で地域中核拠点として機能し、3類は地域中核拠点に次ぐ地域拠点に位置づけられよう。城柵政庁の規模から城柵の三階層が浮かび上がってくる。

⑵政庁の系譜

7世紀末～8世紀前葉の郡山Ⅱ期官衙は正殿が四面廂で中心位置にあり、また脇殿様の南北棟建物が正殿の脇に並ぶ。その構造は、後の国府や城柵に大きな影響を与えたことは間違いない。ただし政庁の区画がなく範囲が不明確なこと、建物の柱間寸法が等間隔でなく、また大宝小尺（1尺＝0.296m）で割り切れないことなど、初期の国府として政庁構造や建物の設計がまだ確立していない段階といえる。

次の多賀城では政庁は築地による明確な区画をもち、正殿と一対の東西脇殿のコの字形配置が確立する。多賀城は郡山Ⅱ期官衙のいわば不十分な構造を大きく改善し、その後の城柵の基本となる。多賀城は養老4（720）年の按察使が殺害された蝦夷蜂起後、程なくして造営が開始されたとされるが（平川1993、熊谷2000）、郡山Ⅱ期官衙とは質的な転換が大きい。周到な準備期間が必要であり、事件の前から多賀城造営が企図されていた可能性を指摘しておきたい。

なお、8世紀前半に大崎〜石巻平野に配置される「天平五柵」は、東山遺跡のように政庁が郡家構造でありながら、周辺に土塁などを大規模にめぐらす複合官衙のため、多賀城の系譜にはつながっていない（八木2010）。

次に、多賀城とその9年後に造営された秋田城との関係をみてみよう。創建期ではともに政庁は築地塀で、正殿は多賀城の南廂を踏襲する。身舎の梁間が2間から3間となるが、建物面積はほぼ同じである。脇殿も7×2間を6×2間と変更するものの、柱間を広げ同じ面積にしているなど共通点が多い。ただし政庁規模が大きく異なり、縦長と横長との違いや後方建物も異なっている。すなわち秋田城の建物は基本的に多賀城Ⅰ期を踏襲、規模などは国府と国府を併存しない城柵との差が表れたものとなっている。

8世紀後半になると、多賀城は正殿・脇殿の礎石化と外郭南辺の移動による面積拡大、官衙の充実整備を図っている。大崎平野の複合官衙群や桃生城、伊治城の後方に位置し、面的支配を展開する扇の要の拠点として荘厳化を促進したものと考えられる。

これに対し秋田城は基本形を継続するも、独自化を歩む。秋田城は「孤居北隅」（804年）、「孤城拒守」（878年）といわれるように北に突出した位置にあり、秋田城は後方とは大きく離れ、版図拡大が目的ではなく最北の抑え、交易拠点、渤海国使受け入れ地といった特殊な性格をもっていたがゆえ、8世紀後半に基本構造を転換させるには至らず、多賀城とは異なる展開になったのであろう。

8世紀末〜9世紀初頭に多賀城は伊治公呰麻呂焼き討ち後の本格復旧、胆沢・志波両城の造営と、集中的かつ大規模な造営工事が展開される。胆沢・志波両城は基本的に多賀城の政庁構造を踏襲するが、胆沢城は区画が築地塀でなく、正殿も南廂とする一方で、外郭南門が五間門と多賀城をしのぐ規模に建設されるなどの変更が行われている。志波城は多賀城より大きい規模の政庁となり、高床と想定される正殿など、多賀城より発展的である。

秋田城はこの時期、政庁区画の簡素化や正殿の小形化が行われる反面、東門の八脚門化と東脇殿の西廂付設、鵜ノ木地区の性格一新と、大きく再整備される。そして9世紀初頭に造営された払田柵や城輪柵は、秋田城の板塀、正殿や脇殿をモデルとしていた。

(3)官衙・館

秋田城跡では政庁西側の焼山地区で整然と配置された官衙建物群が検出されている。3期に分かれ、I期（8世紀第2四半期）の7×3間総柱建物一棟（図には表示していない）、II期（8世紀中葉〜800年前後）には南北棟建物群が10棟確認され、続くIII期（800年前後〜9世紀中葉）にも5〜6×2間総柱建物群5棟が検出されている。III期は外郭西門から政庁にクランク状に折れ曲がるように配置されており、西門—政庁を結ぶ道路を想定するなら道路沿いに配置されていたとみられる。

IV期以降（9世紀中葉〜）、南に主体を移し、一辺60mの材木塀による方形区画ができるが、現在は遺構が削平されて不明確となっている。

焼山地区の性格については、III期の総柱建物を郡制施行に伴う徴税物資あるいは最北の城柵として饗給物資を集積した倉庫（双倉）との解釈がある（伊藤武士2006）。ここで焼山地区の建物配置の性格を考えるため、陸奥側城柵の官衙の規格性を確認しておきたい。

梯子形配置の官衙　多賀城跡城前地区が該当する。城前地区は政庁から外郭南門を結ぶ南大路の東側にあり、二面廂などの東西棟建物が南北に3〜4棟並び、東西には南北棟建物がほぼ東西対称に配置される。8世紀中〜後葉

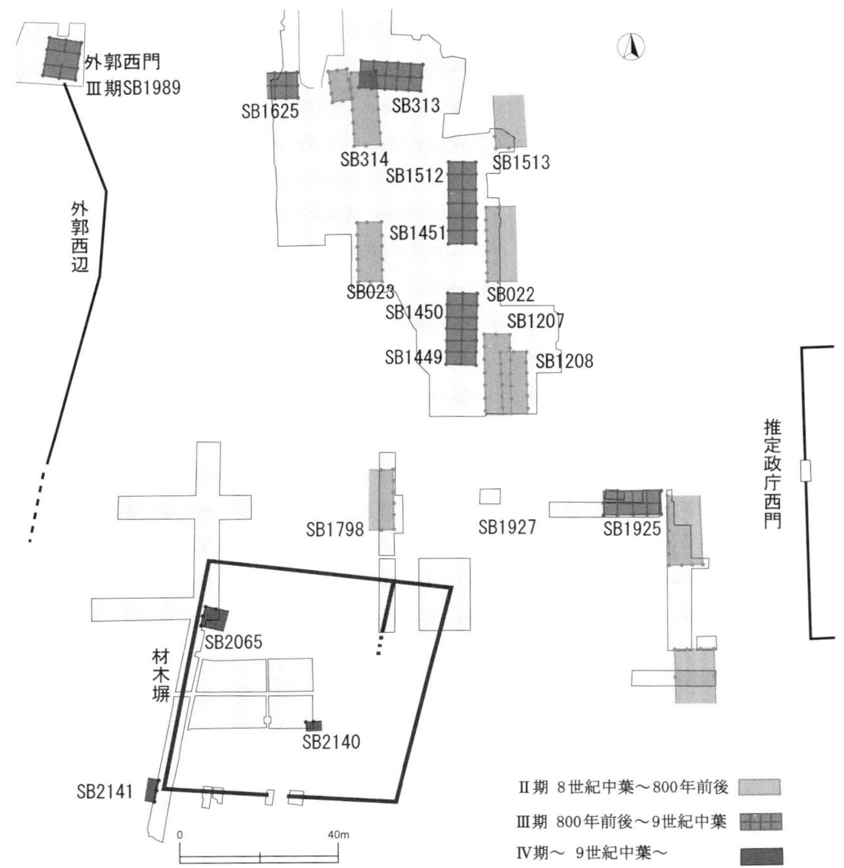

第3図　秋田城跡焼山地区の官衙（秋田城跡調査事務所2012などから作成）

には広場様の空間があるが、目隠し塀のような柱列を設けていることから、広場（庭）とは考えにくい。東側の南北棟建物跡は建築面の傾斜を水平にするため床張りであった可能性が指摘されており、また西側の南北棟建物跡や南端の東西棟建物跡では床束が確認されている。

780年の火災の後、8世紀末に従前の配置を踏襲する形で再建される。東西棟は増やされて、南と東の二面や南北両面に廂を付け、目隠し塀が付属する建物が整備される。

このような変化はあるものの基本的な建物配置は踏襲されており、官衙の性格は継承されていたとみられる。そして9世紀の段階で建物が激減し、8世紀中葉以降の性格は失われる。

城前地区は政庁の南東前面に位置することや、規格性の高い配置から政庁に次ぐ重要な官衙であることはまちがいない。広場（庭）がなく、床張り建物や目隠し塀が多用され、居住性の高い私的な雰囲気をもつ建物群で、城内に置かれた国司館の可能性が高い。

この類型に属すると思われる伊治城跡北西官衙では、東西棟各2棟を北と南に、南北棟を東と西に各3棟、計10棟でロの字形の官衙を構成している。建物はすべて5×2間で､廂は付けられていない。ロの字の内部はほとんど未調査のため城前地区と同じ構造になるか今のところ不明である。時期は8世紀後葉と報告されている。

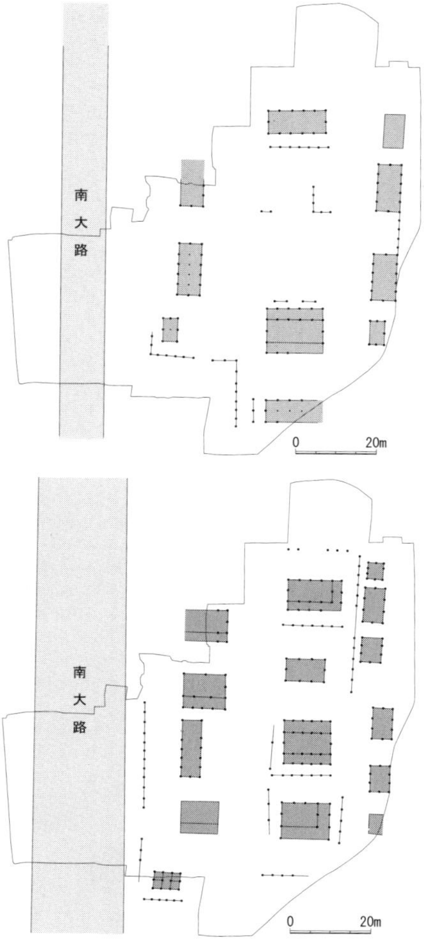

南大路
0 20m
南大路
0 20m

第4図　多賀城跡城前地区の官衙（上：8世紀中～後葉　下：8世紀末～9世紀）（多賀城跡調査研究所 2007から作成）

無廂南北棟建物群の官衙　胆沢城跡Ⅰ期（9世紀前葉）では、北東官衙で板塀で囲まれる大形の東西棟の三面廂建物がみられる。胆沢城司あるいは鎮守府将軍の館などと考えられる。その南に展開する東～南東官衙は、無廂で桁行柱間がほとんど7～8尺の南北棟建物が主体で、板塀で区画されている。北東官衙と異なる無廂南北棟建物群は、儀式的要素が少なく、実務的要素の強い官衙となっている。

コの字形配置の官衙　9世紀前半にコの字形官衙が多賀城跡作貫・大畑地区、志波城跡南東官衙、徳丹城跡北東官衙で整備されている。コの字形配置は政庁ほど規格的ではなく、区画施設も板塀となっている。政庁に準ずるもしくは政庁機能を補完するような官衙で、半ば独立的な役割を担当するような性格をもっていたとみられる。

作貫地区は政庁東側の舌状を呈する丘陵上に位置し、地形的には独立的要素が強い。8世紀の13×2間の身舎に南廂が付く長大な東西棟を中心とする官衙から、9世紀には5×4間の東西二面廂の南北棟を中心とする東西棟4棟ほどがコの字形に変化する。南に開くコの字形でなく西側の南大路側に開く形となっている。それぞれ1〜2回の同位置での建て替えが行われており、瓦や須恵器、硯などが出土し、施釉陶器はみられない。

大畑地区は、政庁の北東部、外郭東門の内側の官衙で、創建期から10世紀まで継続的に官衙が置かれていた。9世紀前半に外郭東門の位置が内側に

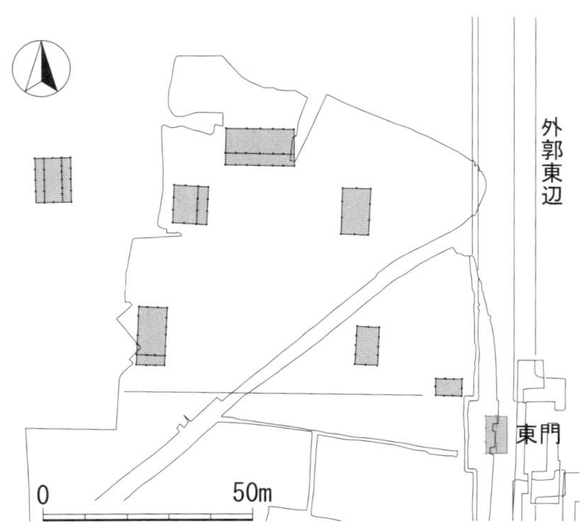

第5図　徳丹城跡の北東官衙（9世紀前〜中葉）（矢巾町教育委員会2001などから作成）

変更されたことにともない、官衙も大きく様変わりする。東門から西に延びる材木塀と八脚門で北辺を画し、北の東西道路側に開くコの字形の建物配置が造られる。中心建物の東西棟1棟と南北棟5～6棟で構成され、すべて7×2間の無廂建物で、広場は長方形となる。コの字形配置の東側には南廂と北廂東西建物が向かい合うように配置されている。規格的配置は9世紀中葉頃には早くも崩れ、二棟一対になる組み合わせはあるものの、統一性のない配置となり、建物自体も小形化し、竪穴住居を共存するようになる。施釉陶器や白磁が出土するがあまり多くはない。

志波城跡南東官衙は、10年ほどの存続期間内に2期の時期変遷があり、南廂の東西棟建物の左右南側に南北棟と小形建物が配置されている。建物で囲まれた広場（庭）は東西に横長となっており、政庁のような正殿と脇殿に囲まれるほぼ正方形の広場（庭）とは異なっている。徳丹城跡北東官衙は、政庁の東の外郭東門を入った北側にあり、身舎6×2間に南廂が付く東西棟建物を中心に南の東西道路側に開くコの字形配置を呈する。

このように、コの字形配置の官衙は開放部を通路などに向けた形で建物が配置される。必ずしも南向きではなく、広場（庭）も正方形とならず、政庁ほどの規格性はみられない。しかし廂付き建物が中心となり、左右対称の配置となって外観を整えていることから、威儀を正した儀式的施設の性格を有していたとみられる。施釉陶器などの饗応的遺物はあまり多くない。

時期はここにあげた4例が9世紀前半となっており、8世紀の例は確認されていない。政庁の役割の分散化や官衙機能の整備充実が9世紀前半に進んだことを示している。ただそれらは長く継続されることなく比較的短命で、9世紀中葉以降新たにコの字形配置が造られることはなかった。なお9世紀前半段階では施釉陶器の受容は全般的に少ない。

四面廂東西棟建物群の官衙　9世紀前～中葉には四面廂東西棟建物を中心とする官衙が成立する。多賀城跡六月坂地区・胆沢城跡Ⅱ～Ⅲ期東方・南東官衙などである。多賀城跡六月坂地区は外郭北辺に近く、外郭東門から西門を結ぶ東西道路の南に隣接する。古い時期は四面廂東西棟建物2棟が横に並び、無廂建物3棟が付属する。9世紀代前～中葉の年代幅のなかに位置づけられている。

胆沢城跡Ⅱ期（9世紀中～後葉）になると、東～南東官衙が無廂南北棟建物群から四面廂東西棟の建物で構成される官衙に転換し、10世紀中葉まで継続する。Ⅱ期以降大量の灰釉、緑釉陶器や白磁、青磁などの輸入陶磁器などがこの官衙域から出土し、饗給的性格が強い官衙と考えられる[4)]。Ⅱ期への転換は徳丹城が廃城後の時期と重なり、北上盆地における唯一の城柵として広域統轄に転換する時期に相当する（八木2002）。

また城外に四面廂建物が展開される例として、多賀城跡南側に点在する館前遺跡や山王遺跡の「国司館」、胆沢城跡南側の伯済寺遺跡西側の一郭などを挙げることができる。館前遺跡は東西67mほどの独立丘陵上に立地し、中央の身舎５×２間の四面廂東西棟を中心に、７×２間の前殿、4～5間×２間の後殿、東西に地形に合わせた不定方位の５×２間の建物６棟で構成される。南側が削平されているので本来はそれ以上の棟数であった可能性が高い。時期は遺物が僅少であるが９世紀代とみられている。

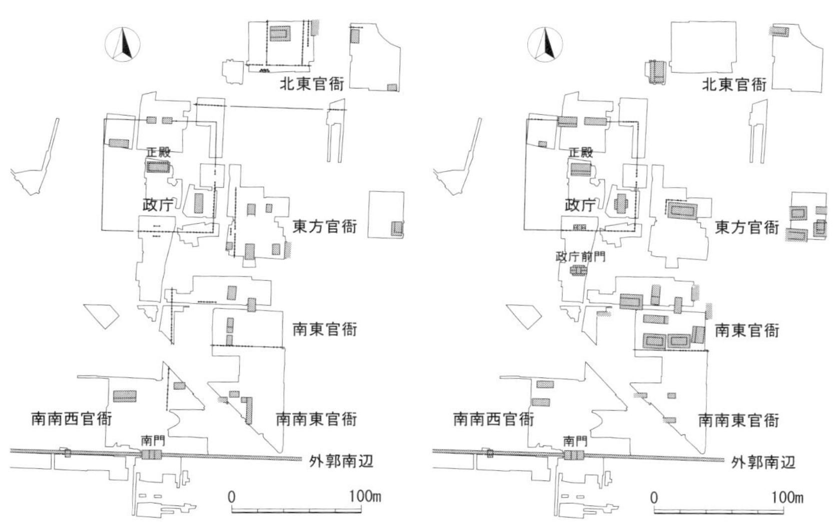

第６図　胆沢城跡の官衙建物群（左：Ⅰ期―9世紀前葉　右：Ⅱ期―9世紀中～後葉）
（水沢市教育委員会1988などから作成）

山王遺跡千刈田地区では、東西道路に面する方格地割の中に身舎7×2間の四面廂東西棟建物跡と複数の建物跡、井戸跡などが検出されている。10世紀前半の施釉陶器や輸入陶磁器、「右大臣殿餞馬収文」と墨書された木簡が出土し、国司館と考えられている。このほか四面廂建物は検出されていないが、方格地割のなかで廂付き建物跡と施釉陶器が出土する地区があり、やはり国司館と考えられている。

伯済寺遺跡は9世紀中葉以降、胆沢城外郭南方に出現する。10世紀中葉（胆沢城廃絶よりやや新しい）まで3期変遷で継続し、鎮守府将軍などの「館」とみられている（伊藤博幸2010、高橋2013）。周辺から施釉陶器などが比較的多く出土している。

このように城内官衙や城外から、四面廂東西棟建物が9世紀に出現し、とくに中葉以降に施釉陶器が多く消費する官衙が明確化する。これらは饗給機能が強く反映された官衙とみることができよう。ただ施釉陶器などがみられない六月坂地区や館前の例もあり、検討の余地がある。

これらの官衙では、規模の異なる複数の建物で官衙が構成されている。10尺柱間で廂付き建物、長尺建物、中小建物、3×2間建物などがみられ、中心となる建物と副次的な建物、雑舎などの付属屋といった多様な建物群で構成される。

さて、秋田城跡焼山地区Ⅱ・Ⅲ期の建物は前述のとおり規模や構造の斉一性が高く、中小建物がほとんどない。また建物規模は、多賀城跡などと比較してみると、9〜11尺の柱間が多く、面積も大きく政庁脇殿クラスに相当する。陸奥側の無廂南北棟建物群よりやや格上であり、また出羽側では四面廂建物を採用しない地域性があることから陸奥側の梯子形官衙などに相当する可能性が考えられる。たとえば「介御館 務所」（第10号漆紙文書、天平宝字年間）などである。

Ⅲ期の総柱建物群は秋田城独自の遺構となる。郡家正倉は多くが2×2間〜4×3間の柱間となるものが全国的に一般化している。それ以上の建物では梁間が3〜4間となるのが通例で、秋田城のような5〜6×2間はみられない。このことから調査者は2〜3×2間の倉が2棟並ぶ双倉を想定している。

ここでは、Ⅱ期と同じ建物規模、方向をもつことから、Ⅱ期からの性格を継承したと考えることとしたい。

3　城柵構造からみた秋田城の特質

(1)奥羽両国間の城柵構造の違い

これまで述べてきたように、奥羽両国の城柵は、その位置の選定、区画施設の変更、四面廂建物と政庁建物の柱間、官衙域の規格配置など多くの点で差異が認められた。

まず位置の問題について、秋田城など大きな河川の河口部に立地する城柵は海上交通路の北進によるものであり、交易・外交の拠点としての役割が大きかった。このことは多くの先学が説くところとなっている。一方、内陸部の城柵は持統天皇３（689）年に登場する優嗜曇柵が最上川上流域の置賜郡に推定され、天平宝字３（759）年造営の雄勝城は雄物川上流域の雄勝郡に位置する。両城柵とも中流域に城柵設置や建郡を行っておらず河口からさかのぼってきたものとは考えがたい。陸奥側からの内陸交通路によっていたとみられる。河口からの舟運が城柵造営に関与するのは、払田柵が造営された９世紀初頭以降である。

秋田城が所在する秋田平野の郡制施行は延暦23（804）年にくだり、在地住民である蝦夷の支配は９世紀以降本格化する。秋田周辺も含め出羽側で末期古墳が展開されるのは８世紀後葉以降、おもに９世紀になってからで、それ以前のこの地域社会はやや閑散となっていたと推定される。陸奥側では７世紀から末期古墳が成立しており、地域社会がある程度できあがっていた。両国の基盤は大きく異なっていたのである。

次に、外郭線と政庁区画線が出羽側では変更されることについて取り上げる。秋田城では９世紀初頭前後に外郭築地から板塀、その後材木塀に変化し、政庁も築地から板塀に変わっている。築地塀による城柵の重厚さや荘厳性が後退したことは、それまでの交易・外交の拠点としての象徴性より実質的な機能重視に転換したことを意味する（伊藤 2006・2007）。

その理由として、延暦23（804）年6月に渤海国使受け入れの客院を能登に設けるべき旨の勅令が出され、秋田城の客院が廃止されたこと、同年11月の「城を停めて郡となす」に表れる郡制重視への転換、翌年の徳政相論により板東や北陸諸国の支援が大幅に縮小する状況となったことが挙げられる。

秋田城の役割の転換を示す文字資料も出土している。「俘囚計帳」とよばれる第18号漆紙文書には「和太公・小高野公」という河辺郡の地名を冠した人物が列記され、第26号「器杖帳」には郡大領に「公子（きみこ）」（＝吉弥侯、俘囚姓）が補任されたことが記されている。漆紙文書はいわば反故紙で、記事内容は出土地と直接関連するとは限らない性格のものであるが、この2点は秋田城周辺と関わりある内容となっている。文書の時期は9世紀前半とみられており、秋田城（あるいは郡家）において在地蝦夷を編戸、登用していたことがわかる。

建物の構造の問題について、陸奥側では四面廂建物は格式ある建物に位置づけられているが、出羽側では南廂建物がその位置にある。政庁正殿など主要な建物でも、寺院遺構を除くと南廂建物が出羽の標準であり、陸奥側とは異なるところがある。四面廂が採用されなかったのは、積雪による屋根への荷重が大きかったことが考えられる。

さらに官衙の規格配置は陸奥側では各城柵にほぼみられるのに対し、出羽側では秋田城の焼山地区だけにとどまっている。実情に合わせた官衙域や工房などの配置が、継続性・規格性より機能重視の形でおこなわれている。

⑵秋田城の地域における役割

官衙の構造をみると、陸奥側では9世紀以降、コの字形配置や無廂南北棟建物群、四面廂東西棟建物群の官衙が設置されていた。

9世紀中葉以降目立つのが四面廂東西棟建物を配置した官衙で、施釉陶器や輸入陶磁器が多く消費される。四面廂建物跡は城内官衙だけでなく城外からも確認され、城外のものは国司館や鎮守府将軍の館（たち）とされている。館は国司の私邸であると同時に饗宴を伴う儀礼、行政空間に位置づけられる。

『養老令』では国司の一般的職務に加え、「陸奥・出羽・越後等国、兼知饗給、征討、斥候」(『養老職員令大国条』) と規定されている。饗給の場はそれまで政庁で行われてきたとみられるが、遅くとも９世紀中葉以降は城内の四面廂建物群の官衙に移ったものと考えられる。注目すべきは城内と城外に類似の性格を有する施設がほぼ同時期に出現することである。

そのことを考えるうえで、鐘ヶ江宏之の国府における「国」と「館」との対比が参考になる。「館」は受領らの権威の下に私的に構成される勢力の拠点で、「国」は国府機構に勤める在庁官人らの活動拠点として、在地の組織と秩序をそれぞれ象徴するものとして対比されるという (鐘ヶ江 1994)。

鐘ヶ江論は 10 世紀以降のことであり、また実際の遺構と結びつくものであるか慎重な検討を要するが、胆沢城跡の南東官衙と伯済寺遺跡とでは、前者の方が繰り返し整備され、棟数も多く、施釉陶器の出土量も豊富である。主体は城内官衙にあり、「館」であった可能性が高い。受領と在庁とは機能分担の形で併存していたのである。

このような陸奥側城柵の動きに対して、秋田城跡の焼山地区では建物配置に一定の規格性をもつものの、大きく異なっている。陸奥側に当てはめると無廂南北棟建物群に近い建物配置で、実務的要素の強い官衙となる。Ⅲ期が総柱建物であることから倉庫であったと考えられているが、Ⅱ期とほぼ同じ建物規模をもっていることから、この官衙の基本的性格を踏襲して、高床に近い床張りであった可能性が考えられよう。

ただ床張りであって、出羽側の建物の特徴を考慮したとしても、出土遺物の量からも四面廂東西棟建物群にただちに比定することはできない。また政庁以外での饗給的官衙は陸奥側でも９世紀初頭前後まではさかのぼらず、Ⅲ期建物群も饗給の場と考えにくい。陸奥側の四面廂東西棟建物群に相当する官衙は秋田城では現段階で未確認の状態といわざるを得ない。Ⅳ期の遺構群などに饗給機能があったのか、今後の調査に期待がもたれる。

このような奥羽両国間の違いはあるにせよ、城柵としての基本である明確な外郭線や中央の政庁、櫓の設置などは共通し、行政と軍事の拠点であることには変わりはない。政庁規模をみると陸奥側では国府級に次ぐ胆沢城と同じ規模となっている。平安時代の出羽国府とされる城輪柵遺跡も政庁規模から国府と追認することができ、この点で秋田城の場合には国府であったとする根拠を見出すことができない。

国府でなくとも胆沢城は鎮守府が808（大同3）年に多賀城から移転し、11世紀までその名を残している。秋田城は秋田城介といわれる武門の名誉職となって中世まで用いられていた。古代奥羽においてそれぞれ国家領域の北縁の要として長く大きな役割を果たしたのであった。

そして、秋田城は8世紀の対外的機能から9世紀以降に編戸など本来の律令地域支配、また実務的地域支配の重視へと大きくその役割を転換させたことは確かである。

註

1）出羽側の点と点を結ぶ交通路は、737（天平9）年の大野東人直路開鑿開始から759（天平宝字3）年の雄勝・平鹿二郡の建置をもって面的つながりへ移行したが、不安定な状況は続いていたとされる（渡辺2000）。

2）志波城跡の政庁正殿は　身舎5×2間、その周囲に同規模の柱掘方をもつ6×3間の柱列が取り付く。従来四面廂とみられてきたが、通常の四面廂は7×4間となり、また中央に柱が立つことになるため、柱が床の上に延びない四面縁ととらえることが妥当である。また身舎内部にも四本一組の柱穴が規則的に配置されていることから総柱のような床束による高床と想定される（志波城跡整備委員会での上野邦一の指摘による）。

3）城柵政庁の規模については村田晃一の五区分法がある。本稿で1類に含めた最大規模の志波城跡を独立させている点、3類のうち郡家政庁と同規模の伊治城跡と東山遺跡を分離させた点が異なる（村田2004）。桃生城跡は伊治城跡よりやや大きいが、ともに一郡程度を管掌していたとみられることから、桃生城と同じ類型として扱った。また東山遺跡の政庁は郡家構造を呈していることから本稿では城柵政庁に含めていない。

4）口頭発表およびシンポジウムではこれら四面廂東西棟建物群主体の官衙を「饗給官衙」無廂南北棟建物群主体の官衙を「実務官衙」とした。発表後、官衙の性格をあらかじめ想定した名称は適切でないとの指摘があり、本稿では表現を変えている。ただしその性格づけについての基本的考えは変更していない。

参考文献

阿部義平・永嶋正春 1985「徳丹城とその施釉瓦について」『国立歴史民俗博物館研究報告』第6集 96-98頁

伊藤武士 2006『秋田城跡』日本の遺跡12 同成社 61-65・138-142頁

伊藤武士 2007「九世紀の城柵」『九世紀の蝦夷社会』高志書院 134-136頁

伊藤博幸 2010「古代東北における館の成立について」『坪井清足先生卒寿記念論文集—埋文行政と研究のはざまで—』956-964頁

江口 桂 2010「東日本における古代四面廂建物の構造と特質」『四面廂建物を考える』第15回古代官衙・集落研究会報告書 クバプロ 139-146頁

鐘江宏之 1994「平安時代の「国」と「館」」『城と館を掘る・読む』山川出版社 91-118頁

熊谷公男 2000「養老四年の蝦夷の反乱と多賀城の創建」『国立歴史民俗博物館研究報告』第84集 62-87頁

小松正夫 2005「出羽の城柵と地域の変貌」『日本海域歴史大系』第1巻古代篇Ⅰ清文堂出版 243-247頁

高橋千晶 2013「陸奥国北部における館の成立と展開」『考古学の諸相Ⅲ』坂詰秀一先生喜寿記念会 219-228頁

平川 南 1993「多賀城の創建年代—木簡の検討を中心として—」『国立歴史民俗博物館研究報告』第50集 30-50頁

村田晃一 2004「三重構造城柵論」『宮城考古学』第6号 170頁

八木光則 2001「城柵の再編」『日本考古学』第12号 61-67頁

八木光則 2002「徳丹城・胆沢城と蝦夷政策」『古代文化』第54巻第11号 5-8頁

八木光則 2010「東北の城柵遺跡」『史跡で読む日本の歴史4　奈良の都と地方社会』吉川弘文館 199-204頁

渡辺育子 2000「七・八世紀の庄内と秋田」『国立歴史民俗博物館研究報告』第84集 54-55頁

第２部　秋田城と北方世界の交流の具体相

土師器の色調変化が示す
元慶の乱後の米代川流域在地集落の動態

宇田川浩一

1　緒　論

本稿は、ロクロ成形回転糸切り技法によって製作された、いわゆるロクロ土師器もしくは赤焼土器[1)]（以下土師器）の坏の色調が、時期ごとに変化することを明らかにする。そして色調変化の原因を、元慶の乱と十和田火山噴火による地域社会の再編に伴う「律令体制的価値観による管理思想の浸透」に求めた。9世紀第3四半期から10世紀第3四半期までの100年を分析の中心的な対象とし、色調変化の大きな傾向を概略的にとらえるために9世紀第2四半期と10世紀第4四半期および11世紀の土器を参考資料として加える。なお秋田県内の土師器坏の編年は、伊藤武士（伊藤1997・2002）に従う。

2　研究史

本稿は二つの視点によって坏の色調を研究する。一つめは色の変化に注目する。二つめは平安時代に、物の品質管理がどのように行われていたのかという点に注目する。

現代の私たちが見ている土器の色と、平安時代人が見ていた土器の色が、同じである保証はない。土器が、焼き上がった新品から使用を経て薄汚れ廃棄された後、様々な要因で変色したのが、現在の私たちが見ている土器である。

分析対象とした時代が異なるものの、土器の色調変化が土器製作者・使用者の認知によって変化することを明確に示したのは松本直子（松本1996・2000）である。縄文時代後半から弥生時代初期に至る土器の色調変化を明らかにして、製作者の認識の及ぶ色調変化と認識の及ばない器壁の厚さの変化を分析し、異なる属性では異なる地理的分布をもった等量線をひくことが出来ることを示した。そのうえで、現代人には画期や断絶によって認識される型式とは異なる「模倣が簡単な部分だけでも積極的に取り入れようとする態度、あるいは無意識に影響を受けてしまうような状況が、後のより大々的な社会変化の基盤を形成した」（松本 1996）と考察している。

焼成時の色調研究は、須恵器で行われている（佐々木・余語 2004）。黒斑については土器の製作技法研究として行われている（小林 2003）。使用痕の研究も盛んである（大手前大学史学研究所編 2007）。古墳時代の地域集団と使用土器の色調が関連していることは田中が指摘している（田中 1991）。埋没後の色調変化は、金田明大（金田 2002）が事例を紹介し、埋没過程の復原を含めた研究の必要性を説いている。

二つめの物の品質管理は、とくに土器の品質について、秋山浩之は平城京内外から出土する土師器の黒斑の比率から、京内に持ち込まれた土器には黒斑出現率がごく低いことを明らかにした。そして「有黒斑の個体は一種のキズモノとして搬入されていない」ことから、黒斑の有無広狭や歪み、焼きムラまでを含めて検査する「検品機構」の存在を推定している。さらに長屋王邸内での黒斑をもつ土師器出土位置から、その土師器の使用者の階層が低いことを推定した（秋山 2007）。

本稿では、秋山の「検品機構」による土師器の品質管理の視点から、時期の違いによる土師器坏の色調変化を明らかにし、秋田城とそれ以外の遺跡では土師器坏の色調はどのように異なるかを検討する。加えて、元慶の乱を契機とした土器色調の変化にも言及する。

3　分析方法

ロクロ土師器を焼く技術は９世紀第３四半期に急速に米代川流域以北に広がる。ところが土師器の色調は八郎潟北岸以南と以北では、大きく異なる。米代川流域では河口平野部と、それよりも上流部では全く異なる。最初にこの差異を記述し、土器の色調が時期ごと・地域ごとでどのように変動しているかを明らかにする。次に坏の対称性を調べ、色調変化との関連性を指摘する。

(1)観察・記述法・分析法

色調の観察には標準土色帖（小山・竹原 1999）を用い、色名の記載はマンセル式に従う。屋内で自然光下もしくは蛍光灯下で色彩を観察し、土色帖の色カードから最も近い色を選んだ。土器表面の色調は、内外面を合わせて表面の多くを占める一番普遍的と思われる色および、明度・彩度共に最も高い色と低い色、特徴的に目立つ色を記載した。明度・彩度の差が大きいほどグラデーションによる中間色が発生するので、それらもできる限り記載した。

記載する色数の最大と最小は決めず、筆者の主観で記載した。結果的に１点の土器に対して最大７色、最小は１色が記載できた[2)]。

土器の色斑が無い場合、色数は１となる。色斑が増えるに従い、記載される色数は増える。各遺跡の色数平均を地図上に落とし、同じ色数の遺跡を線でつないだ。これを「等色線」とよぶ。等色線は２色未満、２色台、３色以上の３種類に単純化して北東北地方における四半世紀ごとの変化をとらえることにした。

次に、色数が同じであっても色相・明度・彩度の乖離状態によって、その変化の激しさを示す。２色なら、その二つの色が置かれるマンセル式色相円柱（以下、色円柱）内の位置のばらつきとして示される。マンセル式の色相関は円を 100 等分することで各色相を表現している。標準土色帳で表現可能な色調は、明度彩度共に８なので、直径 16、高さ８の色円柱内に収まる。そこで、円柱の底面を XY 軸で表現される平面に置かれた中心Oをもつ半径８の円、高さを Z 軸とすると、記載された色に対して空間座標を与えることができる。

具体的には、１色ごとに色円柱内における座標（x, y, z）を与えることで表現する[3)]（第１図）。例えば２色が観察されたならば、色 a（xa, ya, za）と色 b（xb, yb, zb）という座標が与えられる。そして色斑の大きさは、座標２点間の距

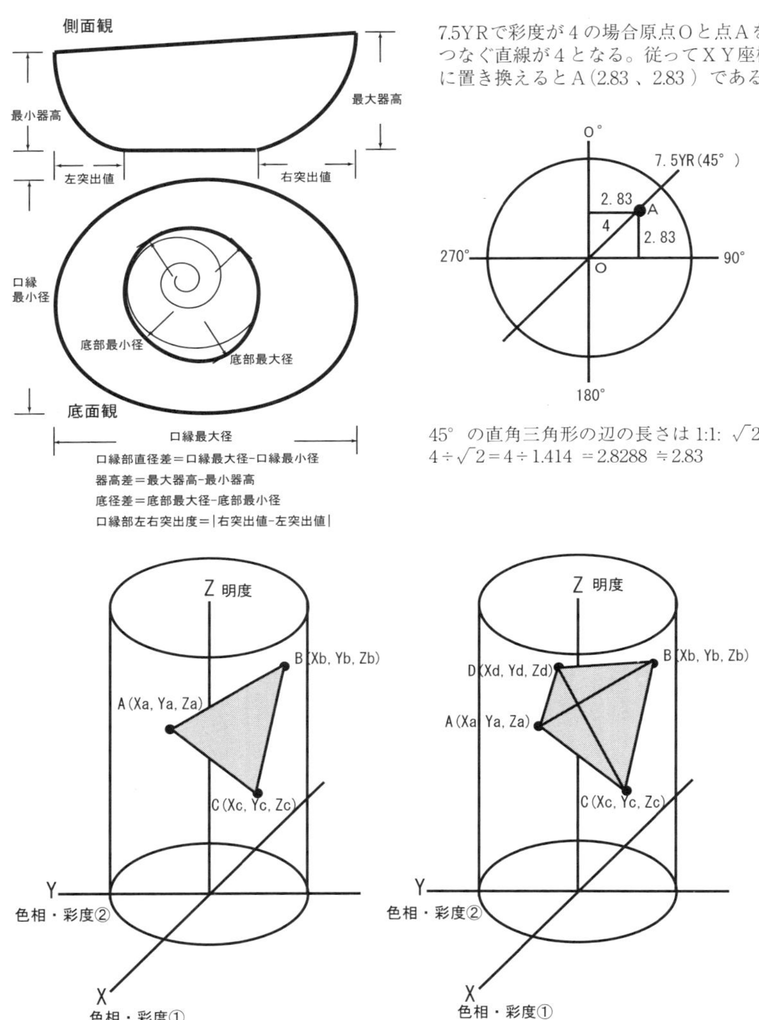

マンセル式色立体の内、ここで対象にしている色は直径16、高さ８の円柱で表現できる。ＸＹ軸は角度で示される色相と原点Ｏからの距離で示される彩度を平面座標に置き換えたもの。Ｚ軸は明度。土器の色調には座標を与える。
１色は点：面積なし　２色は線：長さ　３色は面：３点が作る面積
４色は立体：４面体の体積　５色以上は、４面体が複数あると考える。

第１図　土器の色分析法とゆがみの計測点

離で表現される。3色なら3角形の面積として、4色以上なら多面体の体積として表現できる。これを「色面積」、「色体積」と仮称する。3角形ならば、面積が小さいほうがより色斑が小さいことを示す。

本稿では3色観察された坏の色面積を算出し、地域・遺跡ごとに比較してその意味するところを考察する。

(2)形状の対称性

土師器坏の形態の歪みを数値化するために4項目の計測点を設定した（第1図）。

①口縁部の指標：口縁部直径差＝(口縁直径最大値)－(口縁直径最小値)

②側面形の指標：器高差＝(器高最大値)－(器高最小値)

③底面形の指標：底径差＝(底径最大値)－(底径最小値)

④側面形の指標：口縁部左右突出度

＝｜(左口縁端部－左底部端部)－(右口縁端部－右底部端部)｜

＝｜(左突出値)－(右突出値)｜

計測資料は完形品に近い個体を選んだが、口縁部は破損していて残りが悪く計測個体数が他の測点に比べて少ない。通常の計測ならば1方向の直径が計測できる口縁部の残存率50%以上(復原値を許容するならば1/3以上の残存率)の資料が計測対象となるが、本稿では口縁部上面観の歪みを計測するために最大径と最小径が必要であり、計測可能な個体数が限定された。

これらの計測値は平均値と標準偏差を算出し、F検定による母分散の検定、t検定による平均値の検定を行って有意差の有無を調べる。

坏の歪みの多寡に対して許容範囲（検品基準）があるならば、その許容範囲の地域差・時期差を明らかにしたうえで、色調の変化や多様性と比較すれば、型式とは別の基準による地域区分が可能となる。

4　分析：各遺跡出土坏の色調と形態の対称性

東北地方北半の４県（青森県・秋田県・岩手県・山形県）を河川や海洋を基準に 11 地域に分けた。青森県は日本海側と太平洋側の２地域、秋田県は米代川上流域、中流域、河口域、八郎潟東岸、雄物川河口域、県南、横手盆地の７地域に分けた。岩手県と山形県については資料数が少ないため、それぞれを１地域とした。

検討対象とした遺跡は 37 遺跡である。青森県は津軽群２遺跡（野尻（3）遺跡・山元（1）遺跡）、太平洋群２遺跡（林の前遺跡・大池館遺跡）、秋田県は米代川上流域群７遺跡（一本杉遺跡・歌内遺跡・太田谷地館跡・北の林Ⅰ遺跡・草木遺跡・下乳牛遺跡・中の崎遺跡）、米代川中流域群６遺跡（伊勢堂岱遺跡・法泉坊沢遺跡・諏訪岱遺跡・上の遺跡・粕田遺跡・山王岱遺跡）、米代川河口域群５遺跡（福田遺跡・十二林遺跡・外荒巻館跡・トドメキ遺跡・大館遺跡）、八郎潟東岸群４遺跡（開防遺跡・小林遺跡・盤若台遺跡・扇田谷地遺跡）、雄物川下流群２遺跡（秋田城・虚空蔵大台滝遺跡）、横手盆地群２遺跡（藤木遺跡・下田遺跡）、秋田南群（下岩ノ沢遺跡・立沢遺跡）、山形県（今塚遺跡・三条遺跡・宮ノ下遺跡）、岩手県（胆沢城・長者原廃寺）を扱う。

⑴時期ごと・地域別の色調変化

①色数平均の変化　東北地方北半の土師器坏に現れた色数平均は 2.27 色である。色調を計測した坏は 1,184 個体で、色総数は 2,684 色である。

９世紀第２四半期から 11 世紀までを四半世紀ずつ（９世紀第２四半期と第３四半期、10 世紀第３四半期から 11 世紀まではそれぞれ一つにまとめた）、各遺跡出土土師器坏の色数平均を算出し、地図上に落として等色線をひいた（第２・３図、第１・２表）。

９世紀第３四半期以前は検討した遺跡数が少ない。２色未満の等色線は、秋田城出土坏の色数平均が９世紀第２四半期に 1.92 色、９世紀第３四半期では 1.67 色である。外荒巻館跡も９世紀第３四半期には 1.5 色と少ない。２色の等色線は、米代川河口域から中流域の法泉坊沢遺跡を経て日本海沿岸を通り、秋田南群・山形県にかけて現れる。3色の等色線は米代川上流域から青森県を通る。以後、北上するほど色数の平均が増加する傾向は同様である。

9世紀第4四半期には2色未満の等色線が米代川中流域まで貫入し、2色の等色線の等色線は日本海沿岸に限られる。2色台の等色線は前代と同様、秋田県内で一般的であり、米代川上流域以北は3色台となる。

10世紀第1四半期も前代の傾向を踏襲しており、2色未満の等色線は米代川中流域に貫入して、大館盆地にまで出現する。2色の等色線も相似形の分布域を取り、より広範囲に日本海側の遺跡に現れる。2色台も米代川中流域から上流域にかけて分布する。3色台との境界が米代川中上流域の鹿角市にある。

10世紀第2四半期になると2色未満の等色線が米代川河口域まで押し戻される。検討資料に胆沢城出土坏が加わったことから、2色の等色線の引かれ方が変化して太平洋側を結ぶ線となった。2色台の等色線範囲が広がり、

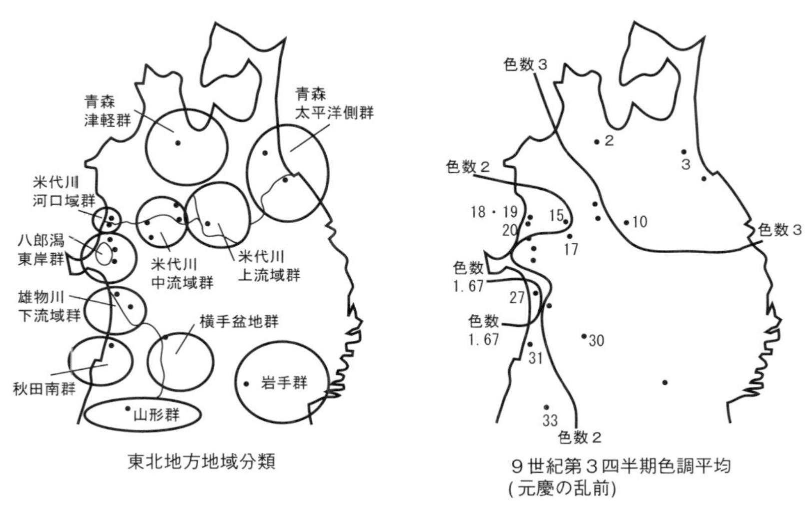

東北地方地域分類

9世紀第3四半期色調平均
(元慶の乱前)

2 野尻3　3 大池館跡　10 中の崎　15 法泉坊沢
17 諏訪岱　18 トドメキ　19 外荒巻館跡　20 大館
27 秋田城　30 藤木　31 立沢　33 宮ノ下

第2図　東北地方土師器坏の時期別色数平均の変化

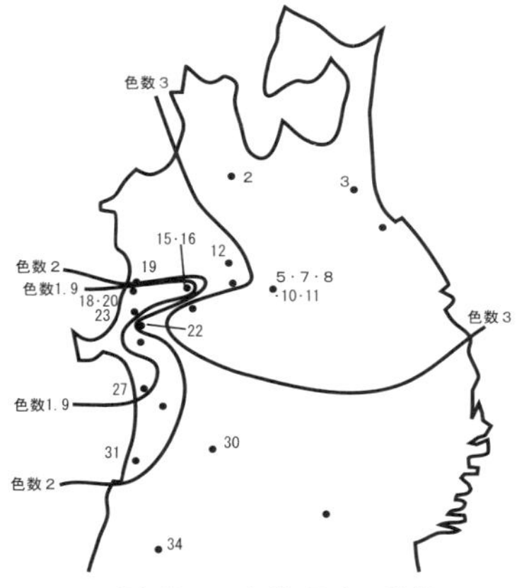

9世紀第4四半期(元慶の乱後)

2 野尻3　3 大池館跡　5 歌内　7 太田谷地
8 北の林Ⅰ　10 中の崎　11 下乳牛　12 山王台
15 法泉坊沢　16 伊勢堂岱 18トドメキ 19 外荒巻館跡
20 大館　22 十二林　23 扇田谷地 27 秋田城　30 藤木
31 立沢　34 今塚

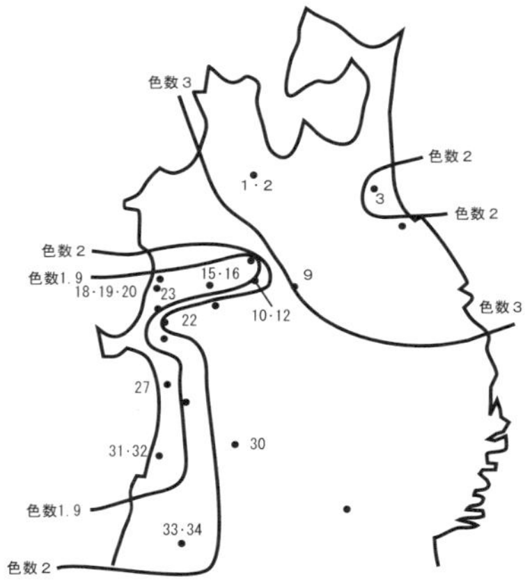

10世紀第1四半期
(十和田ａ火山灰降下前後)

1 山元1　2野尻3　3 大池館跡　9 一本杉
10 中の崎　12 山王台　15 法泉坊沢 16 伊勢堂岱
18 トドメキ　19外荒巻館跡　20大館　22 十二林
23 扇田谷地 27 秋田城 30藤木 31立沢
32下岩の沢 33 宮ノ下 34 今塚

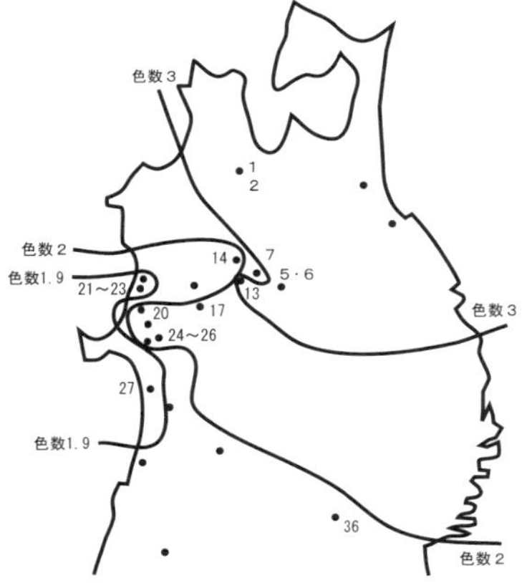

10世紀第2四半期(十和田ａ火山灰降下後)

1 山元1　2 野尻3　5 歌内　6 草木　7 太田谷地
13 上野　14 粕田　17 諏訪岱 20 大館　21 福田 22 十二林
23 扇田谷地　24 盤若台　25 小林　26 開防　27 秋田城
36 胆沢城

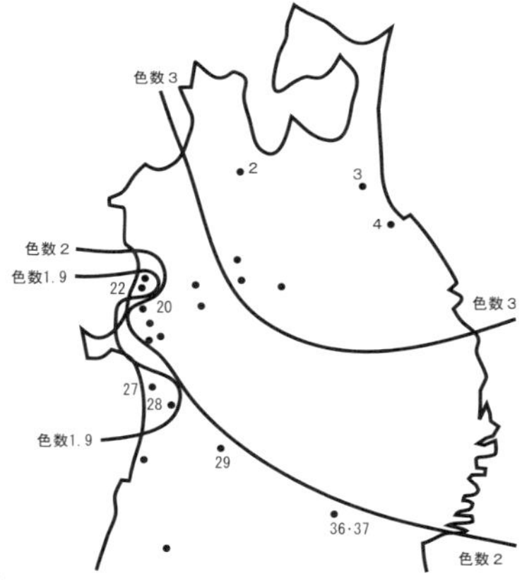

10世紀第3四半期～11世紀

2 野尻3　3 大池館跡　4 林の前 20 大館
22 十二林 27 秋田城　28 虚空蔵大台滝
29 下田　36 胆沢城 37 長者原廃寺

第3図　東北地方土師器坏の時期別色数平均の変化

第１表　土師器坏の色数平均の時期的・地域的変化

東北地方平安時代付きの色数平均：2.27 色
計測した土器数：1184個
色総数：2684色
常に１色台を保持している秋田城の坏は、
品質管理が厳しく行われていた証拠となる

青森県	津軽群		太平洋側群	
時期	野尻3	山元1	林の前	大池館
9.2				
9.3	3.33			3.00
9.4	4.00			3.00
10.1	3.12	3.00		2.00
10.2	3.30	3.00		
10.3	7.00		3.00	
10.4			2.74	3.20
11.0			3.05	

秋田県	米代川上流域群						
時期	一本杉	歌内	太田谷地	北の林1	草木	下乳牛	中の崎
9.2							
9.3							3.00
9.4			2.50	2.00		3.59	3.00
10.1	3.00						2.00
10.2		4.00	2.00		4.00		
10.3							
10.4							
11.0							

秋田県	米代川中流域群					
時期	伊勢堂岱	法泉坊沢	諏訪岱	上野	粕田	山王台
9.2						
9.3		2.00				
9.4	1.40	3.00				2.48
10.1	1.67	1.50			1.00	2.00
10.2			2.00	3.00	2.00	
10.3						
10.4						
11.0						

秋田県	米代川河口域群				
時期	福田	十二林	外荒巻館	トドメキ	大館
9.2			2.50		
9.3			1.50	2.00	2.14
9.4	2.50	2.40	2.13	1.00	1.90
10.1	2.05	2.02	1.50	1.71	1.86
10.2	1.50	1.25			2.20
10.3		1.00			2.50
10.4					
11.0					

秋田県	八郎潟東岸群			
時期	開防	小林	盤若台	扇田谷地
9.2				
9.3				
9.4	2.63	1.00	2.10	1.91
10.1	2.26	2.00	2.20	
10.2	2.36	2.20	2.43	1.88
10.3				
10.4				
11.0				

秋田県	雄物川下流群		横手盆地群		秋田南群	
時期	秋田城54次土	虚空蔵大台滝	藤木	下田	下岩ノ沢	立沢
9.2	1.92					
9.3	1.67		2.57			2.00
9.4	1.71		2.75			
10.1	1.33		3.00		1.38	1.80
10.2	1.43					
10.3				2.00		
10.4		1.50				
11.0		2.21				

山形県			
時期	今塚	三条	宮ノ下
9.2			2.00
9.3	2.25		
9.4	2.50	2.20	2.36
10.1	2.00	3.00	2.00
10.2			
10.3			
10.4			
11.0			

岩手県		
時期	胆沢城	長者ケ原廃寺
9.2		
9.3		
9.4		
10.1		
10.2	2.00	
10.3		
10.4	2.14	
11.0		2.07

第２表　分析対象遺跡

番号	遺跡名	報告書
青森津軽群		
1	山元（１）	青森県教育委員会（1996）
2	野尻（３）	青森県教育委員会（2005）
青森太平洋側群		
3	大池館跡	青森県教育委員会（2005）
4	林の前	青森県教育委員会（2006）
米代川上流域群		
5	歌内	秋田県教育委員会（1982）
6	草木	鹿角市教育委員会（2007）
7	太田谷地	秋田県教育委員会（1988）他
8	北の林Ⅰ	秋田県教育委員会（1982）
9	一本杉	秋田県教育委員会（1983）
10	中の崎	秋田県教育委員会（1984）
11	下乳牛	秋田県教育委員会（1984）
米代川中流域群		
12	山王岱	秋田県教育委員会（1992）他
13	上野	秋田県教育委員会（1992）
14	粕田	奥山潤（編）（1974）
15	法泉坊沢Ⅱ	秋田県教育委員会（1998）
16	伊勢堂岱	秋田県教育委員会（1999）
17	諏訪岱	森吉町教育委員会（1992）他
米代川河口域群		
18	トドメキⅠ	能代市教育委員会（2003）
19	外荒巻館跡	能代市教育委員会（2002）
20	大館	能代市教育委員会（1978）
21	福田	秋田県教育委員会（1989）
22	十二林	秋田県教育委員会（1989）
八郎潟東岸群		
23	扇田谷地	秋田県教育委員会（1999）
24	盤若台	秋田県教育委員会（2001）
25	小林	秋田県教育委員会（2004）
26	開妨	秋田県教育委員会（2003）
雄物川河口域群		
27	秋田城	秋田市教育委員会（1991）他
28	虚空蔵大岱滝	秋田県教育委員会（2007）
横手盆地群		
29	下田	秋田県教育委員会（1990）
30	藤木	秋田県教育委員会（1981）
秋田県南群		
31	立沢	仁賀保町教育委員会（1987）
32	下岩ノ沢	仁賀保町教育委員会（1986）
山形群		
33	宮ノ下	山形県埋蔵文化財センター（1996）
34	今塚	山形県埋蔵文化財センター（1994）
35	三条	山形県埋蔵文化財センター（2001）
岩手群		
36	胆沢城	水沢市教育委員会（1979）
37	長者原廃寺	

八郎潟東岸・米代川河口域群の中は２色台の等色線に取り込まれる遺跡が目立つ。しかし３色台の等高線はほとんど変化しない。

10世紀第３四半期以後では、２色未満の等色線はさらに縮小し雄物川下流域と米代川河口域にしか現れない。２色の等色線も同様で米代川河口域から日本海沿岸と横手盆地から胆沢城をつなぐ。この頃、秋田城以外に虚空蔵大台滝遺跡が新たな中心地を形成しはじめる。米代川流域は、ほぼ２色台となってしまう。

②卓越する色相と変化　雄物川河口域群である秋田城と虚空蔵大台滝遺跡と、より北にある八郎潟東岸群・米代川河口域群・青森群では、どのように

第３表　地域・時期による色相の違い

		秋田城・虚空蔵大台滝			(単位は%)		八郎潟東岸・米代川河口群 (単位は%)				
色相	全体	9.3以前	9.4	10.1	10.2	10.3以後	9.3以前	9.4	10.1	10.2	10.3以後
5R	0.1	0	0	0	0	0	0	0	0	0	0
10R	0	0	0	0	0	0	0	0	0	0	0
2.5YR	8.6	7.1	6.3	0	0	0	3.6	7.4	7.2	7.7	0
5YR	29.7	46.4	58.3	83.3	0	12.2	60.7	33.5	34.8	36.9	16.7
7.5YR	32.3	46.4	16.7	16.7	70	38.8	21.4	43.9	37.1	33	16.7
10YR	25.2	0	16.7	0	30	42.9	10.7	12.6	18.6	20.5	66.7
2.5Y	1.2	0	0	0	0	0	0	0	0	0.3	0
その他	0.1	0	2.1	0	0	0	0	0	0	0	0
N	2.7	0	0	0	0	6.1	3.6	2.6	2.3	1.5	0

	米代川上・中流群		(単位は%)	
	9.3以前	9.4	10.1	10.2
5R	3.3	0	0	0
10R	0	0	0	0
2.5YR	3.3	14.3	3.7	11.5
5YR	32.8	20.4	51.9	26.9
7.5YR	23	25.5	22.2	38.5
10YR	21.3	36.7	22.2	19.2
2.5Y	9.8	0	0	0
その他	3.3	0.5	0	3.8
N	3.3	2.6	0	0

青森群			(単位は%)	
9.3以前	9.4	10.1	10.2	10.3以後
0	0	0	0	0
0	0	0	0	0
0	7.3	15.2	15.4	24.1
7.7	12.7	22.2	25.6	24.8
46.2	16.4	26.7	30.8	17.3
46.2	54.5	28.1	17.9	26.3
0	0	4.1	2.6	1.5
0	0	0	0	0
0	9.1	3.7	7.7	6

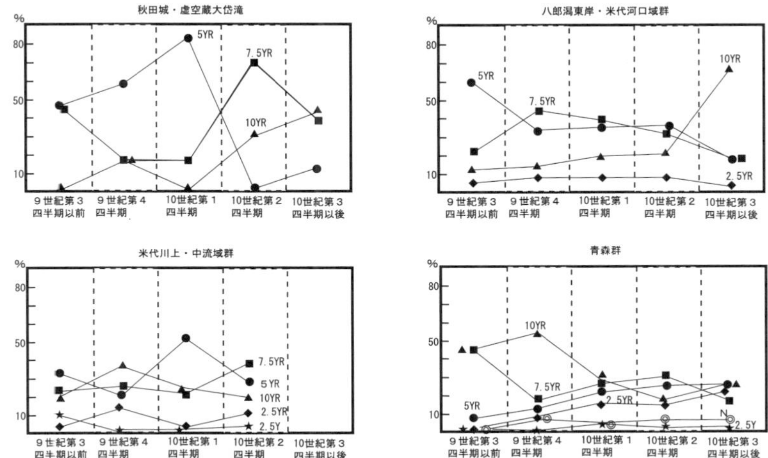

第４図　地域・時期による色相の違い

色調が変化するかを比較する（第４図、第３表）。

秋田城出土坏の色相は、色数の少なさと相まって１～２相でほぼ90％を占める。９世紀第３四半期以前は5YRと10YRが同じ比率で現れており赤みの強い色相と黄色みの強い色相が共存するが、その後10世紀第１四半期までは5YRと7.5YRが増加し、10YRが減少する。ところが、10世紀第２四半期には卓越する色相が、7.5YRと10YRに入れ替わる。また、無彩色であるＮがほとんど現れない。各時期ごとの卓越色がはっきりしていることから、時期ごとの変化は明確で、赤みの強い5YRから黄色みの強い7.5～10YRへと変化する。

八郎潟東岸群・米代川河口域群では、5YRと7.5YRがそれぞれ30～40％ずつ、ほぼ同率出現している。2.5YRも比率は少ないながら10％未満と10世紀第２四半期まで常に現れる。10世紀第２四半期に10YRが急激に増加し、5YR・7.5YRとの比率が逆転する。

米代川上・中流域群では、９世紀第３四半期から10世紀第２四半期まで、5YR・7.5YR・10YRの３色がそれぞれ20％以上ある。一番多い色相はこれら３色が交互に入れ替わる。例外的に10世紀第１四半期のみ5YRが急増している。2.5YRが10％前後と少ないながら一定量出現する。増減の傾向は7.5YRと一致し、5YRとは逆になる。

青森群では、９世紀第３四半期には7.5YRと10YRが多く２色で90％を超える。その後、９世紀第４四半期では10YRが単独で卓越色となるが、その後各色の比率が平均化し2.5YR・5YR・7.5YR・10YRの４色が20％前後にまとまる。また、無彩色のＮが10％未満と少ないが一定量現れる。

簡単にまとめると、秋田城と八郎潟東岸群・米代川河口域群では、９世紀台から10世紀第１四半期までは赤みの強い5YRが卓越するが、その後急速に黄色みの強い7.5YR・10YRの２色に置き換わる。また、無彩色であるＮはほとんど現れない。

それに対して、米代川上・中流域群と青森群では１色が卓越せず３～４色がほぼ同じ比率で現れる。赤みの強い傾向は変化しない。

③明度の変化　全ての地域で、明度６と７が最も多い。ただし、出現する

第4表　地域・時期による明度の違い

		秋田城・虚空蔵大岱滝					八郎潟東岸・米代川河口群				
明度	全体／時期	9.3以前	9.4	10.1	10.2	10.3以後	9.3以前	9.4	10.1	10.2	10.3以後
8	17.5	14.3	14.6	0	30	13.3	25	20.4	23	25.9	28.6
7	34.2	50	45.8	16.7	70	30.6	39.3	39	41.6	34.2	0
6	25.3	35.7	35.4	83.3	0	22.4	21.4	20.8	20.7	23.2	14.3
5	12.2	0	2.1	0	0	13.3	3.6	11.9	8	10.1	14.3
4	5.7	0	0	0	0	9.2	7.1	5.9	3.3	4.2	28.6
3	3.2	0	2.1	0	0	8.2	3.6	1.1	2.4	1.2	0
2	1.1	0	0	0	0	2	0	0.4	0.9	0.9	0
2未満	0.9	0	0	0	0	1	0	0.4	0	0.3	14.3

（単位は%）

第5表　地域・時期による明度の違い

	米代川上・中流群				青森群				
明度	9.3以前	9.4	10.1	10.2	9.3以前	9.4	10.1	10.2	10.3以後
8	0	9.1	22.2	7.7	7.7	9.1	14.1	7.7	6
7	26.2	27.4	18.5	19.2	38.5	25.5	21.5	20.5	12.8
6	39.3	31.7	33.3	57.7	38.5	27.3	25.6	43.6	24.8
5	11.5	17.2	25.9	7.7	7.7	16.4	22.2	15.4	24.1
4	4.9	8.1	0	0	7.7	7.3	10.4	2.6	14.3
3	6.6	5.9	0	0	0	9.1	3.7	2.6	10.5
2	4.9	0.5	0	3.8	0	1.8	1.5	2.6	2.3
2未満	6.6	0	0	3.8	0	3.6	1.1	5.2	5.3

（単位は%）

明度分布には、秋田城とそれ以外の地域で大きな違いがある（第4・5表）。秋田城では、明度が5以下になる例は4.2%（9世紀第4四半期に明度5と明度3が2.1%ずつ）とごくわずかである。10世紀第3四半期以後の虚空蔵大台滝遺跡では、他地域遺跡の明度分布と分散が近づくものの、卓越する明度は他地域よりも1段階明るい明度7であり、秋田城と変わらない。

ところが、八郎潟東岸・米代川河口域群では、明度5が10%台で現れている。米代川上・中流域群、青森群に至っては20%を超えることもある。また、10世紀第3四半期には明度4の割合も増加しており、より暗めの色調で焼かれる土器が増えている。

つまり、秋田城出土坏は他の遺跡出土坏と卓越する明度は共通するが、低い明度はほとんど現れず、他地域のように明度の高い個体と低い個体がどちらもまんべんなく現れるのとは全く異なる。

明度3以下は黒斑とよんで良い明るさであり、明度4は黒斑周辺の還元部分によく現れる。秋田城出土坏に明度5以下がほとんど存在しないのは、色相Nがほとんど現れないことと関連している。つまり、秋田城出土坏には黒斑がほとんど無い。

④色面積の検討　１個体で３色を見出すことができる坏が出土した遺跡で、３色の座標値がなす色面積の大小を比較する。同じ３色でも、よく似た色が３色現れるのと全く異なる色相の３色では焼成時の炎の管理の注意深さが異なるだろう。ここでは、米代川流域から青森県にかけての遺跡が検討対象となる。

３色の色面積の最大は福田遺跡の5.68、最小は上野遺跡の0.10である。検討対象にした多くの遺跡では面積１～３の範囲に収まるが遺跡ごと時期ごとの変異が激しい（第６表）。それでも、面積１未満が比較的多く現れる秋田米代川中流域以南と、ほとんど現れない米代川上流域以北青森県側では違いがある。

岩手県と山形県は除き、米代川上流域以北青森県側では８遺跡16四半期で、中の崎遺跡９世紀第３四半期のみが面積0.96であるのに対して、米代川中流域以南では、19遺跡34四半期中11遺跡11四半期で面積が１未満となっている。遺跡数比にして米代川上流域以北青森県側の12.5％に対して、米代

第６表　３色現れた坏の色面積平均

青森県	津軽群		太平洋側群	
時期	野尻3	山元1	林の前	大池館
9.2				
9.3	1.54			
9.4	1.34			1.50
10.1	3.42	1.18		
10.2	1.98	1.18	2.00	
10.3				
10.4			2.91	1.34
11			2.69	

秋田県	米代川上流域群		
時期	太田谷地	下乳牛	中の崎
9.2			
9.3			0.96
9.4	1.99	1.57	1.05
10.1			
10.2			
10.3			
10.4			
11			

米代川中流域群			
法泉坊沢	上野	粕田	山王台
1.05			1.86
	0.10	0.94	

秋田県	雄物川下流群		横手盆地群		秋田南群
時期	秋田城	虚空蔵大	藤木	下田	立沢
9.2	1.60				
9.3					
9.4			2.50		
10.1			0.99		0.48
10.2			1.01		
10.3				0.50	
10.4					
11		2.00			

	八郎潟東岸群				米代川河口域群				
時期	開防	小林	盤若台	扇田谷地	福田	十二林	外荒巻館	トドメキ	大館
9.2							4.52		
9.3									1.00
9.4	0.94		1.52	1.62	3.15	0.86			2.55
10.1	3.61	0.77	1.33	1.72	2.79	3.65		1.90	2.49
10.2	1.29	1.50	0.62	2.69	5.68				0.87
10.3									
10.4									
11									

第7表　3色現れた坏の色面積多寡に対する検定結果

遺跡ごと	色面積1未満		色面積1以上	合計	
米代川上流域以北青森県側	m1	1	6	N1	7
米代川中流域以南	m2	10	8	N2	18

	値	Tz(5%)
p*	0.44	-1.64
T(m1, m2)	-1.8665	有意差あり

四半期ごと	色面積1未満		色面積1以上	合計	
米代川上流域以北青森県側	m1	1	15	N1	16
米代川中流域以南	m2	10	24	N2	34

	値	Tz(5%)
p*	0.22	-1.64
T(m1, m2)	-1.84428	有意差あり

母比率の検定

$$T(m1, m2) = \frac{m1/N1-m2/N2}{\sqrt{p*(1-p*)(1/N1+1/N2)}}$$

T (m1, m2) ≦ T z (5%) =-1. 64

（母比率 p1<p2の時 有意差あり）

川中流域以南では57.9％となる。四半期ごとでの比率なら米代川上流域以北青森県側の6.6％に対して、米代川中流域以南では32.4％となる。

この比率の違いを母比率の検定によって確認すると、遺跡数による比率でも、四半期数による比率でも危険率5％で有意差がでた（第7表、遺跡数ごと：T（m1,m2）＝－2.17＜－z（0.05）＝－1.64、四半期ごと：T（m1, m2）＝－1.65＜－z（0.05）＝－1.64）。このことから遺跡ごと時期ごとの変異は大きいものの、3色現れる坏では米代川中流域以南の方が3色が作る面積が小さく、したがって色の変異の小さい遺跡が多いことを示している。

(2)形態の対称性

坏の色調は時期ごと・地域ごとに大きな変動をしていることが示唆された。それでは、坏の対称性にはどのような違いがあるのかを検討する。

資料数が少ないのだが、秋田城54次調査土取穴出土の土師器坏と62次調査出土の坏を合わせた55点を9世紀第3四半期から10世紀第1四半期までの律令体制側の代表的資料として、鹿角市下乳牛遺跡SI01竪穴住居跡から出土した一括資料の坏28点と比較する。この2遺跡を代表としたのは、秋田城出土資料は律令体制側の管理された生産品の典型例として、下乳牛遺跡出土資料は律令体制の支配が及んでいないと推測される地域で出土した形状が比較的整った印象を受ける良好な一括資料だからである。

土師器坏の形態の歪みを数値化するために①口縁部直径差（計測個体数：秋田城n＝33、下乳牛遺跡n＝28）、②器高差（計測個体数：秋田城n＝55、下乳牛遺跡n＝28）、③底径差（計測個体数：秋田城n＝53、下乳牛遺跡n＝28）、④口縁左右突出度（計測個体数：秋田城 n＝55、下乳牛遺跡 n＝28）を計測した。

計測の結果、①〜④の各計測点の平均値は②の器高差のみが、秋田城出土坏の 4.5mm に対して下乳牛遺跡出土坏の 3.7mm と下回った以外、全て下乳牛遺跡出土坏の平均値が大きい。また、標準偏差は全て下乳牛遺跡出土坏が大きい。つまり、下乳牛出土坏の方が坏個々の計測値のバラツキが大きい。この点を確認するためにＦ検定を行った。

計測値の分散に対するＦ検定の結果は、口縁部直径差は有意差あり（Fs＝2.055 ＞ F5%＝1.88）、器高差有意差なし（Fs＝1.058 ＜ F5%＝1.80）、底径差と口縁部突出度は高度に有意差あり（底径差 Fs＝3.298 ＞ F1%＝2.33、口縁部突出度 Fs＝2.465 ＞ F1%＝2.33）である。

この結果から、下乳牛出土坏の方が秋田城出土坏に比べて、坏個々の計測値のバラツキが大きいことが明らかとなった。つまり秋田城出土坏と下乳牛遺跡出土坏をそれぞれ「群」として観察すると、秋田城出土坏の方が個々の坏の形状は一様で同一形状を保ち、下乳牛遺跡出土坏の方は個々の形状に違いが大きいことを示している。とくに、指標③の底形差と④の口縁部突出度差には大きな違いがあり、形状が一定でないことを示している。

次に①〜④の計測指標の平均値を検討すると、②のみは秋田城出土坏が大きくそれ以外は下乳牛遺跡出土坏が大きいという結果が出た。この差に意味があるのかを、上記Ｆ検定の結果明らかとなった母分散の有意差の有無に従い、ｔ検定を用いて検定した（とくに断らない限り両側検定である）。

②の器高差を除いて、どの指標でも有意差があった。①の口縁部直径差は、5%の危険率で片側検定を行うと有意差があった（ts ＝ 1.729 ≧ t（5%） ＝ 1.671、両側検定では有意差なし）。②の器高差では有意差なし（ts ＝ 0.556 ≦ t（5%） ＝ 1.99）。③の底径差では 5%の危険率で有意差あり（ts ＝ 2.077 ≧ t（5%） ＝ 2.044）。④の口縁左右突出土差では 5%の危険率で有意差あり（ts ＝ 2.196 ≧ t（5%） ＝ 2.043）。

したがって、秋田城出土の坏と下乳牛遺跡出土坏では、器高差を除いてどの指標にも明らかな違いがあるといえる。指標①・③・④の平均値は全て秋田城が下乳牛遺跡よりも小さい。このことは、秋田城出土坏の方が口縁部と底部はより円形に近く、側面観は線対称に近いことを意味している。

5　考察：検品仮説と土器の色

秋田城出土の土師器坏と米代川上・中流域以北出土の土師器坏では色相・明度・色数が全く異なる。秋田城出土の土師器坏の色調は、明度の変動は小さく安定しており、色数は常に2色未満である。色相の変化ははっきりしており、赤みの強い坏から黄色みの強い坏へと変化する。

それに対して他の地域では2色以上と色数が多く、秋田城と同じ2色未満の坏が出土する遺跡は少ない。そのような遺跡は9世紀第3四半期から10世紀第1四半期までの、日本海側と米代川河口域から中流域にかけての遺跡であり、時期も地域も限定されている。県南群や横手盆地群の方が色数は少なく、米代川上流域以北は3色台が一般的となる。

秋田城出土坏の色相・明度の特徴から他地域出土坏に比べてより変化が少なく、安定していることがわかった。また、色相の変化は他地域に比べてはっきりと変転する。これほどまとまりのよい色調をもつ坏は、秋田城に持ち込まれる前に選別されていたと考えられる。生産地のほうが色調の変動は激しいだろうから、その中から選別された結果、先にみたような色調の分散の小さい坏が持ち込まれたと考えている。

このような前提に立つならば、秋田城に土器を納めていた工人は、生産物を納めるときに役人の検品を受けたはずである（もしくは売買時に、客のチェックを受けるだろう）。色調のバランスが悪いもの、ばらつきの大きいものは、排除された可能性が高い。

役人から検品を受けるということは、工人組織内でも自主的な技術・技能向上が図られ、「不良品」を減らす自助努力が行われたはずである。役人の検品⇔工人の自助努力という双方向の品質改善過程が効率的に機能しはじめると、生産物の質は向上するとともに、各工人自身の「労働意識」と「価値観」がより律令社会において「望ましい」とされる価値観（何を「良い」ととらえるかの判断基準）に近づいてゆく（価値観のばらつきがより小さくまとまる＝

均質化していく→律令国家側にとってより適合的であり、「進歩」と判断される）。このような律令国家側の需要に合わせた工人組織の適応を、「社会化」（渡辺1993）としてとらえたい。

すると次に行われるのは工人組織間・工人組織内での社会化である。消費者による生産者の社会化と、生産者グループ間・生産者グループ内の社会化は実態としてはほぼ同時進行であろうが、ここでは需要があって供給が生まれると考えて段階を設定し、段階①消費者による生産者の社会化、段階②生産者間・内での組織化が行われると想定する。

何を「良い品」・「望ましい」とするか、このような価値観が共有された工人グループとそうでない工人グループには、作業場での振る舞いに違いが生まれるだろう。その違いは、社会化途中の未熟者や価値観を共有しない他者にはわからない意識的・無意識的な振る舞いや隠喩となるはずで、技術・技能向上のための「コツ」がそのなかに含まれる。その結果、生産物に差が出る。

また、社会化できずにそのグループの価値観を共有しない（出来ない）工人は、生産組織から排除されざるを得ない。つまり、ある価値観が支配的な社会による社会化を受け入れる工人組織・工人は受容されて新しい勢力を形成し、社会化できず社会不適応の工人組織・工人は別な需要をもつ消費者を捜す必要に迫られる。

そして、二つのグループはそれぞれ自らと等しい技術・技能水準をもつ工人グループと再結合する。社会化の過程による工人グループの分離と再編成であり、それぞれは同一の価値観と技能水準をもつ同僚を捜すのである。これをモデル化すると第５・６図となる。

土器の色は、焼き方の管理法を間接的に示すと考えた。色斑の発生は、炎の管理を注意して行っているか否かを示すものだろう。焼き色が悪くても食品を盛りつける機能に差はないはずだが、秋田城の出土坏と米代川中流域以北では色調が全く異なることは、律令国家の価値観では、色調が安定している＝良い＝炎の管理を注意して行っている＝価値観を共有していることになり、色斑がある＝悪い＝炎の管理を注意して行っていない＝価値観を共有し

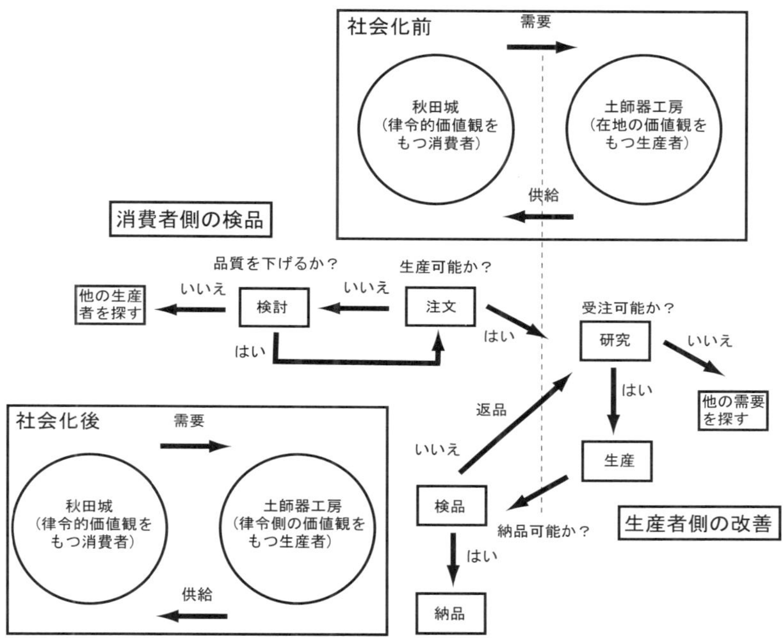

第５図　需給関係による生産者の社会化

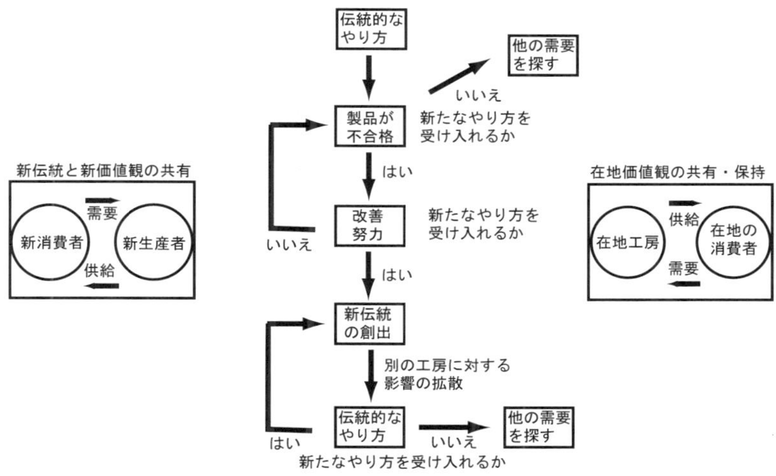

第６図　生産者間・生産者内部の自立的な社会化

ていないことになる。

この価値観の差に適合的な技能を有する工人グループの生産物を出土するか否かで、律令国家の影響度を測る物差しとする。すると、9世紀第3四半期から10世紀第1四半期にかけて、それまでは日本海側と米代川河口域にしか分布していなかった2色未満の等色線が米代川中流域にまで貫入するのはなぜだろうか。そして、それが一般化せずに10世紀第2四半期には2色台の等色線が大きく分布域を広げるのはなぜだろうか。

2色未満の等色線が米代川中流域にまで貫入する理由を、878年に起きた元慶の乱の収束と律令勢力の拡大に関連づけることが出来ると考えている。

例えば鷹巣盆地にある胡桃館遺跡（秋田県教育委員会1968～1970、山本・高橋2005・2006）は、9世紀第4四半期に始まり、915年の十和田火山噴火によって廃絶する。この遺跡は、律令体制の橋頭堡としてとらえることも、律令体制側の間接支配を裏に在地豪族が地域を掌握した「郡家」的な遺跡としてとらえる事も可能である（厳密に言えば9世紀第3四半期から法泉坊沢遺跡が営まれる。この遺跡出土の土師器坏の色数は2色であり、上流部の遺跡に比べて色数が少ない）。

これは、元慶の乱が収束し在地民が主体的に伝統的な地域経営を行ってきたところへ、より明示的に律令体制側の支配が始まったことを示唆する。それに伴いおそらくは持ち込まれたであろう土師器坏は、伊勢堂岱遺跡から出土したような、色数が周辺遺跡よりも少ない米代川河口域と共通する坏だったと考えられる（胡桃館遺跡から出土した土師器坏は、灯明皿が多くそのほかの個体も還元環境下にあったため色調を論じることが出来ない）。

9世紀第4四半期に、鷹巣盆地在地の工人は従来の生産管理法から、より厳密な管理法への移行を迫られ、工人自身の作業手法にも見直しや改善が迫られたはずである。米代川中流域の等色線が変化するのは、当初色数の少ない坏が持ち込まれた後、それを基準としての技術適応をはかり自らを社会化した結果と考えられる。つまり「律令的価値観による管理思想の浸透」として言い換えることが出来る。

ところがその後、この変化は色数を減らす方向へ単純には進まず、10世紀第2四半期には2色未満の等色線は米代川中流域から大きく後退し、再度河口域に押し戻される。これは915年の十和田火山噴火による胡桃館遺跡の廃絶によって律令体制側の明示的な支配が弱くなったことと関係づけたい。そうはいっても米代川上流域・以北の鹿角・青森県側に支配的な3色台の等色線が広がらず2色台が分布域を維持するのは、一度ある価値観を基準に社会化されたら簡単には元に戻らない事を示すのだろう（ここでは複数の個人の思惑が絡み合う集団が複数存在し、地域を経営する上位集団を形成していると想定している。したがって構成員個々の変化と、上位集団の振る舞いに単純な相関はない）。

器形の対称性にも大きな違いがあった。鹿角市下乳牛遺跡SI01号竪穴住居跡出土の坏は、米代川流域出土の坏の中では対称性が強く良質な印象を受ける資料であったが、秋田城出土の坏と比べると4か所の計測指標の内三つまでが標準偏差が大きく、つまり個々の坏の仕上がりにバラツキが大きいことを示した。計測値の平均も大きいことから形状の歪みも大きいことがわかった。とくに、口縁部突出度差と底径に違いがある。

底径に有意差が出ていることから、ろくろ台に粘土をのせる時点ですでに粘土円盤の大きさが決まっていることになる。秋田城へ坏を納めていた工房では、一つの坏を作るために工人がつかみ取る粘土の量にすら、変動を小さくするような規制が働き、管理されていた可能性が高い。検品不合格となる可能性のある坏は、工房であらかじめ除かれたはずである。逆に秋田城では使用されないほど歪みが大きく、セットとしての変異も大きい坏を下乳牛遺跡では受け入れていたことが明らかとなった。

6　結　論

秋田城から離れて北へ向かうに従い、土器の色調が増加して色斑が増える。9世紀第4半期から10世紀第1四半期にかけて、米代川中流域までは急激に色数が減少し、その後、再度色斑が増加することがわかった。また岩手県の実見資料は少なく胆沢城など律令制の支配地の資料のみだが、色斑は少ない。

色相の変化は赤みの強い土器から黄色みの強い土器へ変化するが、青森県ではそれとは関係なく赤みが強い土器の生産が継続する。色相変化が共通した傾向で起きるのは、秋田城から米代川流域に至る百数十キロの範囲であり、それを超えると別の変動をすることがわかった。ところが明度の変化は明るい秋田城に対して北上するほど暗く黒斑をもつ土器が明確に含まれることがわかった。

最後に、米代川中流域における土器の色調変化は、以下の過程を経てもたらされたと推定する。

①９世紀第４四半期に起きた元慶の乱の敗北の結果
②胡桃館遺跡に代表される「郡家」的な機能を想定しうる拠点遺跡が律令体制側の強い影響下に成立（法泉坊沢遺跡は胡桃館遺跡に先行する拠点）
③「律令体制的価値観」＝生産物の品質管理（あくまで律令側にとっての価値に重点を置いた）の導入
④十和田火山噴火による災害復旧のため労働力が集中的に投下
⑤地域再開発に伴う労働者の集中により、生活物品の品質に対する価値観の標準化

今後の課題として、①色数と坏形態の対称性との相関関係を明らかにし、②制度化された検品が行われた地域とその周辺で価値観を共有しつつより緩やかな管理が行われていた地域、さらにその周辺に価値観を共有しない地域を区分する。そのうえで、考古資料から元慶の乱・十和田火山噴火を経た東北地方北半域の新たな「価値観」を共有する地域・集団を再定義してみたい。

本稿で分析の対象とした土器の色調に注目するアイデアは、秋田市教育委員会（当時、現秋田市環境部環境企画課）の神田和彦氏の未発表論文からいただきました。神田氏は土器の焼成実験を重ね、型式上には現れないレベルの差異があることをご教示くださいました。貴重な視点をいただいた神田氏に感謝いたします。

また、本稿は2007年９月16日に蝦夷研究会で行った発表が元になっている。発表する機会を与えていただき、色調のみならず形態の歪みが「品質管

理」と関連するはずだから分析したらどうかと勧めてくださった、伊藤博幸氏、八木光則氏、蝦夷研究会の皆様に感謝申し上げます。形態の歪みについてはもっと資料数を増やして再度分析する必要を痛感しております。

そして、2014年12月25日にシンポジウム「北方世界と秋田城」で改めて発表させていただき、文章にまとめることが出来た。小口雅史先生にもお礼申し上げます。

土器の色調を調べる過程で、多くの方々・諸機関にはお忙しいなか、資料見学させていただき、貴重なご助言を賜りました。末筆ではありますがお礼申し上げます。

新井隆一　板橋範義　伊藤武士　榎本剛治　利部修　菅野智則　菊池晋也　木村淳一　嶋影壮憲　島田祐悦　杉野森淳子　高橋学　徳永辰實　播磨芳紀　平山明寿　藤井安正　三浦貴子　青森県埋蔵文化財調査センター　秋田城跡調査事務所　大館郷土資料館　大湯環状列石ストーンサークル館　北秋田市教育委員会　能代市教育委員会

註

1）本稿では、酸化炎焼成でロクロ整形の土器と非ロクロ整形の土器を合わせて土師器坏としている。ロクロ整形のものはロクロ土師器・赤焼土器・赤褐色土器とよばれる。内黒坏は除外した。ロクロ整形の土師器坏と非ロクロ整形の土師器坏の生産法の違いによる色調差は、今後詳細に検討するつもりである。

2）観察者の主観に依拠した研究の場合、同じ土器を観察しても、人によって見出す色数が異なるといった問題がある。しかし、①色数の上限を決めない、②色が違うなら記載する、という基本ルールを設定したうえでならば、複数の観察者によっても、色調変化の方向性と色斑の多寡を傾向として示すことは可能である。

3）3角形の面積Sは、ヘロンの公式$S=\sqrt{s(s-a)(s-b)(s-c)}$、ただし$s=(a+b+c)/2$で求めた。4点をつないでできる4面体の体積は行列計算を行う。大館工業高等学校の徳永辰實氏、菊池晋也氏のお二人にご教示いただいた。計算式は菊池氏に作っていただいた。

参考文献

秋山浩三 2007「第４章 キズモノの土器」『日本古代社会と物質文化』青木書店 572-603 頁
伊藤武士 1997「出羽における 10・11 世紀の土器様相」『北陸古代土器研究』7 北陸古代土器研究会
伊藤武士 2002「古代出羽国北半の土師器生産体制と土師器焼成遺構について」『第４回東北古代土器研究会青森大会』
大手前大学史学研究所編 2007『考古学リーダー9 土器研究の新視点―縄文から弥生時代を中心とした土器生産・焼成と食・調理―』六一書房 340 頁
金田明大 2002「平城京の食器の色」『環瀬戸内海の考古学―平井勝氏追悼論文集―』下巻 419-428 頁
小林正史 2003「黒斑からみた加賀の弥生土器の覆い型野焼きの方法」『北陸の古代と土器 北陸古代土器研究』第 10 号 北陸古代土器研究会 79-108 頁
佐々木幹雄・余語琢磨 2004「須恵器の色―実験的技術復元と理化学的分析に関する考察―」『古代』第 112 号 早稲田大学考古学会
小山正忠・竹原秀雄 1999 農林水産省農林水産技術会議事務局監修『新版標準土色帖 2000 年版』富士平工業
田中広明 1991「古墳時代後期の土師器生産と集落への供給―有段口縁坏の展開と在地社会の動態―」『埼玉考古学論集 設立 10 周年記念論文集』635-665 頁
松本直子 1996「認知考古学的視点からみた土器様式の空間的変異―縄文時代後・晩期黒色磨研土器様式を素材として―」『考古学研究』第 42 巻 4 号 61-84 頁
松本直子 2000「第５章 属性による空間的変異の位相差とコミュニケーション」『認知考古学の理論と実践的研究』九州大学出版会 82-112 頁
山本 崇・高橋 学 2005「鷹巣町胡桃館遺跡出土の木簡」『秋田県埋蔵文化財センター研究紀要』第 19 号 秋田県埋蔵文化財センター 63-76 頁
山本 崇・高橋 学 2006「胡桃館遺跡出土木簡の再釈読について」『秋田県埋蔵文化財センター研究紀要』第 20 号 秋田県埋蔵文化財センター 55-69 頁
渡辺秀樹 1993「社会化」『新社会学辞典』有斐閣 596・1726 頁

報告書

【青森県】

青森県教育委員会 1996『青森県埋蔵文化財調査報告書第 186 集 野尻（2）遺跡・野

尻（3）遺跡・野尻（4）遺跡：浪岡バイパス建設事業に係る埋蔵文化財発掘調査報告』186 頁
青森県教育委員会 2005『青森県埋蔵文化財調査報告書第 389 集 倉越（2）遺跡・大池館遺跡：国道 4 号七戸バイパス建設事業に伴う遺跡発掘調査報告』174 頁
青森県教育委員会 2005『青森県埋蔵文化財調査報告書第 395 集 山元（1）遺跡：浪岡バイパス建設事業に係る埋蔵文化財発掘調査報告』407 頁
青森県教育委員会 2006『青森県埋蔵文化財調査報告書第 415 集 林ノ前遺跡 2―県道八戸三沢線改修事業に伴う遺跡発掘調査報告―（遺物・自然化学分析編）』366 頁
青森県教育委員会 2006『青森県埋蔵文化財調査報告書第 417 集 倉越（2）遺跡 2・大池館遺跡 2・大沢遺跡・寒水遺跡：国道 4 号七戸バイパス建設事業に伴う遺跡発掘調査報告』312 頁
【秋田県】
秋田県教育委員会 1968『秋田県文化財調査報告書第 14 集 胡桃館埋没建物遺跡発掘調査概報』
秋田県教育委員会 1969『秋田県文化財調査報告書第 19 集 胡桃館埋没建物遺跡第 2 次発掘調査概報』
秋田県教育委員会 1970『秋田県文化財調査報告書第 22 集 胡桃館埋没建物遺跡第 3 次発掘調査報告書』
秋田県教育委員会 1981『秋田県文化財調査報告書第 81 集 藤木遺跡発掘調査報告書』
秋田県教育委員会 1981『秋田県文化財調査報告書第 82 集 内村遺跡発掘調査報告書』
秋田県教育委員会 1982『秋田県文化財調査報告書第 88 集 東北縦貫自動車道発掘調査報告書Ⅱ 歌内遺跡』
秋田県教育委員会 1982『秋田県文化財調査報告書第 89 集 東北縦貫自動車道発掘調査報告書Ⅲ 鳥居平遺跡・飛鳥平遺跡・北の林Ⅰ遺跡』
秋田県教育委員会 1983『秋田県文化財調査報告書第 99 集 東北縦貫自動車道発掘調査報告書Ⅵ 猿ヶ平Ⅱ遺跡・室田遺跡・一本杉遺跡・案内Ⅲ遺跡』
秋田県教育委員会 1984『秋田県文化財調査報告書第 106 集 東北縦貫自動車道発掘調査報告書Ⅶ 柏木森遺跡・中の崎遺跡・明堂長根遺跡』
秋田県教育委員会 1984『秋田県文化財調査報告書第 119 集 東北縦貫自動車道発掘調査報告書 XI 孫右ェ門館遺跡・案内Ⅰ遺跡・妻の神Ⅱ遺跡・下乳牛遺跡・西町Ⅰ遺跡・西町Ⅱ遺跡』

秋田県教育委員会 1988『秋田県文化財調査報告書第 172 集 西山地区農免農道整備事業に係る埋蔵文化財発掘調査報告書Ⅲ 太田谷地館跡』
秋田県教育委員会 1989『秋田県文化財調査報告書第 178 集 一般国道７号八竜能代道路建設事業に係る埋蔵文化財発掘調査報告書Ⅱ 福田遺跡・石丁遺跡・蟹子沢遺跡・十二林遺跡』
秋田県教育委員会 1989『秋田県文化財調査報告書第 183 集 西山地区農免農道整備事業に係る埋蔵文化財発掘調査報告書Ｖ 太田谷地館跡第２次調査』
秋田県教育委員会 1990『秋田県文化財調査報告書第 189 集 東北横断自動車道秋田線発掘調査報告書Ⅳ 下田遺跡・下田谷地遺跡』
秋田県教育委員会 1992『秋田県文化財調査報告書第 221 集 国道 103 号道路改良事業に係る埋蔵文化財調査報告書Ｖ 山王岱遺跡』
秋田県教育委員会 1992『秋田県文化財調査報告書第 222 集 国道 103 号道路改良事業に係る埋蔵文化財発掘調査報告書Ⅵ 上野遺跡』
秋田県教育委員会 1998『秋田県文化財調査報告書第 278 集 法泉坊沢Ⅱ遺跡―地方特定道路整備工事鷹巣町湯車工区に係る埋蔵文化財発掘調査報告書―』
秋田県教育委員会 1999『秋田県文化財調査報告書第 283 集 扇田谷地遺跡――般国道７号琴丘能代道路建設事業に係る埋蔵文化財発掘調査報告書Ⅵ―』
秋田県教育委員会 1999『秋田県文化財調査報告書第 293 集 伊勢堂岱遺跡―県道木戸石鷹巣線建設事業に係る埋蔵文化財発掘調査報告書Ⅱ―』
秋田県教育委員会 2001『秋田県文化財調査報告書第 319 集 盤若台遺跡――般国道７号琴丘能代道路建設事業に係る埋蔵文化財発掘調査報告書Ⅷ―』
秋田県教育委員会 2001『秋田県文化財調査報告書第 331 集 盤若台遺跡―主要地方道琴丘上小阿仁線高速交通関連整備事業に係る埋蔵文化財発掘調査報告書―』
秋田県教育委員会 2003『秋田県文化財調査報告書第 353 集 諏訪岱Ⅱ遺跡・長野岱Ⅲ遺跡―国道 105 号国道道路改築工事に係る埋蔵文化財発掘調査報告書Ⅰ―』
秋田県教育委員会 2003『秋田県文化財調査報告書第 361 集 開防遺跡・貝保遺跡』
秋田県教育委員会 2003『秋田県文化財調査報告書第 369 集 長野Ⅱ遺跡』
秋田県教育委員会 2004『秋田県文化財調査報告書第 376 集 小林遺跡Ⅱ〈平安時代・中世編〉』
秋田城調査事務所 1991『秋田城跡：平成２年度秋田城発掘調査概報』秋田市教育委員会
奥山 潤編 1974『大館市粕田遺跡発掘調査報告書』大館市教育委員会

大館市教育委員会 1990『大館市山王台遺跡発掘調査報告書』
鹿角市教育委員会 2007『鹿角市文化財調査資料 秋田県鹿角市遺跡詳細分布調査報告書 草木地区ほ場整備事業関連遺跡分布調査 丸館Ⅳ遺跡・草木A遺跡範囲確認調査』
仁賀保町教育委員会 1986『下岩ノ沢遺跡発掘調査報告書』
仁賀保町教育委員会 1987『立沢遺跡発掘調査報告』
能代市教育委員会 1978『大館遺跡発掘調査報告書』
能代市教育委員会 2002『外荒巻館跡』
能代市教育委員会 2003『トドメキⅠ遺跡』
森吉町教育委員会 1992『諏訪岱遺跡 堤沢川流路溝工事に係る発掘調査報告』
【岩手県】
水沢市教育委員会 1979『岩手県水沢市佐倉河胆沢城跡─昭和54年度発掘調査概報─』
水沢市教育委員会 1982『岩手県水沢市佐倉河胆沢城跡─昭和56年度発掘調査概報─』
水沢市教育委員会 1983『岩手県水沢市佐倉河胆沢城跡─昭和57年度発掘調査概報─』
水沢市教育委員会 1987『岩手県水沢市佐倉河胆沢城跡─昭和61年度発掘調査概報─』
【山形県】
山形県埋蔵文化財センター 1994『今塚遺跡発掘調査報告書』82頁
山形県埋蔵文化財センター 1996『宮ノ下遺跡発掘調査報告書』65頁
山形県埋蔵文化財センター 2001『三条遺跡第2・第3次発掘調査報告書』421頁

土製支脚からみる出羽と石狩低地帯の交流について

柏木大延

はじめに

古代東北・北海道の交流については、建物形態、墓制、土師器、須恵器等、地域性を有する遺構・遺物や製作地が限定される遺物の分布にもとづく多様な議論が存在するが、竪穴住居や製塩遺構で用いられた土製支脚も、地域間の交流を物語る資料の一つに挙げることができる。

古墳時代に朝鮮半島からもたらされた竪穴住居とその作り付けカマド、韓竈に竈神信仰が伴ったことは、考古資料のみならず文献資料からも明らかで、「竈神の祭祀は多様でかつ変遷がある」（荒井 2005）と評されるが、その祭祀構造は信仰の系譜を表象するものと理解できる（水野 1972）。古代東北・北海道でに、多くの竪穴住居で土器、羽口、礫、軽石またはそれらの組み合せが支脚として使用されていながら、一部の集団は土製支脚を製作し、竈神の憑代としているが（内田 2004）、それもまた一つの信仰形態であり、集団の系譜を示す可能性がある。

また、製塩遺構で使用された土製支脚は、製塩土器と土製支脚の製作技法に共通性が指摘されるとおり（北林 2005）、特定の集団がその製作と使用に一貫して関わったと考えられる。主に平底の製塩土器を用いた東北地方の土器製塩に支脚は欠かせないことから、それらの共伴が製塩活動の有無を示すほかに、場合によっては塩の運搬・保存容器として用いられた製塩土器が流通・管理の一端を示す一方で、そのような機能を有さない土製支脚の分布は、土器製塩を営んだ集団の移動を反映する可能性がある。北陸地方から東北地方への製塩技術の移植があったとする根拠に、体部に円孔を施す円筒状支脚を挙げる考え（岸本 1989）がその好例だろう。

このように、特定の集団に帰属する性格を有する土製支脚の分布には、それを保有していた集団の移動や系譜が反映されやすいと考えられる。本稿は、古代東北・北海道に分布する土製支脚の特徴と出土遺跡の地域性を確認し、当該地域の交流について、とくに秋田城が所在する出羽と石狩低地帯の様相を明らかにしようとするものである。

1　土製支脚出土遺跡の地域性

竪穴住居に伴う土製支脚の多くがカマド付近から出土し、その使用状況を反映しているのに対し、製塩遺構で使用された製塩土器と土製支脚は必ずしも製塩炉で出土せず、多くは周囲に廃棄されている。また、土器製塩が行われていた地域では、竪穴住居が少ない地域であっても、製塩遺跡以外で土製支脚が少なからず出土することから、土器製塩を営んだ集団がそれを持ち運んでいた可能性が考えられる。したがって、沿岸部[1)]の発掘調査例が少なく、製塩活動や流通の実態把握が難しい東北地方の現状で各地域の土器製塩の有無や盛衰を把握するためには、製塩土器のみならず、竪穴住居以外[2)]の土製支脚量がを参考にすることが有効といえる。

さらに、遺跡の立地、生産遺構や井戸の有無、建物形態等が集落形成の時期や背景、構成集団の特徴を反映すると考えられることから（伊藤1980）、土製支脚出土遺跡の遺構構成や、その総体としての地域性の把握は、それらが成立した背景を検討するうえで重要であろう。そこで本章ではまず、土製支脚の出土状況や出土量（第１表）、円筒状支脚の形態やその出土量･比率（第５図）から各地域の特徴を確認することとしたい。

なお、拙稿（柏木2013）では、地形および土製支脚の形態・分布から対象地域を13区分し（A 地域～ M 地域）（第１図）、粘土紐の巻き上げで筒状に形成したものを円筒状支脚（A 類）、粘土塊を伸ばすか、棒軸に粘土紐を巻き付けて細長く成形したものを棒状中実支脚（B 類）、粘土紐の巻き上げで、細長く、薄い器壁で中空に形成される形態を棒状中空支脚（C 類）と定義・分類し、B・C 類は棒状支脚と総称した。円筒状支脚は、完形資料に乏しく、破片資料を検討対象に加える必要があるため、天井形態と透かし形態を個別に分類し、前者を3分類（AⅠ～AⅢ類）、後者を4分類（Aa～Ad類）しており（第2図）、本稿もそれらを踏襲した。

A地域　建物形態としては掘立柱建物が主体的な地域で、土製支脚は主に内陸部の遺跡で遺構外ほかに分布する。北目長田遺跡、カウヤ遺跡では製塩遺構が検出されているが、製塩遺構が存在しない遺跡においても製塩土器と土製支脚が認められる。カウヤ遺跡では製塩遺構に円筒状支脚と棒状支脚の両者が伴うが、地域全体でも円筒状支脚と棒状支脚の出土量に顕著な差は認められない。

B地域　横枕遺跡、西野遺跡等、竪穴住居が主体的な遺跡が存在し、地域全体でも建物遺構の半数程度を竪穴住居が占めるが、それに土製支脚が伴う例は少なく、遺構外で多く出土する。清水尻Ⅱ遺跡、立沢遺跡、中山Ⅰ遺跡で製塩

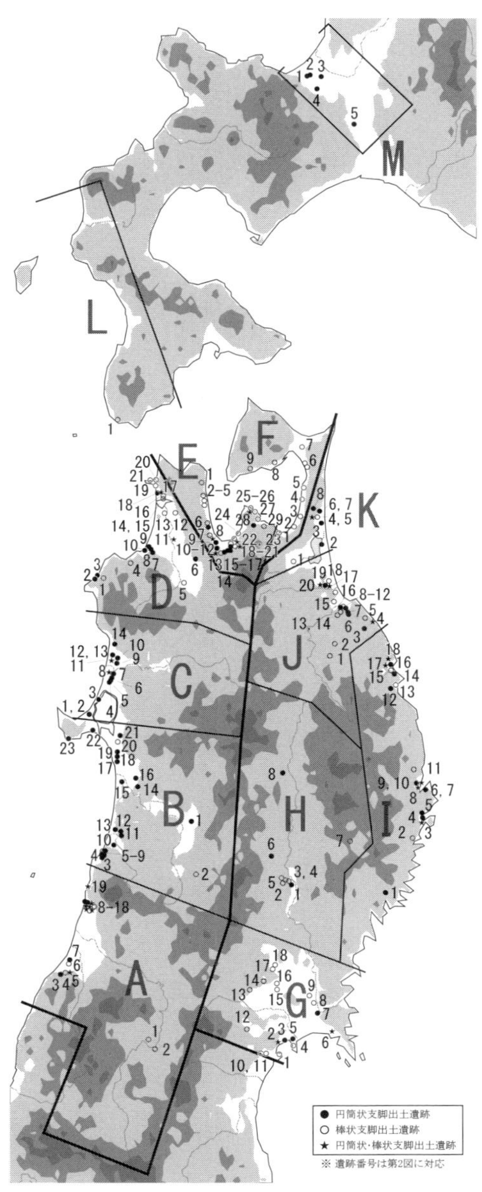

第1図　土製支脚出土遺跡の分布

第１表　土製支脚出土遺跡・遺構・数量

地域	番号	遺跡名	時期	竪穴住居 円筒	竪穴住居 棒	竪穴状遺構 円筒	竪穴状遺構 棒	掘立柱建物 円筒	掘立柱建物 棒	焼土 円筒	焼土 棒	製塩炉 円筒	製塩炉 棒	製鉄炉鍛冶炉 円筒	製鉄炉鍛冶炉 棒	井戸 円筒	井戸 棒	溝 円筒	溝 棒	堀・壕 円筒	堀・壕 棒	河川沢 円筒	河川沢 棒	遺構外ほか（土坑・柱穴含む） 円筒	遺構外ほか（土坑・柱穴含む） 棒	不明耕作土 円筒	不明耕作土 棒	製塩土器	滓・羽口	文献
A	1	高瀬山K3次	9c前-中																						□					山形県教委1992
A	2	川前21・2次	8c中		□																								◎	山形県財団2011
A	3	万治ヶ沢	10c前																					●●●●●●○				◎	◎	山形県財団2009
A	4	行司免1~4次	9c																□									◎		山形県財団2012
A	5	興屋川原1次~4次	9c後-10c中																			○	■□	○	□		□	◎	◎	山形県財団2010
A	6	岩崎1次・2次	8c末-10c初																						□					山形県財団2010
A	7	西谷地	9c前					○										●										◎	◎	山形県財団1994・1995
A	8	吹浦	9c初-中	●																								◎	◎	庄内古文化研究会1955、山形県教委1984
A	9	升川	10c-12c																					○						山形県財団1994
A	10	宮ノ下	9c前																			○								山形県財団1996
A	11	東田	10c前-中																					●○○	□□			◎	◎	山形県教委1991
A	12	小深田	8c後-10c																						■				◎	山形県教委1989
A	13	筋田	8c後-9c後															○				○		○	■			◎		山形県教委1993
A	14	木原	9c前-10c中																					○	■			◎		山形県教委1993、1994
A	15	木戸下	9c後																					○				◎		山形県教委1997
A	16	北目長田	9c前-中																					○	■			◎		山形県財団1995
A	17	上高田	10c中																				□					◎		山形県財団1998
A	18	大坪	9c後																			○	□							山形県財団1995
A	19	カウヤ	8c後-10c前	○								●○	■■■■					○										◎		秋田県教委1986
B	1	払田柵跡	9c末-10前	-	-	-	-	-	-	-	-	-	-	-	-	-	-	-	-	-	-	●	-	-	-	-	-	-	-	秋田県教委1993
B	2	宮の前	11c後-12c初						□																				◎	秋田県教委1979
B	3	清水尻Ⅱ	9c前-10c																					○				◎	◎	秋田県教委2013
B	4	立沢	10c前																					●○○				◎		仁賀保町教委1987
B	5	横枕	10c前	●																									◎	秋田県教委2012
B	6	家ノ浦Ⅱ	9c後-10c前																					○○					◎	秋田県教委2013
B	7	家ノ浦	平安後半																					●					◎	秋田県教委2012
B	8	前田表	10c-11c				□																						◎	秋田県教委2011
B	9	前田表Ⅱ	10c前半																			●●○								秋田県教委2010
B	10	湯水沢	9c-10c	●																									◎	秋田県教委2008
B	11	上谷地	10c	-	-	-	-	-	-	-	-	-	-	-	-	-	-	-	-	-	-	-	-	-	-	-	○	-	-	富樫・児玉1992
B	12	新谷地	9c中-10c前																			●●							◎	本荘市教委2003
B	13	大浦	平安時代																					●						秋田県教委2002
B	14	戸島上野Ⅰ（上野）	10c中	●																									◎	秋田県教委2000
B	15	諏訪	10c前																					●						秋田県教委2002
B	16	古野	9c末-10初																					○						秋田県教委1995
B	17	秋田城17・18・99次	9c中-10c初	●●○	-	-	-	-	-	-	-	-	-	-	-	-	-	-	-	-	-	-	-	-	-	○	-	-	◎	秋田市教委1976・1977・2011
B	18	平右衛門田尻	平安時代																					○					◎	秋田市教委2010
B	19	長岡	9c後																					○					◎	秋田市教委2002
B	20	後山	9c後		□																									秋田市教委2002
B	21	西野	8c後-9c前															○											◎	秋田県教委2003
B	22	頭名地	不明	-	-	-	-	-	-	-	-	-	-	-	-	-	-	-	-	-	-	-	-	-	-	-	○	-	-	磯村1973
B	23	中山Ⅰ	不明	-	-	-	-	-	-	-	-	○	-	-	-	-	-	-	-	-	-	-	-	-	-	-	-	◎	-	磯村1973
C	1	十文字松原	不明	-	-	-	-	-	-	●	-	-	-	-	-	-	-	-	-	-	-	-	-	-	-	-	-	-	-	磯村1973
C	2	岡獅子館	不明	○	-	-	-	-	-	-	-	-	-	-	-	-	-	-	-	-	-	-	-	-	-	-	-	-	-	磯村1973
C	3	釜谷地	不明	-	-	-	-	-	-	-	-	-	-	-	-	-	-	-	-	-	-	-	-	-	-	●	-	-	-	磯村1973
C	4	福田	9c末~10c初	●○																									◎	秋田県教委1989

網掛け	比率
	81-100%（又は有）
	61-80%
	41-60%
	21-40%（又は可能性有）
	1-20%
	0%（又は無）

※ ●:円筒状支脚（完形1点）、○:円筒状支脚（破片5点単位）　■:棒状支脚（完形1点）、□:棒状支脚（破片5点単位）
◎:製塩土器、鉄滓・羽口出土　△:鉄製品出土（北海道のみ）　なお、本稿における「完形」は、器高測定及び分類に要する部位が残存する個体を指す。
※「竪穴住居」「竪穴状遺構」「掘立柱建物」は、遺跡内の建物遺構に占める比率を、左記6段階の網掛けで示した（未発掘調査遺跡、城柵を除く：「-」）。
※「焼土」～「堀・壕」は、遺跡内における各遺構の「有」「無」又は「可能性有」を網掛けで示した（未発掘調査遺跡、城柵を除く：「-」）。
※「製鉄炉・鍛冶炉」「製塩炉」が他遺構（竪穴住居等）で報告されている場合は両遺構をカウントしているが、支脚数量のシンボルは報告遺構で示した。
※ 土製支脚と同一層位・時代の遺構比率・有無であるが、厳密な同時性を示すものではない。「時期」は主に各報告書、北東北古代集落遺跡研究会2014による。

地域	番号	遺跡名	時期	竪穴住居		竪穴状遺構		掘立柱建物		焼土		製塩炉		製鉄炉鍛冶炉		井戸		溝		堀・壕		河川沢		遺構外ほか（土坑・柱穴含む）		不明耕作土		製塩土器	滓・羽口	文献
				円筒	棒	円筒	棒	円筒	棒	円筒	棒	円筒	棒	円筒	棒	円筒	棒	円筒	棒	円筒	棒	円筒	棒	円筒	棒	円筒	棒			
C	5	十二林	9c末～10c前	●●●○																									◎	秋田県教委1989
C	6	寒川Ⅱ	10c前	●																									◎	秋田県教委1988
C	7	上の山Ⅱ	9c末～10c前	●●●●●●●○																									◎	秋田県教委1984・1986
C	8	ムサ岱	10c前	●●●●○○	□																			○					◎	秋田県教委2005
C	9	重兵衛台Ⅱ	9c末～10c初	●																										秋田県教委1980
C	10	サシトリ台	10c前	●																									◎	秋田県教委1976
C	11	竹生	9c末～10c初			●																			□				◎	秋田県教委1981
C	12	手前谷地尻	9c後	-	-	-	-	-	-	-	-	-	-	-	-	-	-	-	-	-	-	-	-	-	-	○	-	-	-	小林・高橋1992
C	13	湯ノ沢岱	10c前	○○						○														●○					◎	秋田県教委1998
C	14	土井	10c前	●●																									◎	秋田県教委1984
D	1	吾妻沢(2)	10c後				□□																						◎	深浦町教委1997
D	2	尾上山	10c中	●●○																				○				◎	◎	青森県教委2003
D	3	蓬野	10c中	●●●○○																				○				◎	◎	青森県教委2003
D	4	種里城跡	10c中-後																						□□		□□	◎	◎	鰺ヶ沢教委2003・2007
D	5	早稲田	10c後-11c																□		□				■□				◎	弘前市教委2001・2014
D	6	山本	10c前	●○																									◎	青森県教委1987
D	7	浮橋貝塚	9c-10c	●●																									◎	村越1968
D	8	外馬屋前田(1)	9c末-10c中	○																				○					◎	青森県教委1998
D	9	平野	10c前	●																										青森県教委1998
D	10	鳴戸(3)	9c	●●●○																				○				◎	◎	青森県教委2015
D	11	十三盛	10c後-11c															○	□						□			◎	◎	青森県教委2013
D	12	中里城跡	10c中-後		□																■				□		□		◎	中里町教委1990
D	13	豊富	10c後																								□□		◎	車力村教委1998
D	14	鰊崎(福島城跡)	10c後		□																								◎	市浦村史編集委員会1984
D	15	オセドウ貝塚	10c後																								□□□		◎	市浦村教委1992
D	16	赤坂	10c後		■□																									櫻井1955
D	17	唐川城跡	10c中	●○	□										□									○	□				◎	富山大学2002
D	18	唐川(3)	10c中	○																										市浦村教委2004
D	19	折戸	10c後-11c	-	-	-	-	-	-	-	-	-	-	-	-	-	-	-	-	-	-	-	-	-	-	-	□	◎	◎	鈴木・松岡1981
D	20	砂山A	10c後-11c	-	-	-	-	-	-	-	-	-	-	-	-	-	-	-	-	-	-	-	-	-	-	-	□□	-	◎	鈴木・松岡1981
D	21	阿曽内	10c後-11c	-	-	-	-	-	-	-	-	-	-	-	-	-	-	-	-	-	-	-	-	-	-	-	□	-	-	鈴木・松岡1981
E	1	尻高(5)	不明	-	-	-	-	-	-	-	-	-	-	-	-	-	-	-	-	-	-	-	-	-	-	-	□□□	◎	-	一町田1985
E	2	坂元(2)	10c後		■■■■■■□																									青森県教委2011
E	3	山田(2)	10c後		□																								◎	青森県教委2009
E	4	郷沢	不明	-	-	-	-	-	-	-	-	-	-	-	-	-	-	-	-	-	-	-	-	-	-	-	□	◎		一町田1985
E	5	蓮田大館	10c後		■□□																				□□			◎	◎	櫻井・菊池1987
E	6	内真部(1)	10c後	-	-	-	-	-	-	-	-	-	-	-	-	-	-	-	-	-	-	-	-	-	-	-	□□	-	◎	北林1971
E	6	内真部(4)	12c中-後																						□				◎	青森県教委1994
E	6	内真部(9)	10c前																					○				◎		青森市教委2000
E	7	野木和(11)	平安時代		□																									青森市教委2004
E	8	新田(1)	10c後-11c	○	□			○	□		□						□	○	□□□□□□ □□□□□				□	○	□□□□□			◎	◎	青森県教委2009、青森市教委2011
E	8	新田(2)	10c前-11c	○	■■■□□□□□□						□□						□		□□□□□□ □□□□						■□□□			◎	◎	青森県教委2009、青森市教委2011
E	8	高間(1)	10c前	●●																								◎	◎	青森県教委2007
E	9	江渡	9c末-10c初	●																									◎	青森市教委2004
E	10	安田(2)Ⅱ	9c末～10c初	●																									◎	青森県教委2001
E	11	近野	9c末-10c前	●●●●●●●● ●○○○																				○				◎	◎	青森県教委1975・1977・2004・2005・2007
E	12	三内丸山(2)	平安時代	○																										青森県教委1996
E	12	三内丸山(9)	10c前	●																								◎	◎	青森県教委2007
E	13	朝日山(1)	10c後		□														□						□		□	◎	◎	青森県教委1994
E	13	朝日山(2)	9c後～10c後															○							□			◎	◎	青森県教委2003
E	14	野木	9c末-10c前	●●○																									◎	青森市教委2001
E	15	合子沢松森(2)	9c末-10c初	○																				○					◎	青森市教委2007
E	16	新町野	9c末～10c初	○																				○				◎	◎	青森県教委2000、青森市教委2001

地域	番号	遺跡名	時期	竪穴住居		竪穴状遺構		掘立柱建物		焼土		製塩炉		製鉄炉鍛冶炉		井戸		溝		堀・壕		河川沢		遺構外ほか（土坑・柱穴含む）		不明耕作土		製塩土器	漆・羽口	文献
				円筒	棒	円筒	棒	円筒	棒	円筒	棒	円筒	棒	円筒	棒	円筒	棒	円筒	棒	円筒	棒	円筒	棒	円筒	棒	円筒	棒			
E	17	野尻館	10c前	●●																								◎	◎	青森市教委2012
E	18	小柳	平安時代																						□			◎		青森市教委2012
E	19	玉清水(3)	9c後-10c前	●																										青森市史編集委員会2006
E	20	蛍沢	10c前-中		■□																									青森市教委1979
E	21	月見野(1)	9c末-10c中	●●●	□																								◎	青森市教委2007
E	22	赤坂	10c後		□																								◎	青森市教委2005
E	23	宮田館	9c末-10c	○	■□													●							□			◎	◎	青森市教委2003・2004・2006
E	24	大浦	10c-11c										□												□□□			◎		青森市教委1971
E	25	大沢	平安時代				■■■ ■□□						□□															◎		青森県教委1998
E	25	大沢Ⅱ	10c-11c									○	□□□□□ □□□□□											○○○				◎		青森県教委2005
E	26	白砂	不明	-	-	-	-	-	-	-	-	-	-	-	-	-	-	-	-	-	-	-	-	-	-	-	□	-	-	平内町史編纂委員会1977
E	27	雷電際	不明	-	-	-	-	-	-	-	-	-	-	-	-	-	-	-	-	-	-	-	-	-	-	-	■□	◎	-	平内町史編纂委員会1977
E	28	竹達	不明	-	-	-	-	-	-	-	-	-	-	-	-	-	-	-	-	-	-	-	-	-	-	●	-	-	-	北林1973
E	29	間木	不明	-	-	-	-	-	-	-	-	-	-	-	-	-	-	-	-	-	-	-	-	-	-	-	■	-	-	北林1972
F	1	二十平(1)	10c後		□□□□																				□			◎	◎	野辺地町立歴史民俗資料館2007
F	2	明前	平安時代		□																									青森県教委1980
F	3	向田(35)	10c後		■■■■■□□□ □□□□																				□□			◎	◎	青森県教委2004
F	3	向田(37)	10c後		□																				□□			◎	◎	青森県教委2006
F	4	百目木	不明	-	-	-	-	-	-	-	-	-	-	-	-	-	-	-	-	-	-	-	-	-	-	-	□	-	-	北林1983
F	5	横浜	不明	-	-	-	-	-	-	-	-	-	-	-	-	-	-	-	-	-	-	-	-	-	-	-	□	-	-	北林1983
F	6	近川C(浜中野沢)	不明	-	-	-	-	-	-	-	-	-	-	-	-	-	-	-	-	-	-	-	-	-	-	-	□	-	-	北林1983
F	6	近川A(浜奥内)	不明	-	-	-	-	-	-	-	-	-	-	-	-	-	-	-	-	-	-	-	-	-	-	-	□	-	-	北林1983
F	7	将木館	11c		□																								◎	東通村教委1981
F	8	八角館	10c-11c								□□														□			◎	◎	葛西1994
F	9	上野平	10c後										□□												□			◎		橘・奈良1977
G	1	水浜	9c後-10c																						■□			◎	◎	七ヶ浜町教委1992
G	2	瑞巌寺境内	8c後-9c																					○○○○○○○	□□			◎		（宗）瑞巌寺2009
G	3	館ヶ崎	奈良・平安																							○				加藤1978
G	4	亀岡Ⅱ	8c前-中		■■																							◎		宮城県多賀城跡研究所2004
G	5	江ノ浜貝塚	9c																							●●●●		◎		東北歴史資料館1989
G	6	梨木畑貝塚	9c	○	□								□											●○	□			◎		石巻市教委2004
G	7	沢田山西	9c以降	●																									◎	宮城県教委2004
G	8	新田東	8c後-10c前		□																				□			◎		宮城県教委2003
G	9	角山	7c前		■■■□																									宮城県教委2005
G	10	山王(八幡地区)	7c-10c		■□												□		□						□			◎	◎	宮城県教委1997
G	11	市川橋	奈良・平安																						□□				◎	宮城県教委2000
G	12	一里塚47次	7c後-8c初		■□																									宮城県教委1999
G	13	名生館Ⅳ	8c前		□																									宮城県多賀城跡研究所1984
G	14	藤屋敷	8c-11c		□																								◎	宮城県教委1980
G	15	金鋳神	8c前		■																									宮城県教委1992
G	16	下富前	9c-10c																						□				◎	瀬峰町教委2002
G	17	山ノ上	8c初		□																									宮城県教委1980
G	18	御駒堂	8c前		□																									宮城県教委1982
H	1	杉の堂22次	9c前	○																										水沢市教委2001
H	2	石田Ⅰ・Ⅱ	7c末-8c初		□																								◎	岩手県財団2015
H	3	今泉	7c後-8c初		■																									岩手県教委1981
H	4	膳性	10c前		■																									岩手県埋文センター1982
H	5	柏山館	9c前		□																									岩手県財団1996
H	6	観音館	9c末-10c	○																										岩手県財団1994
H	7	高瀬Ⅰ	9c後-10c初		■																									岩手県財団1991
H	8	太田方八丁(志波城跡)	9c前	○	-	-	-	-	-	-	-	-	-	-	-	-	-	-	-	-	-	-	-	-	-	-	-	-	◎	岩手県教委1982

地域	番号	遺跡名	時期	竪穴住居		竪穴状遺構		掘立柱建物		焼土		製塩炉		製鉄炉鍛冶炉		井戸		溝		堀・壕		河川沢		遺構外ほか（土坑・柱穴含む）		不明耕作土		製塩土器	津・羽口	文献
				円筒	棒	円筒	棒	円筒	棒	円筒	棒	円筒	棒	円筒	棒	円筒	棒	円筒	棒	円筒	棒	円筒	棒	円筒	棒	円筒	棒			
I	1	長谷堂貝塚群	9c後-10c	○																									◎	大船渡市教委2005
	2	夏本	10c後		□																								◎	岩手県財団1989
	3	山ノ内Ⅲ	9c末-10c中	○	□																							◎	◎	岩手県財団1997
	4	湾台Ⅲ	10c	○																									◎	岩手県財団1993
	5	沢田Ⅰ	10c前	○																									◎	岩手県財団2000
	6	赤前遺跡群	10c前	●																									◎	宮古市教委1984
	7	赤前Ⅳ八枚田	9c前-中	○										○										○					◎	宮古市教委1999
	8	金浜Ⅰ・Ⅱ	9c末-10c前	○	□																				□			◎	◎	岩手県財団2010
	9	磯鶏館山	9c中	○																								◎	◎	宮古市教委1995
	10	島田Ⅱ	9c後-10c中	○○	■■■□□		□																	●	□				◎	岩手県財団2004
	11	細越Ⅰ	10c後																						□				◎	宮古市教委1992
	12	中平309地点	9c後	●○																								◎	◎	野田村教委2014
	13	新館	11c-12c																						□				◎	野田村教委2013
	14	平沢Ⅰ	10c前	○																									◎	岩手県財団1988
	15	中長内	9c中-10c前		■■□																							◎	◎	久慈市教委1988
	16	明神	10c前-中	○																									◎	岩手県財団1991
	17	源道	9c後-10c中	○	■□																				□					岩手県財団1989
	18	鼻館	9c後-10c前	○	■□																								◎	岩手県財団1992
J	1	江刺家	10c中		■																								◎	岩手県財団1984
	2	大日向Ⅱ	10c後		□																								◎	岩手県財団1998
	3	ニサクドウ	不明	-	-	-	-	-	-	-	-	-	-	-	-	-	-	-	-	-	-	-	-	-	-	●○	-	-	-	種市町立歴民資料館2004
	4	二十一平	奈良・平安	-	-	-	-	-	-	-	-			-	-	-	-	-	-	-	-	-	-	-	-	○○○	□	◎	-	種市町教委2005
	5	山館前	10c後		□																							◎	◎	階上町教委1995・2001
	6	黒坂	9c中-10c初	●●○																									◎	青森県教委2001
	7	牛ヶ沢(4)Ⅲ	9c後	○																								◎	◎	八戸市教委2004
	8	市子林	9c後	○																										八戸市教委2006、青森県教委2012
	9	館平	9c末～10c初		□																							◎	◎	八戸市教委2004
	10	坂中第2地点	10c前	●●																										八戸市教委2012
	11	田向	9c後	●○																								◎		八戸市教委2004・2009
	12	根城跡	9c-10c前	●																								◎		八戸市教委1983
	13	田面木平	7c後-8c初		□																									八戸市教委1993
	14	古宮3次	7c		■																									八戸市教委1994
	15	林ノ前Ⅵ	10c中-11c前				■																						◎	八戸市教委2011
	16	売場	10c後		□																				□					青森県教委1985
	17	中野平	7c末-9c後	●●●●●●	■■■■□																				□			◎	◎	青森県教委1991、下田町教委1996、おいらせ町教委2008
	18	下谷地(1)	9後-10c		□																								◎	青森県教委1988
	19	天神山	10c中	○																										おいらせ町教委2010
	20	ふくべ(3)	7c-9c	○	■□																									青森県教委2005・2008
K	1	赤平(3)	10c前-中		□														□									◎	◎	青森県教委2007
	2	庭構(1)	10c前							●●●														○				◎	◎	三沢市教委1985
	3	鷹架	平安時代																					●						青森県教委1994
	4	発茶沢(1)	9c末-10c中	●●●○○○○	■■□						□													○	□			◎	◎	青森県教委1982・1989
	5	沖附(1)	10c中		■□																				□			◎	◎	青森県教委1986
	6	上尾駮(2)	10c前	●●○																								◎	◎	青森県教委1988
	7	家ノ前	10c前	●●●●																								◎		青森県教委1994
	8	弥栄平(4)(5)	10c前	○																									◎	青森県教委1987
L	1	札前	11-12c																						□				◎	松前町教委1985
M	1	K446	9c末-10c前	●●●○																										札幌市教委1979
	2	K445(5層)	10c中	●																										札幌市教委2004
	3	H519(4a層)	10c後	●●																									◎	札幌市教委2006
	3	H519(4e層)	10c前	●●○																				○					◎	札幌市教委2006
	4	K39 4・5・7次	10c前	○																				○					△	札幌市教委1997・1998・2001
	4	K39サクシュコトニ川（第2文化層）	9c末-10c前	●●●●○						○																			◎ △	北海道大学1986
	5	中島松6	10c中	●●																									△	恵庭市教委1988

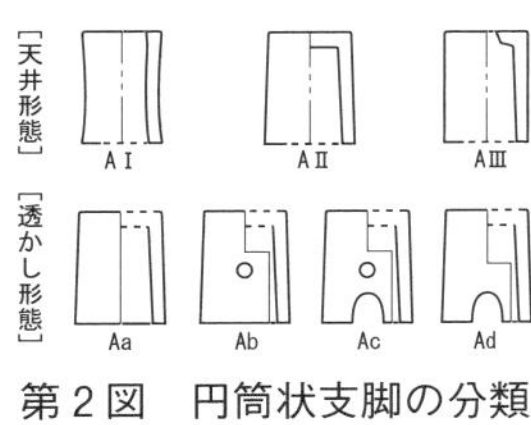

第２図　円筒状支脚の分類

炉と考えられる遺構が検出されているが、それらに土製支脚が伴う例はわずかである。

Ａ地域に比べ棒状支脚の割合が減り、出土点数の８割程度を円筒状支脚が占める。円筒状支脚の天井形態は半数がＡⅡ類で、透かし形態はAd類が多く、各類型の出土量に差はあるが、すべての類型が出土するのは現状で当地域のみである。Ｈ地域を除けば、各地域とも円筒状支脚の分布は沿海地域に偏るが、雄物川沿いの内陸約50kmに位置する払田柵で円筒状支脚が出土している例外的な事例は、円筒状支脚の全類型が混在することと合わせ、当地域の多様性の一端を示す。

Ｃ地域　掘立柱建物が多く検出された遺跡が含まれ、福田遺跡、十二林遺跡では竪穴住居数の半数程度、湯ノ沢岱遺跡では竪穴住居と同等程度の掘立柱建物が確認されているが、地域全体では建物遺構の８割程度を竪穴住居、竪穴状遺構が占め、それに円筒状支脚が伴う傾向がＡ・Ｂ地域と比べて顕著となる。日本海側では唯一、律令的な要素の一つである井戸が認められず、製塩遺構の存在が不明確な反面、福田遺跡、十二林遺跡、寒川Ⅱ遺跡等、鉄生産関連遺跡が多く分布する。土製支脚は10世紀前葉で使用が途絶え、それ以降増加する米代川中・上流域の遺跡では出土しない。

土製支脚出土量の９割を円筒状支脚が占め、天井形態ＡⅡ類、透かし形態Ad類の比率が高い。

Ｄ地域　建物遺構に占める竪穴住居、竪穴状遺構の比率が９割と高く、それに土製支脚が伴うのはＣ地域と同様である。円筒状支脚と棒状支脚は、それぞれ分布や時期に特徴があり、前者は９世紀末から10世紀中葉に岩木山北麓までの範囲で、後者は10世紀中葉以降、十三湖周辺や津軽平野の内陸地域で棒状中実支脚、地域全体で棒状中空支脚が認められる。井戸検出遺跡は相対的に新しく、棒状支脚を伴うことが多い。円筒状支脚と棒状中実支脚は隣接するＣ地域、Ｅ地域に類する出土状況を示し、一例として、Ｃ地域から岩木山北麓までの地域に認められないＡⅠ類がＥ地域に近い山本遺跡や唐川城跡で出土する状況が挙げられる。現状で明確な製塩遺構は確認されていないが、遺構外で土製支脚が出土する事例は比較的多く、鳴戸（3）遺跡の円筒状支脚は、後述するA・B地域の製塩遺跡出土資料と類型や器形に共通点が多い[3)]。

E地域　竪穴住居、竪穴状遺構が建物遺構の9割近くを占め、それらに伴う土製支脚数は他地域に卓越するが、それと同等量が溝・遺構外からも出土しており、地域全体の土製支脚量は特筆に値する。発掘調査により製塩遺構が検出された大浦遺跡、大沢遺跡、大沢Ⅱ遺跡では主に竪穴状遺構、製塩炉、遺構外に土製支脚が分布する。D地域と同様、井戸検出遺跡は相対的に新しく、円筒状支脚が主体となる事例はない。

円筒状支脚は9世紀後葉、棒状支脚は10世紀前葉から使用されはじめ、10世紀中葉までは円筒状支脚が中心に使用される。現状で円筒状支脚の出土量は対象地域内でもっとも多いが、10世紀後葉以降も独自性の強い棒状支脚[4)]がとくに多量に製作されたことから、対象時期を通じた土製支脚出土点数の8割以上を棒状支脚が占め、当地域における土器製塩の発達・展開を明確に反映する。

円筒状支脚は、天井形態に偏りがない反面、透かし形態はAa類がわずかに含まれるほかはAd類に限られる。

F地域　製塩遺跡の発掘調査例が少ないため、土製支脚の出土は竪穴住居が中心であるが、潜在的な製塩遺構比率は他地域より高いと推測される。現状で円筒状支脚の出土例がなく、棒状支脚に限られる分布は、E地域での土器製塩の盛行とそれに伴う棒状支脚の発展を経た後に、当地域へ活動範囲が拡大した結果を示すものであろう。

G地域　山王遺跡、市川橋遺跡、名生館遺跡、一里塚遺跡等の官衙関連遺跡が含まれることからも、他地域より掘立柱建物が多く、太平洋側では当地域のみに井戸が認められる。生業については沿海地域に製塩遺構が多く、内陸地域では鉄生産関連遺構も分布する。製塩遺跡では主に遺構外から土製支脚が出土しており、瑞巌寺境内遺跡では製塩炉に伴う土製支脚はない。棒状支脚が7～8世紀の内陸地域における集落遺跡の竪穴住居、円筒状支脚が8～10世紀の製塩遺跡を中心とした沿海地域の遺跡で遺構外から出土する傾向が強いが、製塩遺跡で円筒状支脚と棒状支脚が共伴する事例も認められる。

円筒状支脚は、A 地区と同様、8 世紀後葉以降に A Ⅱ類、Ab 類が分布し、透かし形態において Ab 類の点数、比率が特筆される。

H 地域　円筒状支脚、棒状支脚とも出土量はきわめて少ない。全てが竪穴住居から出土し、製塩遺構は当然ながら、他の生産遺構との関連も認められない。棒状支脚は、今泉遺跡、膳性遺跡等、地域の拠点的集落に分布する傾向がみられる。

I 地域　竪穴住居が建物遺構の中心ながら、竪穴状遺構の報告例も多い。土製支脚の大半は竪穴住居に伴い、遺構外からの出土例は少ない。島田Ⅱ遺跡に代表されるように、地域内には製鉄遺跡が多く分布し、土製支脚出土遺跡の大半で羽口、鉄滓等が出土し、半数で鉄生産関連遺構が検出されている。

円筒状支脚は、各天井形態が確認されているものの、透かし形態は Aa 類のみである。製鉄遺跡が多く、羽口が支脚として転用されることや、共伴する土製支脚と羽口が規格的に類似することと、透かしが施されない Aa 類のみ出土することは相関する可能性が考えられる。

J 地域　竪穴状遺構が多いことや、土製支脚の大半が竪穴住居から出土し、遺構外にほとんど分布しない点はＩ地域と共通するが、7〜8 世紀代の棒状支脚の分布や、円筒状支脚 Ab 類の分布からは G 地域、H 地域との密な交流が推測される。二十一平遺跡は、沿岸部に立地し、製塩土器や円筒状支脚、棒状支脚、被熱礫が回収されていることから製塩遺跡と理解される。

円筒状支脚は、天井形態 A Ⅲ類、透かし形態 Aa 類が数量的、比率的にもっとも多く、個体として A Ⅲ a 類が主体的だったとみられる。

K 地域　建物形態としては竪穴住居の比率が高く、土製支脚の大半もそこから出土する。製塩土器の分布状況からは地域内で広く塩が流通したことがうかがわれるが、遺構外から出土する土製支脚数は少なく、陸奥湾沿海地域の土器製塩に多用された棒状支脚も分布しない。庭構（1）遺跡は、焼土遺構に複数の円筒状支脚が伴い、遺構外で製塩土器が出土していることから土器製塩が行われた可能性が高いが、限定的な活動だったのだろう。

円筒状支脚は、天井形態に A Ⅰ類が多く、A Ⅲ類が次ぐ。透かし形態は

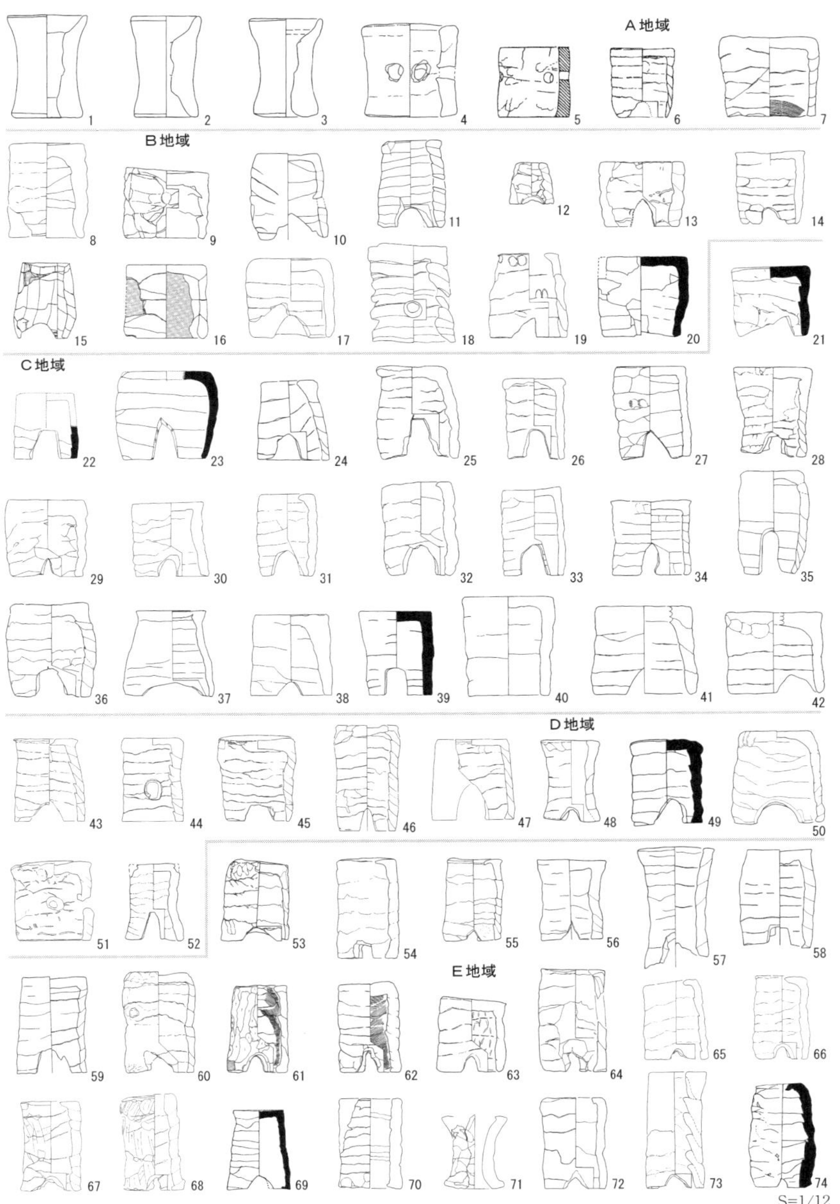

第3図　円筒状支脚（A～E地域）

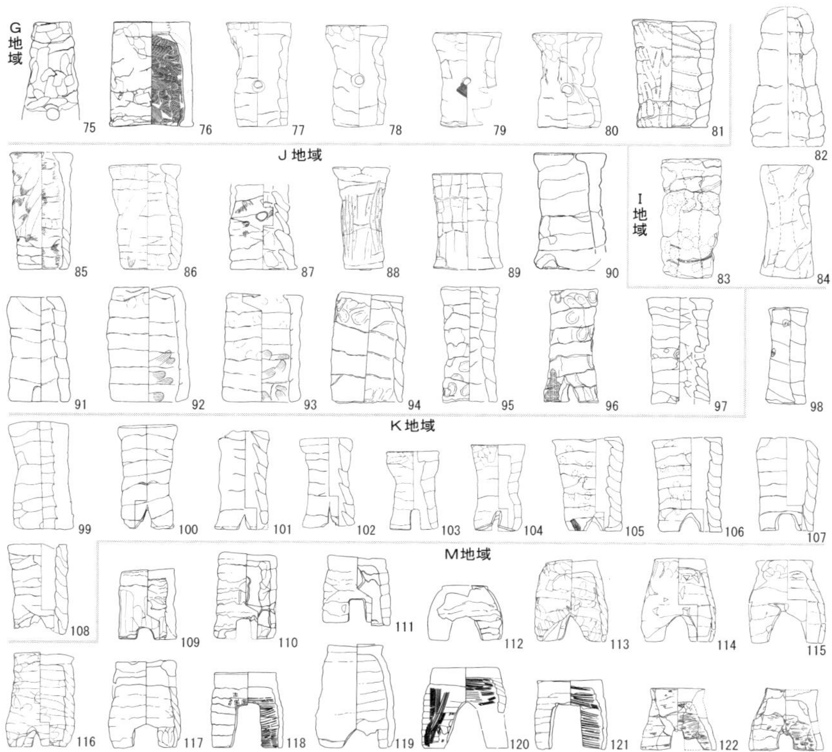

【出土遺跡・文献】 1-3:万治ヶ沢(山形県財団2009)、4:西谷地(山形県財団1995)、5:吹浦(庄内古文化研究会1955)、6:東田(山形県教委1991)、7:カウヤ(秋田県教委1986)、8:払田柵跡(秋田県教委1993)、9:立沢(仁賀保町教委1987)、10:横枕(秋田県教委2012)、11:家ノ浦(秋田県教委2012)、12・13:前田表Ⅱ(秋田県教委2010)、14:湯水沢(秋田県教委2008)、15・16:新谷地(本荘市教委2003)、17:大浦(秋田県教委2002)、18:戸島上野Ⅰ(秋田県教委2000)、19:諏訪(秋田県教委2002)、20:秋田城第18次(秋田市教委1977)、21:十文字松原・22:岡獅子館・23:釜谷地(磯村1973)、24:福田・25・26:十二林(秋田県教委1989)、27:寒川Ⅱ(秋田県教委1988)、28:上の山Ⅱ第1次(秋田県教委1984)、29-33:上の山Ⅱ第2次(秋田県教委1986)、34-37:ムサ岱(秋田県教委2005)、38:重兵衛台Ⅱ(秋田県教委1980)、39:サシトリ台(秋田県教委1976)、40:竹生(秋田県教委1981)、41・42:土井(秋田県教委1984)、43・44:尾上山・45-47:蓙野(青森県教委2003)、48:山本(青森県教委1987)、49:浮橋貝塚(村越1968)、50:平野(青森県教委1998)、51:鳴戸(3)(青森県教委2015)、52:唐川城跡(富山大学2002)、53:江渡(青森市教委2004)、54:安田(2)Ⅱ(青森県教委2001)、55:近野(青森県教委1975)、56-59:近野(青森県教委1977)、60・61:近野Ⅶ(青森県教委2004)、62:近野Ⅷ(青森県教委2005)、63:近野Ⅹ(青森県教委2007)、64:三内丸山(9)(青森県教委2007)、65・66:野木(青森市教委2001)、67・68:野尻館(青森市教委2012)、69:玉清水(3)(青森市史編集委員会2006)、70-72:月見野(1)(青森市教委2007)、73:宮田館(青森市教委2003)、74:竹達(北林1973)、75・76:梨木畑貝塚(石巻市教委2004)、77-80:江ノ浜貝塚(東北歴史資料館1989)、81:沢田山西(宮城県教委2004)、82:赤前遺跡群(宮古市教委1984)、83:島田Ⅱ第2～4次(岩手県財団2004)、84:中平309地点(野田村教委2014)、85-87:黒坂(青森県教委2001)、88・89:坂中第2地点(八戸市教委2012)、90:田向(八戸市教委2004)、91:根城跡(八戸市教委1983)、92・93:中野平(青森県教委1991)、94:中野平Ⅶ(おいらせ町教委2008)、95・96:中野平Ⅸ(おいらせ町教委2008)、97:中野平(下田町教委1996)、98:鷹架Ⅱ(青森県教委1994)、99:庭構(1)(三沢市教委1985)、100-102:発茶沢(1)(青森県教委1989)、103・104:上尾駮(2)(青森県教委1988)、105-108:家ノ前Ⅱ(青森県教委1994)、109-111:K446(札幌市教委1979)、112:K445(札幌市教委2004)、113・114:H519[4a層]・115・116:H519[4e層](札幌市教委2006)、117:K39第5次(札幌市教委1998)、118-121:K39[サクシュコトニ川](北海道大学1986)、122・123:中島松6(恵庭市教委1988)　※実測図の一部は、著者の判断で天地・左右の回転・反転等の処理を行っている。

【タイプ】 [AⅠa類]1-3、70・71、84、99 [AⅠb類]4・5 [AⅠd類]12・13、48、57、61、68、73、100、102、107・108 [AⅡa類]7・8、16、20、40、76、81-83、94 [AⅡb類]9、18、44、51、77-79 [AⅡc類]10 [AⅡd類]6、14・15、17、21、23、25-30、33-39、41-43、45-47、49・50、52・53、56、58-60、62・63、69、104、109-123 [AⅢa類]85・86、88、90、92・93、95、98 [AⅢb類]80、97 [AⅢc類]11 [AⅢd類]19、24、31・32、54・55、64-67、72、74、91、96、101、103、105・106

第４図　円筒状支脚（G～M地域）S=1/12

Ad 類、Aa 類のみで、隣接するＪ地域よりＥ地域に近い形態比率である。

Ｌ地域　札前遺跡の遺構外で棒状支脚が１点出土するのみで、多数の竪穴住居が検出されながら土製支脚は伴わない。出土した棒状支脚は主に陸奥湾沿海地域の土器製塩に多用された形態であるが、当地域で製塩遺構・土器は確認されていない。竪穴住居のカマドでも使用せず、土器製塩を行わない地域にも土製支脚が持ち運ばれていた事例といえる。

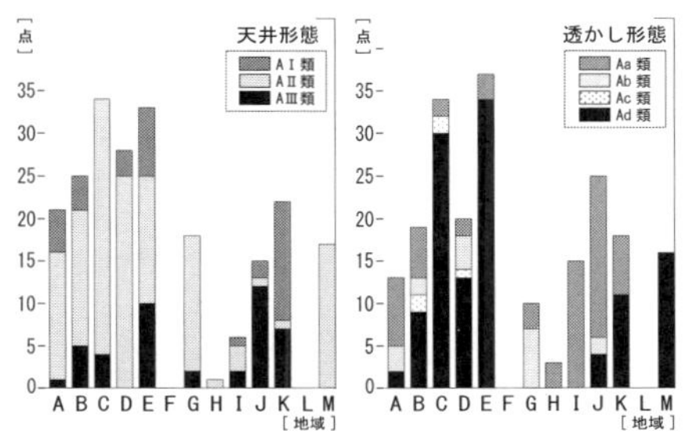

第５図　地域ごとの類型数量

Ｍ地域　建物形態としては竪穴住居が中心で、円筒状支脚ＡⅡｄ類がそれに伴う。遺跡は石狩川水系の小河川に沿った内陸地域に立地し、製塩土器の出土例はない。擦文文化の遺跡としては鍛冶関連遺構・遺物の出現率が高く、K39 遺跡、H519 遺跡では製錬鍛冶遺構が確認されている。

２　円筒状支脚の類型分布と年代

前章では、建物形態比率、生産遺構や井戸の有無等の遺構構成からみる土製支脚出土遺跡の性格、土製支脚の形態に地域差があることを示した。ここでは、秋田城が所在する出羽北部で主体的な円筒状支脚を取り上げ、類型ごとに、出土地域とその年代を確認し、各類型がどのように分布を拡げたのか検討する（第６図）。

(1)天井形態

ＡⅠ類　Ａ地域では９世紀前葉から分布し、９世紀後葉以降、Ｅ地域、Ｋ地域を中心として陸奥湾沿海地域から太平洋側北部に分布する。日本海側ではＡ地域を中心にＢ地域の秋田城に及ぶ可能性があるものの、そこから岩木山北麓までの地域では確認されていない。

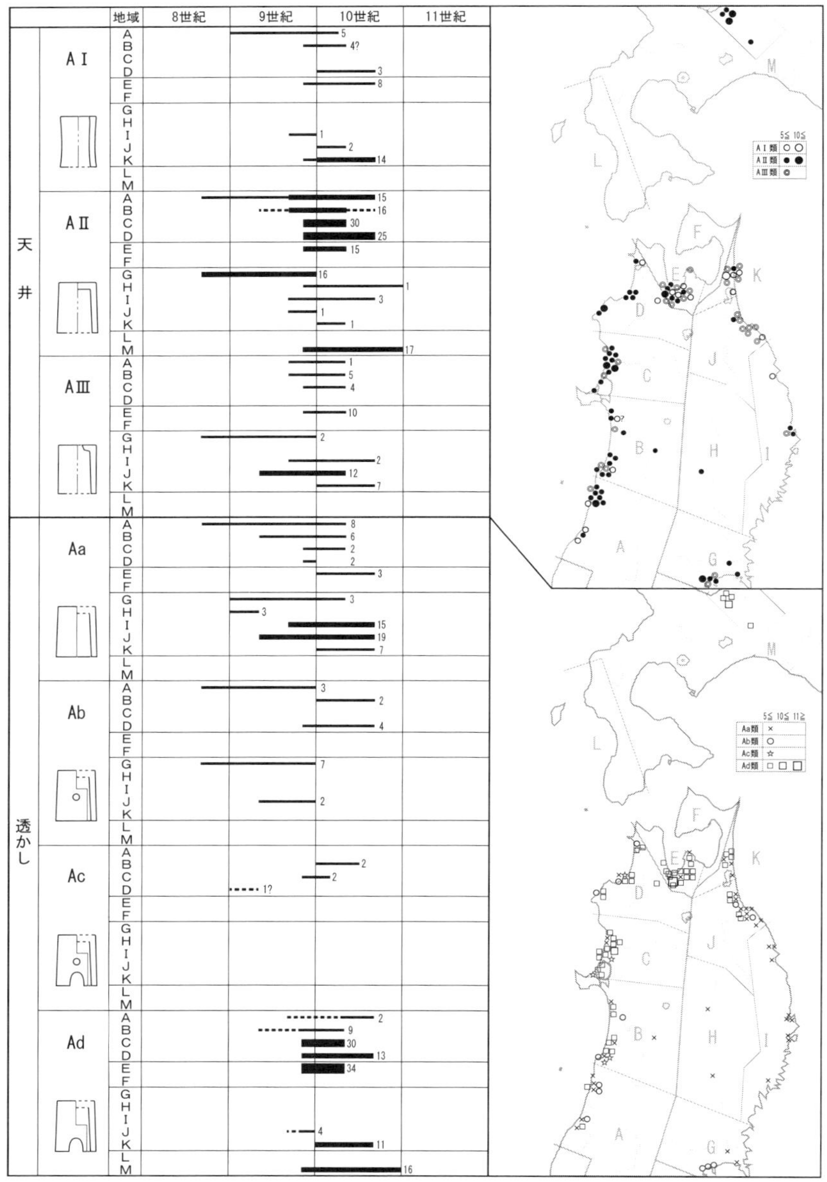

第6図　類型ごとの変遷と分布

AⅡ類　対象地域内の円筒状支脚としてはもっとも一般的な天井形態で、分布域が広い。8世紀後葉～9世紀前葉までの分布は太平洋側、日本海側とも、もっとも南側のA地域、G地域に留まるが、9世紀後葉～末葉に分布域を大きく拡げる。日本海側での出土が顕著で、とくにC・D地域、M地域でAⅡ類の比率が高い。

AⅢ類　G地域における分布は8世紀後葉に遡る可能性があり、J地域で9世紀中葉以降に多用されることから、太平洋側で発展した形態と考えられるが、9世紀後葉には日本海側でも使用される。G地域からJ地域への分布の拡がりは、透かし形態Ab類や棒状支脚の一部とも共通する。

⑵透かし形態

Aa類　日本海側では8世紀後葉からA地域で、9世紀中葉以降B地域で使用されるが、北の地域ほどその比率は下がる。太平洋側では9世紀代～10世紀中葉に、とくにI・J地域で多く分布する。

Ab類　A地域、G地域では8世紀後葉から分布する。G地域ではAb類が7割を占めるが、他地域では体部円孔を施すAb類またはAc類の比率は小さい。分布は飛び地的で、とくに太平洋側で顕著である。ただし、A地域では1個体の円孔4か所が主体的ながら、他地域ではAd類の2か所1対に対応して円孔も2か所一対であることから、A地域から直接的に隣接地域を跨いで拡散した可能性は低い。

Ac類　B～D地域に分布する。C・D地域のAb・Ac類出土遺跡ではAd類を伴うことや、出土量がわずかなことから、Ad類が普及していた両地域にAb類が飛び地的に拡散したことに起因する形態と理解できる。

Ad類　9世紀末葉以降、日本海側を中心にM地域まで広く分布し、数量的、比率的にC・D・E地域、M地域でとくに多い。B地域の新谷地遺跡出土資料は脚部切り込みが4か所認められ、現状で他に例を見ない資料であり、西谷地遺跡出土資料等、Ab類に4か所円孔を施すA地域の影響を受けているとすれば、共伴資料群の上限となる9世紀中葉まで遡る可能性も否定できない。また、9世紀末葉に短期間で広範囲に拡がったことを考慮すれば、早い段階で当形態が根付いていた地域がその拡散源だったと考えられ、それはAd類が多く出土し、B地域に隣接する地域だった可能性が高い。つまり、B地域またはC地域で使用が開始され、まずはC地域で発展し、直接、間接に遠くM地域にまで伝播したとの理解が可能であろう。

3　出羽と石狩低地帯の様相について

秋田城が所在するB地域では本稿で用いた円筒状支脚のすべての類型が認められ、器形や脚部切込みの形態も多様である。その複雑な様相は、隣接地域との比較により明らかにできるものであり、出羽全域での具体的な分析が有効であろう。また、石狩低地帯のM地域で確認されている円筒状支脚はすべてAⅡd類であり、その起源と考えられるB地域またはC地域との交流を明らかにするうえで欠かせない資料となる。ここでは、出羽と石狩低地帯の代表的な土製支脚出土遺跡を取り上げ、遺跡および土製支脚の具体的な様相について比較・検討を試みたい。

⑴出羽の様相

土製支脚出土遺跡の大半が現海岸線から5km未満の沿海地域に立地し、河川沿いの内陸地域にも若干分布する。

秋田城が所在するB地域を挟み、A地域では製塩遺構・土器が相対的に多く、C地域では井戸が伴わず、鉄生産関連遺構・遺物が増加する傾向が認められる。A・B地域では墨書土器、施釉陶器、硯、木簡等の官衙に特徴的な遺物が多い。A地域では、遺構外ほかで円筒状支脚、棒状支脚のいずれも出土するが、C地域では竪穴住居に円筒状支脚が伴う例が顕著となる。

円筒状支脚は、A・B地域で器径に対して器高が低く、体部は垂直か脚部端が若干窄まる器形が多い。C地域では脚部端が窄まる器形も含まれるが、むしろ広がる器形が増え、器径に対して器高が高くなる傾向も認められる。甕の底部を倒立させたような資料は、器壁が薄く天井部と体部の境が屈曲する。脚部切込みの面積が比較的大きく、その形態は多様である。

カウヤ遺跡　にかほ市象潟町に所在する。現海岸線から約200mの台地上に立地する製塩遺跡である。

構築時期が明らかにされた遺構は、竪穴住居、溝等がⅠ期とされる8世紀後半頃、焼土等がⅡ期とされる9世紀後半から10世紀前半頃に属する。Ⅰ期のすべての遺構、Ⅱ期の浅い掘り込みと焼土を伴う遺物集中で製塩土器が出土しており、「コ」状の石組炉やⅡ期の焼土も製塩遺構と考えられている。Ⅰ期では円筒状支脚のみであるが、Ⅱ期の遺物集中では、円筒状支脚と棒状支脚が共伴し、須恵器、製塩土器等も多量に出土している。完形で出土した円筒状支脚はＡⅡａ類で、器径に対して器高が低く、直線的な体部は下位で内に窄まる。天井部側の器壁は厚く、脚部側で薄くなるが、全体として重厚感がある。

秋田城跡　秋田市寺内ほかに所在する。現海岸線から約2km、旧雄物川右岸の独立丘陵上に立地し、海上交通・河川交通が重視された立地とされる。

秋田城は、天平5（733）年に出羽柵が遷され、10世紀代まで機能した律令国家による城柵遺跡であり、発掘調査により政庁跡、外郭築地塀、倉庫群、水洗厠跡等が確認されている。

円筒状支脚は第18・19次調査で検出された2軒の竪穴住居から出土している。政庁南側の外郭沿いで検出されたSI201は9世紀末～10世紀初頭、鵜ノ木地区から検出されたSI289は9世紀中葉に位置づけられる。図示された完形個体はいずれもＡⅡａ類に分類され、器径に対して器高が低く、脚部が窄まる5)。SI201出土資料のうち実測図未掲載の2個体は「円筒状」「脚部の透かし」と記載され、第99次調査でも、脚部切込みが小規格の半円形を呈する耕作土出土資料が報告されていることから、秋田城の竪穴住居でＡⅠ類、Ad類も使用された可能性が考えられる。

ムサ岱遺跡　能代市浅内に所在する。日本海沿いの台地上に立地し、現海岸線から約4km内陸に位置する。

平安時代の遺構は竪穴住居62軒、竪穴状遺構10基、掘立柱建物跡9軒、土坑308基、溝27条、焼土、柵列等で、遺物は、土師器、須恵器、擦文土器、土製支脚、鉄製品等が出土している。須恵器はきわめて少ない。鉄生産関連遺構は確認されていないが、製練炉壁、羽口、各種鉄滓等の出土遺物から周囲にその存在が予想される。

土製支脚は、15軒の竪穴住居で各１点出土した。棒状支脚３点のほかは円筒状支脚で、ＡⅡd類に分類される。その器形は、体部が垂直か脚部側に広がり、脚部端が窄まる資料も多い。

⑵石狩低地帯の様相

円筒状支脚は石狩低地帯のＭ地域のみに分布する。その出土遺跡は現海岸線から10～32km内陸の石狩川支流の小河川に沿う、当地域としては一般的な集落立地である。

竪穴住居、屋外炉を中心とする遺構構成で、製塩遺構や井戸は確認されていない。当地域の遺跡としては鉄製品、鍛冶関連遺構・遺物が多く、本州起源の木製品、須恵器や土鍋等からも東北地方との関係が相対的に強かった集落と評価できる。

土製支脚は、竪穴住居の内外で出土し、すべてＡⅡd類に分類される。器形の特徴としては、器高・器径差が小さく、脚部切込みの面積が大きい資料と、器径の割に器高が大きく、天井部と体部の境が屈曲し、脚部への広がりや体部の湾曲がみられる資料のほか、体部が直立し、脚部切込みが小規格の四角形を呈する資料も含まれる。

K39遺跡　札幌市中央区～北区に所在する。円筒状支脚が出土した第４・５・７次調査地点およびサクシュコトニ川遺跡は、明治時代の記録に残される同一の旧河川沿いに立地し、第４・５・７次調査地点より約１km下流側にサクシュコトニ川遺跡、さらに河口側にはK445遺跡、K446遺跡が位置する。

竪穴住居のほか、多数の屋外炉が検出され、サクシュコトニ川遺跡ではそれに鍛冶炉が含まれる。遺物では、刀子、鉄斧等の鉄製品、「夫」刻書土師器坏、「人」刻書須恵器長頸壺、須恵器大甕、土玉、羽口等が認められる。「人」刻書須恵器長頸壺は五所川原産と考えられ、K446遺跡第１号竪穴住居跡出土須恵器と自然釉、胎土の色調等が類似することから同一個体の可能性が指摘されており（藤井 1997、中田 2004)、地域内の土製支脚出土遺跡間に往来があった根拠となろう。栽培種子では多量のオオムギ、コムギ、アワ、キビなどに加え、移入品のコメが出土している。サクシュコトニ川遺跡の東側で行われた第 6 次調査では、土製支脚は認められないものの、農耕との関連が推測される竪杵、本州からの移入品と考えられる曲物や横櫛等の木製品が出土し、北海道に自生しない杉や檜が利用された資料も含まれる。

土製支脚は、器高・器径差が小さく、脚部切込みの面積が大きい資料のほか、器径の割に器高が大きく、甕底部に類似する器形も認められる。

H519遺跡　札幌市東区に所在する。上述した旧河川とは別の川筋に立地し、10 世紀前半の 4e 層、10 世紀後半の 4a 層で土製支脚が出土している。

4e 層では竪穴住居 16 軒、掘立柱建物 10 軒、屋外炉、4a 層では竪穴住居 3 軒、屋外炉が検出されている。4e 層で検出された第 14 号竪穴住居跡は 9.1 × 9.5m と特大規模で、外周溝を伴う点で北海道では他に例がない。外周溝を伴う竪穴住居の起源は北関東から東北地方に求められ、津軽地方では 9 世紀中葉～10 世紀前半にかけて分布する（三浦 2007)。

土製支脚が出土した竪穴住居では、須恵器の大甕、土鍋等、本州との交流を裏付ける遺物が出土しているほか、第 14 号竪穴住居跡のカマド燃焼部で出土した土玉はカマド祭祀との関連を推測させる。カマド側で鍛冶炉を含む複数の屋外炉が検出された竪穴住居は 4 軒存在するが、そのうちの 3 軒が土製支脚を伴う。

土製支脚の器形は、天井部と体部の境が屈曲し、体部が湾曲して脚部端が若干窄まる。

4　まとめ

日本海側の A 地域では 8 世紀後半以降に竪穴住居から掘立柱建物への移行が認められるが（山口 2003)、土製支脚の使用開始もほぼ同時期であることから、竪穴住居と関わらず、遺構外ほかを中心に分布する。製塩土器は官衙関連遺跡で出土する例が多く（吉田・渋谷 2001)、土製支脚の分布もそれと重複することから、いずれもが律令国家の製塩活動への関与を反映していると考えられよう。太平洋側では、G 地域の沿海地域に立地する製塩遺跡の遺構外と内陸地域の官衙関連遺跡の竪穴住居で土製支脚が出土する傾向が認められ、後者の場合、掘立柱建物が建物遺構の中心となる遺跡も存在する。製塩土器の分布や多賀城で出土した「厨」墨書・刻書土器から、松島湾沿岸部で生産された塩が多賀城に供給され、遠方の志波城や胆沢城にもその塩が運搬された可能性が指摘されるが（高橋 2013）、地域内に製塩遺跡と官衙関連遺跡がセットで存在し、それらの遺跡が製塩土器と土製支脚を伴う構図は、製塩遺跡が集中する北陸地方から離れ、派生的な生産地に過ぎないにしても、A・B 地域にも共通点が認められ、秋田城跡、カウヤ遺跡、立沢遺跡の円筒状支脚に類似点があることとも矛盾しない。

それに対し、C・D 地域、H ～ K 地域では竪穴建物が建物遺構の中心となり、それに土製支脚が伴う。製塩遺構・土器が認められ、製塩土器と土製支脚との共伴事例もあるが、一般的でなく、とくに C・H 地域では土器製塩との関係が希薄である。C 地域では日本海側で唯一井戸が認められず、棒状支脚がほとんど分布しない。

E・F 地域では、10 世紀後葉以降の出土量がとくに増加する棒状支脚の存在からも、土器製塩が盛んに行われたことは明らかであろう。新田（1）遺跡、新田（2）遺跡では律令的要素の強い遺物が注目され、遺跡の性格について議論されるが、竪穴住居に増して遺構外ほかで土製支脚が多量に分布する様相は製塩遺跡以外では特殊であり、周辺地域の土器製塩に関与した集団の往来が想定され、塩の流通・管理に深く関わっていた可能性が推測できる。

北海道の M 地域では円筒状支脚のみが分布するが、それらの出土遺跡は擦文文化の遺跡としては鍛冶関連遺構・遺物が多く認められ、製塩遺構・遺物や井戸は認められない。

各形態の分布の拡がりをみると、基本的には南から北への伝播と捉えることができ、集落やそれに伴う生業の展開に同調するとみられるが、形態によっては飛び地状に分布し、例えばＡⅠ類の分布からは A・B 地域とⅠ地域、E・K 地域、AⅢ類、Ab 類の分布からは G 地域と J 地域の、隣接地域を跨いだ交流があったと推測される。ただし、前者の例では、I・K 地域の円筒状支脚は器径に対して器高が高く、体部が括れる資料が含まれ、太平洋側の特徴を維持している資料が多い。また、D・E 地域の例では、同じ A Ⅱ d 類でも、体部が直線的で、器径に対して器高が低い日本海側の特徴を示す資料と、体部の括れ、器高、脚部切込みの規格に太平洋側の特徴を示す資料が認められる。これらのことは、故地の円筒状支脚そのものが持ち込まれた場合や、在地に分布する円筒状支脚の器形やカマドの高さ等の影響を受けて製作された場合などが想定され、同一系譜の円筒状支脚の分布から推測される集団の移動にも、その規模や時期、間接・直接の差があったと考えられる。

そのような観点で出羽の A ～ C 地域と石狩低地帯の M 地域を比較した場合、秋田城跡で出土した円筒状支脚は A Ⅱ a 類が主体的で A Ⅰ類も含まれる可能性が高く、器形や規格が A 地域北部から B 地域南部の製塩遺跡やその関与が考えられる遺跡で出土する資料に類似する。それに対し、C 地域の資料は A Ⅱ d 類に偏り、体部が直立する器形と、脚部側に広がる器形が存在し、脚部切込みの形態が多様で、面積が大きい。M 地域では A Ⅱ d 類のみが継続的に使用されているが、C 地域との類似性がもっとも強く、D・E 地域との共通点も認められる。

以上のとおり、遺跡の性格や生業形態、円筒状支脚の類型や器形を比較すると、石狩低地帯の M 地域では、C 地域の米代川河口域と密接な関係があったとみられ、C 地域の系譜を引く D・E 地域の集団とも交流が継続していたと理解できる。このことは M 地域で出土する土師器の「供給元は津軽、あるいは米代川流域」とする胎土分析結果（松本 2006）とも矛盾しない。ひるがえって秋田城跡の円筒状支脚をみると、その類型や器形等の特徴は秋田城以南の地域で出土する資料に類似し、秋田城以北との交流を示す要素は少ないと考えられるのである。

註

1）岸本は、富山県内の製塩遺跡を「沿岸型」「内陸型」に分類し、前者が海浜またはそこから至近距離に立地し、実際に土器製塩を行ったのに対し、後者は最大で

8～9 km 内陸に立地し、供給・消費地と推測した（岸本 1983)。本稿では、「沿岸型」の立地を沿岸部、「内陸型」の立地を内陸部、その両者を含む範囲を沿海地域とし、それより内陸側を内陸地域と便宜的に表記する。

2) 沿海地域の竪穴住居に製塩土器と土製支脚が共伴することで、そこでの製塩活動が推測される事例もわずかにあるが、それらはあくまでも沿岸部の土器製塩に従属する作業であり、その地域の製塩活動の中心にはならないと解釈し、本稿では検討の対象としない。

3) 鳴戸（3）遺跡（青森県教育委員会 2015）では、9 世紀前葉に位置づけられる第 8 号竪穴住居跡で円筒状支脚 Ac 類が出土しているが、現状では B・C 地域に分布する Ab・Ac 類の年代を大幅に遡る。土器製塩の伝播を検討するうえで重要な資料群と考えられるため、今後の資料の蓄積を待ち、改めて検討したい。

4)「上端部のみ外に鋭く張り出し、下部は緩やかに広がる多角柱形態」（BV 類）を、陸奥湾沿海地域における土器製塩と関連する資料と考えた（柏木 2013)。

5) 報告書に実測図が掲載された SI201 出土円筒状支脚は器高 21cm に復元されているが（秋田市教育委員会 1976)、当地域に類例がない器形で、天井部側と脚部側が接合しておらず、色調や器径差があることから、それぞれ別個体で、少なくとも天井部側の一個体は本来 SI289 出土資料（第 4 図 20）と同様の器形だった可能性が高いと判断した。

参考文献

荒井秀規 2005「神に捧げられた土器」『文字と古代日本』4 神仏と文字 吉川弘文館

伊藤博幸 1980「胆沢城と古代村落―自然村落と計画村落―」『日本史研究』215 号 日本史研究会

内田律雄 2004「竈神と竈の祭祀」『季刊考古学』第 87 号 雄山閣

柏木大延 2013「古代東北・北海道における土製支脚の系譜とその意義」『物質文化』93 号 物質文化研究会

岸本雅敏 1983「富山県における土器製塩の成立と展開」『北陸の考古学』石川考古学研究会

岸本雅敏 1989「西と東の塩生産」『古代史復元』9 講談社

北林八洲晴 2005「続 青森の塩づくり―現状と展開―」『北奥の考古学』葛西勵先生還暦記念論集刊行会

北東北古代集落遺跡研究会（研究代表者 船木義勝）2014『9～11 世紀の土器編年構

築と集落遺跡の特質からみた、北東北世界の実態的研究』
高橋 透 2013「東北地方における古代の塩の生産と流通―陸奥湾から太平洋沿岸地域を中心に―」『塩の生産・流通と官衙・集落』国立文化財機構奈良文化財研究所
中田裕香 2004「擦文文化の土器」『新北海道の古代3 擦文・アイヌ文化』北海道新聞社
藤井誠二 1997『K39遺跡 長谷工地点』札幌市文化財調査報告書55 札幌市教育委員会
松本建速 2006『蝦夷の考古学』同成社
三浦圭介 2007「津軽地方における古代社会の変質とその様相―特に九世紀後半から十世紀前半にかけての変質について―」『古代蝦夷からアイヌへ』吉川弘文館
水野正好 1972「外来系氏族と竈の信仰」『大阪府の歴史』第二号 大阪府史編集室
山口博之 2003「遊佐荘大楯遺跡の成立」『研究紀要』創刊号（財）山形県埋蔵文化財センター
吉田江美子・渋谷純子 2001「山形県出土の製塩土器について」『庄内考古学』第21号 佐藤禎宏氏還暦記念特集 庄内考古学研究会
※発掘調査報告書は割愛するが、第1表、第3・4図に適宜省略した編著者と発行年のみを示した。

土器からみた地域間交流

—秋田・津軽・北海道—

齋藤　淳

はじめに

本稿では、北日本地域における8〜11世紀の古代土器の様相からうかがわれる地域間交流の在り方について、3時期に分けて素描する。

1　8世紀後半〜9世紀前半の地域間交流
—秋田産須恵器・多条沈線文土器—

秋田産須恵器の出土分布　鈴木琢也らによって、8〜9世紀における秋田〜北海道間の須恵器流通が明らかにされている。北海道では、石狩低地帯や日本海沿岸部から当該期の須恵器が出土しており、それらの産地として、8世紀後半〜9世紀前半操業の新城窯跡群・古城廻窯跡群（秋田市）、9世紀後半操業の海老沢窯跡・西海老沢窯跡（男鹿市）等が推定されている（鈴木2014）。須恵器窯の位置や、北海道内の分布状況からすれば、それらの須恵器が日本海ルートを経てもたらされた蓋然性は高いように思われるが、中間域である青森県日本海沿岸部の状況が不明瞭なため、画竜点睛を欠く憾みがある。

青森県西部を占める津軽地方では、現在のところ7世紀代に遡る考古資料は不詳である。8世紀代になると、浅瀬石川左岸の台地上に古代集落が出現し、一部は9・10世紀代まで継続する。これらの集落では、北海道同様、8世紀後半〜9世紀前半の須恵器が少なからず出土している。

例えば、浅瀬石遺跡（黒石市）第19号住居跡出土の土師器非ロクロ坏は、いまだ丸底気味で8世紀代の特徴を遺すものの、共伴する須恵器ヘラ切り坏は、秋田城跡（秋田市）９世紀第１四半期のものと法量・器形がほぼ一致することから、当該期を中心とする時期が考えられる（第１図11･13･14）。また、李平下安原遺跡（平川市尾上地区）第130号住居跡出土の須恵器ヘラ切り坏についても、同様の理由から、９世紀第１四半期もしくは後続する時期を想定しておきたい（第１図21）。これらの須恵器ヘラ切り坏は、法量・器形・色調等の特徴から、秋田産の可能性が高い。

一方、浅瀬石川左岸以外の津軽地域では、当該期の須恵器はおろか、集落自体が未発見の状況が長らく続いていたが、近年日本海沿岸部において８世紀後半〜9世紀前半の資料が相次いで発見されている。津軽半島北端、十三湖と日本海を繋ぐ水戸口周辺に位置する十三湊遺跡（五所川原市市浦地区）は、中世港湾遺跡として著名であるが、過去の調査では、８世紀後半〜9世紀前半の多条沈線文土器（土師器）（第４図50）や須恵器高台埦（第４図51）が出土している（青森県市浦村教育委員会・富山大学人文学部考古学研究室2000）。十三湖北岸に位置する五月女萢遺跡（五所川原市市浦地区）では、2013年度調査によって日本海沿岸部初となる８世紀代の竪穴建物跡が２棟発見されており、多条沈線文土器などが出土した（五所川原市教育委員会2013）。また、金沢街道沢（1）遺跡（鰺ヶ沢町）では、2014年度調査により、８世紀の竪穴建物跡９棟が検出され、土師器坏や多条沈線文土器などが出土した（青森県埋蔵文化財調査センター2014）。８世紀後半〜9世紀前半の集落が浅瀬石川左岸地域に集中し、日本海沿岸部に点々と分布する在り方は、初期農耕社会である弥生時代前・中期と相似するが、おそらくは両時期の文化の波及に、日本海ルートが大きな役割を果たしていることの表れであろう。

また、日本海沿岸部では、近年秋田産須恵器も検出されている。十三湊遺跡で出土した９世紀前半頃の須恵器高台埦が秋田産と考えられるほか（第４図51）、津軽半島北端権現崎の基部、日本海に臨む折戸遺跡では、回転ヘラ切り痕のある須恵器坏底部が表採されており（第４図52）、やはり９世紀前半の秋田産と推定される[1)]。今後の資料の蓄積次第であるが、これらの須恵器については、秋田城跡周辺の須恵器窯より、日本海沿岸ルートを経てもたらされた可能性が高い（第２図）。そして、その流れはさらに北方へ延伸し、

秋田城跡（秋田市）
9世紀第1四半期
（伊藤 2005 を改変）
浅瀬石遺跡（黒石市）
第19号住居跡出土遺物
（文献 02）
李平下安原遺跡（平川市）
第130号住居跡出土遺物
（文献 03）
0 S=1:8 10cm
1
2
3
4
5
6
7
8
9
10
11
12
13
14
15
16
17
18
19
20
21
22

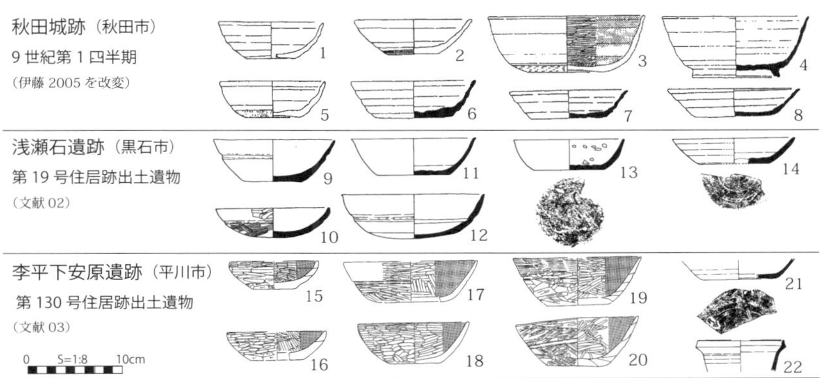

第1図　9世紀前半の土器

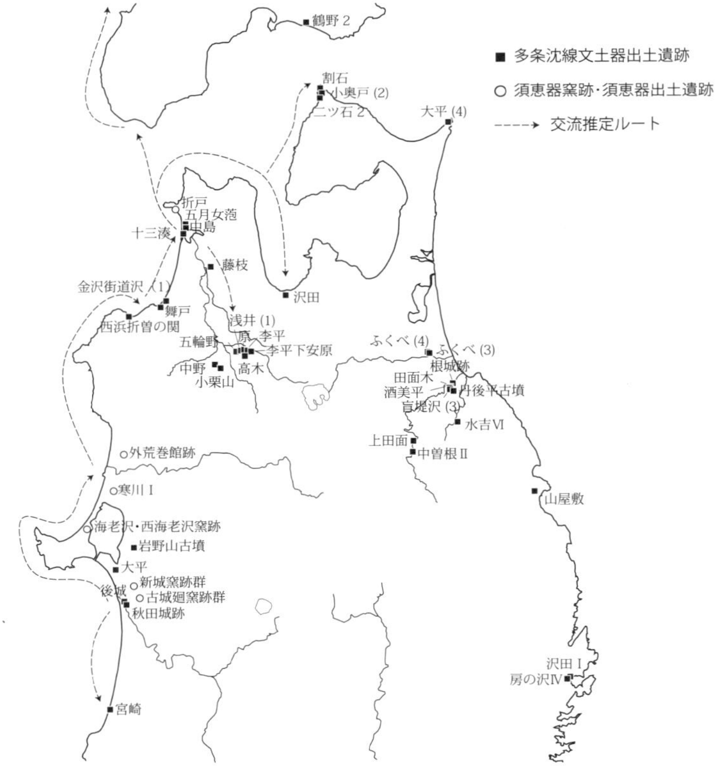

■ 多条沈線文土器出土遺跡
○ 須恵器窯跡・須恵器出土遺跡
交流推定ルート
鶴野 2
割石
小奥戸 (2)
二ツ石 2
大平 (4)
折戸
五月女萢
中島
十三湊
藤枝
沢田
金沢街道沢（1）
舞戸
西浜折曽の関
浅井 (1)
原
李平
五輪野
李平下安原
中野
小栗山
高木
ふくべ (4)
ふくべ (3)
根城跡
田面木
酒美平
丹後平古墳
盲堤沢 (3)
水吉Ⅵ
上田面
中曽根Ⅱ
外荒巻館跡
寒川Ⅰ
山屋敷
海老沢・西海老沢窯跡
岩野山古墳
大平
新城窯跡群
後城
古城廻窯跡群
秋田城跡
沢田Ⅰ
房の沢Ⅳ
宮崎

第2図　関連遺跡

津軽海峡を横断して北海道日本海沿岸を北上、石狩川水系を通じて石狩低地帯に至るものととらえられる。

多条沈線文土器の出土分布　ところで先にも述べたように、当該期の遺跡には、土師器甕形土器の口頸部に多条の横走沈線あるいは段状沈線を巡らしたいわゆる「多条沈線文土器」が伴う場合がある。当該土器を包摂した沈線文土器群については、小野裕子（小野1998）・伊藤博幸（伊藤2011）らによる広範な論究があるが、以下では口頸部におおむね4〜5条以上の横走・段状沈線を巡らすものを「多条沈線文土器」と措定して、その分布状況を確認する。

多条沈線文土器の出土分布は、太平洋側では閉伊・九戸・二戸・八戸・下北、日本海側では由利・秋田・津軽・西浜・外浜など東北北部全域に広がるほか、北海道においても多数の出土例が認められる（第2〜5図）。主たる出現時期は、太平洋側が7世紀後半〜8世紀前半で一段階古く、日本海側秋田地域が8世紀前半〜後半、津軽・北海道が8世紀後半〜9世紀前半となり、北上するにしたがって新出の傾向にある。これらが一系的に連鎖するのか、あるいは多系的に出現するのかは不明であるが、東北北部で発生し、北海道に派生したとも考えられる。

また、多条沈線文土器は量的な偏在が認められ、ある程度まとまった点数が出土しているのは、北海道を除けば秋田城跡・後城遺跡（秋田市）程度であり、あとは1点から数点のみというところがほとんどである。また竪穴建物跡1棟当たりの遺存率も、日本海側と太平洋側で大きく異なる。当該期の竪穴建物跡が、前者地域では寡少、後者地域で卓越するという母集団の違いも影響していると思われるが、津軽地域や下北では1棟当たり約1.0点遺存しているのに対し、三八上北地域では1棟当たり約0.025点、つまり40棟に1点程度の遺存率に過ぎない。その出自はどうあれ、多条沈線文土器の主体は、日本海側にあったものととらえたい。日本海側の出土分布からは、多条沈線文土器とその文化の中心が秋田城跡周辺にあり、秋田産須恵器同様、日本海・岩木川水系といった水上交通によって津軽地域に波及したとも考えられる（第2図）。

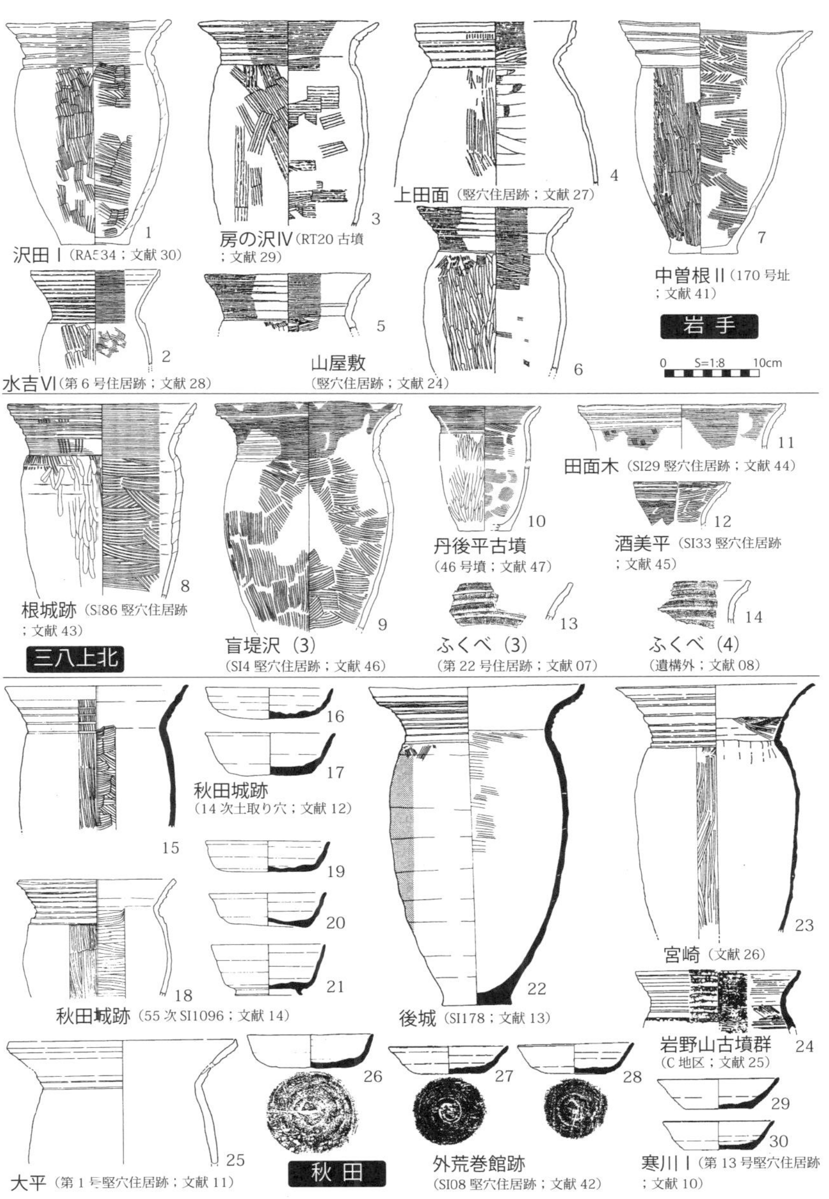

第 3 図　多条沈線文土器・秋田産須恵器（1）

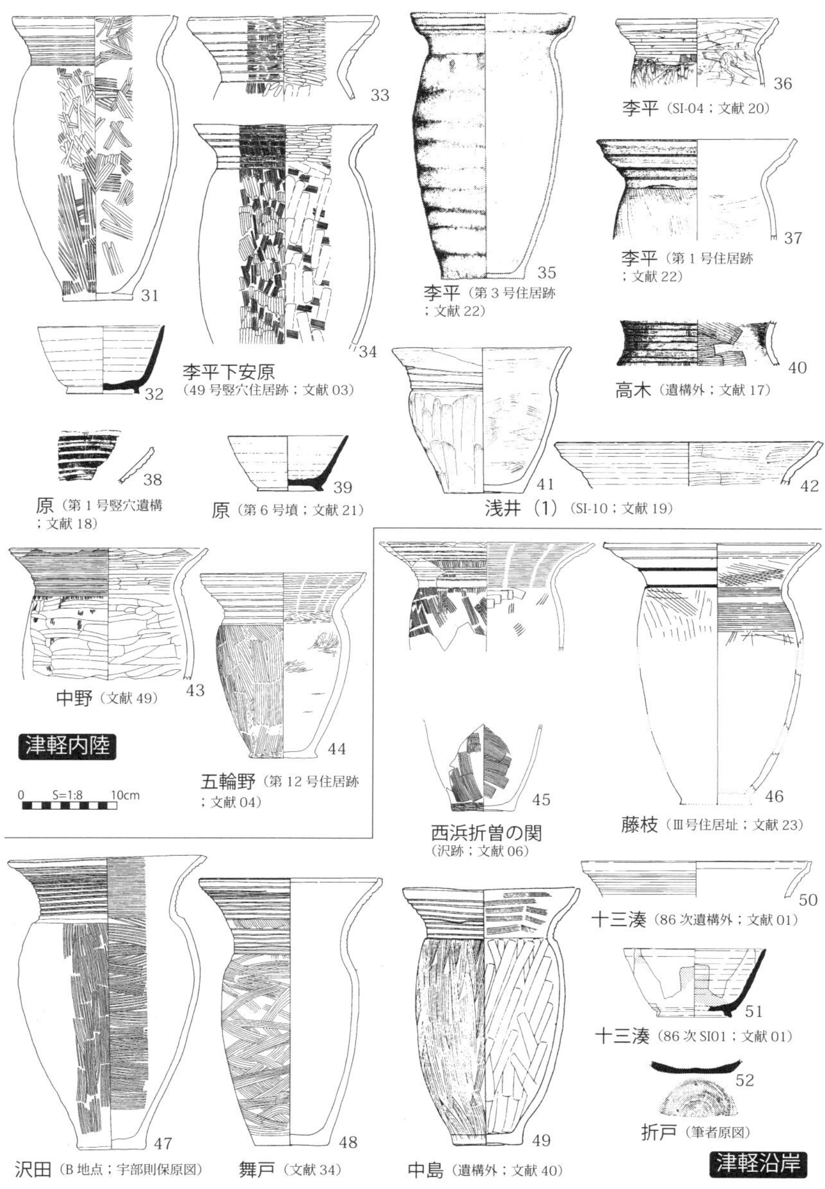

第４図　多条沈線文土器・秋田産須恵器 (2)

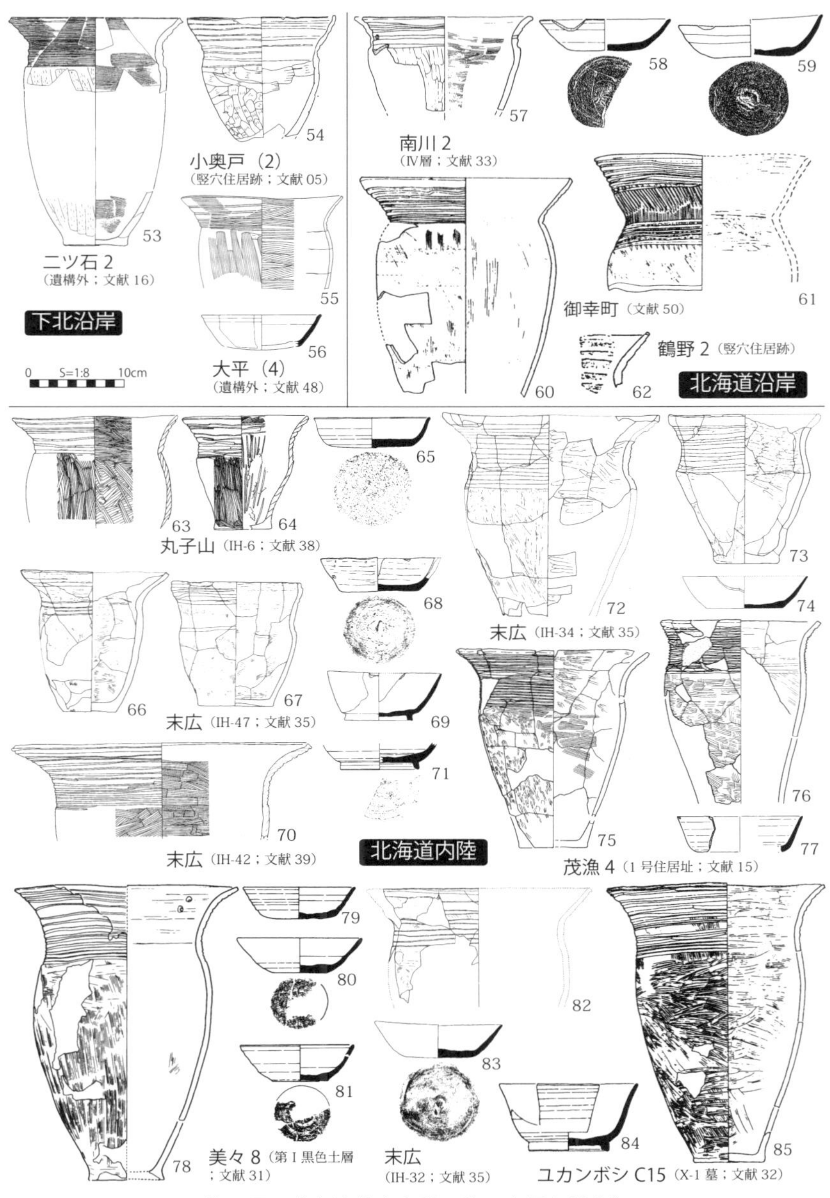

第 5 図　多条沈線文土器・秋田産須恵器（3）

北海道の多条沈線文土器　一方北海道、とくに石狩低地帯出土の多条沈線文土器については、いわゆる擦文前期の範疇で理解されている（日本考古学協会1999年度釧路大会実行委員会1999）。そもそも擦文土器成立の経緯については諸々の見解がみられるが、八木光則は、7世紀後葉～8世紀前葉（①～②段階）、八戸地域を主体とする太平洋側地域との交流により、擦文前期土器群・カマド付竪穴建物跡・末期古墳など諸要素から構成される擦文文化が成立したものととらえる。そして頸部無文帯を挟んで口縁部・肩部に数条の横走・段状沈線が巡らされた甕形土器（以下、「分条沈線文土器」と仮称）を擦文文化成立期に位置づけ、器形については北大Ⅲ式から継承されたものと理解する。ちなみに、多条沈線文土器は、①～②段階に後続する8世紀中葉～9世紀中葉（③～④段階）に出現し、一般化するものとしている（八木2007）。

北海道型の多条沈線文土器群は､東北北部のものに比して横走沈線の条数･施文範囲ともに卓越するものが主体であり、やや様相を異にする。ただし、当該期は秋田産須恵器の流通に明らかなように、前代までの太平洋ルートに加えて日本海ルートが大きく進展する時期に相当する。多条横走沈線文自体の起源については、先述のように東北北部の可能性も十分に考えられるであろう。

多条沈線文土器の計量解析　また、東北北部に北海道型の、あるいは北海道に東北北部型の多条沈線文土器が分布する可能性を考慮する必要がある。後代、擦文中期以降の土器が、津軽・下北地域に濃厚にみられるが、その萌芽的な様相、いわゆる「擦文前期」様式の土器の存在に傾注するとともに、相互の関係性について検討する必要がある。

多条沈線文土器間の関係性を把握するためには、成整形・施文・焼成・法量等様々な視点が想定されるが、以下では、矢野2006、田村・山口2015を参考に、SHAPEほかのソフトウェアによる土器形状の定量分析によってこれらの検討を試みる。SHAPEは、生物の形状を解析する統合ソフトウェアであり、輪郭抽出・楕円フーリエ記述子変換・主成分分析・逆フーリエ変換等、複数のプログラムから構成される[2)]。ここでは、先に図示した多条沈線文土器のうち、全体の形状が把握される沢田Ⅰ（第３図1）・中曽根Ⅱ（7）・

後城（22）・李平下安原（第4図31）・沢田（47）・舞戸（48）・中島（49）・二ツ石（第5図53）・美々8（78）・ユカンボシ（85）の実測図をスキャナで読み込み、画像処理ソフトで二値化処理したものを基礎データとする。

同データを、SHAPE/ChainCoderで読み込み輪郭を抽出、輪郭データをチェーンコードで出力した。それらを、SHAPE/Chc2Nefにて楕円フーリエ記述子に変換することによって、土器の形状が数値化されるわけであるが、フーリエ記述子は数列で表現されるため、そのままでは相互の比較検討が困難である。したがって、SHAPE/PrinCompによる主成分分析を通じて、比較が容易な主成分得点を求める。さらに、各主成分の内容をSHAPE/PrinPrintによる逆フーリエ変換を通じて視覚化した（第6図1）。同図より、第1主成分（PC1：寄与率63.9%）では口頸部の径、第2主成分（PC2：寄与率18.0%）では口頸部の長さ、第3主成分（PC3：寄与率6.9%）では頸部の括れ度合いが主として評価されていると考えられる。これらは、多条沈線文土器形状の異同を検討する際、有効な指標となるであろう。

続いて、各多条沈線文土器の主成分得点から距離行列を導き（第6図4）、EXCEL多変量解析[3)]を用いたクラスター分析によって分類、ならびに系統ネットワーク解析ソフトSplitsTree4[4)]を用いたNeighborNetによって系統的関係を推定する。クラスター分析の結果、太平洋・北海道道央グループと日本海グループに二分された（第6図3）。また、NeighborNetにおいても美々8を境界として、右側に太平洋・北海道道央グループ、左側に日本海グループが位置する系統樹（系統ネットワーク）が得られた（第6図2）。以上の結果にしたがえば、太平洋グループと日本海グループの多条沈線文土器は形状的には共通点が少ない、また北海道道央の多条沈線文土器は形状的には太平洋グループ系統と近縁にあるとも解釈される。あくまで、試験的手法による予察であるが、将来的には所属年代の精査による系統樹の始点・方向性の確定、分析視点・サンプルの増加等によって、多条沈線文土器の系統的関係が詳らかになるかもしれない。

地域間交流の展開　8世紀後半〜9世紀前半について、秋田産須恵器の分布ならびに多条沈線文土器の在り方から、秋田城跡周辺―津軽日本海沿岸―

主成分	Eigenvalue	Proportion(%)	Cumulative(%)
Prin1	0.00278	63.86230	63.86230
Prin2	0.00079	18.03060	81.89290
Prin3	0.00030	6.86680	88.75970

主成分得点	PC1	PC2	PC3
ユカンボシ	0.03705	0.01827	0.02860
李平下安原	-0.07117	-0.03917	0.02754
後城	-0.04238	0.00897	-0.01381
沢田	-0.02609	-0.01770	-0.02267
沢田Ｉ	0.04221	-0.04381	-0.00742
中曽根II	0.09812	0.01340	0.00152
中島	-0.01674	0.00104	-0.00783
ニツ石	0.02923	-0.00554	0.00634
美々8	0.00948	0.01477	-0.01678
舞戸	-0.05971	0.04978	0.00451

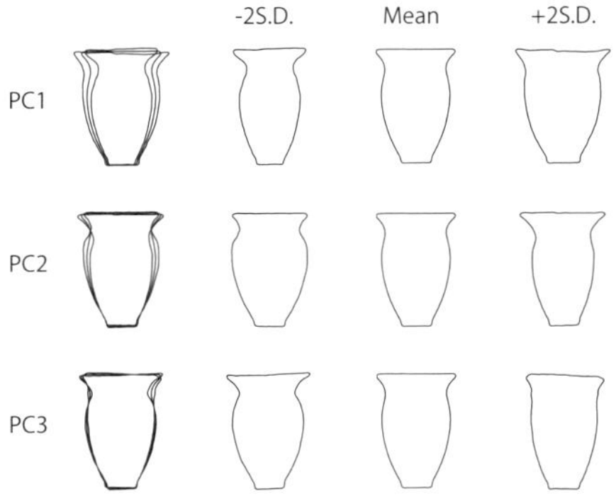

-2S.D.　Mean　+2S.D.

PC1

PC2

PC3

1 主成分分析　＊SHAPE Ver.1.3 による

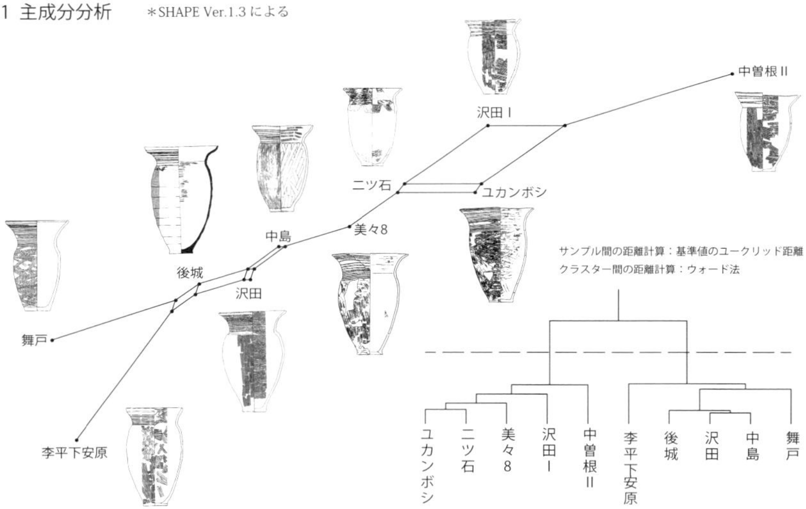

中曽根II　沢田Ｉ　ニツ石　ユカンボシ　美々8　中島　後城　沢田　舞戸　李平下安原

サンプル間の距離計算：基準値のユークリッド距離
クラスター間の距離計算：ウォード法

ユカンボシ　ニツ石　美々8　沢田Ｉ　中曽根II　李平下安原　後城　沢田　中島　舞戸

2 NeighborNet　＊SplitsTree V4.13.1 による

3 クラスター分析　＊EXCEL 多変量解析 Ver.7.0 による

ユカンボシ	0									
李平下安原	0.01501	0								
後城	0.00820	0.00486	0							
沢田	0.00791	0.00501	0.00106	0						
沢田Ｉ	0.00518	0.01410	0.00998	0.00558	0					
中曽根II	0.00449	0.03210	0.01999	0.01698	0.00648	0				
中島	0.00452	0.00583	0.00076	0.00066	0.00549	0.01343	0			
ニツ石	0.00112	0.01166	0.00575	0.00405	0.00182	0.00513	0.00236	0		
美々8	0.00283	0.01138	0.00273	0.00235	0.00459	0.00819	0.00096	0.00134	0	
舞戸	0.01094	0.00857	0.00230	0.00642	0.01929	0.02624	0.00437	0.01098	0.00647	0

4 距離行列

第６図　多条沈線文土器の形状定量分析

津軽海峡—北海道日本海沿岸—石狩低地帯という日本海ルートが想定された。7世紀後半～8世紀前半に進展した太平洋ルートに次いで、当該期に日本海ルートが拡大した背景としては、出羽柵から秋田城への改称にみられるような秋田城体制の確立、渤海使への対応に代表される交流・交易機能の強化等が推定される。また当該期、太平洋側では蝦夷と律令国家の対立が激化、いわゆる「三十八年戦争」の最中であることも、日本海ルート優位に作用したのかもしれない。

北海道側からの視点からすれば、最初のインパクトは太平洋側から、第二波は日本海側からもたらされたことになり[5)]、前者との交流の裡に分条沈線文土器、後者との交流により多条沈線文土器が成立・波及した可能性も考えられる。結果として、北海道においては、両地域ならびに在地の文化が複雑に絡まり合いながら、独自の擦文文化が形成されていったのであろう[6)]。

なお、東北北部からのインパクトの主体については、土器・集落・墓制等生活文化全般にわたる変化から、「移住」と解する説が有力であるが[7)]、先に検討したように少なくとも多条沈線文土器については、東北北部と北海道では様相がやや異なる。すなわち、出自が濃厚に反映される甕形土器（煮炊具）はむろん、坏形土器・竪穴建物跡・墳墓等についても、東北北部と北海道の相違点がみられることから（八木 2007）、その類似性の解釈について必ずしも「移住」に帰する必要はないように思われる。

2　9世紀後半～10世紀前半の地域間交流 —ロクロ整形食膳具—

当該期は、北奥が大きく変容する時期である。とくに津軽地域では、浪岡地域を中心に竪穴建物が激増するとともに、従来の北・西壁中心カマドに代わって南東壁偏心カマドが増加、いわゆる「竪穴・掘立柱（・外周溝）併用建物跡」などの新たな建物様式や、井戸跡・円形周溝群（墓域）などの遺構群も出現する。また、ロクロ土器・須恵器などのロクロ整形食膳具から構成されるいわゆる「律令的土器様相」（三浦 1994）が確立し、五所川原須恵器窯の操業や、鉄生産関連遺構など生産活動の盛行、擦文（系）土器が北奥において散見されるのも当該期からである。これらの爆発的展開を担った人々については、他地域からの集団的移民とする説（松本 2012）、あるいは在地集団の内在的展開とする説（八木 2011）など諸々の見解が見受けられるが、いまだ定説をみていない。

また、このころの北海道は擦文中期に相当し、石狩低地帯を中心にロクロ整形食膳具が一般的にみられる。それらの供給源として、秋田城跡周辺域、津軽ほかの北奥、あるいは北海道内などが候補地となるが、以下では、定量的分析を通じてこれらの課題について検討する[8)]。

器種・器形・法量構成　北日本地域をＡ～Ｙの 25 地域に区分するとともに（第７図）、9 世紀後半～10 世紀前半のロクロ整形食膳具について、全体の器形が把握しうる約 6,600 点を選択し、「ロクロ土器」「黒色土器」「須恵器」の３器種に分類した（高台付土器など特殊器形は除外）。さらに、口径・底径・器高・底径指数（底径／口径× 100 ＊口径に対する比率）・器高指数（器高／口径× 100 ＊右同）を求め、器高指数 30.0 未満を「皿」、30.0～44.9 を「坏」、45.0 以上を「埦」に器形分類、また口径 11.0cm 未満を「小形」、11.0～14.9cm を「中形」、15.0cm 以上を「大形」に法量分類し、それぞれ遺跡ごと・地域ごとの比率を求めた（第１・２表）。

ロクロ土器の構成比率は、秋田地域が 90％以上と最も高くなる（第８図 1）。基本的には、東へ向かうにしたがって比率が減じ、三八では 20％以下、閉伊で 10％以下となる。北海道は 29.4％であり、二戸・九戸並みの低率である。また、津軽地域はおおむね 70～80％で、秋田地域に準じた高率であるが、須恵器が卓越する五所川原群では 50％以下となる。

一方、黒色土器の比率は、閉伊で 80％以上、三八で 70％以上と太平洋側で高率を示す（第８図 2）。西へ行くにしたがって比率が低下し、秋田地域で 10％以下となる。北海道は 61.2％であり、やはり二戸・九戸と相似した比率となる。津軽地域は 10～20％が主体であるが、五所川原群・野尻群（浪岡）では 10％以下となり、秋田地域に近い比率となっている。ロクロ土器と黒色土器の構成比は対照をなし、それぞれ東西方向に漸移的変遷を示す。

須恵器の比率は、五所川原須恵器窯跡群を擁する五所川原群が 50% 弱と

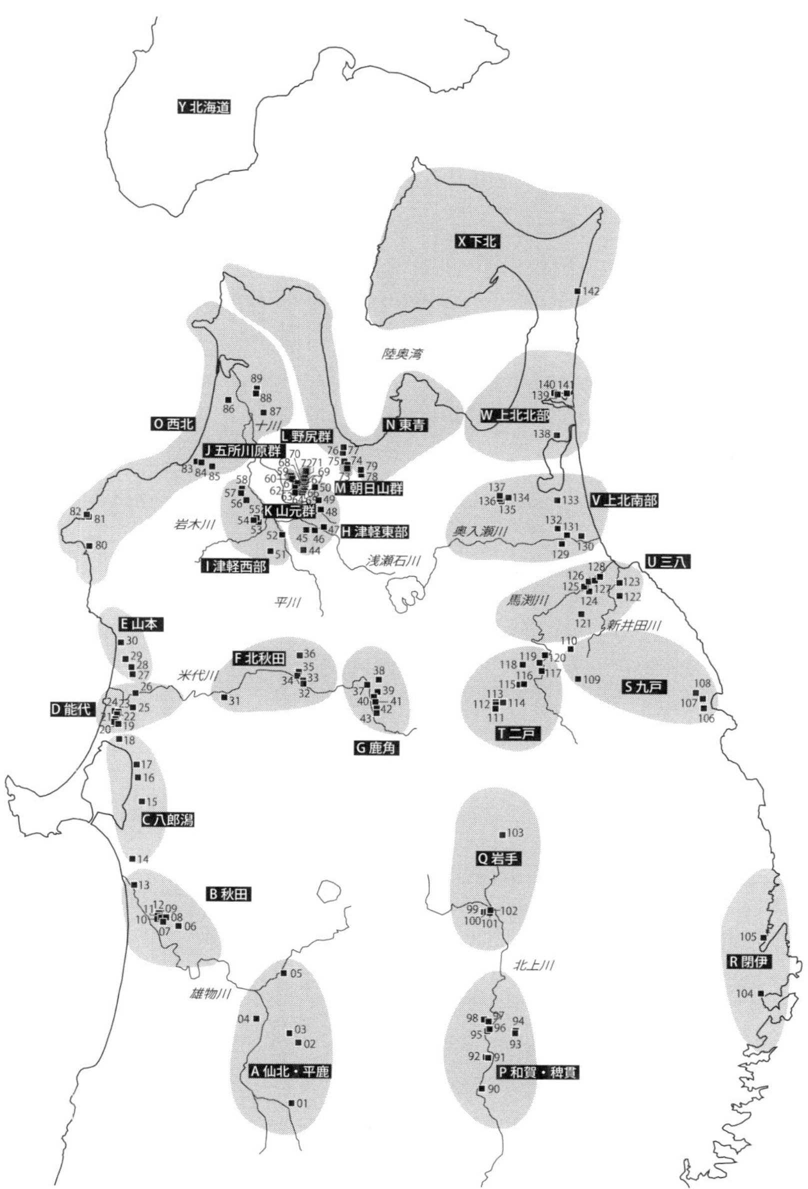

第７図　９世紀後半〜10世紀前半の食膳具分析対象遺跡

第１表　東北北部・北海道における食膳具構成（1）

ID	遺跡名	器種構成						器形構成（ロクロ・黒色土器のみ）						法量構成（ロクロ・黒色土器のみ）					
		ロクロ土器		黒色土器		須恵器		皿（～29.9）		坏（30.0～44.9）		埦（45.0～）		小（～10.9）		中（11.0～14.9）		大（15.0～）	
A	仙北・平鹿	50	96.2%	1	1.9%	1	1.9%	6	11.8%	41	80.4%	4	7.8%	0	0.0%	46	90.2%	5	9.8%
01	平鹿	2	66.7%	1	33.3%	0	0.0%	0	0.0%	3	100.0%	0	0.0%	0	0.0%	3	100.0%	0	0.0%
02	上台A	8	100.0%	0	0.0%	0	0.0%	2	25.0%	5	62.5%	1	12.5%	0	0.0%	5	62.5%	3	37.5%
03	大沼沢A	15	93.8%	0	0.0%	1	6.3%	0	0.0%	15	100.0%	0	0.0%	0	0.0%	15	100.0%	0	0.0%
04	下田	21	100.0%	0	0.0%	0	0.0%	4	19.0%	14	66.7%	3	14.3%	0	0.0%	19	90.5%	2	9.5%
05	小鳥田Ⅰ	4	100.0%	0	0.0%	0	0.0%	0	0.0%	4	100.0%	0	0.0%	0	0.0%	4	100.0%	0	0.0%
B	秋田	200	88.9%	13	5.8%	12	5.3%	9	4.2%	201	94.8%	2	0.9%	2	0.9%	196	92.5%	14	6.6%
06	松木台Ⅲ	6	100.0%	0	0.0%	0	0.0%	1	16.7%	5	83.3%	0	0.0%	1	16.7%	5	83.3%	0	0.0%
07	湯ノ沢F	21	75.0%	6	21.4%	1	3.6%	1	3.7%	26	96.3%	0	0.0%	0	0.0%	27	100.0%	0	0.0%
08	湯ノ沢B	13	59.1%	4	18.2%	5	22.7%	2	11.8%	13	76.5%	2	11.8%	0	0.0%	15	88.2%	2	11.8%
09	野形	19	100.0%	0	0.0%	0	0.0%	1	5.3%	18	94.7%	0	0.0%	0	0.0%	18	94.7%	1	5.3%
10	地蔵田A	8	100.0%	0	0.0%	0	0.0%	0	0.0%	7	100.0%	0	0.0%	0	0.0%	6	85.7%	1	14.3%
11	下堤B	6	66.7%	0	0.0%	3	33.3%	0	0.0%	6	100.0%	0	0.0%	0	0.0%	6	100.0%	0	0.0%
12	下堤C	89	95.7%	3	3.2%	1	1.1%	2	2.2%	90	97.8%	0	0.0%	0	0.0%	86	93.5%	6	6.5%
13	秋田城跡鵜ノ木地区	38	95.0%	0	0.0%	2	5.0%	2	5.3%	36	94.7%	0	0.0%	1	2.6%	33	86.8%	4	10.5%
C	八郎潟	65	95.6%	0	0.0%	3	4.4%	3	4.7%	61	95.3%	0	0.0%	0	0.0%	64	97.0%	2	3.0%
14	長岡	10	76.9%	0	0.0%	3	23.1%	1	9.1%	10	90.9%	0	0.0%	0	0.0%	11	100.0%	0	0.0%
15	開防	15	100.0%	0	0.0%	0	0.0%	0	0.0%	15	100.0%	0	0.0%	0	0.0%	14	93.3%	1	6.7%
16	小林	19	100.0%	0	0.0%	0	0.0%	2	11.8%	15	88.2%	0	0.0%	0	0.0%	19	100.0%	0	0.0%
17	盤若台	16	100.0%	0	0.0%	0	0.0%	0	0.0%	16	100.0%	0	0.0%	0	0.0%	15	93.8%	1	6.3%
18	扇田谷地	5	100.0%	0	0.0%	0	0.0%	0	0.0%	5	100.0%	0	0.0%	0	0.0%	5	100.0%	0	0.0%
D	能代	344	95.8%	15	4.2%	0	0.0%	8	2.3%	316	89.0%	31	8.7%	8	2.2%	345	96.1%	6	1.7%
19	寒川Ⅱ	18	100.0%	0	0.0%	0	0.0%	0	0.0%	17	94.4%	1	5.6%	0	0.0%	18	100.0%	0	0.0%
20	福田	69	93.2%	5	6.8%	0	0.0%	2	2.7%	70	94.6%	2	2.7%	3	4.1%	71	95.9%	0	0.0%
21	十二林	71	98.6%	1	1.4%	0	0.0%	1	1.4%	66	91.7%	5	6.9%	1	1.4%	71	98.6%	0	0.0%
22	ムサ岱	66	97.1%	2	2.9%	0	0.0%	1	1.6%	53	82.8%	10	15.6%	2	2.9%	66	97.1%	0	0.0%
23	上ノ山Ⅱ	73	94.8%	4	5.2%	0	0.0%	0	0.0%	68	88.3%	9	11.7%	1	1.3%	76	98.7%	0	0.0%
24	此掛沢Ⅱ	3	60.0%	2	40.0%	0	0.0%	0	0.0%	5	100.0%	0	0.0%	1	20.0%	3	60.0%	1	20.0%
25	腹鞁沢A	22	100.0%	0	0.0%	0	0.0%	4	18.2%	17	77.3%	1	4.5%	0	0.0%	21	95.5%	1	4.5%
26	中台	22	95.7%	1	4.3%	0	0.0%	0	0.0%	20	87.0%	3	13.0%	0	0.0%	19	82.6%	4	17.4%
E	山本	43	95.6%	1	2.2%	1	2.2%	1	2.3%	29	65.9%	14	31.8%	1	2.3%	40	90.9%	3	6.8%
27	サシトリ台	15	100.0%	0	0.0%	0	0.0%	0	0.0%	12	80.0%	3	20.0%	0	0.0%	15	100.0%	0	0.0%
28	中田面	3	75.0%	0	0.0%	1	25.0%	1	33.3%	2	66.7%	0	0.0%	0	0.0%	3	100.0%	0	0.0%
29	湯ノ沢岱	19	95.0%	1	5.0%	0	0.0%	0	0.0%	12	60.0%	8	40.0%	1	5.0%	16	80.0%	3	15.0%
30	土井	6	100.0%	0	0.0%	0	0.0%	0	0.0%	3	50.0%	3	50.0%	0	0.0%	6	100.0%	0	0.0%
F	北秋田	94	74.0%	29	22.8%	4	3.1%	1	0.8%	96	78.0%	26	21.1%	0	0.0%	120	97.6%	3	2.4%
31	伊勢堂岱	16	80.0%	3	15.0%	1	5.0%	0	0.0%	17	89.5%	2	10.5%	0	0.0%	19	100.0%	0	0.0%
32	山王台	12	37.5%	20	62.5%	0	0.0%	0	0.0%	27	84.4%	5	15.6%	0	0.0%	30	93.8%	2	6.3%
33	山王岱	5	83.3%	0	0.0%	1	16.7%	0	0.0%	4	80.0%	1	20.0%	0	0.0%	5	100.0%	0	0.0%
34	池内	42	97.7%	0	0.0%	1	2.3%	0	0.0%	28	66.7%	14	33.3%	0	0.0%	41	97.6%	1	2.4%
35	扇田道下	13	86.7%	1	6.7%	1	6.7%	1	7.1%	9	64.3%	4	28.6%	0	0.0%	14	100.0%	0	0.0%
36	釈迦内中台Ⅰ	6	54.5%	5	45.5%	0	0.0%	0	0.0%	11	100.0%	0	0.0%	0	0.0%	11	100.0%	0	0.0%
G	鹿角	91	68.4%	38	28.6%	4	3.0%	0	0.0%	124	96.1%	5	3.9%	0	0.0%	117	90.7%	12	9.3%
37	太田谷地館	4	100.0%	0	0.0%	0	0.0%	0	0.0%	3	75.0%	1	25.0%	0	0.0%	3	75.0%	1	25.0%
38	小平	5	71.4%	2	28.6%	0	0.0%	0	0.0%	7	100.0%	0	0.0%	0	0.0%	5	71.4%	2	28.6%
39	下乳牛	37	74.0%	11	22.0%	2	4.0%	0	0.0%	45	93.8%	3	6.3%	0	0.0%	47	97.9%	1	2.1%
40	天戸森	5	71.4%	0	0.0%	2	28.6%	0	0.0%	5	100.0%	0	0.0%	0	0.0%	4	80.0%	1	20.0%
41	中の崎	28	62.2%	17	37.8%	0	0.0%	0	0.0%	44	97.8%	1	2.2%	0	0.0%	40	88.9%	5	11.1%
42	一本杉	5	50.0%	5	50.0%	0	0.0%	0	0.0%	10	100.0%	0	0.0%	0	0.0%	9	90.0%	1	10.0%
43	駒林	7	70.0%	3	30.0%	0	0.0%	0	0.0%	10	100.0%	0	0.0%	0	0.0%	9	90.0%	1	10.0%
H	津軽東部	139	65.3%	40	18.8%	34	16.0%	6	3.4%	136	76.0%	37	20.7%	2	1.1%	165	92.2%	12	6.7%
44	鳥海山	24	68.6%	7	20.0%	4	11.4%	0	0.0%	30	96.8%	1	3.2%	2	6.5%	21	67.7%	8	25.8%
45	李平下安原	27	61.4%	10	22.7%	7	15.9%	0	0.0%	29	78.4%	8	21.6%	0	0.0%	37	100.0%	0	0.0%
46	浅瀬石	16	61.5%	8	30.8%	2	7.7%	0	0.0%	18	75.0%	6	25.0%	0	0.0%	22	91.7%	2	8.3%
47	豊岡（2）	4	66.7%	2	33.3%	0	0.0%	1	16.7%	1	16.7%	4	66.7%	0	0.0%	6	100.0%	0	0.0%
48	甲里見（2）	9	90.0%	1	10.0%	0	0.0%	0	0.0%	5	50.0%	5	50.0%	0	0.0%	10	100.0%	0	0.0%
49	松元	8	47.1%	6	35.3%	3	17.6%	0	0.0%	9	64.3%	5	35.7%	0	0.0%	12	85.7%	2	14.3%
50	羽黒平（1）	51	68.0%	6	8.0%	18	24.0%	5	8.8%	44	77.2%	8	14.0%	0	0.0%	57	100.0%	0	0.0%
I	津軽西部	104	86.7%	13	10.8%	3	2.5%	2	1.7%	76	65.0%	39	33.3%	2	1.7%	112	95.7%	3	2.6%
51	小栗山館	12	92.3%	1	7.7%	0	0.0%	0	0.0%	7	53.8%	6	46.2%	1	7.7%	12	92.3%	0	0.0%
52	早稲田	13	76.5%	2	11.8%	2	11.8%	2	13.3%	4	26.7%	9	60.0%	0	0.0%	13	86.7%	2	13.3%
53	堤田	8	100.0%	0	0.0%	0	0.0%	0	0.0%	6	75.0%	2	25.0%	0	0.0%	8	100.0%	0	0.0%
54	蒔苗鳥羽	2	66.7%	1	33.3%	0	0.0%	0	0.0%	3	100.0%	0	0.0%	0	0.0%	3	100.0%	0	0.0%
55	独狐	19	95.0%	1	5.0%	0	0.0%	0	0.0%	13	65.0%	7	35.0%	1	5.0%	19	95.0%	0	0.0%
56	山ノ越	15	75.0%	5	25.0%	0	0.0%	0	0.0%	14	70.0%	6	30.0%	0	0.0%	20	100.0%	0	0.0%
57	宇田野（2）	6	60.0%	3	30.0%	1	10.0%	0	0.0%	7	77.8%	2	22.2%	0	0.0%	8	88.9%	1	11.1%
58	下恋塚	29	100.0%	0	0.0%	0	0.0%	0	0.0%	22	75.9%	7	24.1%	0	0.0%	29	100.0%	0	0.0%
J	五所川原群	40	48.2%	2	2.4%	41	49.4%	3	7.1%	34	81.0%	5	11.9%	0	0.0%	37	88.1%	5	11.9%
59	隠川（2）外	17	51.5%	1	3.0%	15	45.5%	3	16.7%	12	66.7%	3	16.7%	0	0.0%	15	83.3%	3	16.7%
60	隠川（4）	23	46.0%	1	2.0%	26	52.0%	0	0.0%	22	91.7%	2	8.3%	0	0.0%	22	91.7%	2	8.3%
K	山元群	296	70.6%	52	12.4%	71	16.9%	16	4.6%	258	74.1%	74	21.3%	1	0.3%	335	96.3%	12	3.4%
61	寺屋敷平	2	28.6%	1	14.3%	4	57.1%	0	0.0%	2	66.7%	1	33.3%	0	0.0%	3	100.0%	0	0.0%
62	中平	31	54.4%	11	19.3%	15	26.3%	0	0.0%	32	76.2%	10	23.8%	0	0.0%	40	95.2%	2	4.8%
63	上野	20	83.3%	3	12.5%	1	4.2%	2	8.7%	15	65.2%	6	26.1%	0	0.0%	23	100.0%	0	0.0%
64	山元（3）	103	81.7%	16	12.7%	7	5.6%	2	1.7%	99	83.2%	18	15.1%	0	0.0%	115	96.6%	4	3.4%
65	山元（2）	107	71.8%	14	9.4%	28	18.8%	8	6.6%	84	69.4%	29	24.0%	0	0.0%	116	95.9%	5	4.1%
66	山元（1）	33	58.9%	7	12.5%	16	28.6%	4	10.0%	26	65.0%	10	25.0%	1	2.5%	38	95.0%	1	2.5%
L	野尻群	850	72.4%	112	9.5%	212	18.1%	122	12.7%	712	73.9%	129	13.4%	4	0.4%	915	95.0%	44	4.6%
67	高屋敷館Ⅱ	179	84.4%	9	4.2%	24	11.3%	49	25.9%	126	66.7%	14	7.4%	2	1.1%	171	90.5%	16	8.5%
68	野尻（4）	343	72.2%	49	10.3%	83	17.5%	30	7.7%	302	77.0%	60	15.3%	1	0.3%	381	97.2%	10	2.6%
69	野尻（3）	105	73.4%	6	4.2%	32	22.4%	17	15.3%	78	70.3%	16	14.4%	0	0.0%	105	94.6%	6	5.4%
70	野尻（2）	82	82.8%	14	14.1%	3	3.0%	14	14.6%	70	72.9%	12	12.5%	0	0.0%	90	93.8%	6	6.3%
71	野尻（1）	105	59.3%	21	11.9%	51	28.8%	10	7.9%	96	76.2%	20	15.9%	1	0.8%	124	98.4%	1	0.8%
72	山本	36	52.9%	13	19.1%	19	27.9%	2	4.1%	40	81.6%	7	14.3%	0	0.0%	44	89.8%	5	10.2%

第２表　東北北部・北海道における食膳具構成（2）

M	朝日山群	105	68.2%	25	16.2%	24	15.6%	19	14.6%	67	51.5%	44	33.8%	1	0.8%	120	92.3%	9	6.9%
73	朝日山（1）	44	73.3%	9	15.0%	7	11.7%	11	20.8%	32	60.4%	10	18.9%	0	0.0%	46	86.8%	7	13.2%
74	朝日山（2）	61	64.9%	16	17.0%	17	18.1%	8	10.4%	35	45.5%	34	44.2%	1	1.3%	74	96.1%	2	2.6%
N	東青	689	76.8%	126	14.0%	82	9.1%	36	4.4%	529	64.9%	250	30.7%	3	0.4%	789	96.8%	23	2.8%
75	安田(2)	62	75.6%	10	12.2%	10	12.2%	1	1.4%	56	77.8%	15	20.8%	0	0.0%	67	93.1%	5	6.9%
76	三内丸山	45	81.8%	2	3.6%	8	14.5%	2	4.3%	28	59.6%	17	36.2%	0	0.0%	45	95.7%	2	4.3%
77	江渡	7	77.8%	0	0.0%	2	22.2%	0	0.0%	6	85.7%	1	14.3%	0	0.0%	7	100.0%	0	0.0%
78	野木	511	76.4%	103	15.4%	55	8.2%	33	5.4%	395	64.3%	186	30.3%	3	0.5%	597	97.2%	14	2.3%
79	新町野	64	78.0%	11	13.4%	7	8.5%	0	0.0%	44	58.7%	31	41.3%	0	0.0%	73	97.3%	2	2.7%
O	西北	76	76.8%	17	17.2%	6	6.1%	15	16.1%	49	52.7%	29	31.2%	1	1.1%	81	87.1%	11	11.8%
80	大野平	6	100.0%	0	0.0%	0	0.0%	0	0.0%	4	66.7%	2	33.3%	0	0.0%	6	100.0%	0	0.0%
81	尾上山	3	100.0%	0	0.0%	0	0.0%	1	33.3%	0	0.0%	2	66.7%	0	0.0%	3	100.0%	0	0.0%
82	蘆野	3	50.0%	2	33.3%	1	16.7%	0	0.0%	1	20.0%	4	80.0%	0	0.0%	5	100.0%	0	0.0%
83	今須（3）	2	40.0%	3	60.0%	0	0.0%	0	0.0%	5	100.0%	0	0.0%	0	0.0%	5	100.0%	0	0.0%
84	外馬屋前田（1）	17	70.8%	7	29.2%	0	0.0%	0	0.0%	17	70.8%	7	29.2%	0	0.0%	22	91.7%	2	8.3%
85	八重菊（1）	11	64.7%	2	11.8%	4	23.5%	0	0.0%	13	100.0%	0	0.0%	1	7.7%	11	84.6%	1	7.7%
86	牛潟（2）																		
87	神明町	34	89.5%	3	7.9%	1	2.6%	14	37.8%	9	24.3%	14	37.8%	0	0.0%	29	78.4%	8	21.6%
88	深郷田																		
89	大沢内																		
P	和賀・稗貫	185	39.2%	252	53.4%	35	7.4%	9	8.4%	95	88.8%	3	2.8%	0	0.0%	84	78.5%	23	21.5%
90	境	6	42.9%	0	0.0%	8	57.1%	2	33.3%	4	66.7%	0	0.0%	0	0.0%	3	50.0%	3	50.0%
91	西川目	9	33.3%	12	44.4%	6	22.2%	2	9.5%	17	81.0%	2	9.5%	0	0.0%	17	81.0%	4	19.0%
92	堰向Ⅱ	33	32.7%	47	46.5%	21	20.8%	5	6.3%	74	92.5%	1	1.3%	0	0.0%	64	80.0%	16	20.0%
93	羽黒田	21	35.0%	35	58.3%	4	6.7%	8	14.3%	46	82.1%	2	3.6%	0	0.0%	56	91.8%	5	8.2%
94	中嶋	7	26.9%	18	69.2%	1	3.8%	3	12.0%	22	88.0%	0	0.0%	0	0.0%	19	76.0%	6	24.0%
95	高木中館	11	36.7%	7	23.3%	12	40.0%	5	27.8%	13	72.2%	0	0.0%	0	0.0%	17	94.4%	1	5.6%
96	上台Ⅱ	7	20.6%	25	73.5%	2	5.9%	5	15.6%	27	84.4%	0	0.0%	0	0.0%	26	81.3%	6	18.8%
97	似内	49	32.9%	69	46.3%	31	20.8%	12	10.2%	103	87.3%	3	2.5%	2	1.7%	96	81.4%	20	16.9%
98	石持Ⅰ	42	42.4%	39	39.4%	18	18.2%	10	12.3%	71	87.7%	0	0.0%	0	0.0%	65	80.2%	16	19.8%
Q	岩手	637	50.4%	474	37.5%	153	12.1%	91	8.2%	1008	90.7%	12	1.1%	16	1.1%	904	64.6%	479	34.2%
99	細谷地	180	39.3%	207	45.2%	71	15.5%	24	6.2%	361	93.3%	2	0.5%	2	0.5%	318	82.2%	67	17.3%
100	本宮熊堂B	197	71.4%	77	27.9%	2	0.7%	40	14.6%	231	84.3%	3	1.1%	3	1.1%	246	89.8%	25	9.1%
101	飯岡才川	46	61.3%	23	30.7%	6	8.0%	3	4.3%	64	92.8%	2	2.9%	1	1.4%	54	78.3%	14	20.3%
102	台太郎	121	45.7%	85	32.1%	59	22.3%	16	7.8%	188	91.3%	2	1.0%	0	0.0%	176	85.4%	30	14.6%
103	芋田Ⅱ	93	48.9%	82	43.2%	15	7.9%	8	4.6%	164	93.7%	3	1.7%	0	0.0%	110	62.9%	65	37.1%
R	閉伊	2	5.7%	33	94.3%	0	0.0%	0	0.0%	34	97.1%	1	2.9%	0	0.0%	28	80.0%	7	20.0%
104	沢田Ⅰ	1	14.3%	6	85.7%	0	0.0%	0	0.0%	7	100.0%	0	0.0%	0	0.0%	5	71.4%	2	28.6%
105	島田Ⅱ	1	3.6%	27	96.4%	0	0.0%	0	0.0%	27	96.4%	1	3.6%	0	0.0%	23	82.1%	5	17.9%
S	九戸	23	32.4%	46	64.8%	2	2.8%	6	7.1%	76	90.5%	2	2.4%	0	0.0%	57	82.6%	12	17.4%
106	中長内	0	0.0%	8	80.0%	2	20.0%	0	0.0%	8	100.0%	0	0.0%	0	0.0%	7	87.5%	1	12.5%
107	源道	1	16.7%	5	83.3%	0	0.0%	0	0.0%	21	100.0%	0	0.0%	0	0.0%	5	83.3%	1	16.7%
108	鼻館跡	14	43.8%	18	56.3%	0	0.0%	2	6.3%	28	87.5%	2	6.3%	0	0.0%	27	84.4%	5	15.6%
109	江刺家	7	35.0%	13	65.0%	0	0.0%	4	20.0%	16	80.0%	0	0.0%	0	0.0%	16	80.0%	4	20.0%
110	皀角子久保Ⅵ	1	33.3%	2	66.7%	0	0.0%	0	0.0%	3	100.0%	0	0.0%	0	0.0%	2	66.7%	1	33.3%
T	二戸	42	32.8%	84	65.6%	2	1.6%	4	3.2%	113	89.7%	9	7.1%	1	0.8%	95	75.4%	30	23.8%
111	五庵Ⅰ	9	27.3%	24	72.7%	0	0.0%	0	0.0%	28	84.8%	5	15.2%	0	0.0%	24	72.7%	9	27.3%
112	桂平Ⅱ	4	57.1%	3	42.9%	0	0.0%	3	42.9%	3	42.9%	1	14.3%	0	0.0%	4	57.1%	3	42.9%
113	桂平Ⅰ	0	0.0%	2	100.0%	0	0.0%	0	0.0%	2	100.0%	0	0.0%	0	0.0%	2	100.0%	0	0.0%
114	飛鳥台地Ⅰ	13	26.5%	36	73.5%	0	0.0%	1	2.0%	46	93.9%	2	4.1%	1	2.0%	37	75.5%	11	22.4%
115	大向Ⅱ	4	40.0%	6	60.0%	0	0.0%	0	0.0%	10	100.0%	0	0.0%	0	0.0%	8	80.0%	2	20.0%
116	大向上平	1	50.0%	1	50.0%	0	0.0%	0	0.0%	2	100.0%	0	0.0%	0	0.0%	2	100.0%	0	0.0%
117	中曽根Ⅱ	2	33.3%	3	50.0%	1	16.7%	0	0.0%	5	100.0%	0	0.0%	0	0.0%	4	80.0%	1	20.0%
118	門松	9	60.0%	5	33.3%	1	6.7%	0	0.0%	13	92.9%	1	7.1%	0	0.0%	11	78.6%	3	21.4%
119	米沢	0	0.0%	2	100.0%	0	0.0%	0	0.0%	2	100.0%	0	0.0%	0	0.0%	1	50.0%	1	50.0%
120	上田面	0	0.0%	2	100.0%	0	0.0%	0	0.0%	2	100.0%	0	0.0%	0	0.0%	2	100.0%	0	0.0%
U	三八	43	18.8%	176	76.9%	10	4.4%	2	0.9%	205	93.6%	12	5.5%	1	0.5%	188	85.8%	30	13.7%
121	黒坂	5	27.8%	5	27.8%	8	44.4%	0	0.0%	8	80.0%	2	20.0%	0	0.0%	8	80.0%	2	20.0%
122	牛ヶ沢（4）	0	0.0%	27	100.0%	0	0.0%	0	0.0%	27	100.0%	0	0.0%	0	0.0%	24	88.9%	3	11.1%
123	田向	0	0.0%	18	100.0%	0	0.0%	0	0.0%	18	100.0%	0	0.0%	0	0.0%	15	83.3%	3	16.7%
124	櫛引	1	25.0%	3	75.0%	0	0.0%	0	0.0%	4	100.0%	0	0.0%	0	0.0%	3	75.0%	1	25.0%
125	上野平（3）	13	68.4%	6	31.6%	0	0.0%	0	0.0%	16	84.2%	3	15.8%	1	5.3%	16	84.2%	2	10.5%
126	岩ノ沢平	23	21.3%	84	77.8%	1	0.9%	2	1.9%	98	91.6%	7	6.5%	0	0.0%	95	88.8%	12	11.2%
127	田面木	0	0.0%	19	95.0%	1	5.0%	0	0.0%	19	100.0%	0	0.0%	0	0.0%	16	84.2%	3	15.8%
128	根城跡	1	6.7%	14	93.3%	0	0.0%	0	0.0%	15	100.0%	0	0.0%	0	0.0%	11	73.3%	4	26.7%
V	上北南部	98	57.0%	64	37.2%	10	5.8%	4	2.5%	141	86.5%	18	11.0%	3	1.8%	143	87.7%	17	10.4%
129	長谷	0	0.0%	6	85.7%	1	14.3%	0	0.0%	7	100.0%	0	0.0%	0	0.0%	5	71.4%	2	28.6%
130	中野平	23	59.0%	14	35.9%	2	5.1%	0	0.0%	30	81.1%	7	18.9%	0	0.0%	36	97.3%	1	2.7%
131	ふくべ（3）	4	80.0%	1	20.0%	0	0.0%	0	0.0%	5	100.0%	0	0.0%	0	0.0%	5	100.0%	0	0.0%
132	坪毛沢（3）	1	14.3%	6	85.7%	0	0.0%	0	0.0%	6	85.7%	1	14.3%	0	0.0%	7	100.0%	0	0.0%
133	平畑（1）	4	40.0%	6	60.0%	0	0.0%	0	0.0%	9	90.0%	1	10.0%	0	0.0%	8	80.0%	2	20.0%
134	赤平（3）	5	41.7%	4	33.3%	3	25.0%	0	0.0%	9	100.0%	0	0.0%	0	0.0%	9	100.0%	0	0.0%
135	太田野（2）	29	70.7%	9	22.0%	3	7.3%	0	0.0%	36	94.7%	2	5.3%	0	0.0%	26	68.4%	12	31.6%
136	大池館	16	64.0%	9	36.0%	0	0.0%	1	4.0%	20	80.0%	4	16.0%	2	8.0%	23	92.0%	0	0.0%
137	倉越（2）	16	61.5%	9	34.6%	1	3.8%	3	12.0%	19	76.0%	3	12.0%	1	4.0%	24	96.0%	0	0.0%
W	上北北部	12	66.7%	6	33.3%	0	0.0%	0	0.0%	14	77.8%	4	22.2%	0	0.0%	18	100.0%	0	0.0%
138	唐貝地	2	100.0%	0	0.0%	0	0.0%	0	0.0%	2	100.0%	0	0.0%	0	0.0%	2	100.0%	0	0.0%
139	弥栄平（4）	4	80.0%	1	20.0%	0	0.0%	0	0.0%	5	100.0%	0	0.0%	0	0.0%	5	100.0%	0	0.0%
140	沖附（1）	2	28.6%	5	71.4%	0	0.0%	0	0.0%	6	85.7%	1	14.3%	0	0.0%	7	100.0%	0	0.0%
141	家ノ前	4	100.0%	0	0.0%	0	0.0%	0	0.0%	1	25.0%	3	75.0%	0	0.0%	4	100.0%	0	0.0%
X	下北	4	66.7%	2	33.3%	0	0.0%	0	0.0%	6	100.0%	0	0.0%	0	0.0%	3	50.0%	3	50.0%
142	アイラ野	4	66.7%	2	33.3%	0	0.0%	0	0.0%	6	100.0%	0	0.0%	0	0.0%	3	50.0%	3	50.0%
Y	北海道	25	29.4%	52	61.2%	8	9.4%	0	0.0%	31	40.3%	46	59.7%	0	0.0%	37	48.1%	40	51.9%
143	末広	17	50.0%	17	50.0%	0	0.0%	0	0.0%	12	35.3%	22	64.7%	0	0.0%	21	61.8%	13	38.2%
144	K39第6次	1	25.0%	3	75.0%	0	0.0%	0	0.0%	2	50.0%	2	50.0%	0	0.0%	2	50.0%	2	50.0%
145	K528	1	33.3%	2	66.7%	0	0.0%	0	0.0%	2	66.7%	1	33.3%	0	0.0%	1	33.3%	2	66.7%
146	サクシュコトニ	6	13.6%	30	68.2%	8	18.2%	0	0.0%	15	41.7%	21	58.3%	0	0.0%	13	36.1%	23	63.9%

いう突出した構成比であるほか、その周辺部が10％以上となる（第８図3)。その他の地域は、おおむね10％以下であるが、岩手が10％以上、北海道も10％弱と比較的高い比率となる。仙北平鹿・秋田・能代等は、地域内に須恵器窯があるにもかかわらず、低い比率となっている。

器形構成では、皿器形の比率が、仙北平鹿、津軽地域の西浜・朝日山群・野尻群で10％以上とやや高くなる（第８図4)。また、北海道では、皿器形がほとんど認められない状況である。埦器形の比率については、津軽地域・上北北部で20％以上、北海道で60％弱という突出した比率となる（第８図5)。ただし、津軽地域でも五所川原群・野尻群（浪岡）は10％台前半であり、周辺域に比して低率となっている。

法量構成では、大形の比率が、岩手の34.2％を中心にその周辺域で高くなるほか、津軽地域五所川原群・西浜が10％以上となり、皿・埦器形同様の地域特性が認められる（第７図6)。また北海道では50％以上という突出した比率となっており、大きな埦器形が卓越する様子がうかがわれる。

ロクロ整形食膳具における各種構成比率の分布からは、器形・法量構成における北海道の独自性が際立つ結果が得られた。また、津軽西部周辺域の地域特性や、五所川原群・野尻群（浪岡）の孤立的状況も明らかとなった。

法量平均　法量平均は、ロクロ土器・黒色土器（各皿器形を除く）の口径・底径・器高・底径指数・口径指数の５指標について、遺跡ごと・地域ごとの平均値を求めたものである（第３・４表)。

法量平均値の分布をみると、ロクロ土器の口径は、津軽西部が12.8cm以下で最小、東に向かうにしたがって大きくなり、九戸・下北・北海道で14.4cm以上となる（第９図1)。黒色土器についても、山本が11.0cm以下で最小、下北・北海道が14.8cm以上で最大値となるなど、大まかにみればロクロ土器同様、東高西低、下北・北海道の卓越傾向が看取される（第９図2)。また、五所川原群については、周辺の津軽地域とは異なり、ロクロ土器は周辺より大きく、黒色土器は周辺より小さいという結果となった。

ロクロ土器の底径は、八郎潟が5.2cmで最小、鹿角・二戸・九戸、北海道で6.0cm以上の最大値となる（第９図3)。黒色土器の底径も、能代・仙北平

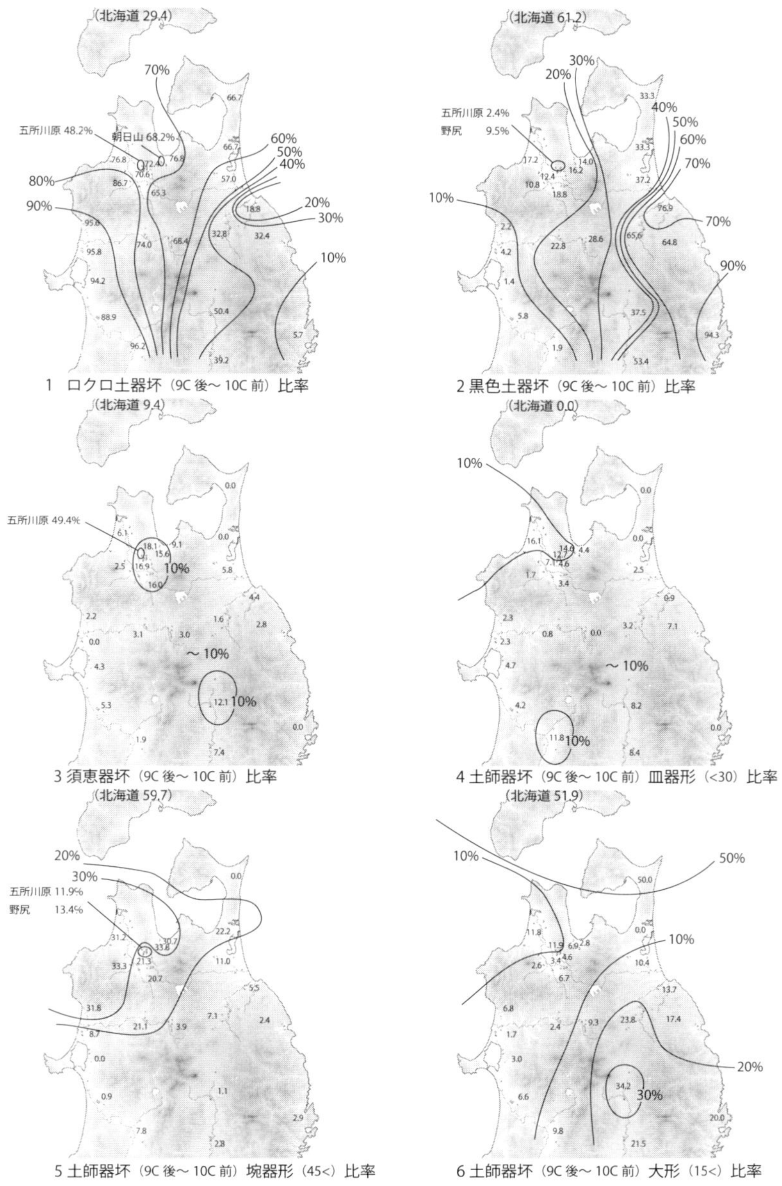

第８図　東北北部・北海道における食膳具構成の地域性

第３表　東北北部・北海道における食膳具法量平均（1）

ID	遺跡名	ロクロ土器					黒色土器					須恵器				
		口径	底径	器高	底径指数	器高指数	口径	底径	器高	底径指数	器高指数	口径	底径	器高	底径指数	器高指数
A	**仙北・平鹿**	**13.4**	**5.4**	**5.1**	**40.5**	**38.1**						**12.6**	**5.2**	**4.7**	**41.3**	**37.3**
01	平鹿	13.1	5.2	4.9	39.7	37.6										
02	上台A	14.1	5.3	5.1	37.8	36.1										
03	大沼沢A	13.1	5.7	5.1	43.7	38.8						12.6	5.2	4.7	41.3	37.3
04	下田	13.4	5.6	5.5	41.4	41.2										
05	小鳥田Ⅰ	13.5	5.4	5.0	39.7	36.9										
B	**秋田**	**12.9**	**5.5**	**4.8**	**42.9**	**37.1**	**12.9**	**5.4**	**5.0**	**42.0**	**38.5**	**13.3**	**5.6**	**4.9**	**42.3**	**36.6**
06	松木台Ⅲ	11.8	5.7	5.0	48.2	42.7										
07	湯ノ沢F	13.2	5.4	4.4	40.7	33.7	13.6	5.6	4.8	40.9	35.3	13.0	5.5	5.0	42.3	38.5
08	湯ノ沢B	13.8	5.9	5.4	42.7	39.2	12.9	5.6	5.4	43.3	41.9					
09	野形	12.5	5.2	4.4	41.5	35.1										
10	地蔵田A	12.9	5.4	4.9	41.9	37.9										
11	下堤B	12.8	5.6	4.6	43.8	36.0										
12	下堤C	13.0	5.4	4.8	42.1	37.0	12.3	5.1	4.7	41.7	38.4	13.5	5.7	4.7	42.2	34.8
13	秋田城跡鵜ノ木地区	13.1	5.5	4.6	42.2	35.1										
C	**八郎潟**	**12.9**	**5.2**	**4.9**	**40.7**	**37.5**										
14	長岡	13.0	5.5	4.9	42.6	37.4										
15	開防	13.3	5.3	5.0	40.1	37.8										
16	小林	12.5	5.0	4.8	40.1	38.2										
17	般若台	13.5	5.4	5.3	40.3	39.0										
18	扇田谷地	12.4	5.0	4.4	40.3	35.2										
D	**能代**	**12.8**	**5.4**	**5.0**	**42.1**	**38.9**	**12.1**	**5.1**	**5.0**	**42.1**	**41.1**					
19	寒川Ⅱ	12.6	5.3	4.8	42.4	38.3										
20	福田	12.4	5.2	4.7	41.7	38.2	11.8	4.9	4.9	41.5	42.1					
21	十二林	12.4	5.0	4.9	40.8	39.3										
22	ムサ岱	12.4	5.1	5.1	41.3	40.8	12.1	5.2	5.4	43.0	44.2					
23	上ノ山Ⅱ	12.4	5.0	4.9	40.6	39.8	13.5	5.8	5.6	42.5	41.1					
24	此掛沢Ⅱ	13.4	5.5	5.1	41.4	37.7	11.8	5.0	4.6	42.8	38.7					
25	腹鞁沢A	13.4	6.2	4.9	46.2	36.7										
26	中台	13.9	5.9	5.6	42.5	40.0	11.5	4.7	4.5	40.9	39.1					
E	**山本**	**13.0**	**5.4**	**5.3**	**41.4**	**41.3**										
27	サシトリ台	13.0	5.1	5.3	39.3	41.1										
28	中田面	13.6	5.7	4.9	41.5	36.0										
29	土井	12.7	5.3	5.6	41.5	44.2										
30	湯ノ沢岱	12.8	5.5	5.6	43.1	43.7										
F	**北秋田**	**13.2**	**5.6**	**5.5**	**42.2**	**41.8**	**13.1**	**5.4**	**5.4**	**41.3**	**41.1**					
31	伊勢堂岱	13.5	5.3	5.6	39.8	41.9	13.3	5.3	5.5	39.5	41.2					
32	山王台	13.3	5.7	5.7	42.8	42.3	13.6	5.5	5.6	40.4	41.7					
33	山王岱	12.9	5.3	5.5	41.3	42.5										
34	池内	13.1	5.8	5.6	44.0	43.1										
35	扇田道下	13.6	5.8	5.5	42.6	40.8	12.6	5.2	5.3	41.3	42.1					
36	釈迦内中台Ⅰ	12.9	5.5	5.2	42.9	40.3	12.8	5.6	5.0	44.0	39.2					
G	**鹿角**	**13.9**	**6.1**	**5.3**	**44.3**	**38.6**	**13.9**	**6.2**	**5.5**	**44.6**	**39.5**					
37	太田谷地館	13.8	6.5	5.4	47.2	39.8										
38	小平	14.9	6.2	5.3	41.8	35.9	14.1	5.8	5.4	41.1	38.3					
39	下乳牛	12.9	5.9	5.3	45.5	40.6	13.6	6.4	5.7	47.5	42.2					
40	天戸森	14.3	6.3	5.3	43.9	37.0										
41	中の崎	13.9	6.1	5.3	43.8	38.5	13.8	6.1	5.3	44.6	38.4					
42	一本杉	13.3	6.0	5.0	45.1	37.4	13.6	5.9	5.1	43.4	38.1					
43	駒林	13.9	5.9	5.7	42.8	41.0	14.3	6.6	5.7	46.3	40.3					
H	**津軽東部**	**12.9**	**5.5**	**5.5**	**42.7**	**42.8**	**12.9**	**5.4**	**5.6**	**42.2**	**43.1**	**13.4**	**5.3**	**5.5**	**40.0**	**40.8**
44	鳥海山	13.1	5.3	5.4	40.8	41.2	12.7	5.5	5.4	43.5	42.3	13.1	5.4	5.5	41.3	42.1
45	李平下安原	13.0	5.6	5.5	43.5	42.1	13.0	5.3	5.4	41.0	41.9	13.0	5.0	5.1	38.6	38.9
46	浅瀬石	13.3	5.8	5.5	43.8	41.6	13.1	5.6	5.6	43.2	43.4	13.7	5.9	5.8	43.3	42.4
47	豊岡（2）	12.4	5.3	5.6	42.3	45.2	11.5	5.2	5.5	45.2	47.8					
48	甲里見（2）	12.7	5.6	5.5	44.2	43.5										
49	松元	12.7	5.5	5.8	43.5	45.4	14.0	5.6	5.8	40.2	41.7	13.7	4.9	5.5	35.5	40.1
50	羽黒平（1）	13.6	5.6	5.5	41.1	40.9	13.4	5.4	5.6	40.3	41.5	13.3	5.5	5.4	41.2	40.6
I	**津軽西部**	**12.6**	**5.3**	**5.5**	**42.0**	**43.7**	**13.1**	**5.5**	**5.5**	**41.9**	**42.0**	**13.2**	**5.9**	**4.5**	**44.6**	**34.0**
51	小栗山館	12.3	5.2	5.4	42.2	43.9										
52	早稲田	12.6	5.9	6.0	46.6	48.0						13.2	5.9	4.5	44.6	34.0
53	堤田	12.3	5.1	5.2	41.2	42.3										
54	蒔苗鳥羽	13.3	5.6	5.7	42.0	42.9	12.7	5.2	5.2	40.9	40.9					
55	独狐	12.0	5.5	5.3	45.5	44.2										
56	山ノ越	12.9	5.1	5.6	39.1	43.5	12.9	5.5	5.2	42.7	40.4					
57	宇田野（2）	12.5	5.3	5.3	42.1	42.6	13.7	5.7	6.2	42.0	44.6					
58	下恋塚	13.2	4.9	5.6	37.1	42.5										
J	**五所川原群**	**13.8**	**5.6**	**5.6**	**40.6**	**40.7**	**12.4**	**5.6**	**4.9**	**45.2**	**39.5**	**13.1**	**5.4**	**5.2**	**41.0**	**40.0**
59	隠川（4）	14.0	5.5	5.6	39.8	39.9						13.3	5.3	5.2	40.2	39.1
60	隠川（2）外	13.6	5.6	5.6	41.4	41.6	12.4	5.6	4.9	45.2	39.5	12.9	5.4	5.3	41.9	40.9
K	**山元群**	**13.0**	**5.7**	**5.4**	**44.0**	**41.9**	**13.0**	**5.7**	**5.4**	**43.9**	**42.0**	**13.4**	**5.6**	**5.3**	**42.0**	**39.9**
61	寺屋敷平	12.7	5.8	5.4	45.3	42.6						13.0	5.6	5.6	43.0	43.0
62	中平	13.4	5.7	5.5	42.7	41.5	13.3	5.9	5.6	44.0	41.9	13.3	5.3	5.2	39.7	39.1
63	上野	13.0	5.7	5.4	43.8	41.6	12.3	5.6	5.4	45.4	44.3	14.9	7.2	5.7	48.3	38.3
64	山元（3）	13.4	5.7	5.5	42.7	41.4	13.6	5.7	5.6	41.8	41.6	13.4	5.4	5.0	40.4	37.6
65	山元（2）	13.0	5.7	5.5	44.0	42.6	13.4	5.8	5.4	43.7	40.2	13.2	5.2	5.3	39.4	40.7
66	山元（1）	12.6	5.7	5.2	45.8	41.9	12.2	5.4	5.1	44.6	42.0	12.5	5.1	5.1	41.2	40.9
L	**野尻群**	**13.2**	**5.7**	**5.4**	**43.2**	**40.8**	**13.4**	**5.7**	**5.4**	**42.6**	**40.6**	**13.2**	**5.4**	**5.2**	**40.8**	**39.5**
67	高屋敷館Ⅱ	13.1	5.6	5.2	43.2	39.7	13.6	5.6	5.3	41.6	39.5	12.7	5.5	4.9	43.0	38.8
68	野尻（4）	13.2	5.6	5.5	42.5	41.6	13.6	5.6	5.6	41.1	41.2	13.3	5.4	5.3	40.7	39.7
69	野尻（3）	13.1	5.7	5.2	43.6	40.2	13.1	5.4	5.4	40.8	41.3	13.1	5.4	5.2	41.6	40.1
70	野尻（2）	13.4	6.0	5.5	44.6	41.2	13.7	6.0	5.5	44.1	40.5	13.7	5.0	5.2	36.8	37.8
71	野尻（1）	13.0	5.6	5.4	43.5	41.6	13.0	5.6	5.1	43.2	39.7	13.0	5.5	5.3	42.5	41.1
72	山本	13.4	5.6	5.4	41.8	40.7	13.6	6.0	5.6	44.5	41.5	13.7	5.5	5.4	40.0	39.5

第4表　東北北部・北海道における食膳具法量平均（2）

M	朝日山群	13.2	5.4	5.8	40.9	44.1	13.1	5.4	5.8	41.4	44.4	12.6	5.2	5.4	41.0	42.9
73	朝日山（1）	13.4	5.4	5.8	40.2	42.9	13.6	5.4	5.8	39.6	43.0	12.5	5.4	5.4	42.8	42.9
74	朝日山（2）	13.0	5.4	5.9	41.5	45.2	12.6	5.4	5.8	43.1	45.8	12.8	5.0	5.5	39.2	42.9
N	東青	13.2	5.6	5.6	42.5	42.8	13.2	5.6	5.6	43.0	42.7	13.4	5.7	5.1	42.4	38.4
75	安田（2）	13.6	5.8	5.7	42.9	41.7	13.8	6.1	5.5	44.3	40.2	14.0	5.6	4.8	39.8	34.5
76	三内丸山	13.1	5.3	5.8	40.6	44.0						12.9	5.3	5.0	40.9	38.6
77	江渡	12.9	5.4	5.5	41.8	42.7						13.5	6.5	5.3	48.2	39.3
78	野木	13.0	5.5	5.6	42.5	42.9	12.8	5.3	5.6	41.7	43.9	12.9	5.4	5.1	41.6	39.8
79	新町野	13.2	5.9	5.7	44.9	42.8	12.9	5.5	5.7	42.9	44.0	13.6	5.6	5.4	41.6	39.8
O	西北	13.0	5.4	5.6	42.0	43.8	13.8	5.7	6.0	41.1	43.5	11.9	5.0	5.4	42.1	45.6
80	大野平	12.2	5.4	5.2	44.6	42.8										
81	尾上山	12.8	5.4	5.8	42.2	45.3										
82	蓬野	11.5	4.7	5.4	40.8	47.5	12.9	5.1	6.1	39.8	46.9	12.0	5.4	5.9	45.0	49.2
83	今須（3）	14.7	6.6	5.7	44.9	38.8	13.2	5.5	5.5	41.3	41.4					
84	外馬屋前田（1）	13.0	5.2	5.4	39.9	41.8	13.7	5.8	6.0	43.0	44.1					
85	八重菊（1）	13.0	5.1	5.2	39.7	39.9	12.9	4.8	5.3	37.3	41.1	12.9	4.6	5.4	35.8	41.9
86	牛潟（2）	12.4	4.9	5.6	39.3	45.2						11.0	4.9	5.7	44.5	51.8
87	神明町	13.2	5.7	6.1	43.4	46.3	16.1	7.1	7.1	44.2	44.0	11.6	5.0	4.6	43.1	39.7
88	大沢内	13.6	5.5	5.5	40.4	40.4										
89	深郷田	13.1	5.9	6.5	45.0	49.7										
P	和賀・稗貫	14.1	5.9	5.0	41.8	35.4	14.0	5.9	5.1	42.1	36.4	14.1	5.8	4.7	41.2	33.7
90	境	14.5	5.6	5.1	38.6	35.2						14.1	5.4	4.8	38.2	34.2
91	西川目	13.9	5.7	5.5	41.3	40.3	13.9	6.0	5.1	43.7	37.2	13.9	6.0	4.6	43.2	32.8
92	堰向Ⅱ	14.0	5.8	5.0	41.6	35.2	14.2	5.8	5.1	41.0	35.8	14.4	5.4	4.7	37.6	33.0
93	羽黒田	13.7	6.0	4.9	43.6	35.4	13.8	5.9	5.1	43.0	37.4	13.6	5.5	4.9	40.0	35.6
94	中嵯	14.8	5.9	5.0	40.2	34.2	14.4	6.2	5.1	43.0	35.3	14.9	5.7	4.6	38.3	30.9
95	高木中館	13.6	5.9	4.8	43.5	35.1	13.6	5.6	5.1	41.4	37.8	13.5	6.2	4.6	45.8	34.2
96	上台Ⅱ	14.3	6.5	4.8	45.7	33.9	14.4	6.0	4.9	41.9	34.1	13.9	6.3	4.5	44.9	32.4
97	似内	13.6	5.7	4.7	42.2	34.4	13.8	5.8	5.3	41.9	38.6	13.9	6.1	4.8	44.0	34.7
98	石持Ⅰ	14.3	5.7	5.0	39.9	34.7	14.2	5.8	5.0	41.0	34.9	14.5	5.6	5.1	38.8	35.1
Q	岩手	14.1	5.7	4.9	40.6	34.9	14.1	6.0	5.0	42.3	35.7	14.5	5.9	5.0	40.6	34.6
99	細谷地	14.3	5.7	4.9	40.1	34.5	14.1	6.0	4.9	42.7	35.0	14.6	6.1	5.0	41.5	34.5
100	本宮熊堂B	13.3	5.4	4.6	40.9	34.8	13.7	5.6	4.9	40.6	35.7	14.1	6.0	4.7	42.6	33.3
101	飯岡才川	14.2	5.6	4.9	39.3	34.7	14.0	6.1	5.0	43.7	36.3	14.8	5.7	5.0	38.5	33.8
102	台太郎	14.2	5.9	5.0	41.5	35.6	14.1	6.0	5.1	42.7	36.0	14.3	5.8	4.9	40.9	34.5
103	芋田Ⅱ	14.6	6.0	5.1	41.2	34.9	14.7	6.1	5.2	41.6	35.5	14.6	5.8	5.4	39.6	37.0
R	閉伊						13.9	5.7	5.2	40.9	37.5					
104	沢田Ⅰ						13.6	5.1	5.3	37.9	38.9					
105	島田Ⅱ						14.2	6.3	5.1	44.0	36.0					
S	九戸	14.8	6.0	5.3	40.7	35.6	13.9	6.0	5.3	43.1	38.2					
106	中長内						14.1	6.2	5.5	43.8	39.0					
107	源道						13.5	6.0	5.2	44.4	38.1					
108	鼻館跡						13.5	6.0	5.2	44.4	38.1					
109	江刺家	14.2	5.8	5.3	40.9	37.2	13.7	6.0	5.2	44.3	38.3					
110	皀角子久保Ⅵ	15.3	6.2	5.2	40.5	34.0	14.8	5.7	5.6	38.5	37.5					
T	二戸	14.0	6.0	5.2	42.7	37.1	14.4	5.7	5.5	39.9	38.1	14.5	6.0	5.1	41.0	34.8
111	五庵Ⅰ	14.0	5.2	5.2	37.5	36.9	14.3	5.3	5.7	37.4	40.0					
112	桂平Ⅱ	13.4	6.0	4.9	44.8	36.6	15.2	6.1	6.1	40.0	40.2					
113	桂平Ⅰ						13.6	6.3	4.6	46.3	33.8					
114	飛鳥台地Ⅰ	13.7	5.9	5.1	43.0	37.8	14.3	5.8	5.1	41.0	35.6					
115	大向Ⅱ	13.8	5.6	5.4	40.8	39.6	14.3	5.8	5.0	40.7	35.0					
116	大向上平	14.9	6.0	5.5	40.3	36.9	14.2	4.9	5.4	34.5	38.0					
117	中曽根Ⅱ	14.3	7.2	4.8	50.3	33.6	14.8	6.0	5.8	40.3	39.7	14.5	5.8	5.2	40.0	35.9
118	門松	13.8	5.8	5.3	42.0	38.5	14.0	5.2	5.9	37.3	42.0	14.5	6.1	4.9	42.1	33.8
119	米沢						14.9	6.1	5.5	40.9	37.1					
120	上田面						14.4	5.9	5.7	40.6	39.2					
U	三八	13.9	5.9	5.4	42.4	38.8	14.2	5.9	5.5	41.7	38.9	14.3	5.7	5.0	40.0	34.9
121	黒坂	14.1	6.0	5.7	42.8	40.9	13.7	6.1	5.8	44.8	42.2	14.6	5.8	4.9	39.8	33.5
122	牛ヶ沢（4）						14.3	6.0	5.4	41.6	37.6					
123	田向						14.1	5.8	5.5	40.7	38.7					
124	櫛引	14.3	6.2	5.1	43.4	35.7	14.5	6.5	5.3	45.2	36.9					
125	上野平（3）	13.1	5.6	5.2	42.9	39.5	13.6	5.1	5.5	37.1	40.5					
126	岩ノ沢平	14.1	5.8	5.5	40.8	39.0	14.1	5.9	5.5	42.1	38.8	14.8	5.9	5.0	39.9	33.8
127	田面木						14.3	6.2	5.5	43.5	38.5	13.6	5.5	5.1	40.4	37.5
128	根城跡						14.6	5.6	5.5	38.2	37.9					
V	上北南部	13.6	5.8	5.2	42.2	38.5	13.8	5.8	5.3	42.4	38.4	13.5	5.7	4.9	42.5	36.4
129	長谷						14.5	6.0	5.5	41.2	37.8	13.6	6.3	4.6	46.3	33.8
130	中野平	13.3	5.8	5.4	43.6	40.7	13.6	5.7	5.8	41.8	42.2	13.4	6.0	4.9	44.7	36.6
131	ふくべ（3）	13.5	5.4	5.4	39.6	39.7	14.1	6.0	5.2	42.6	36.9					
132	坪毛沢（3）	14.8	5.8	5.2	39.2	35.1	13.2	5.7	5.3	42.8	39.9					
133	平畑（1）	13.5	5.8	5.1	42.3	37.8	13.6	5.4	5.2	39.6	38.0					
134	赤平（3）	14.1	5.9	5.5	41.6	39.5	14.3	5.8	5.4	40.4	37.4	13.7	6.0	4.4	43.6	32.0
135	太田野（2）	14.3	6.3	5.4	43.8	37.5	14.5	5.9	5.3	40.8	36.8	13.9	5.5	5.4	39.3	38.7
136	大池館	12.6	5.5	5.0	43.8	39.5	13.2	6.0	4.9	46.1	37.4					
137	倉越（2）	12.9	5.7	4.9	44.0	37.9	13.2	6.1	5.2	46.2	39.3	13.0	5.0	5.3	38.5	40.8
W	上北北部	13.4	5.9	5.7	44.1	42.7	13.2	6.1	5.0	46.3	38.1					
138	唐貝地	13.5	6.0	5.6	44.5	41.6										
139	弥栄平（4）	13.4	5.5	5.3	41.0	39.9	12.9	6.1	4.9	47.3	38.0					
140	沖附（1）	13.1	6.4	5.8	49.1	44.7	13.4	6.1	5.1	45.2	38.2					
141	家ノ前	13.7	5.7	6.1	41.9	44.4										
X	下北	14.4	6.0	5.5	41.4	38.1	14.9	5.9	5.3	40.2	35.8					
142	アイヌ野	14.4	6.0	5.5	41.4	38.1	14.9	5.9	5.3	40.2	35.8					
Y	北海道	14.5	6.0	6.6	41.3	45.7	15.2	6.1	6.7	40.3	44.4	13.8	5.7	5.4	41.7	39.7
143	末広	14.4	5.6	6.7	38.9	46.3	14.6	5.7	6.6	39.0	45.2					
144	K39						14.3	5.5	6.1	38.4	42.7					
145	K528						16.5	7.0	7.4	42.6	44.6					
146	サクシュコトニ	14.6	6.3	6.6	43.7	45.1	15.4	6.3	6.9	41.3	45.1	13.8	5.7	5.4	41.7	39.7

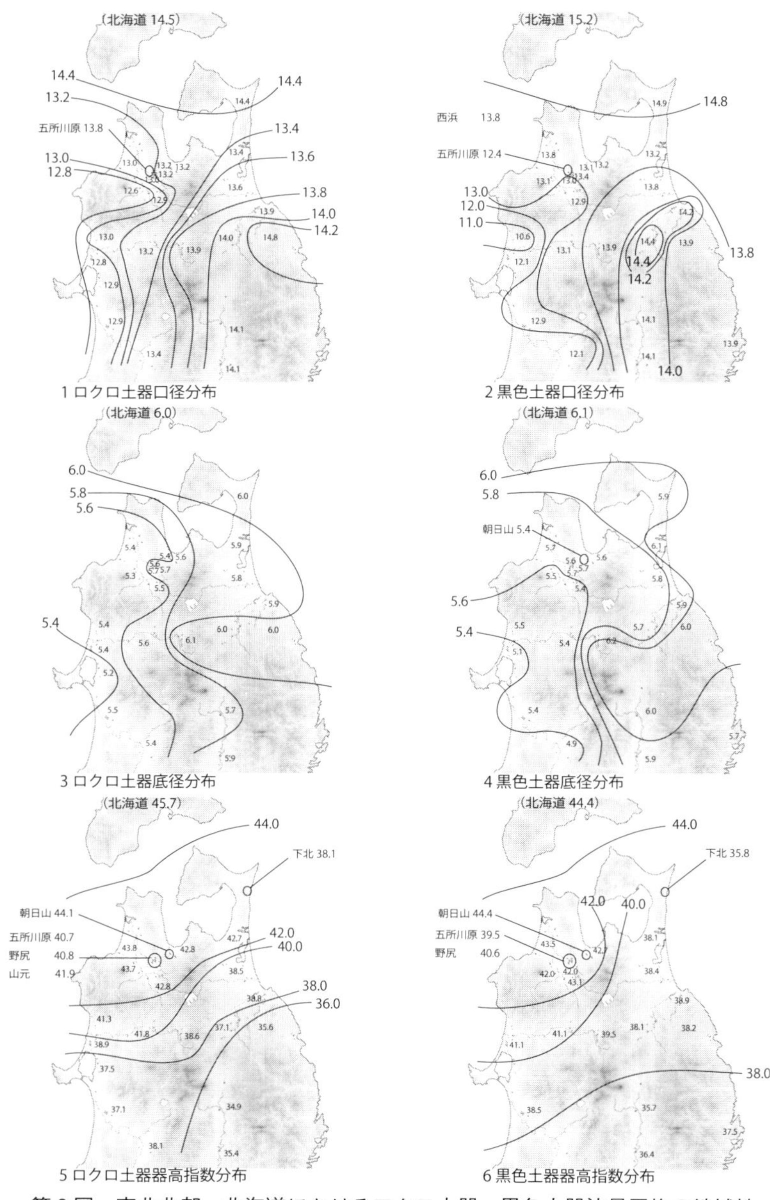

第９図　東北北部・北海道におけるロクロ土器・黒色土器法量平均の地域性

鹿が5.0cm前後で最小、岩手・二戸・北海道で最大値となる（第9図4）。口径同様、東高西低ならびに北海道卓越傾向を示す。

ロクロ土器の器高指数は、岩手地域が36.0以下で最小、北海道が45.7で最大値となる（第9図5）。黒色土器の器高指数についても、岩手地域が38.0以下で最小、北海道が44.4で最大値となるなど、同様の傾向を示す（第9図6）。基本的には、南が低く北が高い北高南低傾向にあるが、五所川原群・野尻群・山元群・下北は周辺域よりかなり低く、逆に朝日山群は周辺域よりも高くなっている。

法量平均の分析から、口径・底径については東高西低、器高については北高南低傾向が看取された。とくに岩手・和賀稗貫、仙北平鹿などいわゆる奥六郡・山北三郡地域では、きわめて低平な食膳具が主体、北海道は東北北部に比して大きく深い食膳具が主体となる。また、五所川原群・野尻群・山元群については、周辺域とは異なり、底径がやや大きく器高の低い食膳具が製作・使用されている。

法量平均の類似度と地域的枠組　続いて、ロクロ土器・黒色土器（各皿器形を除く）について、地域毎の口径・底径・器高平均値を変量とした主成分分析を行い、主成分得点グラフにより地域間の法量平均類似度を計測した[9]。また、クラスター分析結果も参照し、ロクロ土器については、「秋田」「津軽」「南部」「北海道」の4グループに分類した（第10図）。基本的には、地理的に隣接する地域同士が近似した数値を示すことによって一つのグループを構成し、それらはまた既知の地域的な枠組と略一致する。

ただし、地理的には秋田である「鹿角」が南部グループ、「北秋田」「山本」が津軽グループに位置づけられるなど、既知の地域的枠組から飛び出す例も認められる。鹿角は歴史的に南部地域との繋がりが深いこと、北秋田・山本は縄文土器以来、伝統的に津軽地域の土器文化との共通性を有するということを考えれば、右の結果はむしろ調和的ともとらえられる。また、本来南部の「上北北部」が津軽グループに位置づけられている。上北北部については、ロクロ食膳具の類似ほか、掘立柱建物を伴う特殊な竪穴建物跡の共通性などから、津軽地域との繋がりがうかがわれ、そうした事柄が反映されている可能性がある。

ところで、先のクラスター分析では、４グループ分類を採用したが、仮に５グループに分類（もう一つ下の階層で切断）した場合、津軽グループより「五所川原群」「上北北部」「山元群」「野尻群」「上北南部」が独立して、新たなグループを形成することになる。これらを「浪岡」グループと仮称するが、主成分得点グラフ上で津軽・南部・秋田グループの中間に位置づけられる点は、注意を要する（第10図1）。

黒色土器については、本来津軽の「五所川原群」が秋田グループに入り込んでいるものの、基本的には「秋田」「津軽」「南部」「北海道」の４グループに分類され、北秋田・鹿角の交錯、津軽・南部・秋田グループの中間に野尻・山元群が位置づけられるという構図は、ロクロ土器同様である（第11図）。

浪岡グループと北海道グループ　地域毎の法量平均値を変量とした解析からは、「秋田」「津軽」「南部」「北海道」の４グループ、もしくは「浪岡」を独立させた５グループが見出された。ただし、これらはあくまで各地域の平均的な様相に基づいた分析結果であり、当然地域相から著しく外れる遺跡も存在する。それら異相の遺跡を摘出するためには、遺跡単位での分析が必要である。そこで、正準判別分析により、先の５グループのデータから分類（グループ）判別式を求め、各遺跡のロクロ土器法量平均が所属する（近似する）グループを予測した。以下では、秋田グループならびに浪岡グループと判別された遺跡分布を検討する。秋田グループと判別された遺跡は、当然のごとく秋田地域に集中し、その他の地域ではあまりみられない（第12図）。ロクロ土器について、秋田城跡を含めた秋田グループの直接的な影響は、おおむね秋田地域内に留まるものとも考えられる。

一方、浪岡グループと判別された遺跡は、浪岡地域に集中するとともに、浅瀬石川左岸の津軽東部地域、米代川中・下流域の北秋田地域、小川原湖周辺の上北南部・北部地域、馬渕川流域の三八地域等にも分布が認められた（第12図）。それらの遺跡が浪岡地域と直接・間接の交流があったかどうかはともかくとして、少なくとも周辺の遺跡とはやや異なる土器相を有することが明らかである。本稿ではこれ以上立ち入らないが、遺跡の解釈も含めて、ヒ

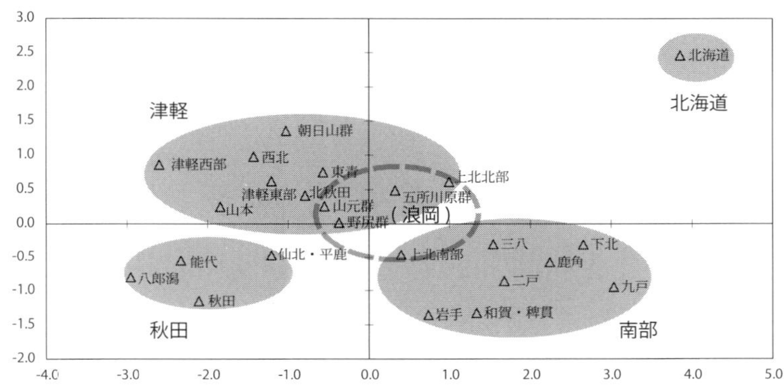

1 ロクロ土器（皿器形等を除く）法量平均主成分得点（相関行列）

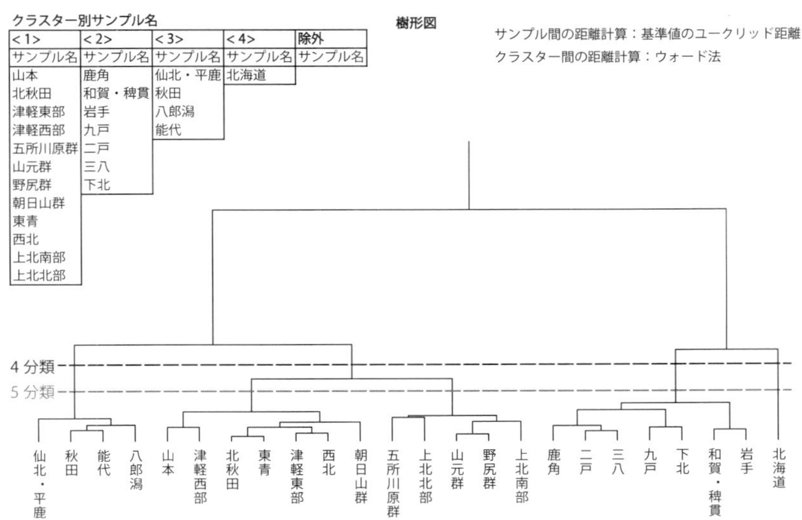

クラスター別サンプル名

<1>	<2>	<3>	<4>	除外
サンプル名	サンプル名	サンプル名	サンプル名	サンプル名
山本	鹿角	仙北・平鹿	北海道	
北秋田	和賀・稗貫	秋田		
津軽東部	岩手	八郎潟		
津軽西部	九戸	能代		
五所川原群	二戸			
山元群	三八			
野尻群	下北			
朝日山群				
東青				
西北				
上北南部				
上北北部				

2 ロクロ土器（皿器形等を除く）法量平均クラスター分析による樹形図

＊主成分分析・クラスター分析ならびにグラフ等の作成については、「EXCEL 多変量解析 Ver.7.0」で行った。

第10図　東北北部・北海道におけるロクロ土器法量平均の類似度・グルーピング

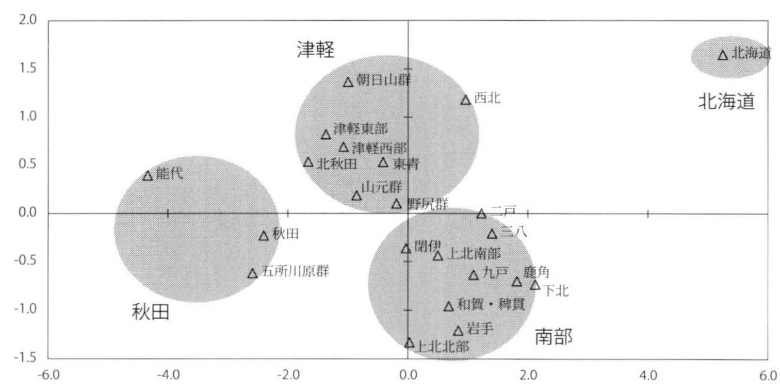

1 ロクロ土器（皿器形等を除く）法量平均主成分得点（相関行列）

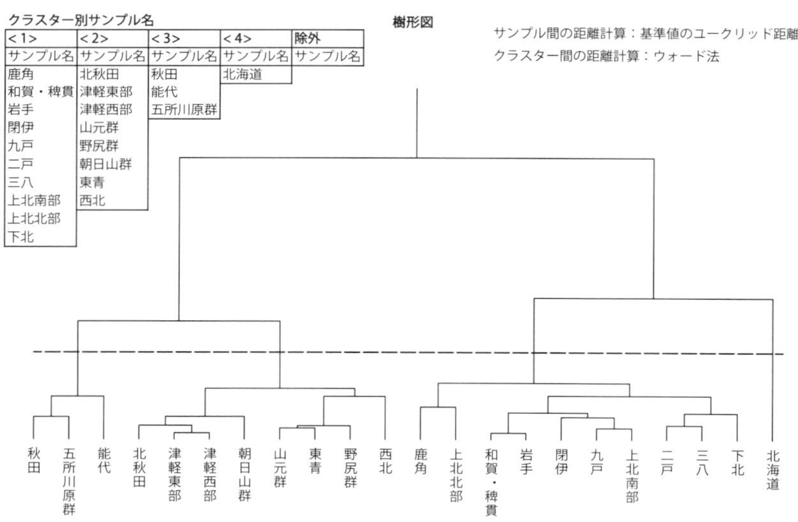
クラスター別サンプル名

<1>	<2>	<3>	<4>	除外
サンプル名	サンプル名	サンプル名	サンプル名	サンプル名
鹿角	北秋田	秋田	北海道	
和賀・稗貫	津軽東部	能代		
岩手	津軽西部	五所川原群		
閉伊	山元群			
九戸	野尻群			
二戸	朝日山群			
三八	東青			
上北南部	西北			
上北北部				
下北				

2 ロクロ土器（皿器形等を除く）法量平均クラスター分析による樹形図

＊主成分分析・クラスター分析ならびにグラフ等の作成については、「EXCEL 多変量解析 Ver.7.0」で行った。

第11図　東北北部・北海道における黒色土器法量平均の類似度・グルーピング

ト・モノ・コトの移動の実態的把握へ向けての予察としたい。

ロクロ食膳具の定量的分析を通して、各種の構成比率や法量平均に係る各要素が東西あるいは南北方向へ漸移的に推移することが明らかになったとともに、法量平均の関係（類似）性から、秋田・津軽・南部・北海道といった、既知の地域的枠組と略一致するグループを見出した（第12図）。これらが集団の特性をも反映しているとすれば、地域を跨ぐ大規模な人口移動があったとしても、近接した地域への移動が主体、あるいは遠隔地からの移動があったとしても、統計的に在地性に埋没してしまう程度だったとも考えられる。

ただし、器種・器形構成や法量平均、主成分・クラスター分析結果に認められた浪岡周辺域の特異性については、「竪穴・掘立柱併用建物跡」・井戸跡・円形周溝等、在地伝統とは考え難い遺構群の解釈も含めて、秋田グループや南部グループ、あるいは第三の地域からの影響を想定する余地がある。

また、北海道グループについては、ロクロ土器・黒色土器ともに東北北部グループとは乖離的である。標本数が少ないため暫定的な評価に留めるが、北海道のロクロ土師器は、器種構成比こそ南部グループに近似するものの、器形・法量構成、法量平均値などは、東北北部の地域相と大きく異なる。

例えば、末広遺跡（千歳市）では、擦文中期の甕に伴って、大ぶりの黒色土器が出土している（第13図1～17）。これらを含めた北海道グループの黒色土器の器種構成比率は60%前後、法量平均は口径15.2cm・底径6.1cm・器高6.7cm・底径指数40.3・器高指数44.4であり（第4表）、東北北部に比して一回り大きく、とくに器高の高さが目立つ。

こうした特徴を有する黒色土器は、東北北部ではほとんどみられないが、近年興味深い資料群が検出された。陸奥湾に近接する高間（1）遺跡（青森市）D2区SI001建物内土坑から一括出土した土師器坏は、すべて黒色土器であり、法量平均は口径15.1cm・底径6.4cm・器高6.7cm・底径指数42.9・器高指数44.3と大ぶりである（第13図18～30）。東青地域の黒色土器の器種構成比率は14%前後、法量平均は口径13.2cm・底径5.6cm・器高5.6cm・底径指数43.0・器高指数42.7であることから（第4表）、高間（1）遺跡D2区SI001一括出土土器の異相ぶりが際立つ。同土器群の器種構成比率・法量平均値は、

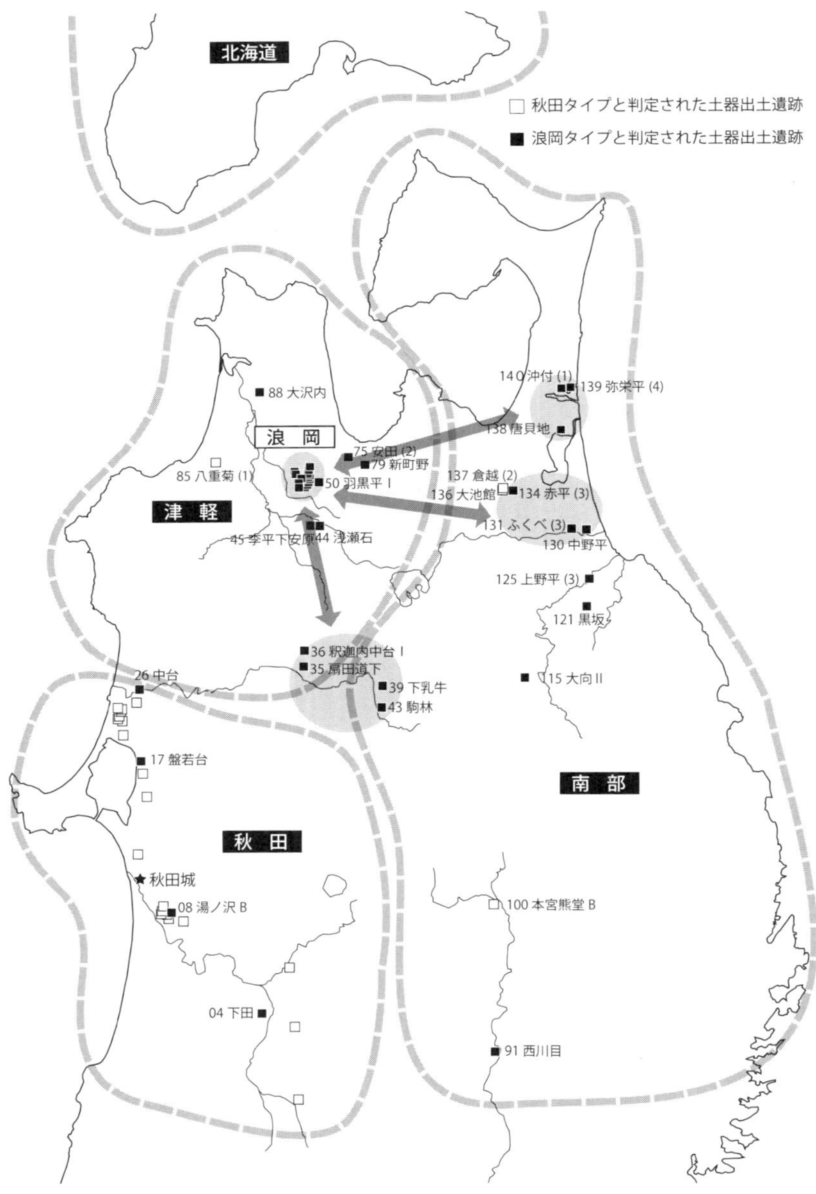

第12図　正準判別分析による秋田・浪岡グループのロクロ土器出土遺跡

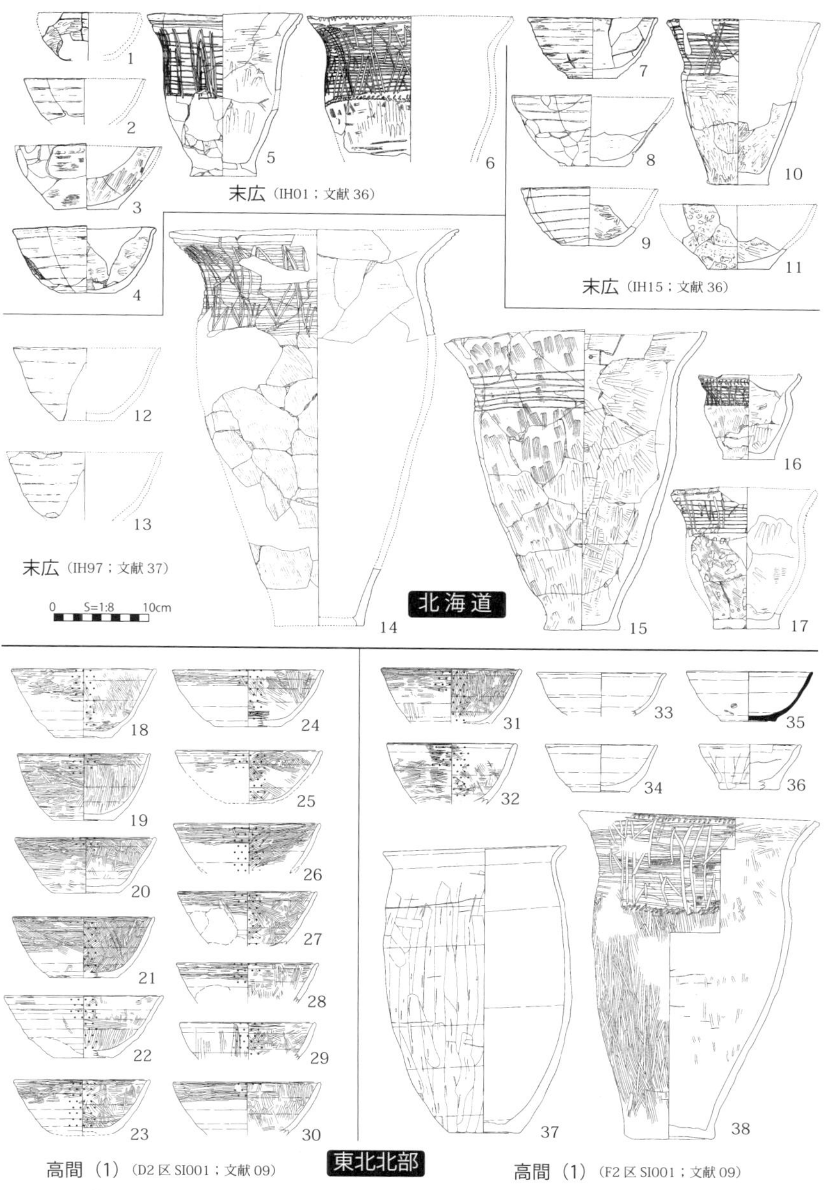

第13図　東北北部・北海道における９世紀後半〜10世紀前半の土器

周辺地域よりもむしろ北海道に近似する。

また、高間（1）遺跡 F2 区 SI001 でも、同種の黒色土器（第 13 図 31・32）が出土しているが、擦文中期（北奥Ⅰ類）相当の甕（第 13 図 38）を伴っており、北海道との交流がうかがわれる。北海道出土黒色土器の供給源として、当該遺跡を含めた外浜地域は候補地の一つに挙げられるであろう。

3　10世紀後半～11世紀の地域間交流
—擦文（系）土器・五所川原産須恵器—

擦文（系）土器　当該期は、北奥に再び大きな変容がもたらされ、いわゆる「防御性集落」「低地集落」が出現するとともに、竪穴建物は壁柱構造や東壁カマドが主体的となる。土器様式についても、非ロクロ埦・把手付土器・甑・羽釜など北奥特有の器種や擦文（系）土器を中心とした「古代後期東北北部型土師器」（三浦 1994）が盛行する。擦文（系）土器は、北海道で成立・発展した土器様式であるが、いわゆる擦文中期に相当する９世紀後半頃には、東北北部においても同種の土器が散見されるようになり、擦文後期に相当する 10 世紀後半以降は出土遺跡・量ともに急増する。津軽海峡を巡る交流の拡大を反映したものととらえられ、現在のところ津軽や下北地方を中心に、出土遺跡は 160 か所を超える。

筆者は、東北北部出土の擦文（系）土器について、北奥Ⅰ～Ⅴ類の５類型に分類しているが（第 14 図）、各類の出土傾向からは、北奥Ⅰ・Ⅲ類が卓越するＡ陸奥湾周辺域（外浜・下北・上北北部）、北奥Ⅱ・Ⅳ・Ⅴ類が卓越するＢ岩木川・米代川流域（津軽・西浜・能代・北秋田・鹿角）、擦文（系）土器が欠落するＣ県南地域（上北南部・八戸・三戸）の三地域に大別される（第 14 図）。おおまかには、前代ロクロ整形食膳具のグループ「津軽」「南部」から（第 12 図）、北半の東青・上北北部・下北が分立した構図となる。北海道においては、Ⅲ類類似の土器は道央・道北部、Ⅳ類類似の土器は道南・道西部において主体的に出土することが知られている。したがって、これらの地域圏は、津軽海峡を越えた北海道との交流の差異に由来するものと考えられ、太平洋・

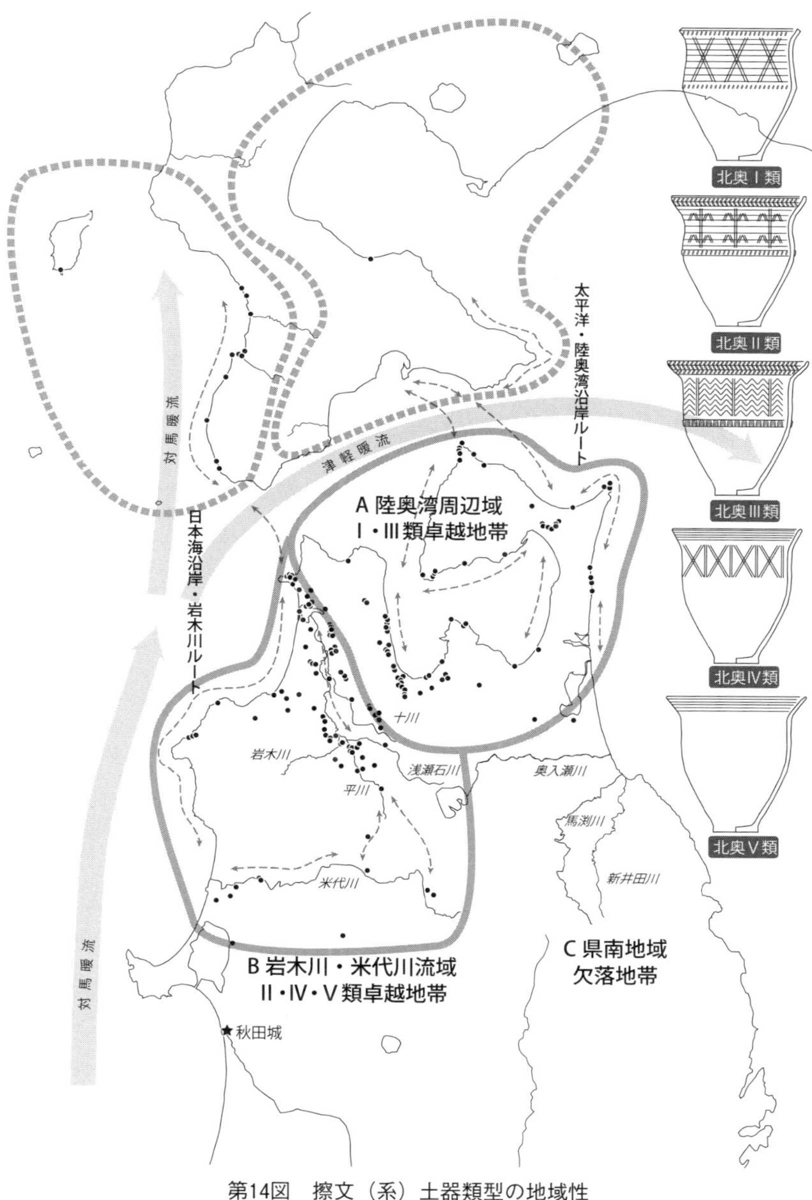

第14図　擦文（系）土器類型の地域性

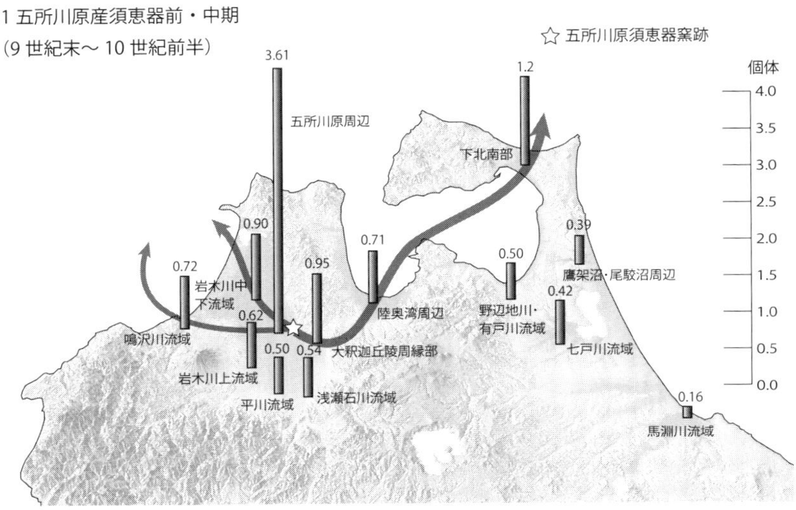

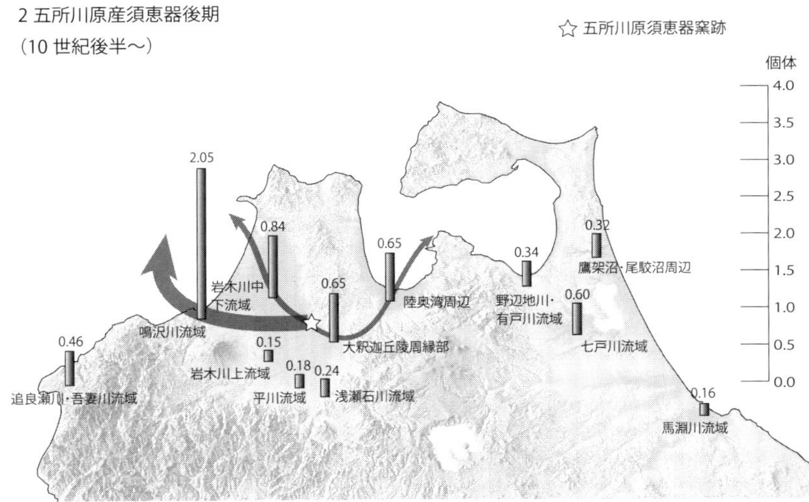

藤原弘明 2007「五所川原産須恵器の編年と年代観」『五所川原産須恵器の年代と流通の実体』北日本須恵器生産・流通研究会 を基に作成／背景は、国土地理院発行「数値地図 50m メッシュ（標高）」を利用し、杉本智彦氏による「カシミール 3D」で作成した。

第15図　建物跡１棟当たりの五所川原産須恵器遺存個体数

陸奥湾沿岸ルートを通じて道央・道北部と交流するA地域、日本海沿岸・岩木川ルートを通じて道南・道西部と交流するB地域、北海道との交流の痕跡が目立たないC地域と解釈される（齋藤2011）。

五所川原産須恵器　一方、10世紀代の北海道では五所川原産須恵器が出土しており、その分布は石狩低地帯を中心に、北海道全域の沿岸部に及ぶとされる（鈴木2014）。果たして北海道内の五所川原産須恵器は、どのようなルートでもたらされたのであろうか。北奥における竪穴建物跡1棟当たりの五所川原産須恵器遺存個体数は、五所川原産須恵器前・中期（9世紀末～10世紀前半）の段階では、五所川原周辺が3.61個と突出するほか、下北南部1.2個・大釈迦丘陵周縁部0.95個・岩木川中下流域0.90個などが上位を占める（藤原2007）（第15図1）。これらのデータからは、当該期の五所川原産須恵器が、もっぱら窯周辺部に供給されているとともに、一部は、陸奥湾→下北→太平洋→北海道、あるいは岩木川→日本海→北海道という経路によって北海道にもたらされていた可能性が想定される。

五所川原産須恵器後期（10世紀後半）段階では、鳴沢川流域が2.05個と突出するほか、前代に引き続き岩木川中下流域0.84個が比較的高い数値を示す（第15図2）。依然として太平洋ルートも機能したであろうが、日本海ルートのさらなる伸展拡大が看取される。鳴沢川流域では、杢沢遺跡に代表される鉄生産関連遺跡が多数分布することから、それらの鉄素材・加工品とともに五所川原産須恵器が搬出されたとも考えられる。

おわりに

本稿では、東北北部と北海道の地域間交流について、3時期に分けて概観したが、東北北部における交流起点が、8世紀後半～9世紀前半の秋田城跡周辺域から、9世紀後半以降は津軽地域にシフトする傾向がみられた。

とくに10世紀後半以降の地域間交流については、擦文（系）土器や五所川原産須恵器の在り方を巡って、東北北部と北海道の結びつきの深化がうかがわれるが、それらは米代川流域以北の令制外地域で完結するようにもみえ、土器様相からは秋田地域との関係は稀薄といわざるを得ない。9世紀後半以降の秋田城体制の実効性も含めて、律令社会と北方世界の関わりについて再検討が必要であろう。

註

1）伊藤武士氏のご教示による。

2）SHAPEは、岩田洋佳によるフリーウェアで、http://lbm.ab.a.u-tokyo.ac.jp/~iwata/shape/index.htmlにて公開されている。

3）EXCEL多変量解析は、株式会社エスミの市販ソフトウェアである。

4）SplitsTree4は、D.H.huson,D.Bryantによるフリーウェアで、http://www.splitstree.org/にて公開されている。

5）八木光則は、本州と北海道の土器・集落・墳墓の比較分析を通じて、①〜②段階（7世紀後葉〜8世紀前葉）は太平洋ルート、③段階（8世紀中葉〜後葉）に至って日本海側ルートによる交流交易が活発化するとしている（八木2007）。宇部則保もまた、土器や竪穴建物跡の様相から、石狩低地帯の擦文文化形成に至る7世紀は東北北部の太平洋岸地域、8世紀は秋田城を中心とする日本海岸地域が主導したととらえる（宇部2007）。

6）榊田朋広は、両者の共伴例等から分帯配置（分条沈線）→一帯配置（多条沈線）の変遷を否定しつつ、擦文初期から両系列が共存し、相互に接触しながら形式学的変化を遂げていったものと理解する（榊田2011）。

7）例えば、大沼1996、小野1998、塚本2007など。

8）分析手法等については、基本的には前稿（齋藤2011）を踏襲しているが、対象地域19→25地域、対象資料4,300→6,600に拡充したほか、遺跡の一部入替や統計ソフトの変更を行った。

9）主成分分析ならびにクラスター分析の手法等については、齋藤2011等参照。ただし、本稿の分析ならびにグラフ等の作成ついては、後述の正準判別分析も含めて、「EXCEL多変量解析Ver.7」で行ったものである。なお、各分析に関する詳細データについては、紙幅の都合で割愛した。いずれ、稿を改めて公開したい。

引用参考文献

青森県埋蔵文化財調査センター 2014『平成 26 年度青森県埋蔵文化財発掘調査報告会』資料

伊藤武士 2005「秋田城跡発掘調査の成果―9 世紀代の構造と機能―」『第 31 回古代城柵官衙遺跡検討会資料集』

伊藤博幸 2011「東北北部における沈線文土師器について―分類に関する基礎的操作と課題―」『海峡と古代蝦夷』高志書院

宇部則保 2007「古代東北北部社会の地域間交流」『古代蝦夷からアイヌへ』吉川弘文館

大沼忠春 1996「北海道の古代社会と文化―7〜9 世紀―」『古代蝦夷の世界と交流』名著出版

小野裕子 1998「北海道における続縄文文化から擦文文化へ」『考古学ジャーナル』436

五所川原市教育委員会 2013「平成 25 年度五月女萢遺跡発掘調査記者発表」資料

齋藤 淳 2011「古代北奥･北海道の地域間交流―土師器坏と擦文（系）土器甕―」『海峡と古代蝦夷』高志書院

榊田朋広 2011「擦文時代前半期甕形土器の形式学的研究―続縄文／擦文変動期研究のための基礎的検討 2―」『日本考古学』32

鈴木琢也 2014「古代北海道と秋田の交流」『シンポジウム「古代秋田に集った人々」―古代交流の結節点・秋田―資料集』第 29 回国民文化祭秋田市実行委員会 シンポジウム「古代秋田に集った人々」企画委員会

田村光平･山口雄治 2015「楕円フーリエ解析による遠賀川式土器の拡散過程の復元」『一般社団法人日本考古学協会第 81 回総会 研究発表要旨』

塚本浩司 2007「石狩低地帯における擦文文化の成立過程について」『古代蝦夷からアイヌへ』吉川弘文館

日本考古学協会 1997 年度秋田大会実行委員会 1997『蝦夷・律令国家・日本海―シンポジウムⅡ資料集―』

日本考古学協会 1999 年度釧路大会実行委員会 1999「擦文土器集成」『海峡と北の考古学―シンポジウム・テーマ 2・3 資料集Ⅱ―』

藤原弘明 2007「五所川原産須恵器の編年と年代観」『五所川原産須恵器の年代と流通の実体』北日本須恵器生産・流通研究会

松本建速 2012「古代の東北北部における集落の盛衰を読む」『北から生まれた中世

日本』高志書院
三浦圭介 1994「古代東北地方北部の生業にみる地域差」『北日本の考古学―南と北の地域性―』吉川弘文館
八木光則 2007「渡嶋蝦夷と麁蝦夷」『古代蝦夷からアイヌへ』吉川弘文館
八木光則 2011「古代日本における移住・移民」『海峡と古代蝦夷』高志書院
矢野 環 2006「文化系統学―歴史を復元する―」『文化情報学入門』勉誠出版

図版出典

01 青森県市浦村教育委員会・富山大学人文学部考古学研究室 2000『十三湊遺跡―第 86 次発掘調査報告書―』市浦村埋蔵文化財調査報告書第 11 集
02 青森県埋蔵文化財調査センター 1976『黒石市牡丹平南遺跡・浅瀬石遺跡発掘調査報告書』青森県埋蔵文化財調査報告書第 26 集
03 青森県埋蔵文化財調査センター 1988『李平下安原遺跡』青森県埋蔵文化財調査報告書第 111 集
04 青森県埋蔵文化財調査センター 1997『垂柳遺跡・五輪野遺跡』青森県埋蔵文化財調査報告書第 219 集
05 青森県埋蔵文化財調査センター 1998『小奥戸（2）遺跡・小奥戸（4）遺跡』青森県埋蔵文化財調査報告書第 240 集
06 青森県埋蔵文化財調査センター 2003『西浜折曽の関遺跡』青森県埋蔵文化財調査報告書 341 集
07 青森県埋蔵文化財調査センター 2005『通目木遺跡・ふくべ（3）遺跡・ふくべ（4）遺跡』青森県埋蔵文化財調査報告書 392 集
08 青森県埋蔵文化財調査センター 2008『ふくべ（3）遺跡Ⅱ・ふくべ（4）遺跡Ⅱ』青森県埋蔵文化財調査報告書 457 集
09 青森市教育委員会 2013『石江遺跡群 発掘調査報告書Ⅳ』青森市埋蔵文化財調査報告書第 113 集
10 秋田県教育委員会 1988『寒川Ⅰ遺跡・寒川Ⅱ遺跡』秋田県文化財調査報告書第 167 集
11 秋田県教育委員会 1996『大平遺跡』秋田県文化財調査報告書第 264 集
12 秋田市教育委員会 1975『昭和 49 年度秋田城跡発掘調査概報』
13 秋田市教育委員会 1981『後城遺跡発掘調査報告書』
14 秋田市教育委員会 1991『平成２年度秋田城跡発掘調査概報』

15 恵庭市教育委員会 1997『茂漁 4 遺跡』北海道恵庭市発掘調査報告書
16 大間町教育委員会 1999『大間町二ツ石 2 遺跡』大間町文化財調査報告書第 6 集
17 尾上町教育委員会 1981『高木遺跡発掘調査報告書』調査報告第 3 集
18 尾上町教育委員会 1989『原遺跡発掘調査報告書』調査報告第 8 集
19 尾上町教育委員会 2001『浅井（1）遺跡試掘調査報告書』尾上町文化財調査報告集第 10 集
20 尾上町教育委員会 2002『尾上町埋蔵文化財試掘調査報告書—原遺跡・李平遺跡・浅井（1）遺跡—』尾上町文化財調査報告集第 11 集
21 葛西 勵・高橋 潤 1991『東北北部における終末期古墳の研究』（青森県南津軽郡尾上町原遺跡第 1 次調査報告）青森山田高等学校考古学研究部
22 葛西 勵 1980「尾上町李平Ⅱ郷遺跡発掘調査報告書」『撚糸文』9 青森県山田高等学校考古学研究部
23 金木町教育委員会 1978『金木町藤枝遺跡発掘調査報告書』
24 久慈市教育委員会 1976『山屋敷遺跡発掘調査報告書』久慈市文化財調査報告書第 1 集
25 五城目町教育委員会 1975『岩野山—南秋田郡五城目町岩野山古墳群第 3 次発掘調査報告書—』
26 小松正夫 1984「沼田遺跡」『本荘市史資料編Ⅰ上』
27（財）岩手県文化振興事業団埋蔵文化財センター 1981『二戸バイパス関連遺跡調査報告書—二戸市上田面遺跡・大淵遺跡・火行塚遺跡—』岩手県文化振興事業団埋蔵文化財調査報告書第 23 集
28（財）岩手県文化振興事業団埋蔵文化財センター 1995『水吉Ⅵ遺跡発掘調査報告書』岩手県文化振興事業団埋蔵文化財調査報告書第 219 集
29（財）岩手県文化振興事業団埋蔵文化財センター 1998『房の沢Ⅳ遺跡発掘調査報告書』岩手県文化振興事業団埋蔵文化財調査報告書第 287 集
30（財）岩手県文化振興事業団埋蔵文化財センター 2000『沢田Ⅰ遺跡発掘調査報告書』岩手県文化振興事業団埋蔵文化財調査報告書第 318 集
31（財）北海道埋蔵文化財センター 1990『美沢川流域の遺跡群 XIII』北海道埋蔵文化財センター調査報告書第 62 集
32（財）北海道埋蔵文化財センター 1998『千歳市ユカンボシ C15 遺跡(1)』北海道埋蔵文化財センター調査報告書第 128 集
33 瀬棚町教育委員会 1985『南川 2 遺跡』

34 高杉博章・木村徹次郎 1975「津軽半島における擦文式土器の新例と問題点」『北奥古代文化』7
35 千歳市教育委員会 1981『末広遺跡における考古学的調査（上)』千歳市文化財調査報告書Ⅶ
36 千歳市教育委員会 1982『末広遺跡における考古学的調査（下)』千歳市文化財調査報告書Ⅷ
37 千歳市教育委員会 1985『末広遺跡における考古学的調査（続)』千歳市文化財調査報告書Ⅺ
38 千歳市教育委員会 1994『丸子山遺跡における考古学的調査』千歳市文化財調査報告書XIX
39 千歳市教育委員会 1996『末広遺跡における考古学的調査Ⅳ』千歳市文化財調査報告書XX
40 成田誠治・鈴木克彦・桜田 隆 1977「青森県の土師器集成1図版編」『考古風土記』2
41 二戸市教育委員会・建設省 1981『中曽根Ⅱ遺跡発掘調査報告書』
42 能代市教育委員会 2002『外荒巻館跡』能代市埋蔵文化財調査報告書第13集
43 八戸市教育委員会 1983『史跡根城跡発掘調査報告書Ⅴ』八戸市埋蔵文化財調査報告書第11集
44 八戸市教育委員会 2000『八戸市内遺跡発掘調査報告書』12 八戸市埋蔵文化財調査報告書第83集
45 八戸市教育委員会 2001『酒美平遺跡Ⅱ発掘調査報告書』八戸市埋蔵文化財調査報告書第88集
46 八戸市教育委員会 2002『盲提沢（3）遺跡発掘調査報告書』八戸市埋蔵文化財調査報告書第92集
47 八戸市教育委員会 2002『丹後平古墳群』八戸市埋蔵文化財調査報告書第93集
48 東通村史編纂委員会 1999『東通村史―遺跡発掘調査報告書編―』
49 三浦圭介 1995「古代」『新編弘前市史 資料編1-1 考古編』「新編弘前市史」編纂委員会
50 森町教育委員会 1994『御幸町2』

須恵器からみた古代の北海道と秋田

鈴木琢也

はじめに

8～9世紀の北海道では、石狩低地帯を中心に擦文文化が展開し、道北東部のオホーツク海沿岸域でオホーツク文化が繁栄していた。これらの遺跡からは本州産の鉄製品や須恵器が出土し、石狩低地帯を中心に本州との活発な物流（交易）や交流が展開していたと考えられる。とくに、石狩低地帯の擦文文化の遺跡からは秋田（出羽国）の窯で生産されたと考えられる須恵器が出土し、秋田（出羽国）との物流（交易）や交流が展開していた状況がうかがわれる。この時期の東北地方では、律令国家の勢力拡大により北緯40度付近にまで城柵が設置され、その影響下で須恵器や鉄製品などの生産が開始される。そして、それらの須恵器や鉄製品が日本海と太平洋を通じた物流（交易）や交流のルートにより北海道に流入していく状況がうかがわれる。

10～12世紀は、先のオホーツク文化が終焉を迎え、この文化にかわり擦文文化が北海道全域の河川河口域・中流域に拡散する。これらの遺跡からは、青森県五所川原産須恵器や本州産鉄製品などが出土し、東北地方北部（青森）を主体とする地域との物流（交易）や交流が北海道全域に拡大していく状況がうかがわれる。

ここでは、北海道と秋田（出羽国）との物流（交易）や交流が活発に展開していたと考えられる8～9世紀を中心にとりあげ次の四つの視点から検討を進める。①秋田（出羽国）から北海道にもたらされた須恵器を検討し、これらの地域間の物流（交易）や交流の様相とそのルートを明らかにする。②北海道と東北地方北部にみられる横走沈線文系土器と須恵器の共伴関係やその分布から、これらの地域間の交流の様相を検討する。③北海道にもたらされた鉄製品の物流の様相について須恵器の物流と比較検討する。④史料に示された北海道から本州への交易品や、北海道地域の人々と秋田（出羽国）との間の往来や交流、交易の記事を、須恵器や鉄製品などの物流の状況と比較検討する。以上のことから、古代における北海道と秋田（出羽国）との物流（交易）や交流の実態について考察を試みることとする。

1　須恵器からみた北海道と秋田（出羽国）の物流・交流

北海道から出土する須恵器は、北海道全域の河川河口域・下流域、石狩川水系中流域など約220か所の遺跡で確認され、5世紀後半～10世紀の須恵器が出土している（第１図、鈴木2004）。このうち、5～6世紀の須恵器は、北海道南西部や石狩低地帯の石狩川水系河川下流域などの遺跡から10点ほどが出土しているだけであり、7世紀の須恵器は確認されていない。

北海道への須恵器の流入が本格的に増加する第１段階は、8世紀後半～9世紀であり、秋田（出羽国）の窯で生産されたと考えられる須恵器がみられる。須恵器流入の第２段階は10世紀であり、青森県五所川原窯跡群で生産された須恵器が多くみられるようになる。ここでは、北海道から出土した8世紀後半～10世紀の須恵器について、その時空分布や特性、生産地を検討し、古代の北海道と秋田（出羽国）との物流・交流について考察する。

⑴北海道における須恵器の分布とその特性（8世紀後半～9世紀）

北海道における8世紀後半～9世紀の須恵器の分布は、北海道西部の日本海沿岸河川河口域、石狩低地帯の石狩川水系河川下流域に集中し、竪穴住居址や末期古墳から出土する例も多くみられる（第１図）。その出土数は、5～7世紀までと比較して飛躍的に増加する。これらの須恵器は、底部がヘラ切り底の坏や高台付の坏、蓋、高台付の長頸壷、青海波状あて具痕や螺状沈線がみられる甕などであり、竪穴住居址床面から出土した須恵器の器種別出土数の割合をみると、坏68％、蓋10％、長頸壷3％、中甕19％で、坏の出土数が半数以上を占めている（鈴木2004・2006a）。

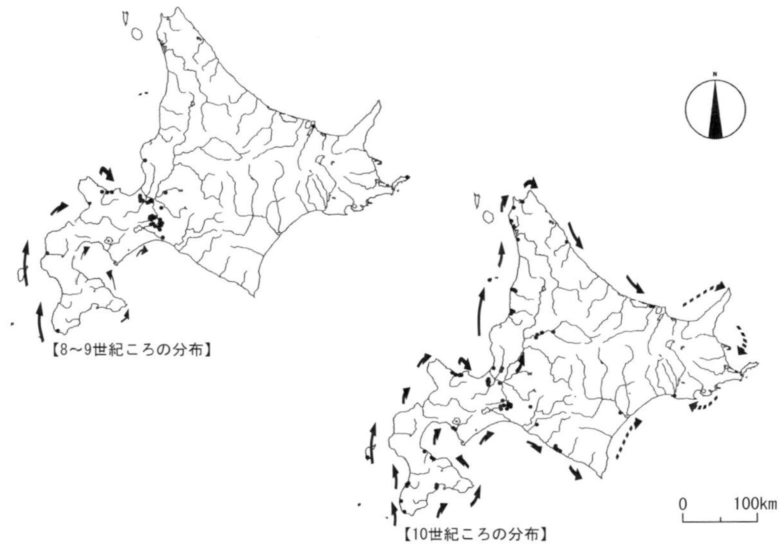

第1図　北海道における須恵器の時空分布と物流のルート

この8世紀後半～9世紀の須恵器には、秋田城周辺の窯跡である秋田市新城窯跡群、同古城廻窯跡群で生産されたと考えられる須恵器（8世紀後半～9世紀前半）が多くみられ、男鹿市（秋田県）海老沢窯跡群、同西海老沢窯跡群で生産されたと考えられる須恵器（9世紀後半）もみられる（第2図、鈴木2014c・2016a）。これらは、北海道石狩低地帯の石狩川水系河川下流域に位置する千歳市ユカンボシC15遺跡（末期古墳）、同美々8遺跡、同末広遺跡、同丸子山遺跡、同オサツ2遺跡、恵庭市中島松6遺跡、同中島松1遺跡、同茂漁4遺跡、同柏木東遺跡（末期古墳）、同島松沢3遺跡、札幌市C504遺跡、同K435遺跡、同K39遺跡、江別市後藤遺跡（末期古墳）などから出土した須恵器である。

これらの須恵器のうち、秋田市新城窯跡群・古城廻窯跡群で生産されたと考えられる須恵器坏を第2図1～26に示した。第2図1～26の須恵器坏は、底部の切り離しが回転ヘラ切りで、切り離し後に粗雑なナデ調整が施されている。底部（内面）には、ナデ調整の痕跡である段がみられ、中央部が瘤状

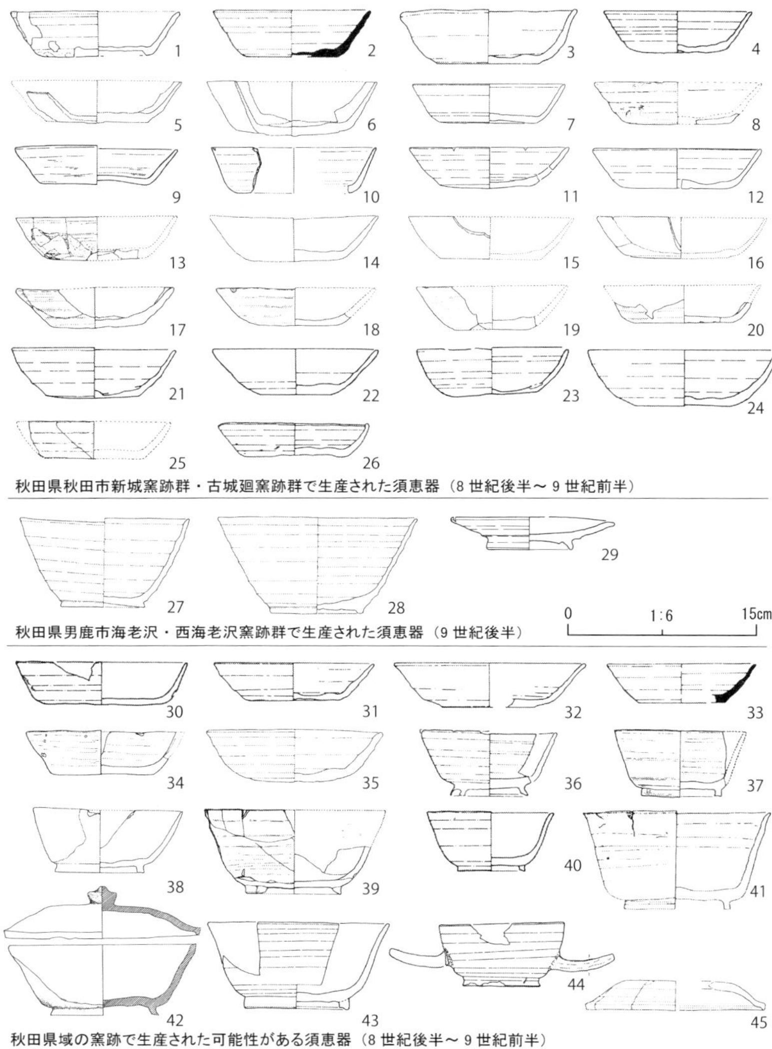

1·43·44: 千歳市ユカンボシ C15 遺跡、 2 ～ 4·21 ～ 24·31 ～ 33: 千歳市美々 8 遺跡、 5·6·13 ～ 20·34·37 ～ 39: 千歳市末広遺跡、 7: 千歳市丸子山遺跡、 8·25: 恵庭市中島松 6 遺跡、 9: 恵庭市中島松 1 遺跡、 10: 恵庭市茂漁 4 遺跡、 11·12: 札幌市 C504 遺跡、 26·41: 恵庭市柏木東遺跡、 27·28·35 江別市後藤遺跡、 29: 根室市トーサムポロ湖周辺竪穴群、 30·40: 千歳市オサツ 2 遺跡、 36: 札幌市 K435 遺跡、 42: 恵庭市島松沢 3 遺跡、 45: 札幌市 K39 遺跡

第２図　北海道出土の秋田（出羽国）産須恵器（8 世紀後半～9 世紀）

にもりあがるものもみられる。器形は体部下半が湾曲してわずかにふくらみ、口縁部が少しくびれて外反する。これらは、ほぼ全て灰白色を呈する。これらの特徴などから、第2図1～26の須恵器は秋田市新城窯跡群の右馬之丞窯跡（8世紀後半）、谷地Ⅱ遺跡1号窯跡（8世紀後半）、大沢窯跡Ⅰ-1号窯跡（8世紀後半）、谷地Ⅱ遺跡2号窯跡（8世紀末～9世紀前半）、大沢窯跡Ⅱ（9世紀前半）、大沢窯跡Ⅰ-2号窯跡（9世紀前半）、古城廻窯跡群の1・2・3号窯跡（9世紀前半）などで生産されたものと考えられ、その年代は8世紀後半～9世紀前半である（伊藤1998・2006、東北古代土器研究会編2008、鈴木2016a）[1)]。

また、これらの須恵器のうち、千歳市末広遺跡32号住居址から出土した須恵器坏（第2図14、写真）は、口縁部の内側に煤状のものが付着した黒色部がみられるものである。このような須恵器坏は、秋田（出羽国）の秋田城跡、払田柵跡などの城柵やその周辺集落などから出土しており、それらは灯明皿として使用されたものとされている（例えば、秋田県教育委員会編2010）。したがって、第2図14の須恵器坏は灯明皿として使用されていたものである可能性が高い。しかしながら、この須恵器坏が北海道の千歳市末広遺跡で灯明皿として使用されていたのか、あるいは秋田（出羽国）などで灯明皿として使用され、後に北海道にもたらされたものかについては、今後の慎重な検討が必要である[2)]。

男鹿市海老沢窯跡群・西海老沢窯跡群で生産されたと考えられる須恵器高台付坏、須恵器高台付皿を、第2図27～29に示した。第2図27·28の須恵器高台付坏は、底部の切り離しがヘラ切り（第2図28）と糸切り（第2図27）のものであり、底部の切り離し後に小さな高台がつけられている。また、器高が高く（深い）特徴的な形状を呈する。これらの特徴などから、第2図27・28の須恵器は男鹿市海老沢窯跡群・西海老沢窯跡群

写真　煤状のものが付着した須恵器坏（千歳市末広遺跡32号住居址出土、著者撮影）

で生産されたものと考えられ、その年代は９世紀後半と考えられる（東北古代土器研究会編 2008）。

また、北海道東部の根室市トーサムポロ湖周辺竪穴群からは、第２図29（第３図1）の須恵器高台付皿が出土している（(公財）北海道埋蔵文化財センター編 2015)。この須恵器高台付皿は底部の切り離しが糸切りで、底部の切り離し後に器高の1/3ほどを占める大きめの高台がつけられている。その特徴から男鹿市海老沢窯跡群・西海老沢窯跡群で生産されたものと考えられ、年代は９世紀後半である（東北古代土器研究会編 2008)。海老沢窯跡群・西海老沢窯跡群では灰釉陶器の高台付皿を模倣したとみられる須恵器高台付皿が多く生産されており、その一つが北海道東部の根室市から出土しているのである。

この須恵器高台付皿（第３図1）は、根室市トーサムポロ湖周辺竪穴群の焼土F-6から、貼付文の施されたオホーツク式土器（第３図2）と共伴して出土している（第３図3)。したがって、須恵器高台付皿は、秋田（出羽国）から北海道東部のオホーツク文化集団にもたらされたものであり、秋田（出羽国）と北海道東部のオホーツク文化集団との間で、間接的あるいは直接的な交流や物流が展開していたことを示すものと考えられる。また、第３図２の貼付文が施されたオホーツク式土器は、須恵器高台付皿との共伴関係から、９世紀後半の年代に位置づけることができ、オホーツク式土器の年代を示す重要な指標となる。右代（1991）は、貼付文が施されたオホーツク式土器をⅡ-b土器群、Ⅱ-c土器群に分類し、Ⅱ-b土器群を８世紀、Ⅱ-c土器群を９世紀に位置づけている。第３図２の貼付文が施されたオホーツク式土器の年代は、この右代（1991）のオホーツク式土器の年代とも符合するものである。

さらに、根室市トーサムポロ湖周辺竪穴群では、擦文前期（9世紀頃）の擦文土器が出土している。(公財）北海道埋蔵文化財センター編（2015）によれば、この擦文土器と貼付文が施されたオホーツク式土器の平面分布範囲はほぼ同じで、同一層位に両方の土器が混在している状況がみられ、明確な共伴ではないが擦文土器とオホーツク式土器が同じ時期のものである可能性が高いとされている。根室市トーサムポロ湖周辺竪穴群はオホーツク文化の集落遺跡であり、そこから秋田（出羽国）産須恵器高台付皿（9世紀後半)、擦文

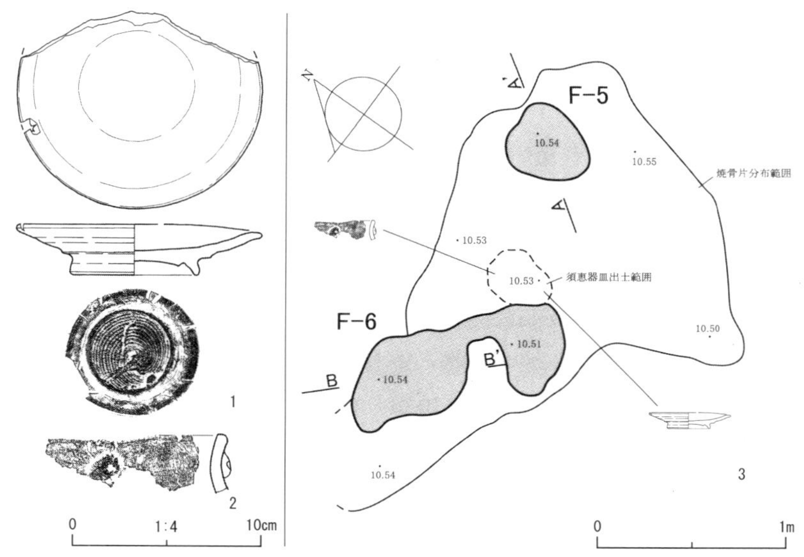

1：焼土 F-6 出土の須恵器、2：焼土 F-6 出土のオホーツク式土器、3：焼土 F-6 の遺物出土状況、（公財）北海道埋蔵文化財センター編（2015）の図を引用・補筆

第3図　根室市トーサムポロ湖周辺竪穴群出土の須恵器とオホーツク式土器

土器という異なる文化の土器が出土している。その出土状況は9世紀における本州文化、オホーツク文化、擦文文化の三つの文化の交流を示すものである。

その他、秋田（出羽国）の窯で生産された可能性がある須恵器については、第2図30～45に示した。これらの須恵器は、秋田市新城窯跡群・古城廻窯跡群あるいは横手市中山丘陵の窯跡群など秋田（出羽国）の窯で生産された可能性が高いと考えられるものであり、今後の課題とする。

(2)北海道における須恵器の分布とその特性（10世紀）

北海道における10世紀の須恵器の分布は、北海道南西部～北西部の日本海沿岸河川河口域、石狩低地帯の石狩川水系河口～下流域、北海道北東部のオホーツク海沿岸河川河口域、北海道南部～東部の太平洋沿岸河川河口域、さらには北海道中央部の石狩川水系中流域など北海道全域に拡がる（第1図）。

これらの須恵器は、その特徴から、ほぼ全てが青森県五所川原窯跡群で生産されたものであり、10 世紀の年代に位置づけられるものである（鈴木 2004）。竪穴住居址床面から出土した須恵器の器種別割合をみると、坏 13%、蓋 0%、長頸壷 50%、中甕 37%であり、8～9 世紀と比較して坏が大幅に減少する一方、長頸壷と中甕が大部分を占めている（鈴木 2004・2006a）。

⑶北海道と秋田（出羽国）との物流・交流

8 世紀後半～9 世紀の須恵器の分布は、北海道石狩低地帯を中心に集中する一方、本州との中間に位置する北海道南西部での出土は希薄である。しかしながら、この時期の須恵器が北海道南西部日本海沿岸域の松前町館浜、せたな町南川２遺跡、北海道西部日本海沿岸域の泊村ヘロカルウス遺跡、余市町沢町遺跡、同大川遺跡から出土している。したがって、これらの地域を中継点として北海道沿岸の「日本海ルート」により石狩低地帯に須恵器が集中的に搬入されたと推定できる（第１・２図、鈴木 2009）。さらに、東北地方北部との物流ルートを検討すると、北海道から出土する須恵器は、先に示したように秋田（出羽国）の窯で生産されたものが多いことから、北海道石狩低地帯の擦文文化集団と秋田（出羽国）の律令国家勢力あるいは、その勢力下の東北地方土師器文化集団との「日本海ルート」による物流が展開していたと考えられる。北海道石狩低地帯の末広遺跡などでは、秋田市新城窯跡群で生産されたと考えられる須恵器がまとまって出土し、他地域産の須恵器が混在している状況がみられない。これらの須恵器は、ある程度まとまった状態で、秋田（出羽国）から直接的に北海道にもたらされたものと考えられる。しかも、近年の調査によると北海道と秋田（出羽国）の中間に位置する青森県日本海沿岸域の五所川原市十三湊遺跡や中泊町折戸遺跡などで秋田（出羽国）産と考えられる須恵器が出土していることから、物流のルートを考えると、これら青森県日本海沿岸域を中継点として、「日本海ルート」で北海道石狩低地帯に秋田（出羽国）産須恵器がもたらされたものと想定される。

また、秋田（出羽国）の窯で生産された須恵器高台付皿が北海道東部の根室市から出土し、在地のオホーツク式土器と共伴している。したがって、秋田（出羽国）の律令国家勢力と北海道東部のオホーツク文化集団との間で、北海道石狩低地帯の擦文文化集団を介した間接的な交流・物流、あるいは直接的な交流・物流が展開していたものと考えられる。

その後、10 世紀には青森県五所川原産須恵器が北海道全域に拡がる。この時期の須恵器の分布は、北海道日本海沿岸や石狩低地帯の河川河口域・中流域はもとより、北海道太平洋沿岸の河川河口域に拡がることから、「日本海ルート」に加え、「太平洋ルート」による物流が展開し、北海道と青森県域との物流が活発化したことがうかがわれる（第 1 図、鈴木 2016b）。

次に、北海道から出土した須恵器についてみていくと、8 世紀後半〜9 世紀の須恵器は、坏が全体の 68％と半数以上を占めている。須恵器の坏は、壷・甕類のように液体などを入れて運ぶ容器に適した器種ではないことから、容器として北海道にもたらされたものではないと考えられる。したがって、これらの須恵器の坏は、史料の検討から後述するように秋田城などでの朝貢や饗給などに伴い北海道にもたらされた可能性がある。また、鈴木（2011a・2012）で示した 8 世紀後半〜9 世紀における、東北地方土師器文化集団の北海道への移動などに伴い北海道にもたらされた可能性も考えられる。一方、北海道から出土した 10 世紀の須恵器は、長頸壷と中甕が全体の 87％占め、器種がそれらにほぼ限定されていく状況がみられる。長頸壷は、その首の長い形態などから「酒」などの液体を入れる容器に利用され北海道にもたらされた可能性があり、中甕は船（交易船）の水甕およびバラストとして利用されていたものの一部が北海道に残された可能性がある（鈴木 2006a）。この 10 世紀の須恵器は青森県五所川原窯で生産されたものが多くみられ、擦文文化集団と青森を中心とした地域の東北地方土師器文化集団との物流・交易に伴い北海道にもたらされたと考えられる。

2　横走沈線文系土器からみた交流の様相

横走沈線文系土器は、口縁部から頸部にかけて横走沈線文を施した長胴甕形の土器であり、およそ 8〜9 世紀の年代に位置づけられるものである。このような土器が、北海道から東北地方北部に広く分布し、北海道では擦文土器あるいは土師器、東北地方北部では土師器に分類されている。

鈴木（2006b）は、北海道から出土する横走沈線文系土器を長胴甕形土器Ⅰ類、長胴甕形土器Ⅱ-A 類に分類した。長胴甕形土器Ⅰ類は、口縁部と頸部に分かれて数条の横走沈線文を施し、その間は無文となるものである（第4図1・2・9～12）。長胴甕形土器Ⅱ-A 類は、口縁部から頸部にかけて、多条の横走沈線文を施したものである（第4図15～17）。鈴木（2006b・2011a）は、これらの土器と須恵器・鉄製品の共伴関係をもとに長胴甕形土器Ⅰ類を8世紀～9世紀前半、長胴甕形土器Ⅱ-A 類を9世紀の年代に位置づけている。

これら北海道の横走沈線文系土器である長胴甕形土器Ⅰ類、長胴甕形土器Ⅱ-A 類と同様の土器が東北地方北部からも出土し、それぞれ横走沈線文土器（第4図28・31）、多条横走沈線文土器（第4図22・30・32）として分類されている（高橋1997・1998、宇部2007、齋藤2008）。東北地方北部で横走沈線文土器とされている土器は、鈴木（2006b）の長胴甕形土器Ⅰ類と同様の土器であり、多条横走沈線文土器とされている土器は、長胴甕形土器Ⅱ-A 類と同様の土器である。ここでは、長胴甕形土器Ⅰ類と東北地方北部の横走沈線文土器を同系統の土器、長胴甕形土器Ⅱ-A 類と東北地方北部の多条横走沈線文土器を同系統の土器と考え、以下、横走沈線文土器、多条横走沈線文土器の用語を使用し検討を進める。

齋藤（2008）は、東北地方北部の多条横走沈線文土器について、器形から東北地方北部で在地の土師器甕より派生したとし、それが北海道の多条横走沈線文土器の出現に影響を与えたとしている。一方、八木（2007）は、北海道の横走沈線文土器、多条横走沈線文土器について、北海道の土器である北大Ⅲ式土器の器形を継承し、土師器甕の影響を受けて北海道でアレンジされ出現したものと述べ、東北地方北部の多条横走沈線文土器は、北海道の横走沈線文土器や多条横走沈線文土器の影響を受けて逆上陸のような形で東北地方北部にひろがったものとしている。宇部（2007）は、八戸市周辺において7世紀中葉（宇部時期区分2段階）に、頸部に4条ほどの横走沈線がめぐる土器がみられ、7世紀後葉～8世紀前葉（宇部時期区分3段階）に口縁部と頸部

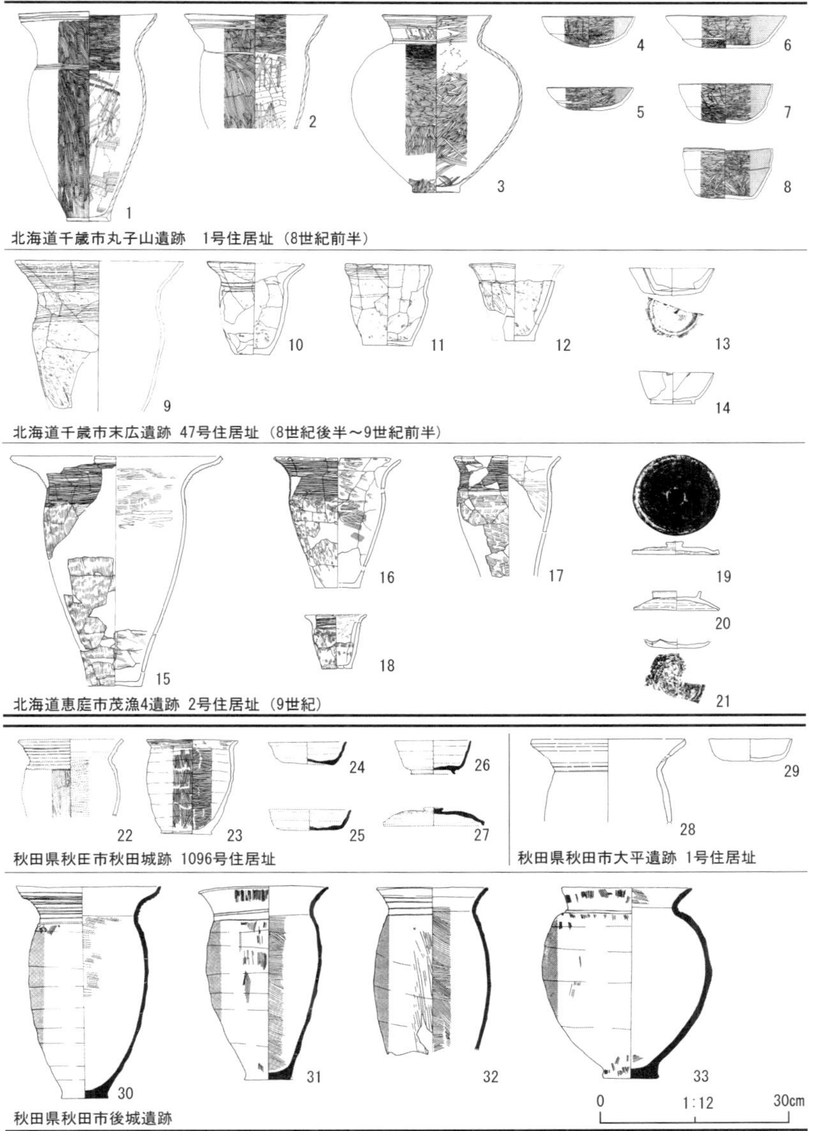

第４図　北海道・秋田県出土の横走枕線文系土器と須恵器

に分かれて1～2条の横走沈線がめぐる横走沈線文土器がみられるとしている。

このように東北地方北部にみられる多条横走沈線文土器には、土師器甕より派生し東北地方北部で成立したとする説（齋藤2008）、北海道で成立し、それが東北地方北部に伝わったとする説（八木2007）などがある。また、宇部（2007）によれば、八戸市周辺では7世紀中葉ないし後葉の段階に横走沈線文土器が出現するということであり、横走沈線文土器や多条横走沈線文土器の系譜や成立過程については不明な点が多いのが現状である。

この横走沈線文土器や多条横走沈線文土器の系譜や成立過程については今後の課題とするが、横走沈線文という同様の文様をもつ土器が出土する地域どうしは、交流が密接であった地域と考えることは可能である。すなわち、北海道と東北地方北部において、横走沈線文土器や多条横走沈線文土器が出土する地域を検討することにより、地域間の交流の様相にせまることができると考える。

ここでは、北海道と東北地方北部から出土した横走沈線文系土器である横走沈線文土器、多条横走沈線文土器について、須恵器との共伴関係や、その分布の拡がりを示し、北海道と東北地方北部の文化的な交流の状況や交流のルートについて考察する。

⑴北海道の横走沈線文系土器と須恵器

北海道から出土する横走沈線文系土器には、第4図1・2・9～12の横走沈線文土器（8世紀～9世紀前半）、第4図15～18の多条横走沈線文土器（9世紀）がみられる。これらの土器は、千歳市丸子山遺跡、同祝梅三角山D遺跡、同末広遺跡、同キウス9遺跡、同オサツ2遺跡、恵庭市柏木川4遺跡、同カリンバ3遺跡、同中島松6遺跡、同中島松1遺跡、同茂漁4遺跡、札幌市K435遺跡などをはじめ石狩低地帯の石狩川水系河川下流域を中心に広く分布している（第4図1～21）。

このうち、千歳市丸子山遺跡、同末広遺跡、同オサツ2遺跡、恵庭市中島松6遺跡、同中島松1遺跡、同茂漁4遺跡、札幌市K435遺跡などの竪穴住居址では、第4図1・2・9〜12に示したような横走沈線文土器と、秋田市新城窯跡群・古城廻窯跡群など秋田（出羽国）の窯で生産されたと考えられる第4図13・14のような須恵器（8世紀後半〜9世紀前半）が共伴して出土している。また、これらの遺跡の竪穴住居址では、第4図15〜17に示したような多条横走沈線文土器と、秋田（出羽国）の窯で生産された可能性がある第4図19〜21のような須恵器（9世紀）が共伴して出土している例もみられる。

(2)東北地方北部の横走沈線文系土器と須恵器

東北地方北部から出土する横走沈線文土器、多条横走沈線文土器は、秋田

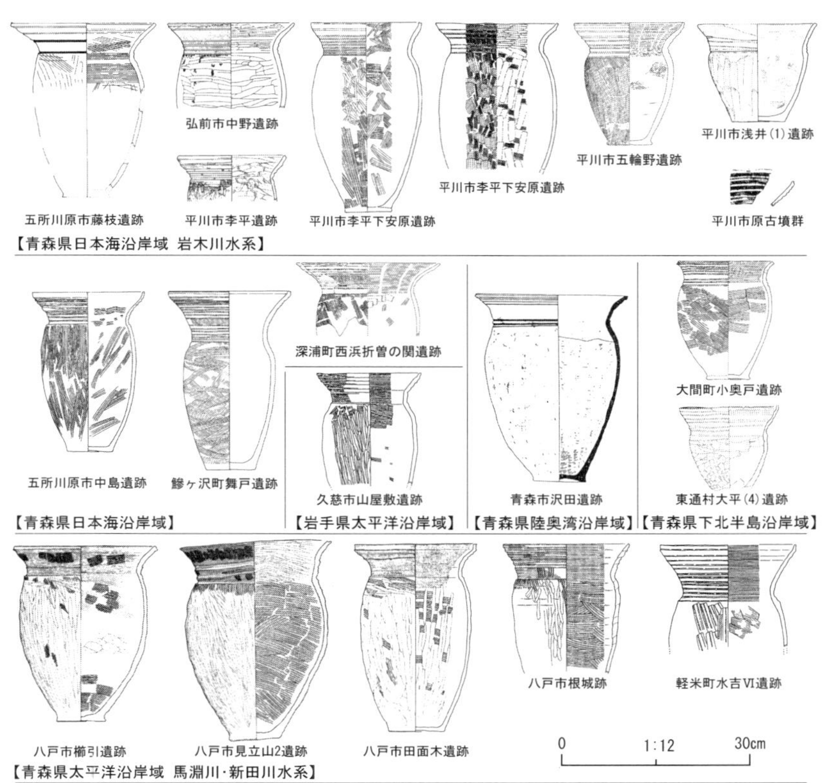

第5図　青森県・岩手県出土の横走枕線文系土器

県日本海沿岸の雄物川水系河口〜下流域（秋田市秋田城跡、同大平遺跡、後城遺跡）、青森県日本海沿岸の岩木川水系下流〜中流域（五所川原市藤枝遺跡、弘前市中野遺跡、平川市李平遺跡、同原古墳群、同李平下安原遺跡、同五輪野遺跡、浅井(1)遺跡）、同日本海沿岸の河川河口域（五所川原市中島遺跡、鰺ヶ沢町舞戸遺跡、深浦町西浜折曽の関遺跡）、同陸奥湾沿岸の河川河口域（青森市沢田遺跡）、同下北半島の河川河口域（大間町小奥戸遺跡、東通村大平(4)遺跡）、青森県・岩手県太平洋沿岸の馬渕川・新田川水系下流〜中流域（八戸市根城跡、同田面木遺跡、同櫛引遺跡、同見立山２遺跡、軽米町水吉Ⅳ遺跡）、同太平洋沿岸の河川河口域（久慈市山屋敷遺跡）などに分布する（第４図22・23・28・30〜32、第５図）。

この分布の傾向をみると横走沈線文土器は、青森県・岩手県太平洋沿岸の馬渕川・新田川水系下流〜中流域に多くみられる。また、多条横走沈線文土器は、秋田県日本海沿岸の雄物川水系河口〜下流域、青森県日本海沿岸の河川河口域、同岩木川水系下流〜中流域に多くみられる。

とくに秋田（出羽国）の雄物川水系河口域に位置する秋田市秋田城跡1096号住居址、同大平遺跡１号住居址などでは、第４図22〜29に示したように多条横走沈線文土器と秋田（出羽国）の窯で生産されたと考えられる須恵器（8世紀後半〜9世紀前半）が共伴して出土している（高橋1997・1998）。

(3)横走沈線文系土器と須恵器からみた交流のルート

北海道石狩低地帯の石狩川水系河川下流域の竪穴住居址では、横走沈線文土器と、秋田（出羽国）の窯で生産されたと考えられる須恵器（8世紀後半〜9世紀前半）が共伴して出土し、多条横走沈線文土器と秋田（出羽国）の窯で生産された可能性が高い須恵器（9世紀）が共伴して出土している。さらに、秋田（出羽国）の秋田市秋田城跡1096号住居址、同大平遺跡１号住居址などでは、多条横走沈線文土器と、秋田（出羽国）産と考えられる須恵器（8世紀後半〜9世紀前半）が共伴して出土している。しかも、多条横走沈線文土器の分布は、青森県日本海沿岸の河川河口域、同岩木川水系下流〜中流域に多くみられ、北海道日本海沿岸の河川河口域（せたな町南川２遺跡、余市町沢町遺跡など）にもみられる（第５図）[3]。

すなわち、この共伴関係や多条横走沈線文土器の分布から、8世紀後半～9世紀には、多条横走沈線文土器を使用する地域集団が北海道石狩低地帯と秋田（出羽国）の律令国家勢力との交流や物流に関わっていた可能性があり、秋田（出羽国）から青森の日本海沿岸域を経由し、北海道石狩低地帯に至る「日本海ルート」による交流や物流を担っていたと考えられる。

一方、横走沈線文土器については、青森県太平洋沿岸の馬渕川・新田川水系下流～中流域に多くみられる。宇部（2007）によると、馬渕川・新田川水系下流～中流域の横走沈線文土器は7世紀後葉～8世紀前葉頃からみられるとされている。また、鈴木（2006b・2011a）は、北海道石狩低地帯の横走沈線文土器を8世紀～9世紀前半の年代に位置づけている。したがって、8世紀前半の段階には、北海道石狩低地帯と青森県太平洋沿岸の馬渕川・新田川水系下流～中流域に同様の土器を使用する地域集団が存在し、地域間の交流が展開していた可能性がある。

3　鉄製品からみた物流の様相

考古学的にみると、本州から北海道へもたらされた主要な交易品として鉄製品があげられる。これらは先に示した須恵器などとともに、北海道にもたらされた可能性がある。この鉄製品の北海道における時空分布とその特性を示し、本州から北海道への物流の展開を検討する。

8～9世紀の鉄製品の分布は、日本海沿岸の北海道西部、石狩低地帯の石狩川水系河口～下流域に集中し、その種類も刀子・斧・鋤・鍬・鎌・釘・紡錘車など実用的な生活用具類のほか武具類など多様なものが流入している（第6図、鈴木2005）。また、この時期、本州産蕨手刀の分布は北海道石狩低地帯の擦文文化の遺跡と、北海道北東部のオホーツク文化の遺跡にみられる（第6・7図、八木2010、鈴木2014b）。

8～9世紀は、鉄製品や蕨手刀の分布が石狩低地帯を中心に集中する一方、本州との中間に位置する北海道南西部での出土は希薄である。しかしながら、蕨手刀が北海道南西部日本海沿岸域のせたな町南川2遺跡や、北海道南西部太平洋沿岸域の森町鳥崎川右岸遺跡から出土している（第6·7図）。したがって、これらの地域を中継点として北海道沿岸の「日本海ルート」あるいは一部「太平洋ルート」により石狩低地帯に鉄製品（蕨手刀）が集中的に搬入されたと想定される。また、蕨手刀は北海道北東部のオホーツク文化の遺跡にもみられ、北海道沿岸の「日本海〜オホーツク海ルート」によりオホーツク文化集団に蕨手刀がもたらされたと考えられる（第6・7図）。さらに、東北地方北部との物流ルートを検討すると、先に示したように北海道で出土する須恵器は秋田（出羽国）の窯で生産されたものが多いことから、鉄製品（蕨手刀）についても須恵器と同様に秋田（出羽国）を主体とする地域から「日本海ルート」により北海道石狩低地帯にもたらされた可能性が指摘できる。

その後、10〜12世紀になると鉄製品の分布は北海道全域の河川河口域や下流域、石狩川水系中流域に拡がり、その種類も多様化する（第6図、鈴木2005・2011a・2016b）。このことは、10〜12世紀に鉄製品の物流が活発化したことを示すものであり、この時期に「日本海ルート」に加え、「太平洋ルー

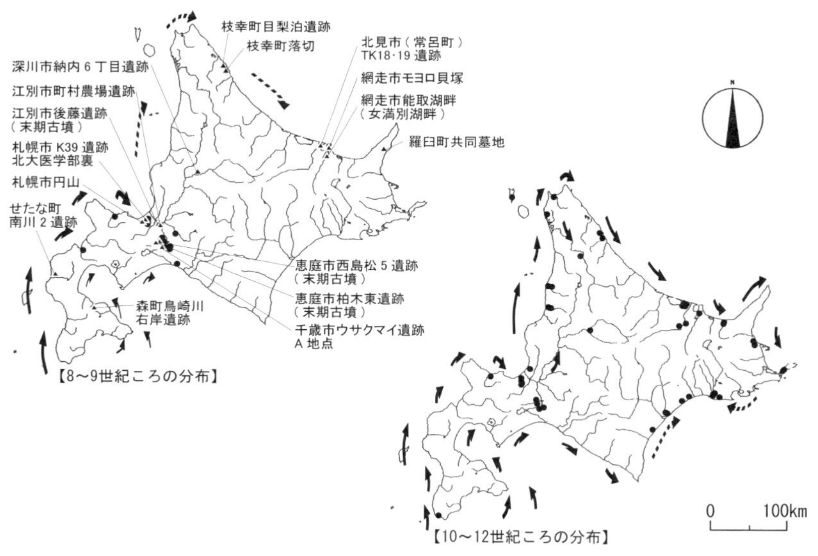

▲：蕨手刀の分布・遺跡名記載　●：竪穴住居址出土鉄製品の分布

第６図　北海道における鉄製品（蕨手刀）の時空分布と物流のルート

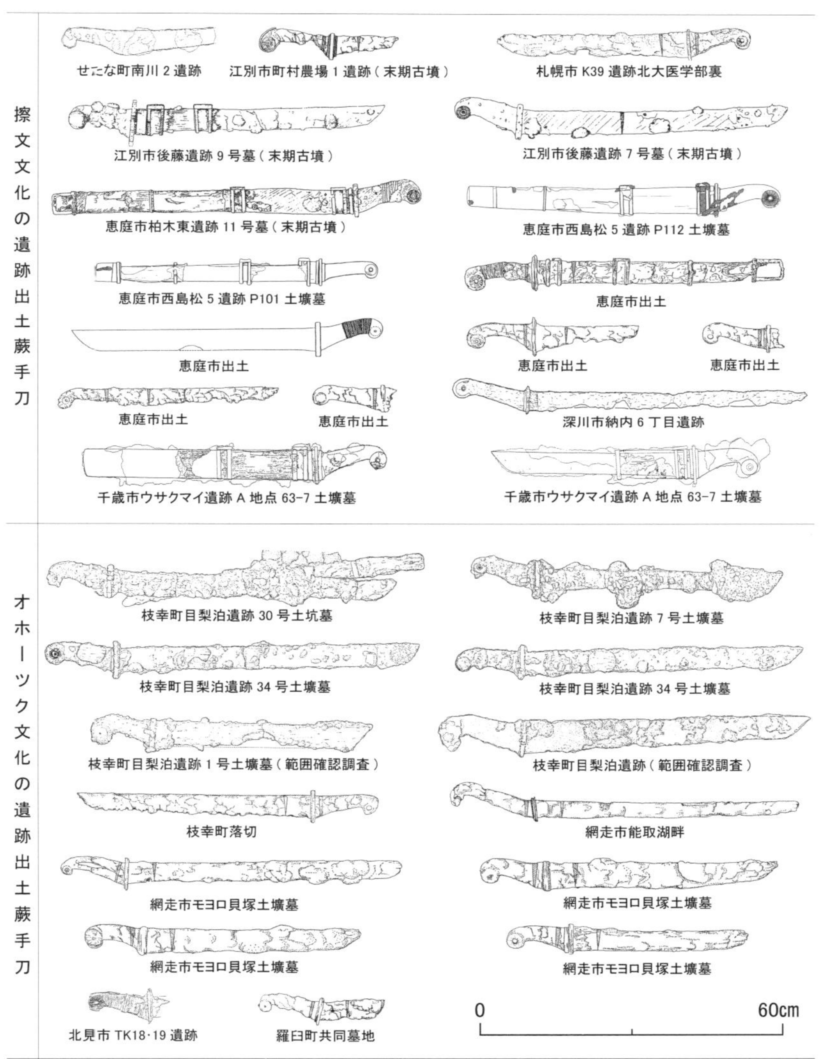

第7図　北海道出土の蕨手刀（8〜9世紀）

ト」による物流のルートが成立したものと考えられる。

4　史料からみた北海道と秋田（出羽国）の物流・交流

(1)北海道から本州への交易品

『続日本紀』、『延喜式』など古代の史料には、「渡島蝦夷」、「渡島狄」、「粛慎」などとよばれた北海道地域の人々の交易・貢納品や奥羽両国の「交易雑物」として扱われた北海道の産物が記されており、10世紀以降になると貴族の日記や有職故実書などを通じて、この時代の北海道から本州社会へ入った品々を知ることができる。鈴木（2005・2006a・2011b）は、これらの古代の文献史料などの記述を検討し、7～12世紀の北海道から本州への交易品として羆皮・葦鹿皮・独犴皮・索昆布・細昆布・水豹皮、鷲羽（粛慎羽）、奥州貂裘などの物流の状況を示してきた。

このなかで、8～9世紀において本州への交易品と考えられるものは、羆皮・葦鹿皮・独犴皮・索昆布・細昆布である。葦鹿皮・独犴皮・索昆布・細昆布は、『延喜式』（民部下・交易雑物条）に陸奥・出羽両国の「交易雑物」として記載され、北海道産の交易品であった可能性が高い。さらに『類聚三代格』（巻十九・禁制事所収の延暦二一年六月二四日太政官符）では、王臣諸家が渡嶋狄と私的に毛皮を交易することが禁止されている。また、『延喜式』（巻四十一弾正台）によると、羆皮は障泥として使用され、五位以上の官人が使用するものとして位置づけられ、『続日本紀』（霊亀元年九月一日条）によると、六位以下の官人が鞍や横刀の飾りに羆皮を用いることが禁止されている。以上から、8～9世紀において北海道産の毛皮類は王臣家による私的交易の対象にもなっており、北海道から本州への主要な交易品であったことがうかがわれる。さらに、これらの毛皮類は都で官位によりその使用が定められ貴族の身分標識として珍重されていたこともわかる。これら北海道産の毛皮類は、北海道にもたらされた本州産の鉄製品や須恵器の対価として本州側に提供された一部の産物と考えられる。

⑵北海道と秋田（出羽国）の物流・交流とその様相

8世紀後半～9世紀は、先に示した須恵器の物流の様相などから、石狩低地帯と秋田（出羽国）を主体とする地域の間で「日本海ルート」による物流・交易が展開していた。このことは、史料からも裏付けられる。例えば、次に示す8世紀後半～9世紀の史料からは「渡島蝦夷」、「渡島狄」などとよばれた北海道方面の人々と、出羽国や秋田城との関係がうかがわれる。

① 780年：『続日本紀』（宝亀11年5月条）、鎮狄将軍・出羽国司に渡嶋蝦夷を饗応する際によく教えさとすよう命じる。② 802年：『類聚三代格』（巻19禁制事）、出羽国で王臣諸家が渡嶋狄と私的に毛皮などを交易することを禁止する。③ 875年：『日本三代実録』（貞観17年11月16日条）、渡嶋の狄が八十艘の水軍で秋田郡・飽海郡を襲ったため、出羽国司に追討を命じる。④ 878年：『日本三代実録』（元慶2年9月5日条）、出羽国司に対して小野春風の率いる陸奥国の援軍を返してもよいこと、津軽・渡嶋の俘囚には状況を見極めて対処し、戦功のあった蝦夷に恩賞を与えることなどを指示する。⑤ 879年：『日本三代実録』（元慶3年正月11日条）、出羽国が反乱軍からの降伏者を受け入れ、また征夷軍に従った渡嶋蝦夷と津軽俘囚を慰労したことを報告する。この時、渡嶋夷の首長103人が同族3,000人を率い秋田城に詣で服属した。⑥ 881年：『日本三代実録』（元慶5年8月14日条）、元慶の乱の際に無許可で不動穀を支出して、渡嶋狄らを饗応した出羽国司の責任を免除する。⑦ 893年：『日本紀略』（寛平5年閏5月15日条）、出羽国の渡嶋狄と奥地の俘囚との戦闘に備えて、出羽国司に城塞の警備を命じる。

これらの文献史料からは、「渡島蝦夷」、「渡島狄」などとよばれた北海道地域の人々と、出羽国秋田城の律令国家勢力との間に饗応や服属などに伴う往来や交流（時には争い）があり、交易が活発に行われていた状況もうかがわれる。すなわち、須恵器や鉄製品などの物流の状況と、これら史料の記事とをあわせて検討すると、北海道の擦文文化集団が「日本海ルート」を通じて、出羽国秋田城の律令国家勢力と朝貢や饗給などに伴う交易や交流を行っていた状況が推定できる。先に示したように8～9世紀の北海道から本州側への主要な交易品は毛皮類であり、この毛皮類と本州産の鉄製品・須恵器などとの交易が北海道擦文文化集団と出羽国秋田城の律令国家勢力との間で展開していたものと考えられる。

おわりに

北海道にもたらされた須恵器の物流の様相を検討した結果、8世紀後半～9世紀の須恵器の分布は、北海道石狩低地帯に集中してみられ、これらの須恵器には秋田（出羽国）の窯で生産されたと考えられるものが多くみられることを指摘した。すなわち、須恵器の物流からみると、8世紀後半～9世紀は北海道石狩低地帯と秋田（出羽国）との「日本海ルート」による活発な物流・交流が展開していたと考えられる。

また、多条横走沈線文土器（長胴甕Ⅱ-A類）と秋田（出羽国）産須恵器との共伴関係やその分布から、8世紀後半～9世紀には多条横走沈線文土器を使用する人々が北海道石狩低地帯と秋田（出羽国）との間の交流や物流に関わっていた可能性があり、青森県の日本海沿岸域を経由した「日本海ルート」による物流・交流が展開していた状況が推定できる。

鉄製品については、須恵器の物流に伴い秋田（出羽国）を主体とする地域から「日本海ルート」により北海道石狩低地帯にもたらされた可能性がある。

さらに、『続日本紀』、『日本三代実録』、『延喜式』などの文献史料によると、8世紀後半～9世紀には北海道地域の人々と、出羽国秋田城の律令国家勢力との間に饗応や服属などに伴う往来や交流があり、交易が活発に行われていた状況がうかがわれる。北海道から本州側への主要な交易品は毛皮類であり、この毛皮類と本州産の鉄製品・須恵器などとの交易が展開していたことが推定できる。

これらの須恵器、横走沈線文系土器、鉄製品、史料の記述からみた物流・交流の状況を比較検討した結果、8世紀後半～9世紀には北海道石狩低地帯の擦文文化集団と出羽国秋田城の律令国家勢力あるいは、その勢力下の東北地方土師器文化集団との間で「日本海ルート」を通じた活発な物流（交易）

や交流が展開していたことが指摘できる。この物流（交易）や交流の活発化の背景には、秋田城の設置などに伴う律令国家勢力の北進政策が大きな影響を及ぼしていたものと考えられる。

註

1）北海道にみられる秋田（出羽国）産須恵器の調査にあたっては、伊藤武士氏（秋田市教育委員会）より多くのご教示を得た。

2）この須恵器坏（第3図14）が、北海道の千歳市末広遺跡で灯明皿として使用されていたとすれば、灯明を使用する文化が北海道に伝わっていた可能性があり、重要な問題となる。一方、この須恵器坏が、秋田（出羽国）などで灯明皿として使用され、後に北海道にもたらされたものであった場合には、その流通経路が問題となる。秋田（出羽国）において須恵器坏（灯明皿）が多く出土しているのは、一般的な集落ではなく、城柵などである。したがって、須恵器坏（第3図14）は、秋田城や払田柵などで灯明皿として使用されていたものが、後に北海道にもたらされた可能性があり、秋田城や払田柵などと北海道との間の物流や交流を示す資料となりうるものである。

3）青森から出土した横走沈線文土器（多条横走沈線文土器）については、秋田（出羽国）産須恵器との明確な供伴関係が明らかではない。しかしながら、近年、五所川原市十三湊遺跡や中泊町折戸遺跡などで秋田（出羽国）産須恵器が確認されている。

参考文献

秋田県教育委員会編 2010『秋田県重要遺跡調査報告書Ⅰ―払田柵跡第139次調査・怒遺跡出土遺物―』秋田県文化財調査報告書第458集 40頁

伊藤武士 1998「秋田城周辺須恵器窯跡の動向について」『秋田考古学』第46号 秋田考古学協会 1-36頁

伊藤武士 2006『秋田城跡』日本の遺跡12 同成社 193頁

右代啓視 1991「オホーツク文化の年代学的諸問題」『北海道開拓記念館研究年報』第19号 北海道開拓記念館 23-52頁

宇部則保 2007「東北・北海道における6〜8世紀の土器変遷と地域の相互関係 ix青森県南部〜岩手県北部」『古代東北・北海道におけるモノ・ヒト・文化交流の研究』

科学研究費補助金（基盤研究B・研究代表者辻秀人）研究成果報告書 260-303 頁
（公財）北海道埋蔵文化財センター編 2015『根室市トーサムポロ湖周辺竪穴群（1)』北埋調報 317
齋藤 淳 2008「北奥出土の擦文土器について」『青森県考古学』第 16 号 青森県考古学会
鈴木琢也 2004「擦文文化期における須恵器の拡散」『北海道開拓記念館研究紀要』第 32 号 北海道開拓記念館 21-46 頁
鈴木琢也 2005「擦文文化における物流交易の展開とその特性」『北海道開拓記念館研究紀要』第 33 号 北海道開拓記念館 5-30 頁
鈴木琢也 2006a「古代北海道における物流経済」『アイヌ文化と北海道の中世社会』北海道出版企画センター 19-31 頁
鈴木琢也 2006b「擦文土器からみた北海道と東北地方北部の文化交流」『北方島文化研究』4 号 北海道出版企画センター 19-42 頁
鈴木琢也 2006c「北日本における古代末期の北方交易―北方交易からみた平泉前史―」『歴史評論』678 号 校倉書房 60-69 頁
鈴木琢也 2009「擦文文化期の物流」『擦文文化における地域間交渉・交易』北海道考古学会 41-50 頁
鈴木琢也 2010「古代北海道と東北地方の物流」『北方世界の考古学』すいれん舎 101-118 頁
鈴木琢也 2011a「北海道における 7～9 世紀の土器の特性と器種組成様式」『北海道開拓記念館研究紀要』第 39 号 北海道開拓記念館 13-36 頁
鈴木琢也 2011b「北日本における古代末期の交易ルート」『古代中世の蝦夷世界』高志書院 101-118 頁
鈴木琢也 2012「北海道における 3～9 世紀の土壙墓と末期古墳」『北方島文化研究』10 号 北海道出版企画センター 1-40 頁
鈴木琢也 2014a「擦文文化にシャマニズムを探る」『シャマニズムの淵源を探る』弘前学院大学地域総合文化研究所 141-174 頁
鈴木琢也 2014b「北海道の末期古墳と蕨手刀」『北三陸の蝦夷・蕨手刀』岩手考古学会 47-54 頁
鈴木琢也 2014c「古代北海道と秋田の交流」『古代秋田に集った人々』第 29 回国民文化祭秋田市実行委員会・シンポジウム「古代秋田に集った人々」企画委員会 47-54 頁

鈴木琢也 2016a「擦文文化の成立過程と秋田城交易」『北海道博物館研究紀要』第1号 北海道博物館 1-18頁

鈴木琢也 2016b「平泉政権下の北方交易システムと北海道在地社会の変容」『歴史評論』795号 校倉書房 16-27頁

高橋 学 1997「口縁部に沈線文をもつ土師器—秋田県域での事例—」『日本考古学協会秋田大会「蝦夷・律令国家・日本海」シンポジウム資料集』日本考古学協会1997年度秋田大会実行委員会 91-110頁

高橋 学 1998「再び「口縁部に沈線文をもつ土師器」について—秋田県域での事例—」『秋田考古学』第46号 秋田考古学協会 37-49頁

東北古代土器研究会編 2008『東北古代土器集成—須恵器・窯跡編（出羽）—』研究報告4 179頁

八木光則 2007「渡嶋蝦夷と麁蝦夷」『古代蝦夷からアイヌへ』吉川弘文館 139-166頁

八木光則 2010『古代蝦夷社会の成立』ものが語る歴史21 同成社 288頁

五所川原須恵器窯跡群の成立と北海道

中澤寛将

はじめに

五所川原（ごしょがわら）須恵器窯跡群（以下、五所川原窯）は、津軽半島の中央部、青森県五所川原市に所在する窯業遺跡である。1967年、当市前田野目地区で須恵器窯が発見されると（坂詰 1969・1972）、「北限の須恵器窯」として知られるようになる。1990年代以降、地元有志や五所川原市教育委員会による詳細分布・内容確認調査の結果、須恵器窯の構造や器種構成の変遷等が判明し（第1図）、現在では9世紀末葉～10世紀第3四半期頃に操業したと考えられている（五所川原市教育委員会 2003・2005、中澤 2005、藤原 2007）。また、五所川原窯跡群で生産された須恵器（以下、五所川原産須恵器）は、津軽地域のみならず、北海道の石狩低地帯や道北、オホーツク海沿岸まで分布することも判明している（山本 1998、鈴木 2004、中澤 2005）。領域支配の拡大と密接に関わる須恵器生産が、なぜ中央政府からエミシの居住地と認識されていた津軽地方で行われたのか。また、その導入過程において陸奥・出羽両国がどの程度関与していた

第1図　東北地方における須恵器窯の分布

のか。五所川原窯における須恵器生産の体制や組織はどのようなものであったのか。なぜ五所川原産須恵器は北海道へ流入したのか。このような点については十分に論証されていないのが現状である。

本稿では、秋田城の北方支配の実態を考える一つの視点として、五所川原窯を取り上げる。以下では、前稿（中澤 2004・2005・2009）を踏まえ、その技術系譜や生産体制・組織について検討し、歴史的意義を論じる。

1　五所川原窯の須恵器生産の変遷

五所川原窯では、標高 35m 前後の低位段丘（高野 1 号窯（KY1 号窯））で須恵器生産が開始され、その後は標高 50〜80m 前後の高位段丘（持子沢窯跡（MZ）支群）、標高 100〜200m 前後の高位段丘（前田野目窯跡（MD）支群）へと窯場を移動する（第 2 図）。このほか、標高 30m 前後の低位段丘には原子窯跡（HK）支群、標高 60〜70 m前後の高位段丘には桜ヶ峰窯跡（SM）支群がある。五所川原窯の変遷は、以下のように考えている（中澤 2005・2009）（第 3 図）。

第 1 段階（9 世紀末葉〜十和田 a 火山灰降下（915年）前後）

指標窯跡：KY1 号窯跡→ MZ6・7・8 号窯跡等の持子沢（MZ）支群

窯 分 布：低位段丘（KY1 号窯）・高位段丘（MZ 支群）に立地。近距離に複数基（2〜3 基）築窯。

窯 構 造：半地下式無階無段構造の窖窯。窯尻部が窄まる形態。

器種構成：坏・皿・鉢・長頸壺・広口壺・中甕・大甕・ミニチュア・土師器様須恵器[1)]。高台付の坏・皿は欠如。坏 3〜4 割程度、長頸壺 2〜4 割程度、中甕・大甕 1〜2 割程度。

製作技法：坏は大小 2 法量を基本。KY1 号窯で底部にヘラ削り再調整した坏が少量含まれる。長頸壺は大中小 3 法量を基本。底部外面に菊花状の調整痕。比較的丁寧に製作され、焼成良好。

第 2 段階（十和田 a 火山灰降下前後〜白頭山火山灰降下（940年頃）以前）

指標窯跡：MD7・12 号窯跡等

窯 分 布：前田野目台地の高位段丘に立地。窯跡分布は散在的。

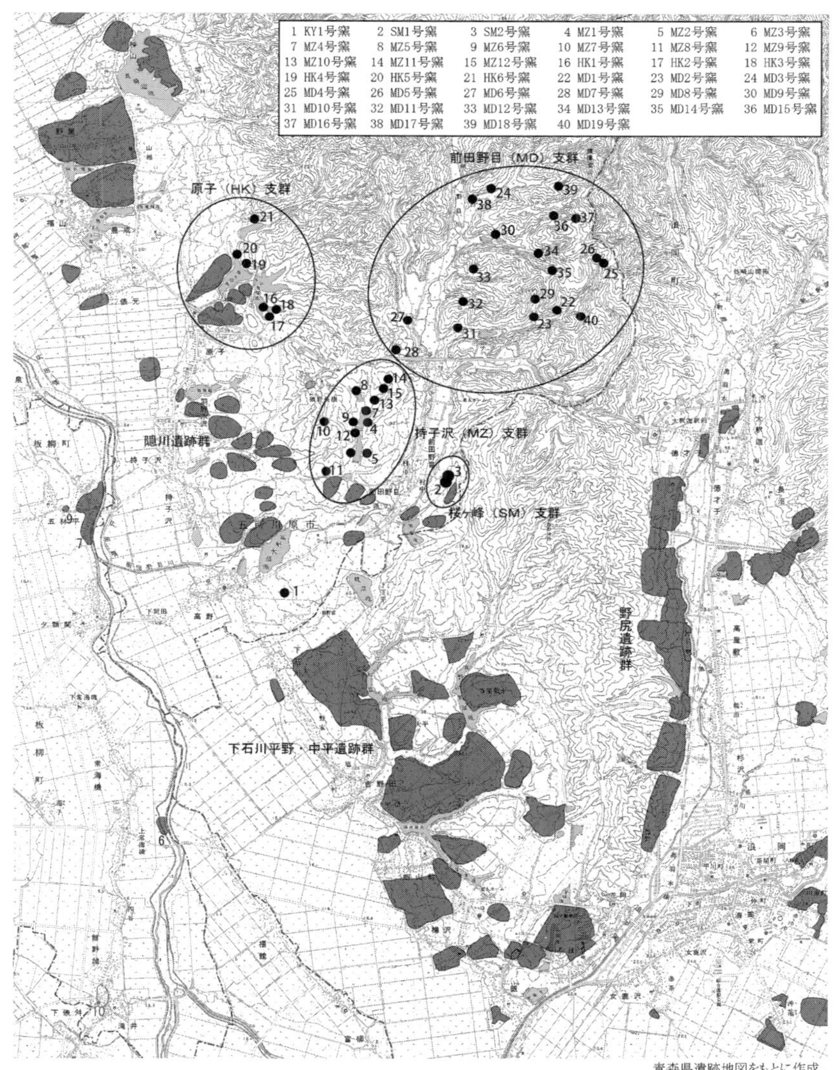

青森県遺跡地図をもとに作成。

第２図　五所川原須恵器窯跡群と周辺遺跡

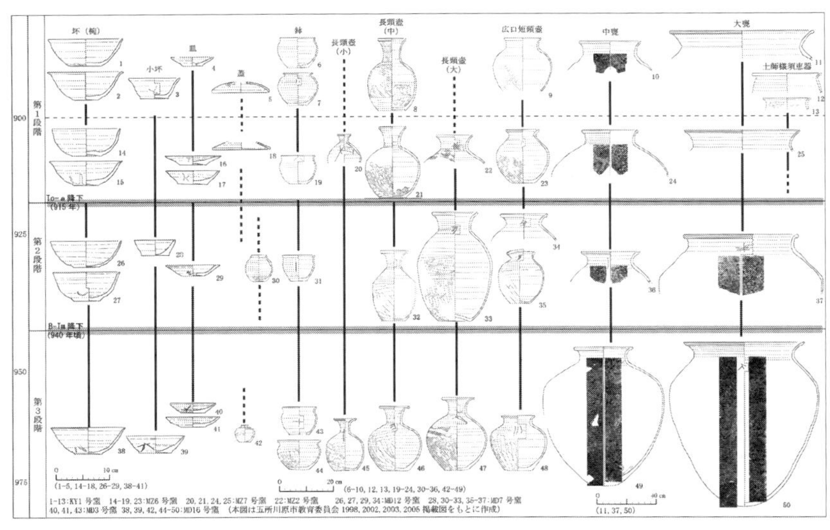

第３図　五所川原産須恵器の編年（中澤 2005 を改変）

窯 構 造：半地下式無階無段構造の窖窯。窯は燃焼部から焼成部までほぼ一定の幅で、平面形が隅丸長方形を呈する。

器種構成：坏・皿・鉢・長頸壺・広口壺・中甕・大甕・ミニチュア。坏と壺・甕類の生産割合がほぼ同等となる。

製作技法：菊花状の調整痕のある長頸壺が減少し、砂底・無調整のものが増加。形態の簡略化・規格化が進行する。

第３段階（白頭山火山灰降下以後〜10世紀第３四半期代）

指標窯跡：MD3・4・4・16 号窯跡等

窯 分 布：高位段丘に立地。窯跡分布は散在的だが、小規模な群をなす。

窯 構 造：半地下式無階無段構造の窖窯。平面形は燃焼部から焼成部までほぼ一定。

器種構成：坏・皿・鉢・長頸壺・広口壺・中甕・大甕・ミニチュア。貯蔵具（とくに中甕）生産主体。

製作技法：形態の簡略化・規格化が進行。

2　五所川原窯の技術系譜と須恵器生産体制

(1)技術系譜に関する論点

五所川原窯の技術系譜については、発掘調査が初めて行われた1968年から議論されてきた。坂詰秀一は『津軽・前田野目窯跡』のなかで、五所川原窯の須恵器が秋田県七窪窯跡のものと類似することに注目し津軽の須恵器生産は元慶の乱や天慶の乱を背景とし、蝦夷に対する政府の宣撫政策の一環として下賜されたものと捉え、その生産開始の上限年代を10世紀後半と推定した（坂詰1969・1972・1982）。1980年代に入ると大規模開発に伴う緊急発掘調査によって五所川原産須恵器も蓄積された。三浦圭介は、五所川原産須恵器の分布範囲を示すとともに、工人集団の系譜を米代川下流域の十二林窯に求めた（三浦1994）。これ以後、三浦の見解は古代北方史研究に一定の影響を及ぼすことになる。そして、1990年代後半の犬走（いぬばしり）須恵器窯跡（MD7号窯）の発掘調査や五所川原市教育委員会の確認調査によって、五所川原窯の須恵器生産の実態も明らかになった。

五所川原窯の技術系譜・操業形態の論点は、国家側（出羽国・陸奥国）とエミシの関与の程度をどのように評価するかである。前述したように、三浦はエミシ社会の米代川下流域に系譜を求めたが、工藤清泰は「五所川原窯跡群は王朝国家側から蝦夷村に打ち込まれた楔」（工藤1994）と評価し、エミシ側の主体的な操業の可能性は希薄であるとする。

一方、八木光則は「北方社会への供給を目的に秋田城などが介入する形で工人を送り込み、秋田城はその結果津軽にもたらされる北方の産物を収取し」、当初は出羽側主導で、秋田城の機能停止とともに陸奥側がその権益を継承したとするが、「公権力が強く介在して社会構造を大きく変容させた形跡はなく、工人や在地の蝦夷によってかなりの部分で自主的な運営、発展がなされた」と評価する（八木2001）。利部修は「蝦夷の系譜にある津軽地域の首長による主体的な操業」（利部2001）、菅原祥夫は「五所川原窯の須恵器生産を支えた背景に秋田城の存在を想定するが、直接の担い手は在地の土師器工人が再編された」（菅原 2004）と評価した。いずれもエミシの主体性を重視する。

また、三浦の技術系譜論を批判的に検討した井出靖夫は、壺・甕など貯蔵具の口縁部形態と坏の法量・技法について五所川原窯と出羽諸窯を比較し、十二林窯からの系譜は想定し難いと指摘した（井出 2004）。そして、窯跡構造や窯跡群の検討により、五所川原窯跡群は出羽国北部の須恵器生産地からの技術的影響を強く受けて成立したと捉え、長頸壺などは陸奥国側など他地域の情報も取り入れていたと評価した（井出 2004）。ただし、高台付き食膳具の欠如や長頸壺の形態などから器種や器形は選択的に受容され、坏については土師器工人と須恵器工人の密接な関係を指摘した。そのうえで、五所川原窯の成立背景については、元慶の乱を契機として北東日本海域での交易システムが変化したことを想定し、須恵器をはじめとする手工業生産技術の受容以後にエミシ社会は自立性を強化したとする（井出 2004·2007）。また筆者は、築窯技術・製作技法から出羽・陸奥国の影響を想定でき、出羽・陸奥から工人の一部が招聘された可能性も否定できないものの、基本的には在地有力層主導のもとで須恵器生産が行われ、須恵器坏が窯跡群周辺の土師器坏と類似した形態をとることから、在地住民を工人として登用し、組織化したと指摘した（拙稿 2005）。

三浦は五所川原須恵器窯跡群の総括報告書を踏まえ、五所川原窯の工人集団の系譜を十二林窯に求める従来の自説を修正し、前期持子沢系須恵器の特徴である頸部にリング状突帯を巡らし、底部に菊花状の調整痕を有する有台長頸壺の存在から、陸奥国南部の大戸古窯跡群から出羽国の払田柵周辺や秋田城周辺の窯跡群を経て津軽へ技術が伝播したと想定する（三浦 2006・2007）。また操業形態に関しては、工人集落と推定される隠川（4）・（12）遺跡の状況や一地区一窯であること、一つの窯で 1～2 回の焼成であることから、家内工業的な生産体制であった可能性を指摘する。そして、五所川原窯における須恵器生産の目的と開窯の契機については、北方社会の商品経済発達のなかで自立的に生じた結果であるという見方、政府側の懐柔政策・宣撫政策の一環として須恵器製作技術を津軽蝦夷に下賜したとする考え方、国家の支配が間接的ながら及んでいたことにより国家が工人集団を送り込んだとみる考え方を提示し、それぞれが有機的に融合した形で須恵器生産・流通体制が確立したと捉え、津軽の須恵器生産は、自立的に推し進められてきた津軽地方の商品経済化のなかで須恵器の需要が増大したことによって、制約の厳しい内国の官営須恵器生産体制からの供給を当てにせず、国家の何らかの関与のもとでその体制が確保されたと評価した（三浦 2006）。また、松本建速は、五所川原産須恵器生産者の出身地に踏み込んだ議論を展開し、会津大戸窯を第一の候補と推定している（松本 2011：210 頁）。

また須恵器生産との関連性が想定されるロクロ土師器の出現・相互関係についても検討が深められている。宇部則保は津軽地方のロクロ土師器が「当初は、五所川原窯の工人集団が赤焼き坏を含めたロクロ土師器の生産を主導し、ロクロ技術が周辺の集落へ及ぶにつれ、赤焼き坏は食膳具の基本器種となって広がり、その後、土師器焼成坑を伴う一般集落においても生産が本格的に行われるようになった」（宇部 2007：179 頁）と指摘した。齋藤淳は、ロクロ土器の法量は各地の在地的伝統が保持されるものの、浪岡周辺では南部あるいは秋田からの影響も想定する必要があると指摘した（齋藤 2011）。

以上、五所川原窯の技術系譜・操業経緯に関する議論を整理した。近年、須恵器・土師器を含めた土器全体の技術的・計量的な分析から、より精緻で実証的な議論が交わされている。以下では須恵器生産に関する各種要素を陸奥・出羽両国の須恵器と比較検討し、五所川原窯の位置づけを考えたい。

⑵五所川原窯にみられる諸要素（第 1 表）

1）須恵器窯の分布・立地

東北地方では、5 世紀中葉に仙台平野の大連寺窯や金山窯跡で須恵器生産が行われるが、継続的な須恵器生産は陸奥国で 6 世紀末～7 世紀初頭、出羽国で 7 世紀末に開始される。

秋田城周辺に展開する新城窯跡群（右馬之丞窯跡・大澤窯跡Ⅰ・Ⅱ）・古城廻窯跡群・手形山窯跡群は秋田平野を望む標高 40～60m 前後の丘陵縁辺、払田柵に須恵器を供給した中山丘陵窯跡群は横手盆地に面した標高 60～90m

第１表　東北地方北部の須恵器窯跡構造・製作技術（9世紀中葉～10世紀）

			五所川原窯跡群				海老沢窯跡群
			第１段階		第２段階	第３段階	9c③・④
指標			KY1	MZ支群	MD7・12	MD16	3号・4号、西1号・2号
立地			低位段丘	高位段丘			低位段丘
築窯技術	構造		半地下式窖窯				半地下式窖窯
	平面形		B	B	C	C	C
	平均勾配		6.4～6.9度	20～30度前後	15～25度前後	?	18～24度
燃料選択			ブナ属	ブナ属	—	—	コナラ属・トネリコ属・ニレ属・アジサイ属
食膳具	坏	成形	ロクロ	ロクロ	ロクロ	ロクロ	ロクロ
		底部	回転糸切り	回転糸切り、静止糸切り	回転糸切り	回転糸切り	回転ヘラ切り回転糸切り
		調整	底部周辺ヘラケズリ、無調整	無調整	無調整	無調整	底部周辺ヘラナデ、無調整
	皿	成形	ロクロ	ロクロ	ロクロ	—	ロクロ
		底部	回転糸切り	回転糸切り	回転糸切り	—	回転糸切り
		調整	無調整	無調整	無調整	—	無調整
	高台坏	成形	—	—	—	—	ロクロ
		底部	—	—	—	—	回転糸切り→高台
		調整	—	—	—	—	無調整
	高台皿	成形	—	—	—	—	ロクロ
		底部	—	—	—	—	回転糸切り→高台
		調整	—	—	—	—	無調整
貯蔵具	鉢（小型甕）	成形	ロクロ	ロクロ	ロクロ	ロクロ	—
		底部	回転糸切り	回転糸切り	回転糸切り	回転糸切り	—
		調整	ロクロナデ、ヘラケズリ	ロクロナデ、ヘラケズリ	ロクロナデ、ヘラケズリ	ロクロナデ、ヘラケズリ	—
	長頸壺	成形	ロクロ	ロクロ	ロクロ	ロクロ	ロクロ
		底部	菊花状	菊花状	菊花状、無調整、砂底	無調整、砂底	無調整、高台付
		調整	ロクロナデ、ヘラケズリ	ロクロナデ、ヘラケズリ	ロクロナデ、ヘラケズリ	ロクロナデ、ヘラケズリ	ロクロナデ、ヘラケズリ
	広口壺	成形	ロクロ	ロクロ	ロクロ	ロクロ	—
		底部	菊花状	菊花状	菊花状、無調整、砂底	無調整、砂底	—

十二林窯跡	古城廻窯跡群	中山丘陵窯跡群		瀬谷子窯跡群	星川窯跡
9c ④-10c 初	9c ①・②	9c ④-10c 初	9c ④-10c 初	10c 中・後	9c ④
SN223	3 号窯	物見窯 1 号窯	七窪窯 1～4 号窯	長根山 9 号窯ほか	1 号窯
丘陵	丘陵	丘陵	丘陵	中位・高位段丘	丘陵 (標高約 150m)
地下式窖窯	半地下式窖窯	小型特殊窯	半地下式窖窯	半地下式窖窯	地下式窖窯
C	C	—	D	B	A
15～22 度	20～25 度	20～25 度	20～25 度	15～25 度	25 度
ブナ属・クリ・ケンポナシ属	—	—	—	—	—
ロクロ	ロクロ	ロクロ	ロクロ	ロクロ	ロクロ
回転糸切り	回転糸切り	回転糸切り	回転糸切り	回転糸切り	回転糸切り
底部周辺ヘラケズリ、無調整	無調整	無調整	無調整	無調整	無調整
—	—	ロクロ	—	—	—
—	—	回転糸切り	—	—	—
—	—	無調整	—	—	—
—	ロクロ	—	—	ロクロ	—
—	回転糸切り→高台	—	—	回転糸切り→高台	—
—	ヘラケズリ、無調整	—	—	無調整	—
—	—	—	—	—	—
—	—	—	—	—	—
—	—	—	—	—	—
—	—	—	—	—	—
—	—	—	—	—	—
—	—	—	—	—	—
ロクロ	—	ロクロ	ロクロ	ロクロ	ロクロ
回転糸切り、菊花文、無調整	—	—	無調整、高台付	回転糸切り、菊花状	無調整
ロクロナデ、ヘラケズリ	—	—	ロクロナデ、ヘラケズリ	ロクロナデ、ヘラケズリ	大形品下半に平行タタキ
ロクロ	—	—	—	—	ロクロ
無調整	—	—	—	—	糸切り無調整

			五所川原窯跡群				海老沢窯跡群
			第１段階		第２段階	第３段階	9c ③・④
貯蔵具	広口壺	調整	ロクロナデ、ヘラケズリ	ロクロナデ、ヘラケズリ	ロクロナデ、ヘラケズリ	ロクロナデ、ヘラケズリ	—
	中甕	成形	粘土紐積み上げ	粘土紐積み上げ	粘土紐積み上げ	粘土紐積み上げ	粘土紐積み上げ
		底部	丸底	丸底	丸底	丸底	丸底
		外面調整	平行タタキ	平行タタキ	平行タタキ	平行タタキ	平行タタキ
		内面当て具	円礫状当具痕	円礫状当具痕	円礫状当具痕	円礫状当具痕	タタキ工具状当具痕
	大甕	成形	粘土紐積み上げ	粘土紐積み上げ	粘土紐積み上げ	粘土紐積み上げ	粘土紐積み上げ
		底部	丸底	丸底	丸底	丸底	丸底
		外面調整	平行タタキ	平行タタキ	平行タタキ	平行タタキ	平行タタキ
		内面当て具	円礫状	円礫状・鳥足状	円礫状・鳥足状	円礫状	タタキ工具状
土師器様須恵器			○	○	—	—	○
ヘラ書き		坏・皿類	5% 以下	○	○	○	—
		鉢（小型甕）	5% 以下	○	○	○	—
		壺・甕類	10% 以下	○	○	○	—
焼成		火襷痕	○	○	○	○	×
		黒斑	○	○	○	○	○
		自然釉	○	○	○	○	○

窯構造：撥状（A 類）、窯尻部に向かって狭まる形態（B 類）、窯尻部が角張る形態（C 類）、燃焼室が狭まり焼成室が幅広になる形態（D 類）

前後の丘陵縁辺、胆沢城に須恵器を供給した瀬谷子窯跡群は標高 60～90m 前後の丘陵、星川窯は北上山地西縁部の標高 150m 前後の丘陵に立地する。また、男鹿半島の付け根に所在する海老沢窯跡は標高 20m 前後の段丘に立地する。陸奥・出羽では標高 50m 前後の丘陵に立地し、9 世紀中葉以降に出羽北部を中心に標高 20m 前後の低位段丘にも構築される。

五所川原窯では中位・高位段丘に多くの窯が形成されるが、初期の KY1 号窯は低位丘陵に形成される。窯立地は陸奥・出羽北部と基本的に共通する。低位段丘から高位段丘へ窯場が移動した要因としては、窯体の劣化による窯場の放棄、窯場周辺の粘土や燃料材である森林資源の枯渇等が考えられる（小林 2010）。

十二林窯跡	古城廻窯跡群	中山丘陵窯跡群		瀬谷子窯跡群	星川窯跡
9c ④-10c 初	9c ①・②	9c ④-10c 初	9c ④-10c 初	10c 中・後	9c ④
ロクロナデ、ヘラケズリ	—	—	—	—	大形品下半に平行タタキ
粘土紐積み上げ	—	—	—	—	粘土紐積み上げ
丸底	—	—	丸底	—	丸底
平行タタキ	—	—	平行タタキ	—	平行タタキ
同心円当具痕、平行タタキ当具	—	—	同心円当具痕、平行タタキ当具	—	無調整
粘土紐積み上げ	—	—	粘土紐積み上げ	—	粘土紐積み上げ
丸底	—	—	丸底	—	?
平行タタキ	—	—	平行タタキ	—	平行タタキ
同心円、平行タタキ	—	—	同心円、平行タタキ	—	無調整
—	○	出羽型甕	○	—	○（焼台）
—	—	—	—	—	○
—	—	—	—	—	—
—	—	—	—	—	-
×	—	—	—	—	×
○	—	—	—	—	○
—	—	—	—	○	○

2）須恵器窯の築窯技術

五所川原窯では沢に面した傾斜地に窯が構築される。窯構造は半地下式窖窯である。KY1 号窯は地山を掘削後にロームブロックで整地し、粘土を貼って燃焼部床面を構築する。その平面形は寸胴形に近いが、後続する持子沢支群の須恵器窯は窯尻部に向かって狭まる。窯の平均勾配は KY1 号窯で 6.4～6.9°、持子沢系窯跡で 20～30° 前後である。中山丘陵窯跡群では 20～25°、瀬谷子窯跡群では 15～25°、海老沢窯跡では 18～24° となり、持子沢系の須恵器窯と共通する。一地区一窯を基本とし、海老沢窯跡のように複数基の須恵器窯が密集して築窯されることは稀である。現在のところ、五所川原窯では須恵器窯に土師器焼成遺構や竪穴建物が付属する状況は確認されていない。

３）粘土選択

MD7 号窯では窯跡に近接して粘土採掘土坑が確認されている。五所川原産須恵器の胎土には白色針状の海綿骨針が含まれる。とくに、壺・鉢の貯蔵具で顕著に認められる。胎土は緻密だが、壺・甕類のなかには砂礫が混在するものも多い。

４）製作技法

坏・皿類　坏・皿がある。施釉陶器模倣の高台付き坏・皿はない[2)]。坏はロクロ成形水挽き、回転糸切り無調整を基本とするが、KY1 号窯で底部周縁から体部下半にかけて手持ちヘラケズリ調整が施された個体もある。内面にヘラミガキ調整は行わない。基本的な形態は在地のロクロ土師器と共通する。

壺瓶類　長頸壺（瓶）・広口壺が主体である[3)]。粘土紐輪積み成形後にロクロナデ整形・ヘラケズリ調整を行う。長頸壺は頸部が太くて短い点が特徴的であり、秋田城や払田柵周辺では９世紀後葉に認められる。

長頸壺は、①頸部下半のリング状突帯、②菊花状調整痕をもつ底部、③胴部へのヘラケズリ調整が特徴である。①のリング状突帯は、突帯を貼り付けたものではなく、上下端を面取りすることによって作り出したもので、形骸化が進行している。リング状突帯は、会津大戸窯跡で９世紀前葉から出現し、製作技法の変化を遂げながら、津軽五所川原窯に波及する（利部 2001・2008）。

②は第１段階に顕著であり、時期が下るにつれて無調整・砂底になる。ただし、貼り付け高台ではなく、高台を作り出して菊花状調整を行うものが多い。このような須恵器壺は瀬谷子窯跡群や富ヶ沢Ｃ窯跡・西海老沢窯跡・十二林窯跡など、９世紀後半以降に認められる（利部 2008）。盛岡市野古Ａ遺跡では、９世紀後半の RA52 竪穴住居跡および RE001 竪穴状遺構から須恵器長頸壺底面に放射状ヘラ痕跡のある個体、秋田市湯ノ沢Ｆ遺跡 T26 では底部回転糸切り後に外面に菊花状調整を施したものが出土している。この調整技法と共通するものとして、底面に放射状調整痕を施した高台付き土師器坏・耳皿がある。陸奥では山王遺跡多賀前地区・盛岡市野古Ａ遺跡・細

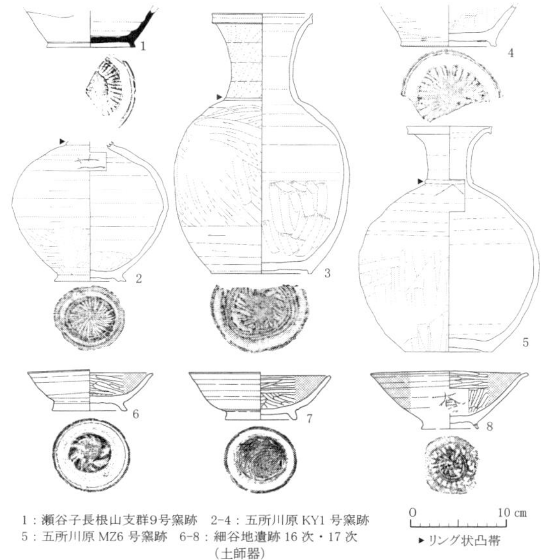

1：瀬谷子長根山支群9号窯跡　2-4：五所川原 KY1 号窯跡
5：五所川原 MZ6 号窯跡　6-8：細谷地遺跡 16 次・17 次（土師器）

第４図　底面に菊花状の調整痕をもつ土師器・須恵器

谷地遺跡、出羽では払田柵跡・能代市福田遺跡（利部 2008）などで認められる（第４図）。無調整・砂底の須恵器も９世紀後葉～10 世紀初頭に陸奥で認められる。

③については、利部修が城柵設置地域を含む東北北部地域において胴部調整にロクロを用いずにヘラケズリを施す長頸壺が分布することを指摘し（利部は「東北北部型長頸瓶」と呼称する）、非蝦夷系住民と蝦夷系住民の接触によって生じたものと評価している（利部 2008）。KY1 号窯出土長頸壺のなかには、胴部下半にロクロ回転を利用してヘラケズリ調整した個体が存在する。

甕類　中甕と大甕が認められる。中甕は大甕とは異なり、口縁部形態が長頸壺・広口壺と共通する。甕類の底部は丸底で、体部外面は平行タタキ、体部内面は円礫状当具痕・鳥足状当具痕があり、同心円状当具痕はみられない。MZ8 号窯跡では内外面にタタキをもつ甕が出土している。中山丘陵窯跡群・十二林窯跡の甕類の内面には同心円当具痕のほか、タタキ工具と同様のものを当て具とするものもある。

土師器様須恵器　第１段階の須恵器窯・灰原で確認されている。とくに、口縁部は端面を面取りして断面方形あるいは三角形を呈し、長頸壺や中甕のそれと共通するものもある。須恵器の製作技法の影響を受けたことを示唆する。このような土師器は、出羽・陸奥両国でも９世紀後半以降の須恵器窯で認められる。星川窯では焼台として使用されたと考えられている（紫波町教育委員会 1987）。

５）ヘラ書き

ヘラ書き[4)]は、土器成形後から乾燥までの間に、ヘラ状工具によって文字や記号等を刻み記したもので、五所川原産須恵器を特徴づける要素の一つである。これは、鋭利な工具で文字・記号等を刻んで記した「線刻」[5)]、擦文土器の浅鉢・坏形土器の底部外面に線刻された「刻印記号」とは区別される。

五所川原産須恵器のヘラ書きは、坏・皿は体部、鉢・壺・甕では頸部から体部に記される。一つの文字･記号を記すものが主体であるが、複数の文字･記号を記すものもある。五所川原窯跡群の場合、その記載率の高さが注目されるが、段階ごとにみると第１段階前半期（KY1 号窯）は記載率が低く、第１段階後半以降に顕著になる（中澤 2004）。記載内容も多様である。藤原弘明の検討によると、第１・２段階では乾燥が進行していない段階で書かれ、第３段階には乾燥が進んだ段階で描かれるものが多いという（藤原 2008）。藤原は、ヘラ記号が「供給の拡大に伴って当地の製品であることを示すために生まれたもの」と指摘する（藤原 2008）。

ヘラ書きのある須恵器は９世紀以降に出羽国北部の富ヶ沢Ｂ窯跡、陸奥国北部の星川窯跡でも認められる。９世紀第１四半期～第２四半期に年代づけられる富ヶ沢Ｂ窯跡 SJ101・102 窯跡灰原から「建万呂研」･「智光研」と記した壺蓋、頸部に「山」と記した中甕、体部下部に「所」･「美」･「宇」と記した坏が出土している。また、土師器長胴甕・坏などの外面にもヘラ書きを記すことがある。秋田県柴内館遺跡[6)]や歌内遺跡、上葛岡Ⅳ遺跡、太田谷地館などの米代川中・上流地域の集落遺跡で「×」のヘラ書きのある土師器長胴甕が存在する。同様のものは津軽地域でも認められる。

6）燃料選択・焼成方法

KY1号窯灰原・MZ6号窯跡・MZ7号窯跡でブナ属（五所川原市教育委員会2002・2005)、HK3号窯跡でブナ属・クリ（五所川原市教育委員会2003）が確認されている。中山丘陵窯跡群の竹原窯跡ではクヌギ節・コナラ属・クリ・アジサイ属、富ヶ沢Ａ・Ｂ窯跡ではコナラ属・クリ、西海老沢窯跡ではコナラ属・トネリコ属・ニレ属・アジサイ属、十二林遺跡ではブナ属・クリ・ケンポナシ属が確認されている（伊東・山田2012)。五所川原窯と同様に広葉樹が利用され、マツなどの針葉樹はない。とくに、ブナ・コナラ・クリは燃料材として適していることから、特定の樹種が選択されていたことを示唆する。

須恵器の焼成回数は一窯につき1～2回程度である。五所川原窯の須恵器は、①内外面が黒褐色・灰褐色、器壁が赤褐色を呈すること、②壺・甕類の外面に自然釉が掛かること、③壺・甕胴部に円形状の黒斑が認められること、④坏の内外面に火襷痕が認められることが特徴的である。①·②は焼成方法、③·④は窯詰め方法と関わる。①は、鉢類や壺・甕類に顕著である。断面が赤褐色を呈する須恵器は、五所川原産須恵器のみならず、馬淵（まべち）川流域から三陸沿岸部、北上盆地北部にかけて一定量存在する（宇部2011)。盛岡市細谷地遺跡では断面赤褐色の須恵器が一定量認められる。②は第１段階の鉢・壺・甕類に顕著であるが、西海老沢窯跡や星川窯跡など出羽・陸奥の製品に認められる。③は、焼成中に製品同士が密着・融着しないように藁などの草木類を製品の間に挟み込んだ結果生じた痕跡である。陸奥・出羽両国の須恵器壺・甕類を中心に認められる。④も器同士が密着しないように、藁などを器内外面に十字状に組んで重ね焼きしたことを示す。同様のものは出羽北部で認められる。

7）生産工房・工人集落

五所川原窯の須恵器を生産した工房・工人集落として挙げられるのが隠川（かくれがわ）(4)・(12）遺跡である（青森県教育委員会2998)。両遺跡は前田野目台地縁縁部に立地し、その後背地に持子沢系の須恵器窯が分布する。ロクロピットを備えた掘立・竪穴併設建物跡、土師器焼成坑、井戸跡などが検出され、土師器焼成窯の窯壁片や土器素材の粘土塊、須恵器窯壁片も確認されている。齋藤唯は、五所川原窯では台地に工人集落、台地～丘陵地に須恵器窯が立地することから、討水・呉羽山丘陵窯跡群をはじめとする北陸・出羽からの系譜を想定する（齋藤唯 2011）。現状では、陸奥・出羽両国の工房遺跡の調査例が少ないため、今後の検討課題の一つである。

(2) 五所川原窯の技術系譜・操業形態

須恵器生産は、操業主体・管理者・技術指導者・製作工人、樹木伐採・粘土採掘・運搬等に関わる者など、多様な人員によって行われる。前節までの検討によって、五所川原窯の須恵器生産について陸奥・出羽両国と比較すると、陸奥・出羽両国で認められる要素（A）、陸奥的な要素（B）、出羽的な要素（C）、津軽の伝統・独自の要素（D）に大別できる。窯立地・分布といった土地利用や粘土・燃料調達にみられる資源監理は、陸奥・出羽両国と共通し、工房・工人集落は出羽北部からの影響も認められる。また、製作技術については、坏・土師器様須恵器は津軽でみられる在地のロクロ土師器と共通するが、長頸壺の菊花状底部は陸奥北部、甕類は陸奥・出羽両国の影響を受けながらも簡略化が進行し、独自性が強い。焼成方法は陸奥北部、壺・甕類の窯詰方法は陸奥・出羽北部の影響が認められる。五所川原窯を特徴づけるヘラ書きは、９世紀以降に出羽北部で認められ、文字内容からみて墨書土器やヘラ書きのある土師器の影響も受けた可能性がある。

このことから、五所川原窯の須恵器生産は、出羽・陸奥両国から間接的に技術的支援を受けながら、津軽地域に居住する在地の土師器工人を主体に須恵器工人として再編成し、その監理は津軽地域（とくに五所川原周辺）に拠点をおいた在地有力者主導のもとで行われたと推定される。食膳具の形態的・技術的特徴は須恵器・土師器ともに類似することから、土師器工人が須恵器の製作に関わった可能性あるいは土師器工人と須恵器工人が同一であった可能性が高く、須恵器工人と土師器工人は密接な関係にあったとみられる。また、器種構成や製作技法等を考慮すると、開窯当初から城柵官衙周辺の須恵器生産とは異なった生産体制が指向され、必要とする器種が選択的に生産されていた状況が看取される。このような点からも、五所川原窯は陸奥・出羽両国が直接経営していたとは考えにくい。ただし、長頸壺の菊花状底部から砂底・無調整底部への変化などは東北地方北部で10世紀以降に共通して生じる現象であるため、陸奥・出羽方面からの人の移動（移民・逃亡等）に伴って、技術が流入しやすい環境にあったとみられる。

3　五所川原産須恵器の流通・消費状況

筆者は、五所川原産須恵器の分布状況について、時期が下るにつれて分布範囲が拡大傾向にあるが、出土器種・量が豊富なのは生産地周辺であることから、各段階を通じて在地社会、つまり津軽地域への供給を主体としていたことを指摘した（中澤 2005）。藤原は五所川原・浪岡（なみおか）周辺で五所川原産須恵器の出土量が凌駕すること（藤原 2007）、齋藤は食膳具構成が同一地域内の遺跡間でも偏差が認められるが、浪岡地域では五所川原窯跡から離れるにしたがって須恵器坏の比率が減少し、生産地周辺で消費量が多いことを明らかにしている（齋藤 2011）。ただし、浪岡周辺でも須恵器の消費量には遺跡差・時期差がある。

北海道島出土の五所川原産須恵器については、山本哲也（1988）・鈴木琢也（2004・2005）・筆者（2005）が検討している。山本は道央部では食膳具、その他では貯蔵具が多いこと、鈴木は9世紀までは非五所川原産須恵器が多く、10世紀以降は五所川原産須恵器が主体となることを明らかにしている。筆者は、第1・2段階には石狩低地帯を中心に五所川原産須恵器が散発的に流入し、出土器種は壺類に限定されること、第3段階には北海道島の石狩低地帯をはじめ、日本海沿岸北部からオホーツク海沿岸などの河口部や下流域、日本海側の道南沿岸部の集落へ主として壺・甕類（とくに長頸壺・中甕）が流入することを指摘した。現在のところ、サハリンでは五所川原産須恵器は確認されていない。北海道島では、五所川原窯成立以前は坏類が大半を占めるが、操業開始以降は壺・甕類に限られ、坏がほとんど出土しない。とくに、五所川原窯で生産器種が長頸壺・中甕へシフトする10世紀中葉以降は、津

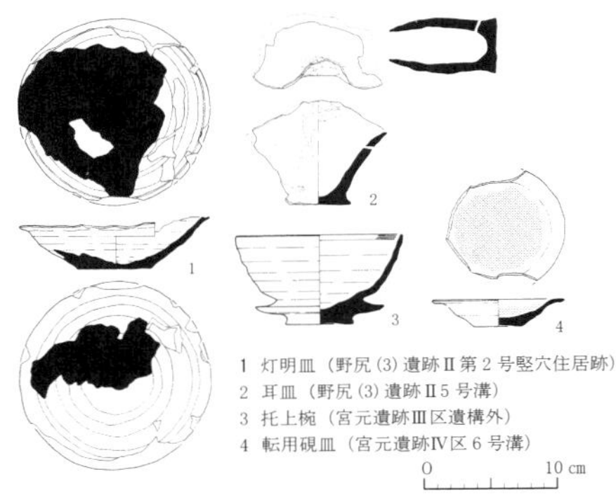

第５図　用途を示唆する須恵器

軽地域と北海道島との地域間交流も活発化する。分布状況からみて、北海道島の五所川原産須恵器はそれ自体が交易品として取引されたとは理解し難く、交易・交流に伴う貯蔵容器としての機能が第一義であった可能性が高い（中澤 2005・2008）。

また、五所川原産須恵器は用途・利用方法は不明瞭な点も多いが、灯明皿として利用されたもの、硯として利用・転用されたもの、住居床面に設置されたもの、埋納されたものがある（藤原ほか 2007）。灯明皿は野尻（3）遺跡、甕片を再利用した転用硯が向田（35）遺跡や宮元遺跡で出土している（第５図）。大甕はカマドとは反対側の壁の中央かコーナー付近に設置されることが多い（羽柴 1994）。このほか、耳皿や托上碗のような儀礼等に関わると推定される容器もある。

4　五所川原窯の技術系譜・生産体制とその背景

五所川原窯の須恵器生産は、津軽に拠点をおいた在地有力者主導のもと、出羽・陸奥両国から間接的な技術的支援を受けながら、津軽に居住する土師器工人を須恵器工人として再編成して行われたと推定される。食膳具の形態的・技術的特徴は須恵器・土師器ともに類似することから、須恵器工人と土師器工人は密接な関係にあったとみられ、陸奥・出羽両国が直接経営していた可能性が低いことを示唆する。五所川原窯の成立は、エミシ社会の自立的な手工業生産活動の萌芽を示す画期的な出来事であった。

それでは、須恵器生産が津軽に拡散した要因とその導入過程はどのようなものだったのか。五所川原窯築窯以前には非五所川原産須恵器が認められるが、出土量は多くないため、開窯以前に恒常的に須恵器が必要とされる環境にあったとは捉えにくい。ただし、宇部則保が指摘するように、津軽地方では赤焼きのロクロ製土師器坏、八戸地域では内黒土師器坏が主体を占めるといった地域差が存在することから、須恵器技術が伝わる基盤が備わっていた可能性は十分に考えられる（宇部 2007）。五所川原窯跡群成立前段階である9世紀後半以降、津軽地域や米代川流域では集落数・竪穴住居数が急増する。この背景には、元慶の乱（878）前後に出羽国から公民や蝦夷集団が「奥地」[7]に逃亡していたことが指摘されている（熊田 2003、鐘江 2003）。

五所川原窯では、第1段階には坏・長頸壺、第2段階は坏・壺・甕、第3段階は壺・甕が生産された。開窯当初から高台坏・高台皿・硯が欠如し、生産器種が限定されていた点は、城柵官衙周辺の須恵器窯とは異なる。坏類は時期が下るにつれて減少し、代わって壺・甕類が増加する。集落遺跡では食膳具・煮炊具は土師器、貯蔵具は須恵器という機能分化が進む。須恵器生産は、9世紀後葉以降にみられる計画集落の形成に伴う人口増加や稲作・農耕の発展等に伴い、多量の物資等を貯蔵・運搬・保管する必要性といった在地社会の需要に応じて行われたのだろう。そして、その需要増に対応するかたちで、製品把握等の生産監理のための記号としてヘラ書きが定着したと推測される。

五所川原産須恵器は津軽地域（とくに浪岡・五所川原周辺）の集落への供給を目的としながらも、10世紀前葉には太平洋側の尾駮（おぶち）沼周辺や奥入瀬川下流域、10世紀中葉頃から米代川流域・馬淵川流域などへも流入する。北海道で認められる五所川原産須恵器も10世紀中葉以降のものが多い。これは陸奥・出羽の城柵・官衙が実質的に機能を停止し、須恵器生産が行われなくなることと連動する。結果として、10世紀中葉以降の須恵器生産は五所川原窯に一元化されるような印象を受ける。しかしながら、五所川原産須恵器が秋田城や胆沢城に供給されることはなく、非律令社会が流通圏である点は五所川原窯を特徴づける。

10世紀前葉に浪岡・五所川原周辺では大溝で区画した囲郭集落（野尻（4）遺跡）が出現し、10世紀中葉頃から土塁や堀（濠）で区画した集落（囲郭集落・環壕集落・いわゆる防御性集落）が形成される（三浦 2006・2007）。鈴木靖民によれば、古代国家の北東北に対する干渉が強いのは10世紀中葉までで、後半になるとそれが緩和し、津軽の在地勢力が地位を獲得し、北東北・北海道との交流・交易を担い、生産・流通システム、社会秩序が形成されたと想定している。また、国家の出先機関である陸奥国府や鎮守府の国司層とも関係をもち、平安京の貴族層ともつながりをもったと指摘している（鈴木2008・2014）。五所川原窯における貯蔵具生産への傾斜は、津軽地域の在地勢力の対外的な動きと連動するものであったと想定される。しかしながら、環壕集落が展開する10世紀後葉には五所川原窯は衰退を迎える。この背景には、燃料の枯渇といった環境的要因のみならず、10世紀中葉以降の政治的・社会的な要因があったとみられる。

おわりに

五所川原窯は、国家と非国家の境界領域に出現した須恵器窯である。津軽を含む現在の青森県域は、旧石器時代以来、津軽海峡を挟んだ北の文化と南の文化が交差する接触地域である。古代には南北の文化要素を選択的に受容しながら独自の文化を形成する。五所川原窯の操業前後の日本列島対岸地域に目を向けると、現在の中国黒龍江省・吉林省やロシア沿海地方南部には中央集権国家である渤海が存在し、その北方のアムール河中流域にはパクロフカ文化（アムール女真文化）が展開する（中澤2009・2012）。パクロフカ文化は狩猟・漁撈・農耕を生業の基盤とするが、9世紀以降には渤海の領域拡大を背景として窯業技術を導入し、渤海・契丹等の周辺地域の技術を選択的に受容しながら、貯蔵具主体の陶質土器生産を発展させる。この文化の陶質土器は、10世紀以降には渤海との境界領域となる綏芬河（ラズドリナヤ河）以北まで広がり、サハリンや北海道島のオホーツク沿岸にも一部流入する。ただし、渤海の直接支配地域に分布しない点は、五所川原窯の製品が秋田城や胆沢城へ供給されないこと共通する。

五所川原窯の須恵器生産やパクロフカ文化の陶質土器生産は、国家領域外で行われた点、貯蔵具主体である点、その製品は非国家領域（非律令社会）

に分布する点で類似し、北東アジア地域で最北の還元質土器の生産地として位置づけられる。両地域とも、狩猟・漁撈・農耕に加え、周辺地域の文化要素を選択的に受容しながら、手工業生産や交易といった経済活動を基盤として南と北の地域を結び、独自の社会・文化を形成する。五所川原窯は、日本列島のみならず、北東アジアの歴史的な動態を理解するうえでも重要な意義をもつ窯業遺跡として、その成立・展開を評価することが望まれる。

註

1）土師様須恵器は土師器長胴甕と同じ器形・技法をもつ還元質土器である。

2）岩木川支流の沖積平野に立地する青森市宮元遺跡・五所川原市十三盛遺跡では、托状の皿の上に碗を組み合わせた形態の托上碗（皿付坏）が確認されている。

3）青森市戸門館跡で浄瓶が出土している。浄瓶の底部に菊花状調整痕があり、五所川原産の可能性も高い。

4）ヘラ書きは工人の都合によるとする説と使用者からの要求によるとする説に大別され、前者は①生産した窯を区別するための「窯じるし」、②窯詰と窯出しの段階で製品を仕分けるための記号、③個々の製品を区別するための記号、④生産工程における数量あるいは品質検査記号、後者は⑤製品が自己の所有であることを示すために使用者が付けさせた記号、⑥呪術的意味をもつ記号などの見解がある（山田 2006）。

5）利部修が本州北端の刻書土器について検討している（利部 2010ab・2014）。

6）米代川流域の柴内館遺跡では須恵器窯壁が出土している。

7）「奥地」については、津軽に限定する見解（熊田 2003）、津軽地方を含む秋田城より北側の地域（鐘江 2006）、秋田城から比較的遠い地域と津軽方面を合わせた相対的な呼称（熊谷 2011b）とする見解がある。考古資料から移住・移民について検討した八木光則は、「津軽への移住についてはその故地を想定することができず、地域内での人口増加ととらえるしかない」（八木 2011b：230 頁）と指摘している。

参考文献

青森県史編さん古代部会編 2008『青森県史資料編　古代 2　出土文字資料』青森県
青森県教育委員会 1998『隠川（4）・（12）遺跡 1　発掘調査報告書』

井出靖夫 2004「津軽五所川原窯跡群の系譜」『中央史学』27
井出靖夫 2007「須恵器・鉄生産の展開」『九世紀の蝦夷社会』高志書院
伊東隆夫・山田昌久編 2012『木の考古学 出土木製品用材データベース』海青社
宇部則保 2007a「本州北縁地域の蝦夷集落と土器」『九世紀の蝦夷社会』高志書院
宇部則保 2007b「古代東北北部社会の地域間交流」『古代蝦夷からアイヌへ』吉川弘文館
宇部則保 2011「蝦夷社会の須恵器受容と地域性」『海峡と古代蝦夷』高志書院
利部 修 2008『出羽の古代土器』同成社
利部 修 2010a「本州北端の刻書土器」『北方世界の考古学』すいれん舎
利部 修 2010b「本州北端の刻書土器―数字様記号について―」『池上悟先生還暦記念論文集』六一書房
利部 修 2014「本州北端の刻書土器―日本列島の×形文図像から―」『駒沢史学』82
鐘江宏之 2003「九世紀の津軽エミシと逃亡民」『弘前大学国史研究』114
工藤清泰 1994「古代末・中世初期の北奥」『歴史評論』535
熊谷公男 2011a「元慶の乱の再検討」『古代中世の蝦夷世界』高志書院
熊谷公男 2011b「秋田城下の蝦夷と津軽・渡嶋の蝦夷」『海峡と古代蝦夷』高志書院
熊田亮介 2003『古代国家と東北』吉川弘文館
熊田亮介 2007「元慶の乱と蝦夷の社会」『九世紀の蝦夷社会』高志書院
五所川原市教育委員会・犬走須恵器窯跡発掘調査団 1998『犬走須恵器窯跡発掘調査報告書』
五所川原市教育委員会 2001『MZ6 号窯跡』
五所川原市教育委員会 2003『五所川原須恵器窯跡群』
五所川原市教育委員会 2005『KY1 号窯跡群』
小林克也・北野博司 2013「山形県高畠町高安窯跡群にみる古代窯業における燃料材選択と森林利用」『植生史研究』22-1 日本植生史学会
齋藤 淳 2007「北奥における生業活動の地域性について」『古代蝦夷からアイヌへ』吉川弘文館 6
齋藤 淳 2011「古代北奥・北海道の地域間交流―土師器坏と擦文（系）土器甕―」『海峡と古代蝦夷』高志書院
齋藤 唯 2011「五所川原窯跡群の生産体制に関する一考察」『上代文化』42 105-112 頁

坂詰秀一 1969『津軽・前田野目窯跡』ニュー・サイエンス社
坂詰秀一 1972「津軽・持子沢窯跡の調査」『考古学ジャーナル』75
佐藤智生 2006「青森県における防御性集落の時代と生業」『北の防御性集落と激動の時代』同成社
紫波町教育委員会 1987『星川窯跡』
鈴木琢也 2004「擦文文化期における須恵器の拡散」『北海道開拓記念館研究紀要』32
鈴木琢也 2005「擦文文化における物流交易の展開とその特性」『北海道開拓記念館研究紀要』33
鈴木靖民 2008「古代北海道の無文字社会と文字・記号、そして信仰―擦文社会と異文化間交流」『古代日本の異文化交流』勉誠出版
鈴木靖民 2014『日本古代の周縁史　エミシ・コシとアマミ・ハヤト』岩波書店
東北古代土器研究会 2008a『東北古代土器集成―須恵器・窯跡編― 陸奥』
東北古代土器研究会 2008b『東北古代土器集成―須恵器・窯跡編― 出羽』
中澤寛将 2004「本州最北の須恵器窯の様相―五所川原産須恵器に記されたヘラ書きからの一考察―」『白門考古論叢』匠出版
中澤寛将 2005「古代津軽における須恵器生産と流通」『中央史学』28
中澤寛将 2009「五所川原産須恵器の生産と北海道への流入」天野哲也ほか編『中世東アジアの周縁世界』同成社
中澤寛将 2010「食器からみた女真社会と日本列島」『考古学ジャーナル』605
中澤寛将 2012『北東アジア中世考古学の研究―靺鞨・渤海・女真―』六一書房
羽柴直人 1994「住居内で須恵器大甕を置く位置」『青森県考古学』8
藤原弘明 2007「青森県内における五所川原産須恵器の流通」『考古学談叢』六一書房
藤原弘明 2008「五所川原須恵器窯跡群の概要」『青森県史 出土文字資料編』青森県
藤原弘明・佐藤智生・蔦川貴祥 2007「須恵器の生産と消費（青森県）」『北方社会史の視座』1 清文堂出版
船木義勝編 2014『9～11 世紀の土器片年構築と集落遺跡の特質からみた、北東北世界の実態的研究』北東北古代集落遺跡研究会
松本建速 2011『蝦夷とは誰か』同成社
三浦圭介 1994「古代東北地方北部の生業にみる地域差」『北日本の考古学』吉川弘文館

三浦圭介 2006「北日本古代の集落・生産・流通」『日本海域歴史大系』6 清文堂出版
三浦圭介 2007「津軽地方における古代社会の変質とその様相―特に九世紀後半から十世紀前半にかけての変質について―」『古代蝦夷からアイヌへ』吉川弘文館
三辻利一・葛西 励 1988「青森市戸門遺跡出土の須恵器「浄瓶」について」『青森県考古学』4
蓑島栄紀 2001『古代国家と北方社会』吉川弘文館
蓑島栄紀 2014「古代北海道地域論」『岩波講座日本歴史』20 岩波書店
八木光則 2001「王朝国家期の国郡制と北奥の建郡―奥州五十四郡新考」『岩手史学研究』84
八木光則 2007「蝦夷と「律令」」『九世紀の蝦夷社会』高志書院
八木光則 2010『古代蝦夷社会の成立』同成社
八木光則 2011a「北奥の古代末期囲郭集落」『古代中世の蝦夷社会』高志書院
八木光則 2011b「古代北日本における移住・移民」『海峡と古代蝦夷』高志書院
山田邦和 2006「記号の役割」『文字と古代日本』5 吉川弘文館
山本哲也 1988「擦文文化に於ける須恵器について」『國學院大學考古学資料館紀要』4
横手市教育委員会 2010『郷士館窯跡・大沼沢窯跡・台処館跡』

秋田城出土の羽釜・再検討

小嶋芳孝

はじめに

秋田城から鉄製羽釜が出土しているのを知ったのは、1989年に刊行された秋田城跡の調査報告書である（秋田城調査事務所 1989）。図面を見た第一印象は、渤海の羽釜に似ているということだった。さっそく秋田城調査事務所に出かけ、実物の観察と写真撮影、実測を行い、その成果は「靺鞨渤海と日本列島」『環日本海論叢』8（新潟大学環日本海研究会 1995）に掲載した（小嶋 1995・1997）。この時の報告は、秋田城跡出土の鉄製羽釜の形状が渤海の羽釜と似ているので、渤海製の可能性があるという趣旨だった。1994年には、

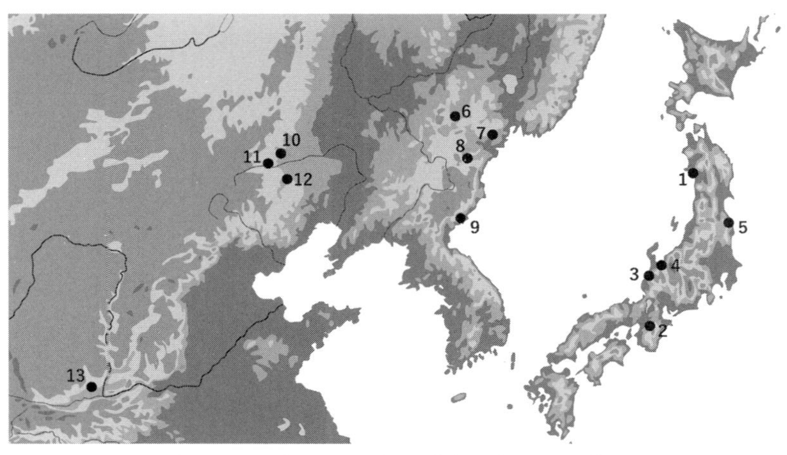

1 秋田城　2 川原寺　3 松山C遺跡　4 射水丘陵製鉄遺跡　5 向田A遺跡
6 渤海上京　7 小六道遺跡　8 軍民橋遺跡　9 梧梅里寺洞遺跡　10 遼上京
11 饒州城址　12 遼中京　13 陽陵

第1図　本論文関係遺跡の位置

大澤正巳による成分分析の概要が公表され、羽釜の原料鉄は砂鉄の可能性が高いと報告されている（大澤1994）。2003年には、秋田城跡の羽釜について五十川伸矢が検討し、「古代の羽釜には、かなりの地域差があり、系譜を異にする可能性」があると指摘し（五十川2003）、生産地の判断については今後の検討に含みをもたせている。2013年に、大澤は1994年に概要を報告した羽釜の成分分析の調査成果を新たな知見も交えて「秋田城跡出土鍔釜の金属学的調査」と題して報告している（大澤2013）。このなかで、朝鮮半島や中国大陸の分析データとも照合した結果、「渤海からの渡来人の動向を考えねばならないが、そこまでの追求は今は出来ない。後日の課題に留めおくとして、鍔釜は砂鉄原料由来で国内産の可能性を結論とする」と述べている。

つまり、秋田城から出土した羽釜に対する評価は、日本在来の羽釜とは系譜を異にしているが、羽釜に使用された鉄の始発原料が砂鉄なので国産説に立たざるを得ないというのが現状である。大澤の分析成果を得て筆者自身も考えが揺れ動いているが、ここで再度、考古学的に秋田城出土の羽釜について検討を加え、製作地について考察してみることとしたい。

1　秋田城出土羽釜

秋田城跡から出土した羽釜は口径14cm前後で、体部の内径最大値は径18cmである。内径が最大となる部分の外側に鍔がつけられている。鍔の下半はやや平底気味の体部があり、鍔の上半では大きく内傾しながら心持ち湾曲する肩部か幅広の口頸部につながっている。頸部の直径は15.6cmである。頸部から口縁端までは約2cmで、器壁は肩部に比べて傾斜角が緩く立ち上がっている。口縁部から底部までの深さは、約10.5cmと推定できる。錆などのため不明瞭な部分が多いが、鍔の上面には4条の沈線があり、肩部から口縁端部にかけて幅2mm前後の平行沈線を確認できる。器壁の厚さは、鍔下半の体部では約7mm、鍔上から頸部までが3mm、口縁端は7mmとなっていて、頸部以下の肩部が極端に薄くなっている。鍔上と肩部下方に、一辺6mmで現存高が2mmの方形突起がある。両者の間隔は8mmで、環状耳が

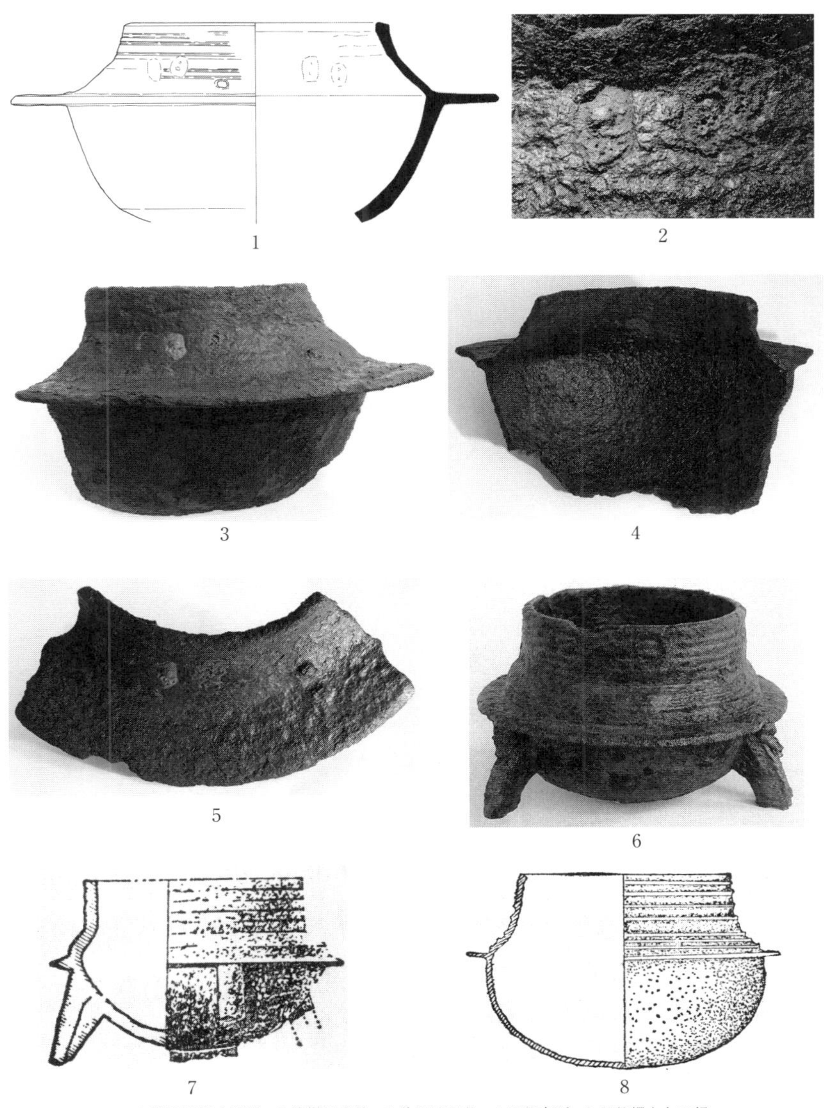

1 秋田城出土羽釜　2 鋳掛け痕跡　3 秋田城羽釜　4 羽釜内面　5 羽釜鍔上と口縁
6 梧梅里寺洞遺跡　7 軍民橋遺跡　8 小六道沟遺跡

第２図　秋田城出土羽釜と渤海の羽釜

ついていた可能性がある。また、頸部の下方に２か所、黄灰色に変色した部分がある。明らかに本体地金とは鉄質が異なっており、表面に微細な気泡痕が認められる。この部分は、何らかの原因であいた穴を鋳掛けて修理した痕跡と思われる。鋳掛けの原因となった穴については、頸部から鍔までの器壁が薄いために部分的に銑鉄がまわらなかった箇所が生じた可能性がある。鋳掛けは、羽釜製作時に行われたものと思われる。器壁の鋳掛痕や鋳型製作時に生じたと思われる沈線の湾曲などは、この羽釜を製作した工人の技術に問題があったことを示唆している。

この羽釜は、秋田城跡の築地構築用の粘土採掘穴（SK1031）から出土したものである。この遺構からは、同じ層位から漆紙文書が出土している。内容は、蚶形駅家で国府の役人が「釜」の回収を忘れ、国司（介）に指示を仰いだものである。共伴した土器から、これらの羽釜や漆紙文書の年代は８世紀後半と推定されている。漆紙文書に記された「釜」と鉄製羽釜の直接的な関係はわからないが、興味深い文字資料である。

２　日本の羽釜研究

五十川は、列島内の羽釜について精力的に研究を進めてきた（五十川 1997）。本稿では、五十川の研究成果に基づいて日本の羽釜の変遷を概観し、秋田城跡から出土した羽釜の位置づけについて考えてみたい。

日本で最も古い羽釜資料は、川原寺（奈良県明日香村）の鋳造遺構から出土した羽釜の鋳型である（奈良文化財研究所 2004）。この鋳型は鋳造炉の横から検出され、銑鉄を流し込んで羽釜を製作した遺構と判断されている。年代は７世紀末で、国内で発掘された最古の鋳鉄遺構である。検出された鋳型から復元した羽釜は、直径 85cm の球形体部にやや外反して直立する口頸部を伴い、胴部最大径より上の部分に幅の狭い鍔が伴っている。

８世紀代の鉄製羽釜は秋田城跡出土資料が唯一の事例で、川原寺で復元した羽釜の球形体部で口縁帯が短く直立する形状とは全く異なっている。９世紀代に入ると、福島県の向田Ａ遺跡の資料がある（福島県教育委員会 1988）。

向田A遺跡では鋳造炉と羽釜の鋳型が検出されていて、羽釜の鋳造復元が行われている（吉田2005）。三個の獣脚を伴い、つばの下部には深身で平底気味の底部があり、鍔上では肩部と頸部に突帯を伴う沈線があり、頸部から器壁が斜めに立ち上がって口縁に沈線が置かれている。五十川が紹介している「中尊寺蔵大般若経巻第七十二見返絵」に描かれている獣脚羽釜を見ると、鍔上は肩部が球形にカーブし、頸部から短く直立する口縁部を描いている。この経典が製作されたのは12世紀ということなので、ここに描かれた羽釜は当時の形状を反映したと考えられる。五十川によると、中世の羽釜は短く立ち上がる口頸部と湾曲する肩部が特徴で、17世紀以降になると鍔から幅広の口頸部が直立する形状に変化して現代に至っている（五十川1997）。

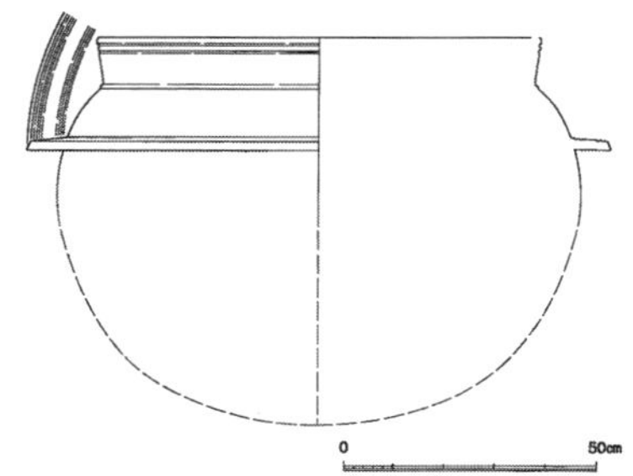

第3図　川原寺鋳造炉出土の鋳型から復元した羽釜（奈良文化財研究所2004）

以上が、古代から現代に至る鉄製羽釜の形状変化だが、須恵器の羽釜が小松市額見町遺跡[1)]や加賀市分校松山C遺跡[2)]から出土している。松山C遺跡から出土した資料は球形体部の最大径部分に鍔がつき、口縁部は欠けているが口頸部が短く直立する形状と推定できる。体部上半部の肩部に、4条の沈線が施されている。また、鍔下に三つの脚が伴い、脚の左右では鍔に孔穴が施されている。胴部最大径が24.6cm。（『加賀市松山C遺跡』（財団法人石川県埋蔵文化財センター2001））この資料は包含層からの出土だが、共伴遺物に6世紀末、8世紀中頃、10世紀の土器があり、8世紀中頃に比定できると考えている。額見町遺跡の須恵器羽釜は三足の獣脚が伴い、球形体部の最

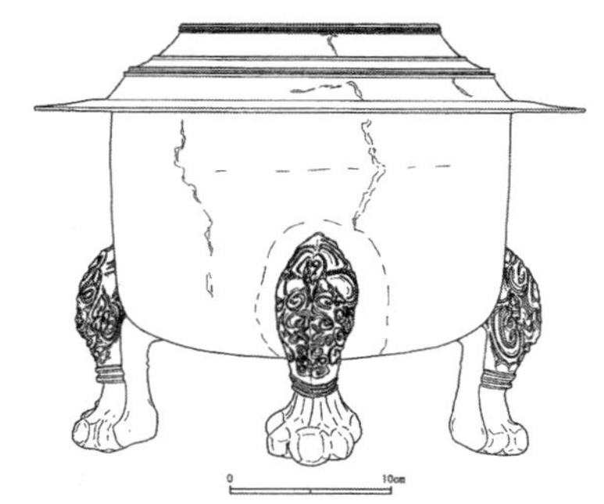

第4図　向田A遺跡出土の鋳型から復元した羽釜（吉田2005）

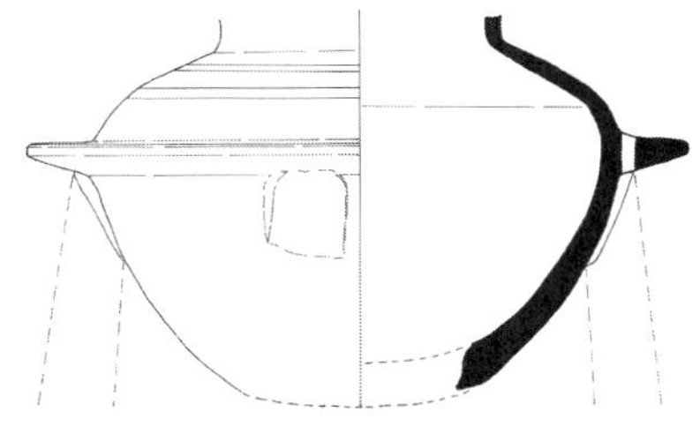

第５図　松山Ｃ遺跡出土羽釜形須恵器（1/5）

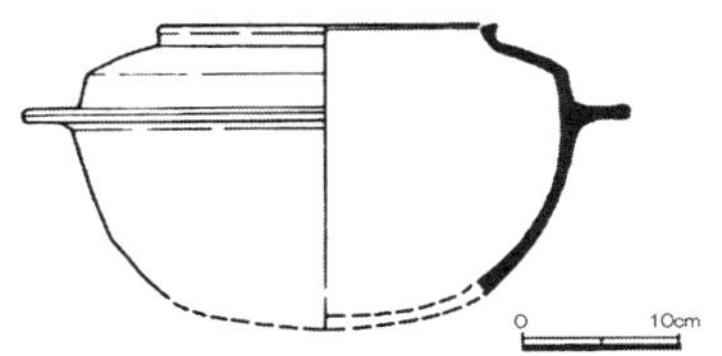

第６図　緑釉羽釜（長岡京、五十川 1997）

大径部分に鍔がついている。頸部から短く立ち上がる口縁があり、全体の形状は松山Ｃ遺跡の羽釜と共通している。８世紀代に比定できる。

これらの須恵器羽釜の形状は球形体部に短く直立した口頸部をもっていて、川原寺で出土した羽釜と共通しており、８世紀中頃から後半の資料である秋田城羽釜とは形状がまったく異なっている。また、９世紀初頭の長岡京や大安寺の緑釉羽釜は、鍔上の体部がやや湾曲して肩部を作り出し、短く立ち上がる口頸部を伴っている。この形状は、９世紀代に比定されている向田Ａ遺跡（福島県）から出土した羽釜鋳型をもとに復元した資料とも共通している。ただし、長岡京や大安寺の資料は、体部下半が球形をしているのに対し、向田Ａ遺跡の羽釜では体部下半の深さが増して底部が平底になっている点が相違している。

７世紀末の川原寺から16世紀頃までの羽釜は、体部の形状は変化しているが、短く立ち上がる口頸部の形状は維持されている。列島における古代から中世の羽釜にみる形式変化からみると、幅広の口頸部や鍔の上面に平行沈線を施した秋田城の羽釜は五十川が指摘するように異質である。次節では、大陸と朝鮮半島の羽釜を検討し、秋田城の羽釜の製作地について考えてみたい。

3　中国・朝鮮の羽釜

中国では、前漢の陽陵陪葬坑から出土した羽釜が初期の事例である。陽陵は中国陝西省西安市にあり、前漢の景帝（在位BC.157～141年）の墓である。一辺約180m・高さ31mの方形墓の周囲に約80基の陪葬坑が検出され、陽陵博物館には陪葬坑から出土した羽釜が展示されている。羽釜は青銅製と思われ、球形体部の最大径あたりに幅の狭い鍔があり、口頸部が短く直立している。この口頸部に、底部が突出した甑を差し込んで、一体化して使用されていたようである。羽釜の口頸部は甑の底部を差し込むソケットであり、そのために短く直立する形状をもっていたことがわかる。川原寺の羽釜鋳型から復元した資料は短く立ち上がる口頸部と球形体部をもっていて、漢代羽釜の形状を継承していることがわかる。

中国で出土した羽釜資料を全体的に渉猟したわけではないので、網羅的な把握をするには至っていないが、9世紀頃と推定できる小六道沟遺跡（吉林省琿春市）（吉林省文物志編委会1984）と軍民橋遺跡（吉林省和竜市）（吉林省文物志編委会1984）の二例を確認している。小六道沟遺跡の羽釜は鍔下が球形体部で、鍔上では湾曲する肩部から幅広く立ち上がる口頸部があり、表面に平行沈線が施されている。軍民橋遺跡の羽釜は鍔下が球形体部で、鍔直下には三本の脚がつけられている。鍔上は湾曲する肩部から直立する幅広の口頸部があり、表面に平行沈線が施されている。いずれも発掘調査で出土した資料ではないので、年代観を断定することはできないが、漢代の羽釜や後に述べる金代の羽釜とは形状が異なっているので、9世紀頃の渤海時代に比定できる蓋然性があると考えている。

高句麗末期から渤海の寺院遺跡である梧梅里寺洞遺跡（北朝鮮咸鏡北道北青郡）では、口径14cmの脚付き羽釜が出土している（朝鮮遺跡遺物図鑑編纂委員会1991）。鍔下の体部は球形で、短めの鍔の上面には平行沈線が無いようである。鍔上は、やや湾曲しながら内傾する肩部があり、頸部のくびれから幅広い口縁帯が若干内傾して立ち上がっている。口縁端部から肩部を経て鍔との接点まで、外表面に平行沈線が施されている。

渤海の王都だった上京（中国黒竜江省牡丹江市）から、脚付き羽釜が出土している（首都博物館・黒竜江省博物館2013）。鍔下は、平底気味の体部である。鍔から上は、幅が狭い肩部が多少湾曲しながら頸部に至り、頸部から上は肩

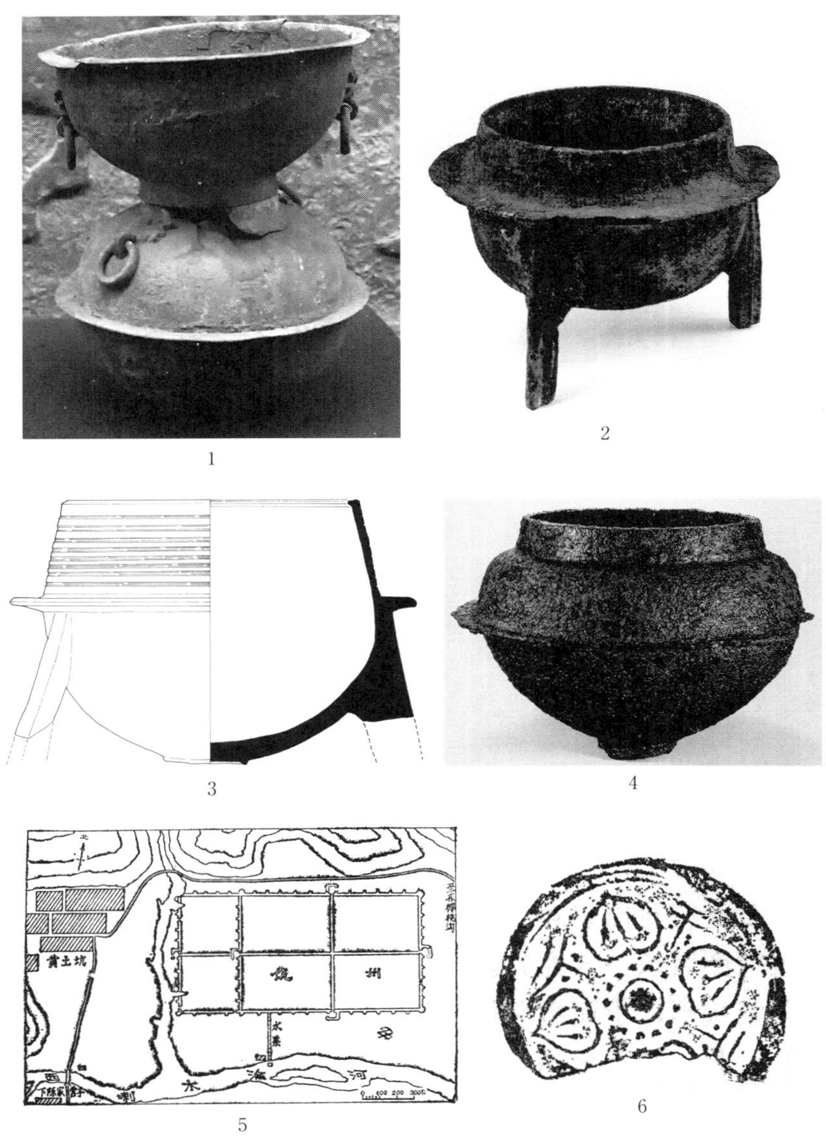

1 銅製羽釜（陽陵）　2 渤海上京出土の羽釜　3 プロホドニキ山城の羽釜
4 九宜洞遺跡の羽釜　5 饒州城址　6 饒州城址出土の渤海系瓦当

第7図　中国・韓国・ロシアの羽釜資料

部と同じほどの幅をもった器壁がやや内傾気味に立ち上がっている。口頸部から肩部にかけて、平行沈線が施されているようである。

金代になると、羽釜は大型品と小型品に二分化している。大型品は鍔が体部側面を全周せず、複数箇所に板状突起がつけられている。小型品では鍔が全周している。小型品と大型品は共に鍔上から幅広の口頸部が直立しており、湾曲する肩部は失われている。いずれも、鍔上の外面には平行沈線が描かれている。

第7図3は、金代末期の東夏に比定されているプロホドニキ山城（ロシア沿海地方）出土の羽釜である[3)]。鍔下は球形の体部で、三本の脚がついている。底部には、径5.5cmの円形湯口がある。鍔は幅約2cmで、表面に沈線は認められない。鍔上から口縁端部（口縁帯）までは7cmで心持ち内側に湾曲している。口頸部側面には、9条の平行沈線が施されている。口径は19cmで、底部外面からの器高は17.8cmをはかる。器壁の厚みは、鍔下半の体部が14～6mm、鍔直上では4mm、口縁端部下方では5mm、口縁端では8mmである。

漢代には口頸部が短く立ち上がり体部が球形だった羽釜は、9世紀頃には肩部が形成されて、内傾する口頸部が幅広くなっている。この頃には、甑の底部を受けるという口頸部の機能が失われていたことがわかる。12世紀の金代になると口頸部の変化は顕著になって、鍔上から直立して幅広い形状になっている。

朝鮮半島では、皇南大塚から出土した鉄製羽釜が古い事例である[4)]。皇南大塚は慶州市にある三国時代の新羅王陵で、5世紀頃の造営である。球形体部の外面に幅の狭い鍔がつき、湾曲した肩部から短く口頸部が立ち上がっている。この形状は中国漢代の羽釜の形状を継承していて、川原寺の羽釜とも共通する。6世紀代の九宜洞遺跡から鉄製羽釜が出土している（九宜洞報告書刊行委員会1997）。球形体部に幅の狭い鍔が伴う形状は継承しているが、口頸部がやや幅広くなっている。その後の資料は、莞島にある清海鎮遺跡から出土した羽釜が管見に入った[5)]。清海鎮は、9世紀代の新羅商人として知られる張保皐が拠点としていた遺跡である。この羽釜は脚が3個つき、幅の狭い鍔上から短い口縁帯がやや内傾して立ち上がる形である。球形体部から口縁帯が短く立ち上がる、漢代以来の形状は失われている。この資料が9世紀代のものかどうか判断する材料をもっていないが、やや後出の印象をもっている。高麗時代になると、金代の羽釜と同じように鍔上から直に口縁帯が立ち上がる形状になっている。

中国と朝鮮半島では、球形体部と短く直立する口頸部をもつ羽釜の形状が前漢から5世紀（皇南大塚）頃までは継承されており、唐代に平行する渤海では口頸部が幅広くなって肩部が矮小化され、金や高麗では口縁帯が鍔上から直立する形状に変化している。

4　秋田城出土羽釜の検討

日本の羽釜の形状は、7世紀の川原寺から出土した羽釜鋳型による復元資料を起点として、近世初頭まで短く立ち上がる口頸部が継承されている。口頸部が幅広い秋田城の羽釜は、口頸部が短く立ち上がる形状を維持した日本の羽釜とは異なった系譜にある。韓国の九宜洞遺跡で出土した6世紀代の鉄製羽釜は、球形胴部にやや幅広で内傾する口頸部が伴っている。これは、中国東北地方の渤海（698～926年）で遺跡から出土した口頸部の幅が広い羽釜への移行形態として評価できる。このことから、中国と朝鮮半島の羽釜は共通の形態変化をしていた可能性が高く、口頸部が短い形状を17世紀頃まで維持していた日本とは異なっていたことがわかる。以上の検討から、口頸部が幅広い秋田城羽釜の形状は、大陸の6世紀以降の羽釜の形状と共通しており、形態的には大陸産の可能性が高いことを示している。

しかし、冒頭で記したように大澤が行った羽釜の成分分析によると、秋田城の羽釜は砂鉄を原料として製作されたことが明らかになっている。大陸では鉄鉱石が始発原料で、日本では砂鉄が古代から使用されてきたと一般的に言われており、大澤の分析によって秋田城の羽釜は国産との見方が広まった。この矛盾を解決するためには、大陸産鉄釜や鉄製品の始発原料に砂鉄起源の事例があるか検討をする必要がある。渤海の遺跡から出土した鉄製品の理化学的な分析は冶金学的な調査が多く、元素成分の分析報告を掲載しているのは西古城の調査報告書に掲載された賈瑩「西古城城址出土鉄器的金属学的研究」だけである（吉林省文物考古研究所ほか 2007）。出土した鉄釘を分析し、チタン成分を 0.11％と 0.07％含有する資料二点が報告されている。秋田城の羽釜はチタンが 0.018％なので、西古城の資料の方がチタン含有量が多い。大澤氏の教示によると、鋳鉄中のチタンは硫化物（FeS）中の Ti 固溶体、鍛造鉄ではガラスと酸化物（FeO）に存在するので、単純に比較はできないということだった。現状では、中国東北地方で砂鉄精錬が行われていた確証を得ることはできないようである。

一方で、遼代の文献史料に渤海人が砂鉄製錬を行っていたことを示唆する興味深い記述がある。『遼史巻 37』「地理志一」には、「饒州は唐の繞樂府で、貞観年間に松漠府におかれた。長楽県は太祖（耶律阿保機）が渤海を滅ぼした時、渤海人を移して県を建て、四千戸の内、一千戸が鉄を納めている」と記されている。この長楽県は、同書の中で中京から上京への経路中にあることが記されている。また、『契丹国志』「王沂公行程録」では宋の王沂公が燕京から遼中京に至る経過を記しており、中京の近傍で「柳河館に至る、河の旁らに館在り。西北に鍛冶有り、多く渤海人の居す所。河に就いて沙石を漉し、錬りて成鉄を得る。」これらの史料は、遼代に渤海人が中京や上京の周辺で鉄生産に従事しており、中京に近い柳河館では河で沙石を漉して鉄を製錬していた事を伝えている。「河に就いて沙石を漉し、錬りて成鉄を得る」という記述は、渤海人が砂鉄製錬を行っていたことを示唆しており、中国東北地方に於ける鉄生産の様子を知る重要な史料である。

中国内蒙古自治区林西県にある饒州古城は『遼史』に記された「饒州」の州城に比定されている平地城で、シラムレン河に面した段丘上に立地している。憑永謙と姜念恩の報告によると東西方向に主軸をもった平地城で、城壁の周長 1,400m、東西 1,045m・南北 70m の規模、城内は東城と西城に二分されている（憑・姜 1982）。西城は東西 345m・東城は東西 1,055m で、東城と西城間を仕切る城壁には西城に向かって瓮城が構築され、西城南部では、鉄滓が地面を覆っていて地表面が黒くなっているという記述が目をひく。城内

饒州城址

シラムレン河

から、遼代の獣面文瓦当とともに渤海系のハート形蓮弁文をもつ瓦当が出土している。憑らは、城内から出土した石幢銘文に「維大安十年閏八月十日」（大安十年は1094年）、「饒州安民県」と記されていることから、この平地城の東城を「饒州」城、西城は多量の鉄滓が出土していることを根拠に『遼史』に記された「長楽県」城に比定している。比定の当否はともかく、遼の上京と中京の間を流れるシラムレン河に面した平地城から渤海系瓦当と鉄滓が出土している事は、『遼史』や『契丹国志』の記述に符合する興味深い報告である。

5　まとめ

秋田城から出土した羽釜について、日本列島、中国大陸と朝鮮半島における羽釜の変遷と比較して検討をしてきた。その結果、秋田城出土の羽釜は日本列島の系譜にあてはまらず、中国大陸や朝鮮半島の系譜にあることが明らかとなった。本稿で述べてきたように、考古学的な検討では秋田城出土の羽釜は中国大陸（渤海か）で製作された可能性が高いと判断できる。しかし、成分分析によると秋田城出土羽釜の始発原料は砂鉄で、砂鉄製錬が一般的だった日本列島で製作された可能性が高いという結果がだされている。

秋田城出土羽釜の製作地についての見解は、考古学的な検討結果と成分分析結果の間を浮遊している。この状況を解決する考え方として、渡来した渤海人の技術指導で列島内で製作されたという仮説が提起されてきた。筆者は、全国的にみて竪型炉が早く出現する富山県小杉町射水丘陵にある製鉄遺跡群（9世紀代）などの背景について、渡来した渤海人の技術指導があった可能性を考えたことがある（小嶋1995・1997）。秋田城出土の羽釜が列島内で製作されたとすると、その場所は竪型炉が早く出現する北陸が候補地となる。しかし、上述のように銑鉄を生産可能な竪型炉は9世紀にならないと出現していない状況から、8世紀後半に羽釜を製作する条件が北陸地方には存在していなかった可能性が高い。また、秋田城出土の羽釜と同時代資料になる石川県加賀市の松山C遺跡や小松市額見町遺跡で出土した羽釜形須恵器は、球形体部に短く直立する口頸部をもつ形状であり、渤海からの影響を認めることはできない。

7世紀末の川原寺鋳造炉から約100年後の長岡京で、鋳造炉が検出されている。長岡京では緑釉羽釜が出土しており、京内の工房で鉄製羽釜が製作されていた可能性が高い。しかし、緑釉羽釜の形状は口頸部が短く直立していて秋田城の羽釜とは系譜を異にしている。川原寺や長岡京の宮廷工房の鋳造炉では、輸入した鋳鉄製品のスクラップを原料としていたと思われる。砂鉄製錬により国産の銑鉄が生産できたのは、9世紀代に北陸地方で竪型炉の操業が始まってからの事と思われる。以上の検討で明らかなように、渤海人の技術指導で秋田城出土の羽釜が列島内で製作されたという可能性は低いと言わざるを得ない。

一方、『遼史』や『契丹国志』には遼の上京や中京周辺に移住した渤海人が砂鉄製錬を行っていたことを示唆する記事があり、またシラムレン河流域には鉄滓が渤海系瓦当と共伴する平地城も確認されている。こうした遺跡から出土した鉄滓などの分析調査が進めば、砂鉄製錬の痕跡が確認できるのではないかと期待している。『契丹国志』に記された「柳河館」の渤海人による砂鉄製錬から、遼代だけでなく渤海でも砂鉄製錬が行われていたことを推測できる。中国やロシアの渤海遺跡から出土する鉄製品の分析調査が進展し、渤海における砂鉄製錬の有無が確認され、秋田城出土羽釜の製作地が確定することを切望している。

末尾になるが、秋田城羽釜の検討に際して秋田城調査事務所の伊東武士氏や秋田県考古学会の小松正夫氏から多大なご配慮をいただき、大澤正巳先生には西古城出土鉄釘の分析結果に対する評価をご教示いただいた。資料調査にあたって多くの先生方からご教示や助言をいただき、謝意を表したい。

註

1）小松市教育委員会 2006『串・額見地区産業団地造成に伴う埋蔵文化財発掘調査報告書 1』。報告書では体部だけの実測図が掲載されているが、吉田 2005 では口縁部まで復元された写真が掲載されている。

2）石川県埋蔵文化財センター 2001『加賀市松山 C 遺跡』。本論文に掲載した実測図は、小嶋が改めて実測したものである。

3）本資料はロシア科学アカデミー極東支部歴史学考古学民族学研究所が所蔵しており、掲載した実測図は小嶋の作図である。

4）国立慶州博物館で実見

5）張保皐記念館で実見

参考文献

秋田城調査事務所 1989『秋田城跡平成 2 年度発掘調査概報』秋田市教育委員会

五十川伸矢 1997「中世の鍋釜—鋳鉄製煮炊用具の名称」『中世食文化の基礎的研究—国立歴史民俗博物館研究報告』71 国立歴史民俗博物館

五十川伸矢 2003「古代中世日本と中国の鋳鉄鍋釜」『北東アジア中世遺跡の考古学的研究』第一回総合会議資料

大澤正巳 1994「秋田城跡出土羽釜の金属的調査」『秋田城跡平成 5 年度秋田城跡発掘調査概報』秋田城跡調査事務所

大澤正巳 2013「秋田城跡出土鍔釜の金属的調査」『秋田城跡（秋田城跡調査事務所年報 2012)』秋田市教育委員会 秋田城調査事務所

吉林省文物考古研究所ほか 2007『西古城—2000～2005 年度渤海国中京顕徳府故址田野考古報告』文物出版社

吉林省文物志編委会 1984『琿春県文物志』

吉林省文物志編委会 1984『和竜県文物志』

九宣洞報告書刊行委員会 1997『한강유역의 고구려요새：구의동유적 발굴조사 종합보고서（漢江流域の高句麗要塞：九宜洞遺跡発掘調査総合報告書)』

小嶋芳孝 1995「靺鞨渤海と日本列島」『環日本海論叢』8 新潟大学環日本海研究会
小嶋芳孝 1997「日本海の島々と靺鞨・渤海の交流」『境界の日本史』山川出版社
首都博物館・黒竜江省博物館 2013『白山・黒水・海東青—紀念金中都 860 周年特展』文物出版社
朝鮮遺跡遺物図鑑編纂委員会 1991『朝鮮遺跡遺物図鑑 8 渤海巻』外文出版社
奈良文化財研究所 2004「川原寺寺城北限の調査」『飛鳥藤原第 119-5 次発掘調査報告』
憑 永謙・姜 念恩 1982「遼代饒州調査記」『東北考古与歴史』文物出版社
福島県教育委員会 1988「向田 A 遺跡」『相馬開発関連遺跡発掘調査報告 I 福島県文化財調査報告書第 215 集』
吉田秀亨 2005「平安時代の鋳鉄製品—出土鋳型からの研究復原—」『福島県文化財センター白河館研究紀要 2005』福島県教育委員会

城柵と北東北の鉄

高橋　学

はじめに

9世紀後半以降、北緯40度以北の北東北では主として竪穴建物で構成される集落が爆発的に増加することが知られる。各集落は、多種多様な生業により維持されるが、たとえば水田稲作を主とする農業生産のみという単一的ではなく、農業＋須恵器生産や農業＋漁労＋製塩といった複合選択により安定化を図っていたはずである。そのなかでも、製鉄や鍛冶など鉄生産関連の生業を選択する比率はきわめて高い。当該期の集落跡を発掘調査して鉄滓類や羽口など鉄生産を想起させる遺物が全く出土しない遺跡は皆無といってよい。程度の差こそあれ「村の鍛冶屋」は、この時代から確実に存在していたのである。

一方で集落の構成員である、いわゆる蝦夷の人々が鉄生産・加工という特殊な技術をいかにして取得できたのであろうか。漠然とは律令国家側からの技術移入を契機として、最終的には自らの生業として確立させたと想定されるが、根拠となる考古資料を提示することは困難である。こうしたなか近年、出羽国城柵である払田柵跡（ほったのさくあと）から検出された鍛冶関連工房群を「技術伝習」の一端を担う遺構群ではないと筆者は推定した（高橋2008）。

本稿では払田柵跡の鍛冶関連工房群を入口として、北東北の地に広く展開した古代集落の存立基盤となった鉄、鉄生産と城柵、とくに出羽国城柵の関係について私見を整理しておきたい。なお、本文に登場する主な遺跡や地名等の位置は第1図に位置を示した。

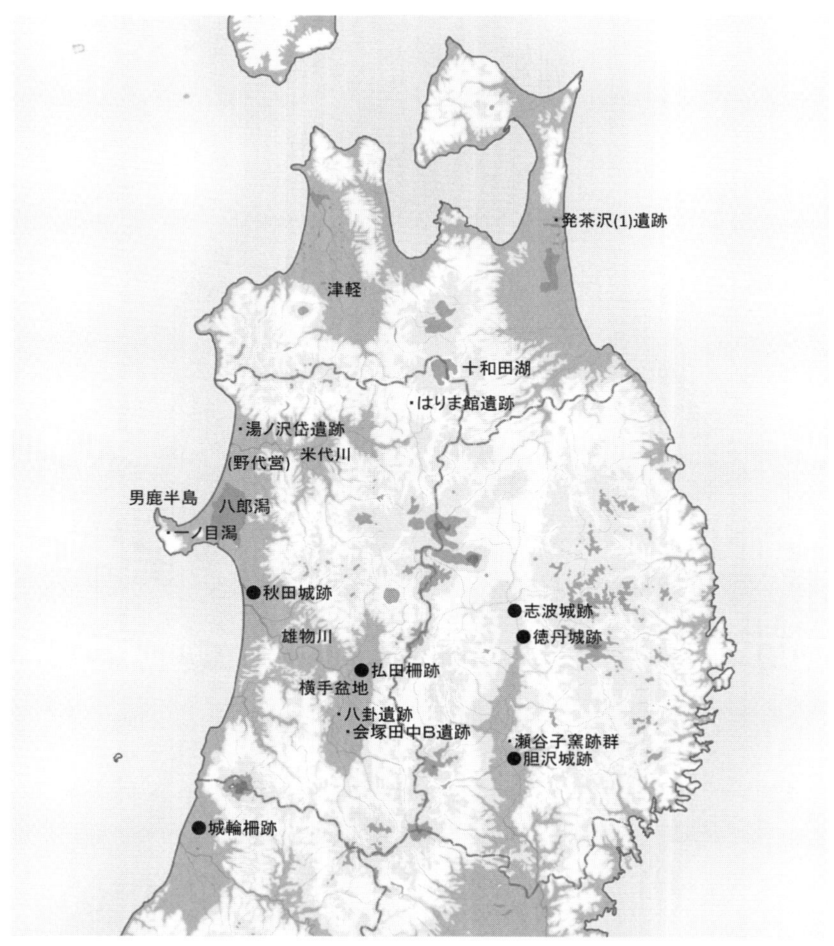

第１図　本論文関係遺跡の位置

1　払田柵跡の鍛冶関連工房群

秋田県横手盆地の北部に位置する払田柵跡は、遺物および年輪年代測定により９世紀初頭（801年頃か）に創建され、10世紀後半まで存続した城柵である。払田柵という名称は小字名＋柵から発しており、六国史等の史料上には一切登場しない。その一方で史料上の記述が認められ、横手盆地内に立地していたはずの雄勝城（759年造営）は考古学的な実態が全く不明であること、および創建時期の違いから、払田柵＝第二次雄勝城であるという説が有力視されるが異論もある。

払田柵跡は沖積地面に島状を呈する長森・真山という二つの小丘陵を囲む外柵と、長森を囲む外郭からなる。長森丘陵中央部には政庁がある。外柵は東西約1,370m、南北約780m、総延長約3,600mの範囲で長楕円状に材木塀が巡らされるが、創建一時期のみの造営である。外郭は東西765m、南北320mの長楕円形で、創建時は丘陵部が築地塀、沖積地部では材木塀であり、9世紀中頃に改築された時には全体が材木塀となる。外郭の材木塀は10世紀初頭から前半にかけて2度改築されており、合計4時期の変遷が認められる。北側材木塀の外側には幅3〜4mの大溝が並行して延び、材木等を運搬する運河の役割も果たしていた。

政庁の位置する長森丘陵部西側には、2地区で鍛冶関連の工房が群をなして分布する。丘陵西端に近い“西地区”と、政庁寄りの“東地区”である（第2図）。両地区の操業時期は、外柵が失われ、外郭が最も外側の区画施設としての役割を開始した後であり、それは9世紀中頃から10世紀前半代に限定される。西地区が先行し、東地区では9世紀後半を始期とする。915年とされる十和田火山灰降下後にも鍛冶工房は稼働するが、遺構面や出土遺物を観察すれば、降灰後長期間の存続は想定しづらく、10世紀前半代に終期を迎えたのであろう。

両地区の鍛冶関連工房群は、丘陵北側緩斜面部の上位側に板塀による東西方向の区画が認められ、その下位の比較的限定されたエリアにまとまりをもつ共通点がある。西地区工房群は、比較的整然とした建物配置を示すことから、城柵に付属する官営工房的な印象を与えてくれる。これは秋田城内における大畑地区中央部を中心とする工房域の景観に近似する（伊藤2007）。ところが東地区は様相が極端に異なるのである。

東地区の鍛冶工房域は、遺構の分布から北側緩斜面部の東西約60m、南

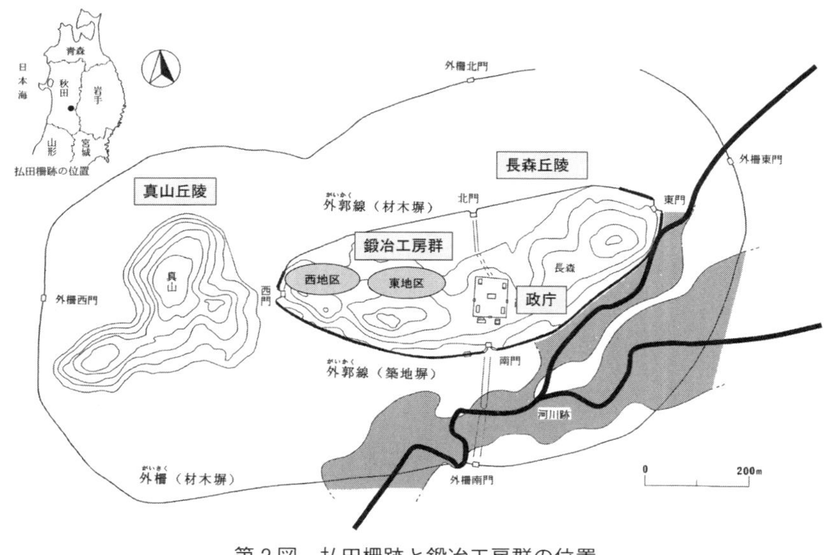

第２図　払田柵跡と鍛冶工房群の位置

北約40m、面積にして約2,400m²の範囲と推定される（第３図）。ここでは計345m²（推定範囲の14%）のトレンチ調査を行い、鍛冶工房跡を36棟検出した。単純な比較はできないことを前提に比例計算すると、当エリア内には250棟もの鍛冶工房が重複を伴いながら存在していた可能性もある（秋田県教委2009）。

北側斜面部で集中的に検出された鍛冶工房は、原則として壁立あるいは側柱式の竪穴建物（以下では側柱式竪穴建物と表記）であり、その構築において次の方法を採用する。斜面上位側を削り下位側に盛ることで平坦面を確保し、最初の竪穴工房は斜面下位側に設置する。次に新たな工房を構築する際には旧工房を埋め立て、斜面上位側に移動させる。次なる工房は階段を上るように順次上位側に移す。工房域の南限、斜面上位寄りには板塀列が存在することから、ここでは同一箇所での竪穴床面の嵩上げを行い工房の更新を実行している（第４図）。これは、2003年の第122次調査Ｂ区トレンチにおいて顕著に観察され、長さ29m程の範囲内に13棟もの鍛冶工房が重複していたの

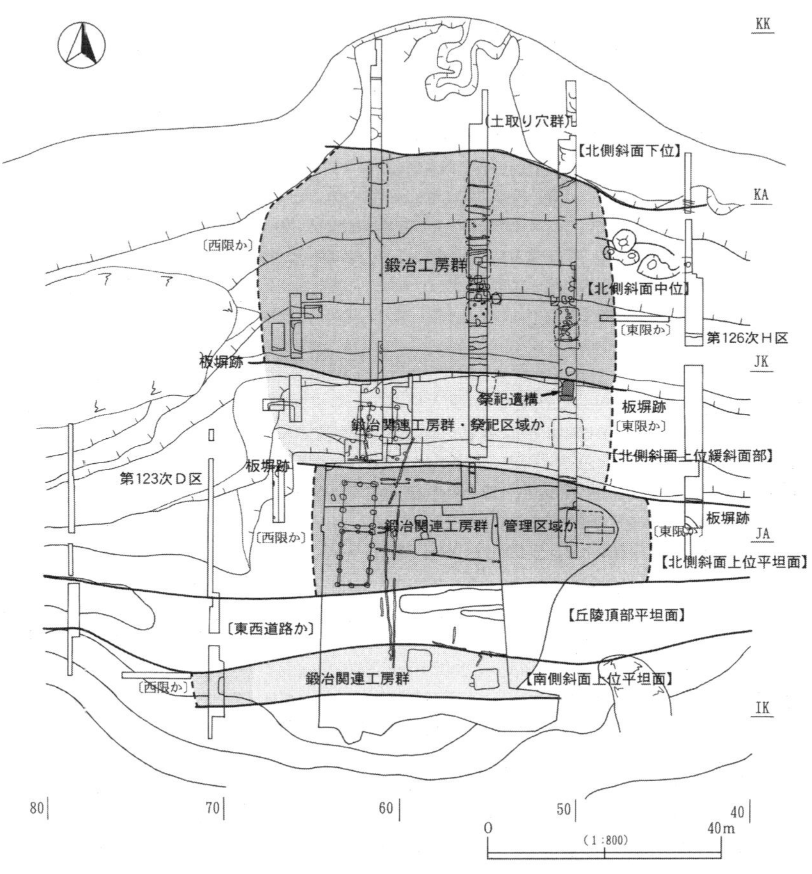

第3図　東地区における鍛冶工房・関連の遺構群

である（第5図）。同一箇所での工房床面の嵩上げは、2007年の第135次調査区で4時期、翌年の第137次調査区でも8時期確認されており、第122次の事例が特別ではなく、本区域内では通例とみなすことができる。第137次の8時期間の嵩上げ総高は1.3mであり、その工房は当初竪穴式であったが、嵩上げを繰り返した結果、7時期目からは掘り込みのない平地式の掘立柱建物構造となる。

このようにみると、比較的短期間で工房自体を更新する作業を行っていた

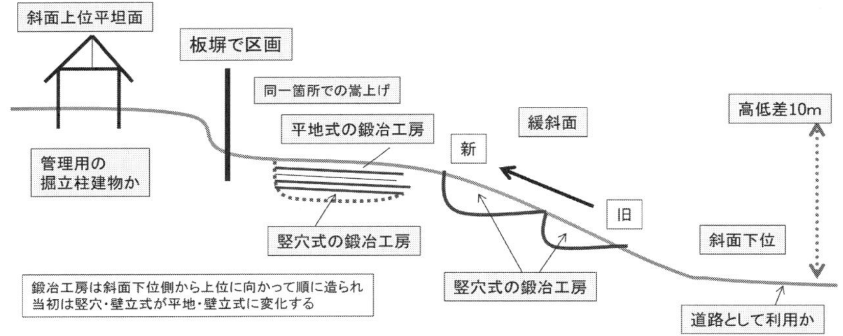

第４図　東地区鍛冶工房の構築模式図

と考えざるを得ない。それでも、鍛冶工房の主たる要件である床面（作業面）形成には、炭化物や粉砕した土器類等を多く含んだ黒色シルト質土を最初に敷いて、その上に粘質土を貼るという防湿効果を意図したような作業工程を一通り経てから鍛冶炉を設置しているのである。しかしながら、鍛冶炉周辺を精査した限りでは、鉄滓や鍛造剝片といった鍛冶作業に伴う遺物の確認は微量に留まる。

ここから導き出されるのは、鍛冶炉をもつ竪穴式の工房を建築して鍛冶作業を行うことに主目的があるのでなく、竪穴式の工房建築自体に重点が置かれていたと考えられるのではないか。このことは、城柵内での鉄需要をはるかに上回るであろう鍛冶工房の棟数に対する一つの回答にもつながる。建築自体に重点を置くこととは、何を意味するのか。ここから、東地区の工房群とは技術伝習施設と類推したのである。ここには鍛冶・鍛錬技術の伝達と共に鍛冶工房兼住居の建築法、すなわち側柱式竪穴建物構築の技術供与が含まれていたとみる。

2　城柵が「技術伝習」を行うに至った経緯

８世紀代における城柵の蝦夷支配は、一応順調に推移していた。ところが９世紀に入ると今までの施策が裏目となり、支配体制の大きな転換を余儀なくされるのである。その転換後の施策の一つとして、「技術伝習」が採用されたのではないか。これには城柵設置域の土地事情とも関わるのである。

(1)城柵支配の推進と転換

8世紀後半から九世紀初頭の短期間において、出羽・陸奥国の五城柵、すなわち出羽国の秋田城・払田柵・城輪柵、陸奥国北半の志波城・胆沢城が大改修あるいは新築される。801年頃に創建した払田柵外柵の総延長は3,600m、推定角材数12,800本を建て並べた材木塀が威容を示すことができたのも、バブル期の造営であるが故であろう。秋田城・払田柵跡から出土した「調米」の木簡は、蝦夷に対する饗給が城柵内で行われていたことを示す。その一方で同じ頃、雄勝城には越後国の米1万600斛、佐渡国の塩120斛を鎮兵の食料として毎年運送させる(『日本紀略』延暦21(802)年正月条)とある。雄勝城への米や塩の運送とは、支配力強化を図る出羽国城柵への北陸からの支援物資といえば聞こえはいいのだが、内実は自国

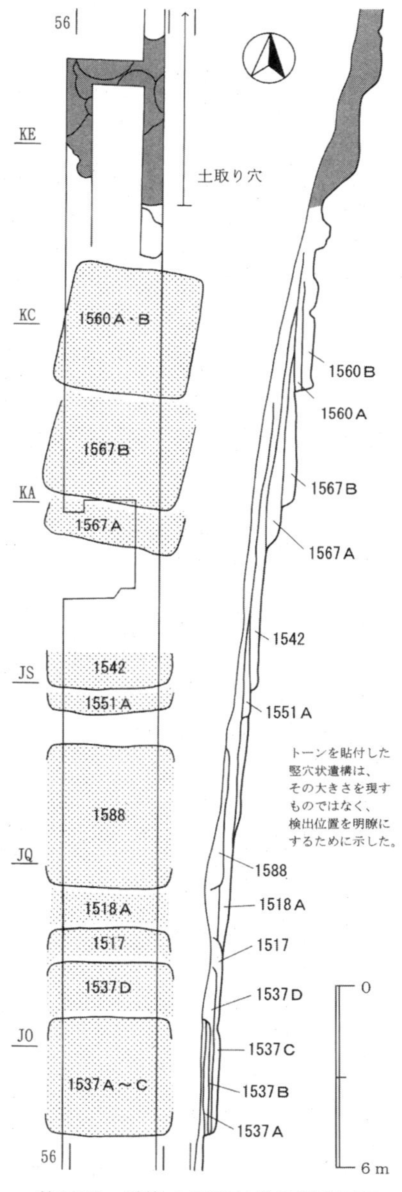

第5図　重複する竪穴式の鍛冶工房

での食料生産体制の不備、あるいは他国に依存しなければならないほどの財政悪化が見え隠れする。このことは日本国レベルでも同じであり、805（延暦24）年の徳政相論により、「軍事」と「造作」、すなわち蝦夷征伐と平安京の造営という巨費を投じた国家二大プロジェクトが停止されたが、これは国家財政の破綻的な状況が背景にあったとされる。

このように9世紀初頭から前半期とはバブル末期の城柵建設ラッシュと版図拡大・饗給政策の推進から一転して、バブルの崩壊と蝦夷支配の転換を余儀なくされた時期でもある。これを端的に具現しているのは814（弘仁5）年までには成立した志波城の後継城柵、徳丹城である。その外郭規模は一辺約350m四方であり、面積比では志波城外郭（一辺840m四方）の17%に縮小する。これは払田柵も同様であり、遅くとも9世紀中頃に最初の改築がなされるが、この段階では巨大な外柵材木塀と四門は改修対象から除外され、長森丘陵部の外郭施設（材木塀）が最も外側の区画施設となる。外郭の占有面積は外柵囲郭時の18%にまで縮小する。

⑵環境問題

横手盆地の9世紀後半から10世紀初頭段階の遺跡堆積層には、河川の運搬作用によりもたらされた多量の炭化物を含む粘土鉱物が厚く挟み込まれている。払田柵跡の南東側に近接する美郷町厨川谷地遺跡は、払田柵専用の祭祀場であるが、ここでは旧河川内から厚さ1m以上もの炭化物を含む粘土堆積層が認められ、微高地部でも0.3mの厚さがある。同時期・同様の事例は払田柵跡内や横手市雄物川町八卦遺跡でも確認されている。このことは、奥羽山脈西麓一帯で大規模な森林伐採、木材の焼却が広範囲で行われ、山地・丘陵部が裸地化した結果と類推される。実際に盆地内では9世紀初頭に払田柵が造られ、莫大な量の木材が奥羽山脈の森林から切り出された。また、9世紀代を通して多くの須恵器窯が築かれ、燃料材が大量に消費される。いわば大規模な開発行為の代償として耕地が荒廃し、水田稲作などの生産性が不安定となった可能性が考えられる。これに関連して、秋田県男鹿市一ノ目潟での湖底堆積物を花粉分析し、気候復元を実施したところ、おおよそ9～10

世紀代の年間降水量が過去5,000年で最高を示すデータも報告されている（五反田 2008）。

環境問題の事例は陸奥国にも認められる。胆沢城や周辺の関連集落に須恵器や瓦を供給した瀬谷子窯跡群（北東北最大の窯跡群、200基以上）が立地する古代江刺郡内でも森林破壊と土壌の劣悪化が認められるとの指摘もある（伊藤 2010）。また、多賀城周辺でも森林伐採に伴う土壌浸食についての報告が植生史の立場からも示されている（吉田・鈴木 2013）。

一方で、当該期は平安海進とも称される気候温暖化の時期と重なり、たとえば水田稲作の適地が北方に拡大したはずである。津軽を含む北東北が出羽国の管轄に置かれていたとする見解に従えば、耕作地拡大の情報は、出羽国側に入っていたであろう。荒廃した城柵設置域での生産性を北方の大地で補完する意図があったとも推測される。

3　蝦夷側の事情と定住への道

城柵側から蝦夷への動きは、受け取る蝦夷側の事情もあったはずである。直接的な契機として、元慶の乱と十和田火山の噴火があり、加えて外的要因を契機とする居住スタイルの転換と新たな生業の確保を挙げておきたい。

(1)独立行動の挫折と自然災害

元慶の乱（878年）は、秋田城司による苛政に端を発するとされ、城下の蝦夷が秋田城を焼き討ちにするに至った。その勢力は「秋田城下賊地」の12村（米代川流域や男鹿半島・八郎潟周辺の村々）の広い範囲に及び、雄物川以北の地の独立を要求するほど意気が上がっていた。秋田城側は前線基地「野代営」を米代川下流域に設置し交戦したが敗れた。また、秋田城奪回のために5,000名の大軍を動員したものの、蝦夷側の奇襲により大損害を受け、軍馬1,500疋、鎧兜300具などが奪い取られた。最終的には秋田城側が勝利となるのだが、終息には1年を費やした。乱後の蝦夷側の状況を示す史料はないが、そのダメージは決して小さくはなかったはずである。

915年、十和田火山が噴火する。現在の十和田湖中海を火口とする噴火は、過去2,000年に国内で起こった火山噴火のなかで最大規模である。降下した火山灰には、十和田a火山灰の名称が与えられているが、堆積した火山噴出物を米代川流域ではシラスとも称している。同流域からはシラス洪水で埋没した家屋が八地区で確認されており、江戸時代以来の記録や伝聞を含めると50軒程の家屋がシラス層下から発見されている。

(2)流動的生活から定住へ

爆発的とも称される９世紀後半以降の古代集落跡は、津軽地方を筆頭に、その周辺地域で顕著に認められる。たとえば、米代川流域における発掘調査された古代集落は、約145遺跡にのぼる。検出された竪穴建物跡は約1,600棟、掘立柱建物跡は約300棟を数える。これら集落のうち、８世紀から９世紀中頃に構築されたのは、わずか７遺跡、約10棟に留まり、他は９世紀後半以降に成立する（高橋2010）。本傾向は津軽地方でも同様である。このことは、外的要因を機として無住の地に他地域から送り込まれた集団が新たな集落を形成したかのようである。実際に山林原野を開拓し、伐採された木材は鉄生産に係る燃料材に利用していたことは充分に想定される。しかし、集団構成員のすべてが外来とはいえない史料もある。

７世紀の中頃に「渟代（ぬしろ）の蝦夷」等が朝廷側に服属し、朝廷は渟代郡の郡領を任命し（斉明天皇４（658）年４月）、渟代郡の大領・沙尼具那（さにぐな）に冠位を与え、蝦夷の人口調査を命じた（同年７月）。また、斉明天皇５（659）年３月には、阿倍比羅夫が軍船180艘を率いて蝦夷を討ち、その際に功績のあった秋田・渟代二郡の蝦夷241人等を集めてもてなした。渟代は“野代（のしろ）”とも記され、現在の米代川下流域に位置する“能代”を指す。以上のように史料上では、遅くとも７世紀中頃段階に当地域は、朝廷側から「渟代郡」という認識がなされ、一定数の蝦夷が居住し、郡域を治めていた郡領も存在していたことになる。

人数の誇張はあるとしても、当該域には７世紀段階において一定規模の集落が複数成立していたとみることが可能であるが、考古学的資料からは一切抽出できない。このことは、地面に掘り込みを伴わない平地・伏屋式の家屋等で構成される集落が存在していたとしか考えられない。彼らの生業は明確ではないが、簡易な住居構造は流動性に対応したものとすれば、イメージとしては縄文・続縄文期以来の狩猟・採集・漁労、それに舟を利用した交易等が想定される。上記の仮定が正しいものとすれば、9世紀後半のある時期以降に、今までの流動的生活から新たな生業を獲得して定住への道を選択したのではないか。その契機となったのは、側柱式竪穴建物の普及であり、生業選択肢の一つとして鉄生産関連が新規に加わった。今までの流動的生活から定住への移行は、集落数の急増を見る限りではスムーズに受容されたように思われる。

4　側柱式竪穴建物の伝播と受容

側柱式竪穴建物は朝鮮半島に系譜をもち（望月 2007）、近江地域を経由して7世紀後半に越前・加賀地域に波及し、ここから城柵造営に関連して越後、日本海沿岸部を北上する。8世紀には秋田城周辺や横手盆地、9世紀には秋田城以北の沿岸部、米代川流域、そして津軽地方に伝播した。本竪穴建物の特徴はカマドの位置にある。例外はあるものの、カマドは東壁あるいは南壁のいずれかの隅寄りに設置される。これはカマドをもつ壁面中央に主柱（棟持柱）が設置されることとの関係があろう。

その一方、正方形の平面を基調とし、床面四本主柱穴で、カマドを北壁あるいは西壁の中央に設置させる竪穴建物も存在する（以下では伏屋式竪穴建物と表記）。伏屋式竪穴建物は、青森県東部南側、八戸市周辺では五世紀後半には出現し、当該地区では7・8世紀には広く集落を構成する竪穴建物として認められるという（宇部 2007）。北東北における分布の中心は八戸を含む陸奥側一帯であり、7世紀段階では横手盆地に、8世紀には米代川上流域（鹿角地方）や津軽地方南部でいくつかの検出例はあるものの、出羽側で定着した様子はない。八戸では9世紀末以降に、カマドが東・南壁の中央から片側に寄るものが急増し、これを「出羽とのかかわりが増していることを示して

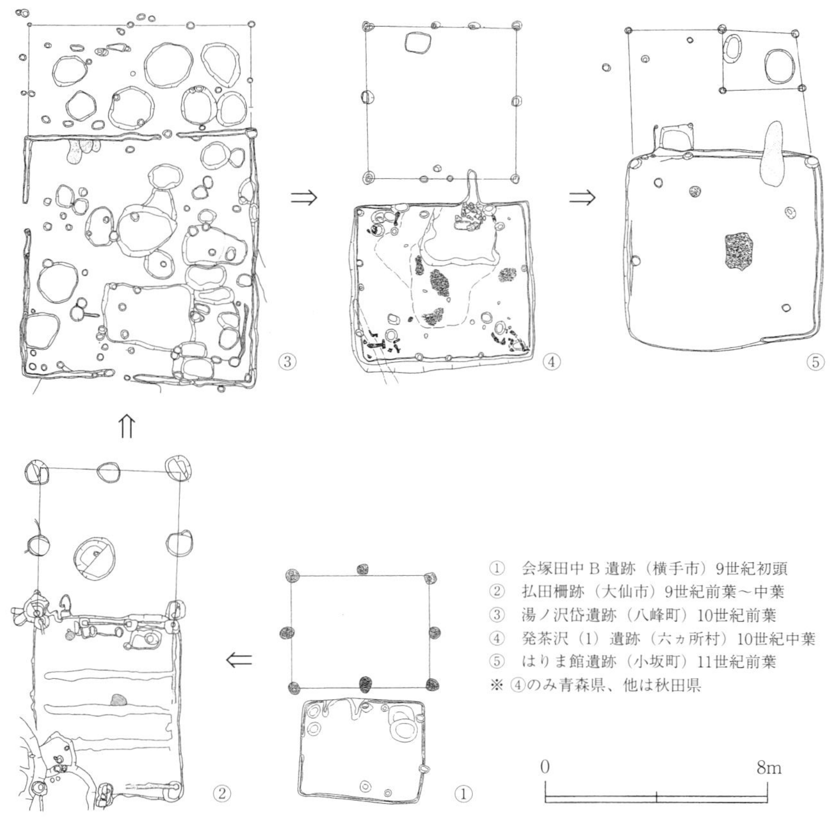

第６図　竪穴・掘立柱併用建物跡と帰属時期

いる」（宇部 2007）とする。

このように二系統の竪穴建物は、排他的な分布を示す。側柱式竪穴建物は、先行する伏屋式竪穴建物の分布域には当初入り込まず、9世紀後半以降、津軽地方で受容される段階となり、広く陸奥側も含め浸透していったとみられる。また、屋根構造の違いも明確であり、側柱式は切妻、伏屋式は寄棟であろう。後者が一棟完結スタイルとすれば、前者は桁行方向で延長・連結が可能であるともいえる。

前者の連結を示す遺構に「竪穴・掘立柱併用建物」（文化庁 2010）がある。

これは、側柱式竪穴建物に掘立柱建物が連結あるいは並列するものであり、その多くはカマドの置かれた壁面側に掘立柱建物が接続する。本遺構は、北は北海道札幌市、南は福島県中通り南部（矢吹町）、西は石川県北加賀地方（白山市）で検出されており、約105遺跡から480棟以上認められる（高橋2015）。分布の中心は津軽地方（青森県中～西部）にあり、北緯40度以北の北東北での検出例は全体棟数の9割を超す。構築時期は、北加賀で7世紀後半、新潟県魚沼・北阿賀[1)]、福島県会津では8世紀前半～中頃、横手盆地や志波城跡（盛岡市）周辺では9世紀初頭～前半、分布の中心となる津軽や米代川流域では9世紀後半以降となる。終末は11世紀（前半代か）である。竪穴・掘立柱併用建物は、竪穴部を居住域、掘立柱部を主に工房・作業域とし、須恵器、土師器、鉄生産に係る工房跡としての役割を担っていたとの報告もある。分布地域と構築時期を整理すると本併用建物は、払田柵のある横手盆地周辺から40度以北の地に構築技術が移入されたとも推測でき（第6図）、先の技術伝習の動きとも合致する。

おわりに

9世紀後半以降、北東北の地には集落が爆発的に増加する。それを可能にしたのは、城柵側と蝦夷側それぞれが抱える問題、気候や環境問題、そして新しい技術の受容であろう。生業としての鉄生産技術の獲得は、城柵側から「技術伝習」を受けた人員が北東北の集落内に入り込んで成し得たことであろうし、作業を行うための工房や居住空間確保には、側柱式竪穴建物や竪穴・掘立柱併用建物を取り入れることで解決する。鉄と側柱式竪穴建物の相性の良さが、爆発的増加の一因ともいえるのかもしれない。

註

1）脱稿後、「竪穴・掘立柱併用建物」についての新たな論文を入手できた。執筆された春日真実氏によると、越後（新潟県域）では当該遺構が11遺跡から20棟の検出例があり、1例は古墳時代前期に遡ることが示された。また、併用建物の構造については、縄文時代晩期の落棟建物の復元案を引用された記述も注目される。本建物の出現時期や分布地域は、遺構の抽出を含め再考する必要があるが、「横手盆地の竪穴・掘立柱併用建物の成立に越後地域（の集団）が関係していた可能性が高い」とする記載は首肯できる。
春日真実 2016「古代越後の竪穴・掘立柱併用建物」『三面川流域の考古学』第14号

参考文献

秋田県教育委員会 2009『払田柵跡Ⅲ―長森地区―』秋田県文化財調査報告書第448集
伊藤武士 2007「九世紀の城柵」『九世紀の蝦夷社会』高志書院
伊藤博幸 2010「古代陸奥の歴史的景観の変移について」『環境歴史学の風景』岩田書院
宇部則保 2007「本州北縁地域の蝦夷集落と土器」『九世紀の蝦夷社会』高志書院
五反田克也 2008「花粉スペクトルによる気候復元」『「一ノ目潟」湖底堆積物分析業務報告書』国際日本文化センター
高橋 学 2008「払田柵跡―発掘調査35年目の新展開―」『平成20年度第１回ふるさと考古学セミナー資料』秋田県埋蔵文化財センター
高橋 学 2010「火山噴火後の米代川流域の村々」東北芸術工科大学公開シンポジウム『古代東北の変動―火山灰と鉄―』予稿集
高橋 学 2015「竪穴・掘立柱併用建物」『季刊考古学』第131号 雄山閣
文化庁記念物課 2010『発掘調査のてびき―集落遺跡発掘編―』
望月精司 2007「北陸西部地域における飛鳥時代の移民集落」『日本考古学』第23号 日本考古学協会
吉田明弘・鈴木三男 2013「宮城県多賀城跡の高精度植生復元からみた古代の森林伐採と地形形成への影響」『季刊地理学』Vol.64

古代日本列島北部の諸集団間における鉄鋼製品の流通問題

天野哲也

はじめに

本論の目的　古代日本列島で最北部の製錬址は、杢沢遺跡など青森・津軽・岩木山麓に分布しており、時期は10世紀代と推定されている。それより北の地域はもちろんのこと、東北地方北部ですら、鉄鋼製品の供給は長い間、外界に仰がざるを得ない状況にあった。

さて、古代サハリン・北海道・千島列島に展開したオホーツク文化および、その南側でこれと併存した続縄文―擦文文化でも、鋼製の刀子などは生活必需品であり、また斧や刀剣ほか武器類もある程度保有されるようになっていった。これらはいずれも自作は不可能な手工業製品なので、外界から手に入れていた。問題は、南北どちらから、どのようにして入手したかである。より具体的には、製作地と流通網・経路、これに関連した集団関係、対価の生産条件が解明されるべき課題として挙げられる。本稿は、これらの集団をめぐる鉄鋼製品の流れ、およびそれと関連する諸問題を検討し、あわせてその供給地の候補地の一つとして出羽国・秋田城の可能性を考えてみるものである。

方法と資料　もし鉄鋼製品の生産地が比較的限られていて、各産地に特有の製品が生産され、それが流通しているのであれば、問題の解決は比較的容易になろう。しかし実際には、蕨手刀や曲手刀子あるいは平柄（短冊形）の斧などのように特徴的な形態で、しかも分布と時期が比較的限られている製品を除くと、形態分析・比較の手法によってこれらの集団の鉄鋼製品の供給地と流通経路を探ることはきわめて困難である。

そこで本稿では二つの面から上記の問題を検討する。一つ目に鉄鋼製品、製錬・鍛冶を軸にして、広く考古学・歴史学的に、これらの集団の関係を推定する。その際とくに鉄鋼製品普及率の集団間の格差・勾配に注目する。二つ目に鉄鋼製品の化学分析値の特徴によって、これらの集団の鉄鋼製品の産地候補を絞り込み、出羽国・秋田城との関係を考える。

1　東北地方北部とオホーツク文化・続縄文―擦文文化の関係

年代・時期の推定　北大Ｉ式土器は、続縄文文化の後北 C_2・Ｄ式土器が、オホーツク文化前期の土器群を特徴づける一要素・円形刺突文を取り入れてできたとする理解は松下亘（1963）以来、議論はあるがほぼ定説化している[1)]。問題はその意味であり、この現象を生み出した続縄文集団とオホーツク集団の接触・交流の内容である。もっともこれに関する資料は依然として散発的で乏しく、かつ内容的に単調であるが、以下の状況は充分に想定できる。

北大Ｉ式土器が、道北地方を除く全道さらに東北地方北部にまで及ぶ広大な分布域で、かなり等質であるので、この「接触・交流」も相当広い範囲で比較的短時間のうちに進行したものと考えられる。それは、現時点で確認できる限りオホーツク集団が、日本海側では少なくとも奥尻島にまで、オホーツク海側では根室半島部にまで行動圏を拡大した、前期後半（礼文島香深井１遺跡魚骨層Ｖの形成時期で、突瘤文はわずかになり、換わって円形刺突文が盛行する段階）であろう。

その実年代は、北大Ｉ式土器片が伊治城SD-206・261に共伴したこと、また５世紀後半から６世紀初、土師器・南小泉式後半段階の八戸市田向冷水遺跡で出土していることや、その対岸の市子林遺跡において北大Ｉ式、Ⅱ式段階の続縄文文化の墓でも土師器・南小泉式が出土していることなどから、およそ５世紀代に求めることができよう（大沼1996、小野1998、小野・天野2011）。

さらに礼文島香深井１遺跡では、東北地方北部における使用年代として６世紀初頭前後に位置づけられる（宇部2009）土師器・浅鉢が得られている。この土師器は、その破片の大半がE-11、E-12、F-11区の魚骨層Ⅳで出土

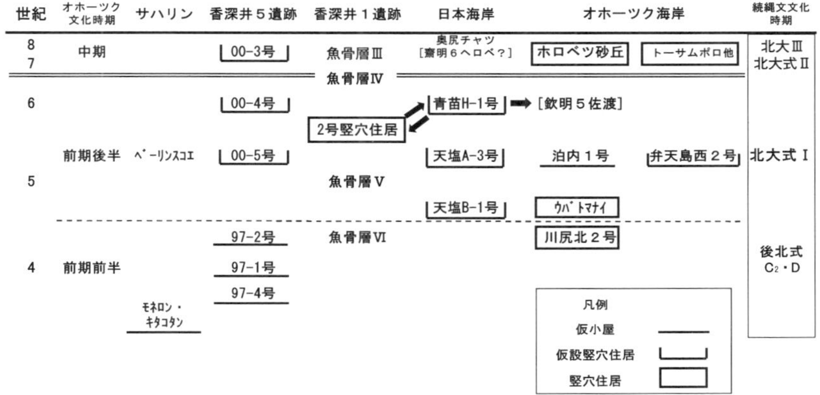

第1図　オホーツク文化前期―中期の地域開発

しているので、1号d竪穴から廃棄された可能性が高い。したがって、刻文をもつ土器がメインとなる中期、その始まりはおよそ6／7世紀代であるといえる（第1図）。

礼文島香深井1遺跡2号住居の住民たち　礼文島香深井1遺跡2号竪穴は、住人が戻ってくることを前提にして整理した状態で残したものと考えられる（天野2010）。この住居の構築は、層位的には魚骨層Ⅴの堆積後、間Ⅳ／Ⅴ・魚骨層Ⅳの堆積前に位置づけられ、実際その土器群の様相は、魚骨層ⅣとⅤおよびこれらの間の間層Ⅳ／Ⅴのものと類似性が高い。したがって2号竪穴住居はオホーツク文化前期の後半（5〜6世紀）段階のものとみることができる。

奥尻島・青苗遺跡　奥尻島・青苗遺跡の土器に、礼文島香深井1遺跡2号竪穴の土器に類似したものが認められることは、発掘調査の担当者・皆川氏が指摘した（2002）。その意味を考えて、筆者は、両者の同時期性、さらに踏み込んで、まさにこの2号竪穴の住人たちが奥尻島・青苗遺跡に到着してある期間そこで暮らし、遂に香深井集落に戻ることはなかった事態を推測した（天野2010）[2]。実際、両遺跡のオホーツク式土器は、胎土に混和された砂粒の元素構成比域がよく重なること、つまり同一の素材で製作された、一つの土器群である可能性が高いことがあきらかにされている（中村・竹内2012）。

ほかに両遺跡の回転式銛頭先（銛先Ａの双尾Ｉ型）が酷似している点などもまたこの推測を支える材料となろう。

さて青苗における生業の特徴は、カワウソ・テン・キツネ・アシカなど毛皮獣の獲得とアワビ漁である。とくにカワウソは、頭蓋骨２点を穿孔・安置した儀礼的扱いからみて、ひときわ尊ばれていたのかもしれない。問題は、これら毛皮の価値が高い動物をどの季節に、どこで、どのように得て、どこに供給する予定であったかである。

まず季節の面では、冬季は母村・礼文島での漁労の最盛期にあたるので除かれるはずであるし、実際に青苗遺跡の自然遺物は夏季を中心に得られたものが主であり、冬季を中心とする漁期に相応しい種（ホッケ・タラ・ニシン）は乏しい。したがって、ここにおける活動期間は、春、母村におけるニシン漁の終了後から秋、ホッケ漁の開始前までであろう。

ところで、分析は未だ一例に留まるが、青苗遺跡出土のヒグマは、年齢は３歳で、死亡の季節は春、産地は「クラスターＣ道南群のS2・S3（渡島半島）グループ」と推定されている（増田2003)。またヒグマ20頭余りの性別・年齢・死亡季節が推定された礼文島香深井１遺跡でも、成獣はほとんどが春季に死んでおり（大井ほか1980)、産地は道北日本海岸を中心とするが、子グマ３個体は「クラスターＣ道南群のS1（積丹−支笏）グループ」に属するものと推定された（Masuda et al.2001)。香深井集落などの住人たちは、３月ニシン漁の後に道北・母村を離れて南下・移動しながら穴グマ猟も行ったのであろう。子連れグマの冬眠明けは相対的に遅く4-5月なので、この時期には子グマを得る機会も多かったであろう。

佐渡の粛慎　６世紀中頃、『書紀』「欽明紀」（544・545年）によれば、佐渡に粛慎が一艘の舟で来着し、春夏の期間に漁労活動などを行いながら滞留し、上陸地点から別の場所にも移動している。かれらの到来の目的および最終目的地がどこであったかは未詳だが、その海洋民の開拓者的行動（サマーキャンプ）や、あえて積極的に島民と接触しようと試みなかった点から推して、越（高志）などの集団との交流を目指した政治性・南方指向性は小さいと考えられる。アシカ猟やアワビ漁などが主な目的であったのかも知れない。

むしろ問題は佐渡の存在をどのようにして知り得たのかである。直接に津軽・能代・男鹿などの蝦夷と接触してこの情報を得ることは困難であろうから、おそらく渡嶋蝦夷を通じて間接的に知ったのであろう。実際、新潟県でも南赤坂遺跡ほか4か所で後北式土器がみつかっており（草間 2012）、この地域での続縄文集団・渡嶋蝦夷の活動が想定できる。いずれにしても出羽、とくにその北部は、建郡前は「荒蕪の地」で人口希薄であったと考えられるので、粛慎は「沖合自由航行権」（天野ほか 2007）の条件下、越の国・佐渡にも入れたのであろう。

オホーツク集団粛慎説に立つ場合、6世紀半と言う時期から、このグループこそは上記の礼文島香深井1遺跡2号竪穴の住人たちであり、奥尻島青苗キャンプ経由で現れたものであった可能性を強調したい。

オホーツク集団と続縄文集団の交流　では地元民・続縄文文化の集団との関係はどのようなものであったか。道北地方では、北大期の遺跡はほとんど知られていないので、この時期には続縄文集団の人口密度は希薄であったはずである。したがってオホーツク集団はこの地方では自由に生産活動を展開できた。それより南では、越田の集成データ（2003）にみられるように、日本海岸では浜益ほかフゴッペや堀株など積丹半島近辺でオホーツク式土器が見つかっている。その行動域は、土器の残された範囲よりかなり大きいはずであるから、オホーツク集団はこの地方でも、本島内に足を踏み入れているのであろう。

しかしそれにしても遺物の分布は基本的には沿岸部、しかも岬など僻遠の地が主なので、行動圏は原則的に「沖合自由航行権」で黙認される範囲内であったであろう。主に岬や海蝕洞窟・岩陰などでキャンプをしながら漁労およびヒグマを含む毛皮獣猟を行い、遭遇した続縄文集団と交易・交流したのであろう。

他方、北大期の遺跡は積丹半島・堀株など道南地方日本海岸部にも分布するが、そこでは貝塚や銛頭などは知られていないので、高度の海洋適応を遂げているとは考えられない。生業面では、むしろオホーツク集団と補完的な関係にあったのであろう。上述の土器の面に表れた刺突文共有の現象は、毛皮他のやり取りなどに基づく共存・交流関係を反映するものではないだろうか。さらにいうならば、『延喜式』で蝦夷の交易雑物の一つとして葦鹿皮が出てくるが、実際にかなりの部分これを捕獲したのはオホーツク集団ではなかったのか。では北大期・続縄文集団がオホーツク集団に求めたものは何であったか。

北回り、サハリン経由の鉄鋼製品供給ルート　おそらくオホーツク文化前期の前半段階・4～5世紀代のサハリンでは、北方からの刻文系集団の南部への進出が起こり、南西部にあった刺突文系集団は主に東方・アニワ湾方面からこれの圧力を受けていたのであろう。しかも、サハリンにおける刺突文系土器の分布状態が南西部に限定的である点からみて、鉄鋼製品入手の大陸ルートはこの刻文系集団が掌握していたと考えられる。つまり刺突文系集団は刻文系集団を介して鉄鋼製品など大陸産品を間接的に入手していたのだろう。したがって鉄鋼製品ほかを確保するためには対価たる毛皮獣などの獲得を増大・充実させる必要に迫られていた。

このような情勢のもとで刺突文系集団は北海道にも活路を求め、まず道北地方から探査を開始し、礼文島香深井５遺跡などオホーツク文化前期前半のキャンプを残した。そしてついに前期の後半期にはサハリン南西部で南北に分裂・拡散し、その一部が道北集団として分立した。この一連の動きのなかで続縄文集団（後北 C_2・D 式土器段階）との接触・交流が起こり北大式Ｉを成立させたのであろう。このような両集団の交流があった可能性については、青苗遺跡に葬られた人骨が続縄文人の形質をもつことや、茶津４遺跡で見つかった人骨がオホーツク人の形質を備えている点など、形質人類学の分野からも指摘されている（Matsumura et al.2006）。

接触・交流の内容　これよりやや後の「斉明紀」に記された７世紀（658年）、渡嶋蝦夷（北大Ⅲ期・続縄文集団）と粛慎（上記刻文系集団中心）の対立はそもそもなにに起因するか。比羅夫が設定した和解・調停の儀式の場において、提示された鉄鋼製品と布のうち後者を選択したくらいに、粛慎（時期的にみて、これは刻文系集団）では鉄鋼製品は充足していたと考えられることは関口の指摘するところである（1995）。刻文系集団に吸収・併合される刺突文系集団にもこの豊富な鉄鋼製品の一部は渡っていたはずである。なぜなら、利尻富士町・役場遺跡では突瘤文をもつ土器の副葬された1号墓（SK01）に刀子が（山谷編2011）、浜中遺跡では熟年女性の墓Ⅰ-3号に刀子、および刺突文をもつ土器が副葬されており（前田・山浦2002）、前田（2002）、山谷（2011）らの想定するように、これらはオホーツク文化前期には鉄鋼製品はかなり普及していた状況を裏付けるものと理解できるからである。

これらの製品は、アムール中・下流域に展開した靺鞨・刻文系集団そしてサハリンの刻文系集団を通じて入手されたのであろう。これらの地方産と考えられる雲母を含む刻文土器（Ⅱ型壺形）がモヨロ貝塚遺跡や礼文島香深井1遺跡（小野・天野2008）そして青苗遺跡（皆川2003）、さらに恵庭市茂漁8遺跡の北大期の墓と考えられる土壙P-17（森2004）で見つかっていることにも、大陸産の鉄鋼製品の動きを読み取ることができよう。

さらに刺突文系集団は鍛冶技術をもっており、これを習得するために続縄文集団は礼文島香深井1遺跡にでかけている（天野1985）。筆者の知る限り、その北大式土器に最も類似しているものは、次に触れる札幌市中央区のC544遺跡の例であり、また上にみた恵庭市茂漁8遺跡出土の例も近い（第2図：2・3）。ともに北大期Ⅰ・Ⅱ中心の遺跡であり、しかも前者においても、刻文をもつ大陸的様相のⅡ型壺形のオホーツク式土器が出土している。この時期、とくに道央地方の続縄文集団がオホーツク集団と活発に交流したのであろう。うえにみた礼文島香深井1遺跡出土の子グマなどはこのような交流でもたらされたことが考えられる。

このように前期後半6世紀代を中心に、北大Ⅰ式期には両者の関係は良好であった。礼文島香深井1遺跡では北大Ⅱ式土器も出土していることからみて、北大式土器Ⅰ・Ⅱ期（後に触れるように、さらにⅢ期のある時点まで）の続縄文集団は鉄鋼製品を、少なくともその一部を、オホーツク文化・刺突文系さらに刻文系集団から毛皮などと交換に入手していたのであろう[3)]。

鉄鋼製品普及の集団間格差・勾配　では具体的にオホーツク文化と続縄文文化-擦文文化の間で鉄鋼製品の普及にどのような違いがみられるか、なにがその違いをもたらせたか。

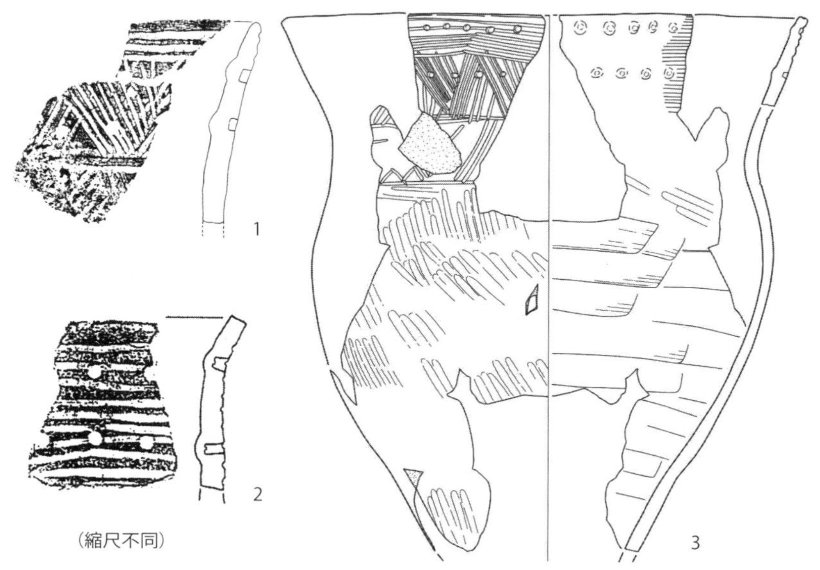

第２図　香深井１遺跡の北大式土器(1)と類例

この比較を行うために、共通の単位を何に求めるかがまず問題となる。擦文文化については、一竪穴住居に居住する世帯が基本的に核家族であることを前提とすることが可能である。しかし続縄文文化・北大期にはそもそも竪穴住居は知られておらず、世帯の形態・構成は不明である。またオホーツク文化では、一般に竪穴住居の規模がきわめて大きいので、その居住世帯は一核家族ではありえない。したがって、住居址を単位とした鋼製品普及の評価値の比較は意味がないので、ここでは個人を単位とする墓の副葬品を対象とする。ただしある程度まとまった墓群資料は、オホーツク文化については、多寡はあるにせよほぼ全期間にわたって見つかっているが、続縄文文化・北大期に関しては多くなく、また擦文文化にいたってはほとんど前期に限られてしまい、総じて著しい偏りがある点は留意しておかなければならない。

オホーツク文化に関しては高畠（1999）の集成データ148基から、時期不明47基と「トビニタイ」期の９基を除いた92基を利用する。理想的には前期・中期・後期に分けて検討するべきであるが、資料の数が少ないために偏りが著しい。やむを得ず、道北地方で沈線文土器（IC）を伴う墓16基と、道東地方で貼付文土器（Ⅱ b とⅡ c）を伴う50基を合わせた66基を後期に属するものととらえて「後半期」と表示し、これを除いた26基を前期・中期に属するものと理解して「前半期」と表示して検討する。

続縄文文化・北大期では、北大Ⅰ式期に関しては、円形にまとまった配置をみせる森ヶ沢遺跡の土壙墓20基が利用できる（阿部2008）。北大Ⅱ式期については音別町ノトロ岬遺跡の土坑65基が利用できる。これらは配置が比較的等間隔であり、その特徴ある堆積状況などからも墓壙であると考えられる。ここでは斜行縄文と刺突文を基本とする北大Ⅱ式土器がメインである（山本1984）。この副葬品には鉄鋼製品はみられず、黒曜石製のラウンドスクレーパーと石核が主な内容である。北大Ⅲ式期に関しては恵庭市西島松5遺跡の墓壙64基のデータ（石井2002）が利用できる。

擦文文化については、かつて検討した46基（天野1983）から北大期・天内山資料7基を除いた39基のデータを包括的にあつかう。

これらの墓の副葬鉄鋼品を刀子、刀剣、鉾・槍、斧、鎌、針、その他の7項目に分けて集計して（第1表）、各墓数で割った値を「普及率」として示した（第3図）。そのなかでも最も基本的な道具である刀子を代表させて普及率の動向をみると、オホーツク文化では、前半期0.42で後半期には0.61とわずかながら増加している（第4図）。

問題は北大期であり、そのⅠ期・森ヶ沢遺跡では、少数の釧など特殊な物を除くと、刀子が中心の単調な内容である。またその点数も10号の3点を例外とすると、1点が基本であり、普及率は0.45と低い。Ⅱ期・ノトロ岬遺

第1表　オホーツク・続縄文・擦文文化期、副葬鉄鋼製品の量的比較

文化	墓壙	刀子	刀剣	鉾・槍	斧	鎌	針	他	合計
オホーツク文化	前・中期（26基）	11	4	2	1	1	1	2	22
	後期（66基）	40	13	2	1	0	1	3	60
続縄文文化	北大Ⅰ式土器期（20基）	9	1	0	0	0	0	7	17
	北大Ⅱ式土器期（65基）	0	0	0	0	0	0	0	0
	北大Ⅲ式土器期（64基）	39	28	0	11	4	0	6	88
擦文文化	擦文文化（39基）	36	25	0	3	2	13	0	79

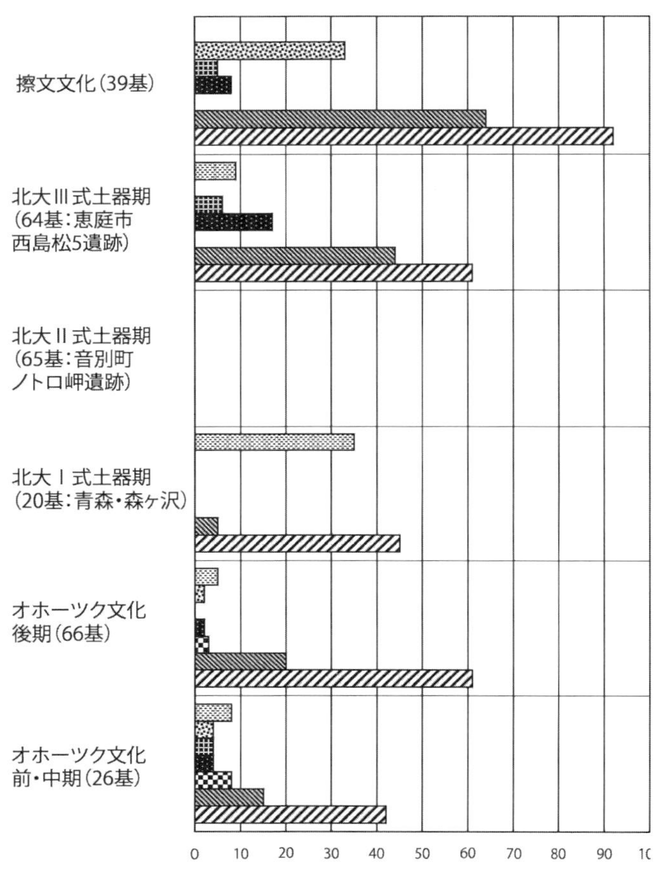

第３図　オホーツク・続縄文・擦文文化期、副葬鉄鋼製品の量的比較

跡に至っては普及率が０である。この時期の続縄文社会で鉄鋼製品が皆無であったはずがなく、地域によっては個人の墓に添える程には普及していなかった状況をノトロ岬遺跡の例は示しているのであろう[4)]。次の北大Ⅲ期・西島松５遺跡では普及率は0.61と高く、品目も刀子の他に斧や鎌などを含んで多様化する。

擦文文化では普及率は0.92と高く、品目も斧・鎌を含み多様である。

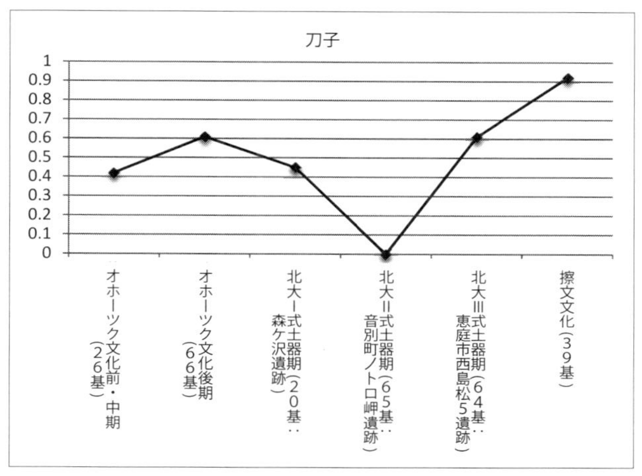

第４図　オホーツク・続縄文・擦文文化期、副葬刀子の量的比較

以上まとめると、北大期では、Ⅲ期を除き、鉄鋼製品の普及率は小さく、それはオホーツク文化よりも小さかった。それが、Ⅲ期に入って増加し、擦文文化の水準に近づくのである。これはなにを意味し、どのように実現したのであろうか[5)]。

古代、北日本における製錬技術の普及　そもそもこの背景として、北日本では鉄鏞製品の普及のベースとなった国造制や、さらには古墳などヤマト政権の制度・影響力が、太平洋側でより早く、日本海側ではやや遅れて波及・北上する傾向をみせる点が注目される[6)]。

この傾向・構造は、さらには古代の製錬技術が広まる段階にまで残存する。すなわち、太平洋側では早くも７世紀の後半頃には相馬地方向田遺跡などで、８世紀には多賀城市柏木遺跡などで砂鉄製錬が開始され、これを原料とした鉄鋼製品が東北地方北部にも流通するようになる（寺島 1991）。それに対して日本海側で製錬が始まるのは、富山県射水丘陵の南太閤山遺跡など北陸地方で８世紀代であり、新潟県下でも真木山Ｃ遺跡など８世紀代以降の製錬址が知られており（関 1991）、山形・秋田では９世紀に入る（寺島 1991）。これら８世紀代以降、日本海側・中部地方産の鉄鋼製品が東北北部にまで達する可能性は充分に考えられるが、距離の面からみて、量的には太平洋側産の物に及ばなかったであろう。

いずれにしても、鉄鋼製品入手の条件・状況のこのような変化に応じて、渡嶋蝦夷（北大式Ⅲ期続縄文集団）は交流の相手・重点を粛慎（オホーツク文化中期・刻文・靺鞨系集団）から東北地方北部の蝦夷に移し、これは必然的に粛慎の反発を招かずにはおかなかった。

さて658年の敗北後、粛慎は日本海岸の南下策からオホーツク海岸を道東地方・千島列島に進出する方向に方針を転換した。目梨泊・モヨロ遺跡などの蕨手刀は蝦夷あるいはさらに律令国家との関係修復を物語るものであろう。この時期・8世紀前後、道東地方では常呂チャシ遺跡7a竪穴住居など100頭を超えるヒグマ頭骨の集積（佐藤2012）が知られており、しかもこの7a竪穴住居址例のなかには道北や道央地方産の個体もふくまれている（増田・坂2012）。他方ウサクマイN遺跡では道東地方のオホーツク式土器が出土している（菊池・田中2001）[7]。これらは道東オホーツク集団が道央地方の擦文集団を介して津軽など東北地方の鉄鋼製品ほかの産物を入手した事情を物語るものであろう[8]。

9世紀末（『日本紀略』寛平5（893）年）を最後に、渡嶋（狄）は史上から姿を消すことが注目されている。杢沢遺跡など津軽地方で製錬業が盛んになってきたために、擦文集団ももはやそれより南、出羽・陸奥に向かう必要がなくなった変化をこれは反映するのであろう。粛慎の名が消えて靺鞨・狄に換わる現象も、中期以降に刺突文系に換わって刻文系集団が隆盛を示すようになる状況と関連するのであろう。

また道東オホーツク集団では、藤本C群（中期と後期の移行期）以降に斧や蕨手刀など内地産の鉄鋼製品を充分に入手できるようになり、その結果、後期までに鍛冶技術が衰退・消滅する（Amano et al.2013）[9]。

以上みてきたことから、オホーツク集団が出羽産の鉄鋼製品を手に入れたとすれば、その時期は後期、ほぼ8・9世紀に限定されよう。しかしそれにしても、大陸との関係は維持できていたはずなので、それほど大量の鉄鋼製品が出羽からオホーツク集団に渡る事態は起こらなかったであろう。

2　鉄鋼製品の化学分析値からみた古代東北地方北部とオホーツク文化の関係

鉄鋼製品の化学分析はなお件数が少ないが、製品の種類によって成分の特性に差が認められるという指摘など、注目すべき成果をあげつつある。このデータを原料鉄の産地による成分の特性と比較・総合することによって、鉄鋼製品の産地を絞り込むことが課題となる。本論では続縄文文化の西島松5遺跡の鉄器化学組成（赤沼 2006）、中世鉄鍋に関する小野ほか（2015）、オホーツク文化に関する報告（Amano et al.2013）を基礎データにしてこの課題に取り組む。

第5図で A_1（大和・律令系太刀）と B_1（東北北部・北海道（石井Ⅰ）蕨手刀）の領域が明確に分かれる。他方第6図の刀子（C_3 領域）や第7図の斧（C_1・D_1 領域）など他の鉄器がちょうどその間（1付近）に位置する。これはなにを意味するのであろうか。仮説として、これら C_1・C_3・D_1 領域を「出羽系」と考えてみる。そして第8図をみると、中世鉄鍋Ⅰ類（北日本の日本海側でやや広く流通し、生産地も近い）がこの部分にほぼ重なることがわかる。なお、上記の三つの図で Cu・Ni の含有率が著しく高いものは、第9図のオホーツク文化関連のもの、および厚真町ニタップナイ遺跡で出土した横断面Z形をなす特異な形態の鉄鏃（奈良 2009、菊池 2010）などに共通性が認められるので、大陸産である可能性が高いといえる。

オホーツク文化では前期（5世紀代中心）には、Cu/Co で高 Cu、Cu/Ni でも高 Cu で、Ni 分も比較的多いものが目立ち、中期（7世紀代中心）を経て、後期（9-11世紀）には Cu/Co で低 Cu、Cu/Ni では低 Ni 方向に移行する。この後期の低 Cu・Ni 化は本州産製品の入手量が増加したことによるものかもしれない。また西島松5遺跡の古い段階・6世紀代とされる Ni・Cu の含有率が高い鉄器は、オホーツク文化経由で入手した大陸産のものを含む可能性をもち、化学分析を含めた検証が望まれる。つまり続縄文集団は7世紀代には主に陸奥方面から、8・9世紀代には加えて出羽・秋田城方面からも、10

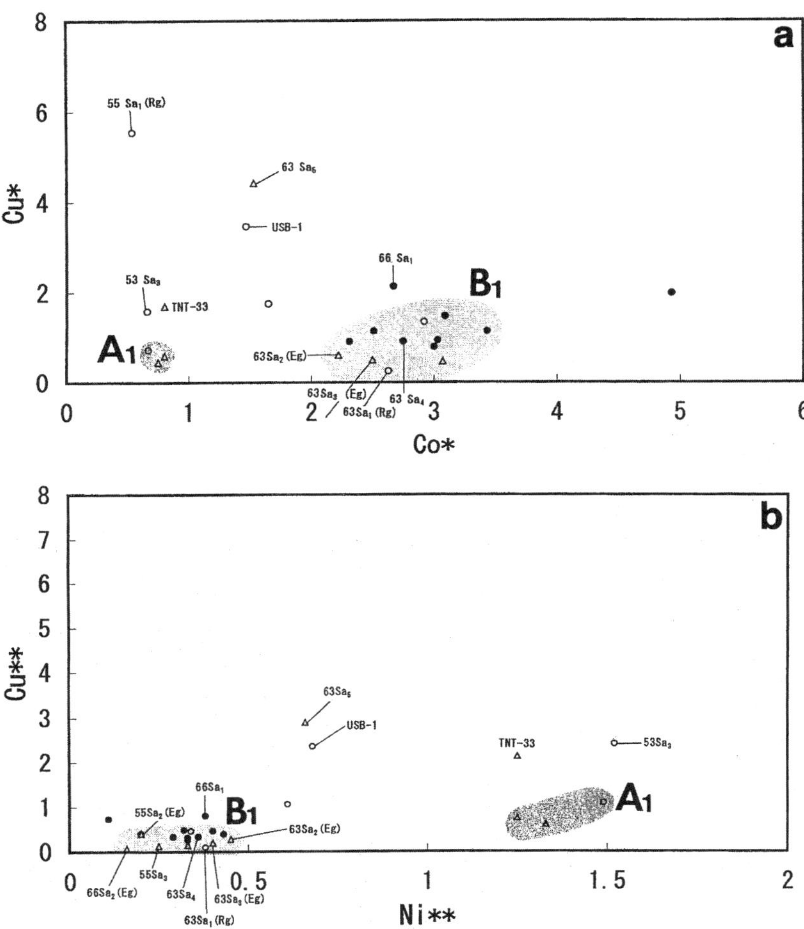

No.は表１、表２に対応。●：非金属介在物中に鉄チタン酸化物が見出された試料、○：非金属介在物中に鉄チタン酸化物が見出されなかった試料、△：非金属介在物が見出されなかった資料。
Cu*：(mass%Cu)／(mass%Ni)、Co*(mass%Co)／(mass%Ni)、Cu**：(mass%Cu)／(mass%Co)、Ni**：(mass%Ni)／(mass%Co)

第５図　西島松５遺跡の鉄鋼製品（太刀・蕨手刀）の化学組成（Cu・Co・Ni）（赤沼 2006）

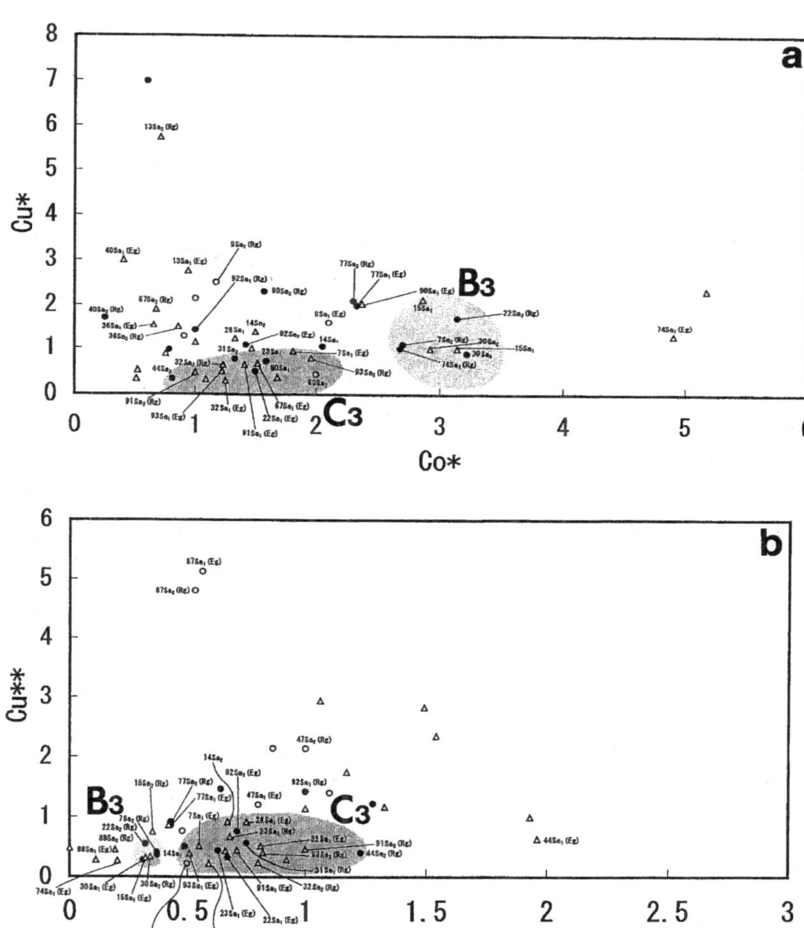

No.は表1、表2に対応。●：非金属介在物中に鉄チタン酸化物が見出された試料、○：非金属介在物中に鉄チタン酸化物が見出されなかった試料、△：非金属介在物が見出されなかった資料。
Cu*：(mass%Cu)／(mass%Ni)、Co*(mass%Co)／(mass%Ni)、Cu**：(mass%Cu)／(mass%Co)、Ni**：(mass%Ni)／(mass%Co)

第6図　西島松5遺跡の鉄鋼製品（刀子）の化学組成（Cu・Co・Ni）（赤沼 2006）

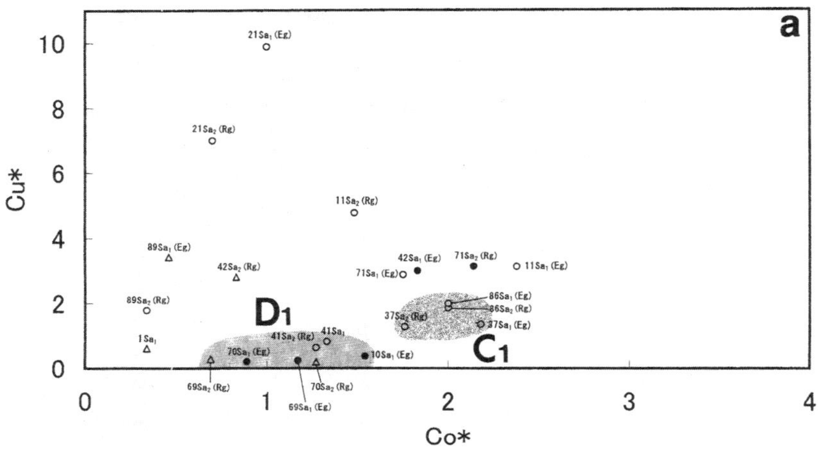

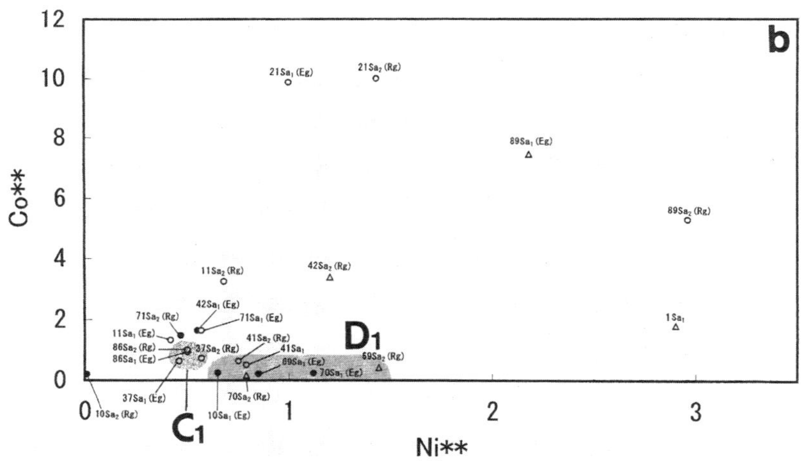

斧・鎌に含有されるCu・Ni・Co三成分比
No.は表１、表２に対応。●：非金属介在物中に鉄チタン酸化物が見出された試料、○：非金属介在物中に鉄チタン酸化物が見出されなかった試料、△：非金属介在物が見出されなかった資料。
Cu*：(mass%Cu)／(mass%Ni)、Co*(mass%Co)／(mass%Ni)、Cu**：(mass%Cu)／(mass%Co)、Ni**：(mass%Ni)／(mass%Co)

第７図　西島松５遺跡の鉄鋼製品（斧・鎌）の化学組成（Cu・Co・Ni）（赤沼 2006）

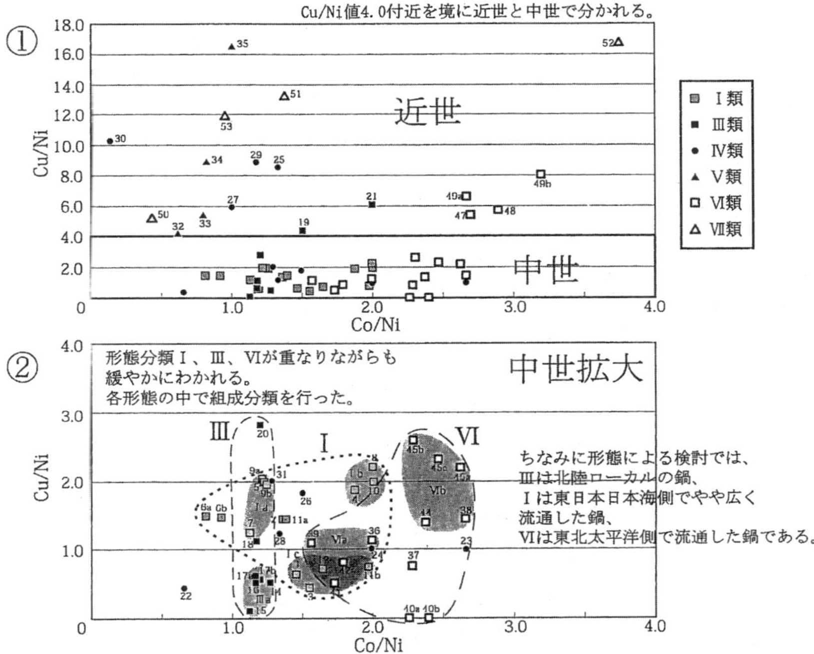

第８図　中世・近世東日本出土の鉄鍋の化学組成（Cu・Co・Ni）（小野・赤沼他 2015）

世紀以降はもっぱら津軽などから鋼製品を入手したのではないか。

オホーツク文化との比較　上にみた続縄文期の鉄鋼製品の化学組成を、オホーツク文化のそれ（第９図）と比較して、両者の重なる部分は、第５図のCu/CoとCu/Niにおける太刀の一部A_1と蕨手刀の一部B_1の領域である。また第６図のCu/CoのC_3領域とCu/NiのB_3領域の刀子の一部が重なる。さらに第７図のCu/CoとCu/Niでカマの一部が重なるものの、基本的に両者は分布域を違え、ごく一部で重なる程度である。以上のことから、両者の交流は７世紀代には低調になってきており、その前５・６世紀、北大Ⅰ段階が盛期であった状況を読み取ることができよう。

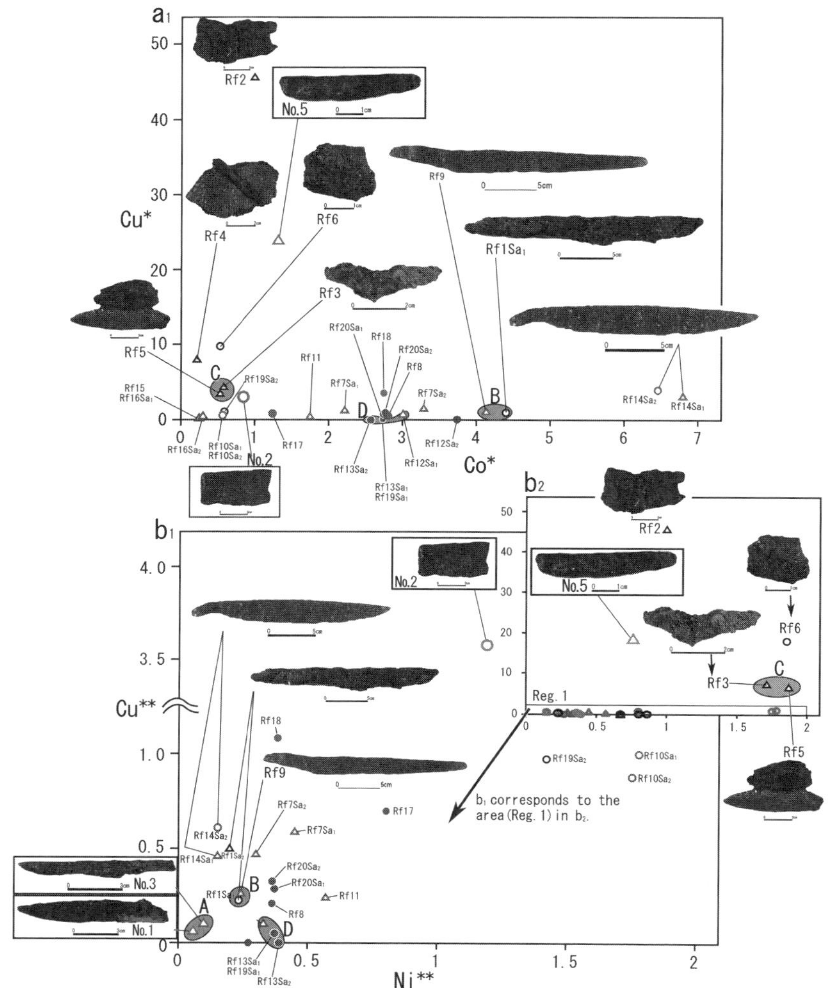

第９図　オホーツク文化の鉄鋼製品の化学組成（Cu・Co・Ni）

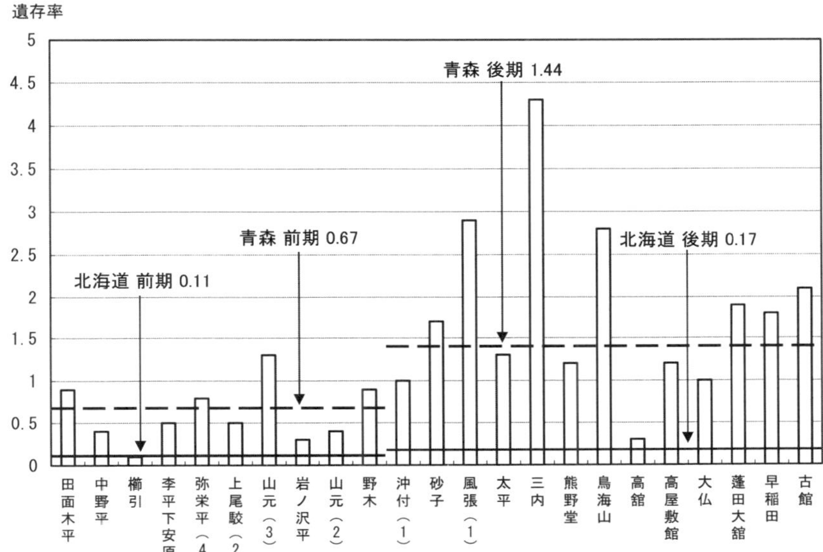

第10図　古代青森と北海道の集落にみる鉄鋼製品の遺存率（齋藤 2002、笹田 2002 をもとに作成）

おわりに

水の高きが低きに着くように文化も、したがって鉄鋼製品も基本的な流れは普及度の高い集団から低い集団へむかい、それに伴ってさまざまな複雑な動きが生じる。

6 世紀を中心とするある一定の時期の続縄文集団（北大式土器Ⅰ・Ⅱ期）とオホーツク集団(前期後半・中期前半)における鉄鋼製品の普及率を比較すると、後者の方が高いことが明らかになった。そして、土器の文様要素(円形刺突文)の共通性やヒグマ資料ほかの特徴そして遺跡分布などの面からみても、この時期の両集団の関係は良好で、1 世紀以上にわたって交流が継続したと推定できる。

この交流の内容については、具体的な資料・データがなお乏しいために、さらに踏み込んで述べることはできないが、動物資源（毛皮や熊胆・矢羽根など）と鉄鋼製品・繊維製品などの交換が中心であったと充分に予測できる。

問題は、ではこの関係とくに鉄鋼製品の北からの「流入」、毛皮などの北への「流出」を単なる「エピソード」と評価してよいか、そして後７世紀後半から８世紀前半までになぜこの「流れ」が南に換ったかである。

ヒントは、オホーツク文化で鍛冶技術が道東地方では道北地方より一足先、中期のうちに衰退・消滅した点にあると考える。これは道東地方が道北地方に比べて毛皮獣など交換価値の高い動物資源が豊かであるために鉄鋼製品の獲得に有利であったからであろう。そもそも道北地方は、漁労中心であるために輸出品たる毛皮獣や矢羽根の獲得に不利であり、これが道北オホーツク集団の自立性が比較的大きかったことを支えた条件であると考えられる。

しかし道東集団はもともとサハリン北部・アムール下流域方面の刻文系集団を主勢力として形成されたものと考えられるので、大陸産の鉄鋼製品などの入手に関しては、経路は確保できており有利なはずなのに、なぜ擦文集団経由、もしくは直接に、本州産の製品を獲得する方向に傾いたのだろうか。

可能性は二つ考えられる。一つは擦文集団、あるいはさらには東北地方北部の蝦夷集団による積極的な働きかけがあったことである。北上してくる古代国家の開発・侵略に対応・抵抗するために東北地方北部の蝦夷はさまざまな戦略を模索したはずであり、その一つとして道東オホーツク集団との関係を強化することは充分あり得るし、またこれは道北集団の自立性をよく説明できる。

二つ目は、サハリン・アムール流域交易ルートがなんらかの事情で機能が低下したことである。具体的には靺鞨・渤海の動向に注目すべきであり、またこれらをめぐる古代中国・朝鮮さらにモンゴル・ザバイカル方面の動きを検討する必要がある。このような「日中」を中心とした双極構造をもつ国際的な政治関係・「磁場」については、かつて素描したことがあり（天野 1977・1978）、これに対する批判が行われたこともあるが（Hudson 2004）、概して議論は低調であった。しかし最近、小口（2011）、簑島（2015）などが精力的に取り組んできており、考古学と文献史学による共同研究の進展が期待される。

註

1）北大式土器群の時期的細分については、斉藤（1967）以来の北大Ⅰ・Ⅱ・Ⅲ分類は、上野の北大Ⅱ・Ⅲ並行説（1974）や鈴木によるこれの追認・補足（1998、2003）によって批判されているが、榊田（2009）の説くように、従来の北大３分類案はおおむねこの土器群の変化の動向をとらえているので、小論でも用いることにする。

2）この結果２号住居の敷地が空白となったので、その後に１号ｄ竪穴住居が建設された。またその長軸方向が、海岸線に並行な２号とは原理的・根本的に異なって、海岸線に直交するものなので、その住人の出自・系統は２号竪穴とは違うものだと考えられる。後に触れる刻文系集団である。また、この問題すなわち刺突文系と刻文系の土器群を指標とする集団の文化的系譜の違いについては、小野・天野 2008 で予察的に検討した。

3）東北地方北部における続縄文式土器の在り方の変化、すなわち後北 C_2-D 式に比較して北大式、とりわけⅡ・Ⅲ式が乏しくなる現象は大沼（1996）や小野が指摘（1998）して以来注目されてきた。その理由について、大沼は土師器文化が北部にまで及んでいたためとし、小野も東北地方北部にあった続縄文集団が古墳文化に同化し、道内の集団による古墳文化へのアクセスは途絶えたからだとした。これらに対して、鈴木は７世紀後葉以降、それまでの定住型交易から滞留型交易に移行したためと解釈し（2004・2011）、これを支持して瀬川も「滞留型交易への移行は６世紀に遡る…交易は途絶したのではなくむしろ極めて組織的な形に変容」、「東北北部沿岸に交易拠点が形成されていったと推測される北大Ⅱ～Ⅲ期（6～7 世紀中葉）には、オホーツク集団がそこに参与する条件は状況的には整った……オホーツク集団の南下運動が活発化し、下北半島［脇野沢・瀬野遺跡］にかれらの足跡が残る事実は……」（2011）と述べ、両者の交流が活発になったためとみている（2012）。しかしこの時期、東北地方北部の土師器集落の報告は依然として乏しいので、これが続縄文集団の進出を妨げたり、同化する態の勢力をもっていたとは考え難い。しかも鈴木・瀬川説では、この時期にいたって続縄文集団は東北地方に無一物で滞留するようになったという状況を想定しなければならず、いずれにも与しがたい。

この問題を小野と議論するなかで、逆に、続縄文集団はこの時期は鉄鋼製品などの供給を北に、すなわちオホーツク集団を介して大陸に求めた、と考えてはどうかという本論の着想を得て構想が固まっていった。そのヒントならびに札幌市

C544遺跡の土器の情報ほかを教示された小野裕子氏に厚くお礼申し上げたい。また、大陸における鉄鋼製品の生産流通の問題は途方もなく大きいが、オシノヴォエ湖遺跡の冶金遺構の確認（Derevyanko et al. 2010）など近年の調査で少しずつその内容が明らかになってきた。ご教示頂いた木山克彦氏にお礼申し上げる。

ついでながら、下北半島の脇野沢・瀬野遺跡出土・採集のものとして報告（鈴木・寺田1993）されたオホーツク式土器片２点についてふれておく。それらが、発見の経緯に照らして、依拠すべき考古学資料としては信頼性に問題があると杉浦がいち早く批判（1993）している。ただし、氏の批判はかなり原則的なものであり、これらの資料そのものに関する分析・理解・評価は充分であるとはいえない。この問題点は、上に引用した瀬川の論文をふくめて、これまでにこれらの資料に言及してきた多くの論考に共通してみられる。

さてこれら２点のオホーツク式土器が、口縁部肥厚帯上に刻文系の文様が施文され、壺形の器形であること、したがってオホーツク文化中期に位置づけられることはまず動かせない。

問題はその製作地・集団である。杉浦は、鈴木・寺田報告が依拠した「宇田川洋鑑定」に従って、これらが道東地方-千島列島方面でつくられたものと想定している。ところで、これらの土器の大きな特徴は、鈴木・寺田報告でも正確に観察・記載されているように、器面の砂粒の突出が目立つこと、すなわち研磨（「ミガキ」）がほとんど行われていないことである。この土器整形・器面調整の手法は、鈴木・寺田報告でも触れられているように、道北・サハリンに一般的であるが、道東地方-千島列島では顕著ではない。したがって、瀬野遺跡出土のものとして報告されたオホーツク式土器２点は、道北・サハリン集団が製作した可能性が高い。

杉浦の批判でもう一つの問題は、これらオホーツク式土器が当時、瀬野遺跡に存在したことを証明、あるいはそれを補強するための要件ないし材料（同時代共伴資料）として、土師器を挙げている点である。しかし、すでに本稿中で述べたように、当時（7世紀頃）オホーツク集団が下北地方にも脚を伸ばした場合、そこで遭遇する可能性をもつ集団は続縄文集団（北大Ⅱ式段階）であるから、伴出・共伴を予測できる資料は北大Ⅱ式の土器や墓壙などであろう。

4）なお参考までに、両者と時期的に重なる部分の大きい札幌市中央区のC544遺跡もみてみよう。ここでは土壙墓と考えられるPT14、PT25、PT31、PT34、PT39、PT42でオホーツク式土器片が出土している。それらの口縁部破片は、低平な肥厚帯の下縁部に爪形文を施文した個体と微隆起が巡るよく研磨されたものである。胴部破片には頸部が明瞭に縮約した壺形で肩部に櫛歯文をもつ個体と舟形刻文を巡らす個体がある。オホーツク文化中期に一般的なものであり、器厚が比較的薄いので小形であろう。他方、続縄文式土器は、北大Ⅱに分類される縄文をもつものがPT31、PT39で、北大Ⅲ式に分類されるものがPT14、PT25、PT42で出土している。そしてPT25、PT34では刀子破片がみつかっており、全体として森ヶ沢遺跡とノトロ岬遺跡の中間的な普及状態をうかがうことができる。

5）住居址に伴った鉄鋼製品資料に基づいて、擦文文化と青森の土師器文化との普及率の比較を行ったことがある（天野2007）。鉄鋼生産を行うようになった地元青森における普及率が圧倒的に大きく、主要な市場は須恵器と同様に地元青森であったとする結論には変わりないが、ここで数値の訂正（笹田朋孝氏のご指摘にお礼申し上げる）と若干の補足を行っておく。

青森については、23遺跡について分析した齋藤（2002）の「出土鉄器比率（竪穴住居出土分）」表から算出・表示した。竪穴住居址総数1845軒、これに伴った鉄鋼製品数1729点、遺存率0.94となる（第10図）。

時期による差が顕著で、第10図の野木遺跡と沖付（1）の間あたりを境に、9世紀以前から存続した遺跡（仮に「前期」とよぶ）では1206軒、809点、遺存率0.67にとどまるのに対し、10世紀以降中心の集落（仮に「後期」とよぶ）では639軒、920点、遺存率1.44と、約2倍に増加している。

この2倍化の内容、すなわち後期に入って著しい増加を見せる種類は、「その他」と分類された物と「武具」および「農具」である。これらの鉄鋼製品の普及は、杢沢遺跡など地元での製錬業の起業によって促進されたのであろう。

北海道については笹田（2002）の表4〜8から算出した。この場合、時期については笹田に従い、甕形土器で、沈線文が主となる頃を「前期」（ほぼ9世紀まで）とし、その他は「後期」と一括した。これらはそれぞれ上記青森の「前期」「後期」におおよそ対応するので重ねて表示する。なお、終末期・「トビニタイ式」と「元地式」は除外する。

結果は、全体を平均すると、1417軒、227点、遺存率0.16となる。うち前期は317軒、36点、遺存率0.11で、後期は1100軒、191点、遺存率0.17となる。後期は前期とほぼ同じか微増気味であるといえる。

前期の遺存率0.11は、同時期青森の数値0.67と比較すると約1/5である。さらに後期に入ると、青森では地元で製錬業が稼働した結果、鉄鋼製品の普及率が高まり、遺存率で2倍化を達成したのに対し、北海道では微増に留まり、後期同士の比較では青森の1/8以下に落ち込み、その結果、全体の平均値でも青森の約1/6という値になる。

6) 鉄鋼製品などの入手のためにこのヤマト政権の制度・影響力のフロントにまで拡大・南下した続縄文集団の動きについてはすでに多くの論考がありその大要はほぼ固まってきている（小野1998、女鹿2003、鈴木2004、瀬川2011ほか）。

7) 種市氏はモヨロ貝塚・目梨泊遺跡例との類似性を述べている（2001）が、網走市二ツ岩遺跡（野村ほか1982）の土器により近いものと考える。

8) 杢沢遺跡製錬炉の操業時期は10世紀を中心とし、その後の展開は未詳であった。他方、秋田では12世紀、新潟では12・13世紀代の製錬址がみつかっており、しかもそれらは除湿のための地下構造を備え、また大型化するなど発達した様相をおびている。また青森でも近年、地下構造と掘立式の上屋をもつ製錬炉2基が炭窯とともに津軽士人長根遺跡で確認され、年代は13世紀と推定されている。これは長期間にわたって安定した操業が可能な施設であり、調査者・中田氏は安藤氏によって経営された施設であろうと想定している（2012）。近世、下北や津軽で盛んに行われた製錬業につながるものであろうか。これらは杢沢遺跡など古代のものとはあまりに規模・構造・形態が異なるので、その関係については資料の増加をまって考えたい。

ここで併せて、津軽地方などに特徴的な小形で簡略な製錬炉が密接・併存する理由について触れておきたい。

杢沢遺跡など製錬炉が横に並列・連接するもの（八木2010の呼称で「連房式」）は、同時併存していたかは別にして、構造的に、側方からの送風は不可能である。多賀城市・柏木遺跡のように背面から送風されたのであろう。しかし連続送風の可能な効率のよい木製鞴（シーソー式の踏み鞴や手動の箱型吹き差し式）は高度な制作技術を要するので用いられなかったであろう。シンプルな袋鞴が想定しやすい。狭長な小形炉は、この送風力・装置の限界からくるものであろう。

またこの地方では炭窯が見つかっていないので、伏せ焼きによる消し炭を還元剤・燃料として使用したことが想定できる。消し炭は木炭と比較すると、還元性・火力が低く、火持ちも悪いので頻繁な継ぎ足しと、それに伴う灰の掻き出しが必要となる。この条件に対応するために、複数の小形の製錬炉をスタンバイ状態にしておいて、次々と原料を入れ替えて仕上げて行く工程が想定できる。岩手地方の古代製錬・鍛冶に関する調査の情報を提供し、議論に応じて下さった八木光則氏にお礼申し上げたい。

9）ではなぜ道北地方では後期にまで鍛冶が存続したのか。これは目梨泊遺跡や元地遺跡の評価にもかかわる重要な問題であり、稿を改めて論じたい。

参考文献

赤沼英男 2006「西島松5遺跡出土鉄器の金属考古学的調査結果」『恵庭市西島松5遺跡（4)』北海道埋蔵文化財センター調査報告書 第224集

阿部義平編 2008「寒川遺跡・木戸脇裏遺跡・森ヶ沢遺跡発掘調査報告（下）」『国立歴史民俗博物館研究報告』144 国立歴史民俗博物館

天野哲也 1977・1978「極東民族史におけるオホーツク文化の位置」上下『考古学研究』23-4・25-1（天野哲也 2008『古代の海洋民オホーツク人の世界―アイヌ文化をさかのぼる―』雄山閣に再録）

天野哲也 1983「擦文文化における金属器の普及量と所有形態」『考古学研究』30-1（天野哲也 2003『クマ祭りの起源』に再録）

天野哲也 1985「オホーツク社会のメタルインダストリーに関する基礎的考察」『北方文化研究』16（天野哲也 2008『古代の海洋民オホーツク人の世界―アイヌ文化をさかのぼる―』雄山閣に再録）

天野哲也 2007「古代東北北部地域・北海道における鉄鋼製品の生産と流通」『古代蝦夷からアイヌへ』吉川弘文館

天野哲也・B. Fitzhugh・V. Shubin 2007「千島列島にオホーツク文化の北限を求めて」『北方博物館交流』19

天野哲也 2008「考古学からみたアイヌ民族史」『エミシ・エゾ・アイヌ　アイヌ文化の成立と変容―交易と交流を中心として』上 岩田書院

天野哲也 2008『古代の海洋民オホーツク人の世界―アイヌ文化をさかのぼる―』雄山閣

天野哲也 2010「オホーツク文化前期・中期の開発と挫折」『北東アジアの歴史と文化』北海道大学出版会

天野哲也・小野裕子 2011「オホーツク集団と続縄文集団の交流」『海峡と考古学』高志書院

石井淳平 2002「Ⅷ成果と問題点」『恵庭市 西島松5遺跡』第2分冊 北海道埋蔵文化財センター調査報告書　第178集

上野秀一 1974「土器群について」『N126遺跡』札幌市教育委員会

宇部則保 2009「香深井1遺跡の土師器について」『北海道考古学』45 北海道考古学

会
大井晴男・大泰司紀之・西本豊弘 1980「礼文島香深井 A 遺跡出土ヒグマの年齢・死亡時期・性別の査定について」『北方文化研究』13
大島秀俊編 1992『蘭島遺跡 D 地点』小樽市埋蔵文化財調査報告書第 5 輯
大沼忠春 1996「北海道の古代社会と文化―七～九世紀―」『古代蝦夷の世界と交流』名著出版
小口雅史編　2012『海峡と古代蝦夷』高志書院
小野哲也・赤沼英男・近藤宏樹・中村俊夫・目時和哉 2015「前近代の北方社会における鉄器流通実態の解明（1）」『岩手県立博物館研究報告』32
小野裕子 1998「北海道における続縄文文化から擦文文化へ」『考古学ジャーナル』436
小野裕子 2011「続縄文後半期の道央地域の位置について―土器からみた地域間関係―」小口雅史編『海峡と古代蝦夷』高志書院
小野裕子・天野哲也 2008「オホーツク文化の形成と展開に関わる集団の文化的系統について」『エミシ・エゾ・アイヌ　アイヌ文化の成立と変容―交易と交流を中心として』上 岩田書院
小野裕子・天野哲也 2009「アイヌ化と領域―北奥アイヌ文化の形成過程を考える―」『中世東アジアの周縁世界』同成社
菊池滋人・田中哲郎 2001「包含層の遺物」『千歳市ウサクマイ N 遺跡』北海道埋蔵文化財センター調査報告書第 156 集
菊池俊彦 2010「厚真町ニタップナイ遺跡出土の鉄鏃について」『北海道考古学』46
越田賢一郎 2003「後志管内の遺跡分布調査」『奥尻町青苗砂丘遺跡 2』重要遺跡確認調査報告書 第 3 集所収　北海道立埋蔵文化財センター
草間潤平 2012「古墳周縁域の交流について」『山形県埋蔵文化財センター研究年報平成 24 年度』
斉藤 傑 1967「擦文文化初頭の問題」『古代文化』19-5
齋藤 淳 2002「鉄器の導入と社会の変化 / 東北地方」『平成 13 年度 環日本海交流史研究集会「鉄器の導入と社会の変化」発表レジュメ集』
齋藤 淳 2004「北奥における古代の鉄器について」『青森県埋蔵文化財調査センター研究紀要』9
榊田朋広 2009「北大式土器の型式編年―続縄文 / 擦文変動期研究のための基礎的検討 ―1」『東京大学考古学研究室研究紀要』23

笹田朋孝 2013『北海道における鉄文化の考古学的研究―鉄ならびに鉄器の生産と普及を中心として―』北海道出版企画センター

佐藤孝雄 2012「トコロチャシ遺跡オホーツク地点7号・9号・10号竪穴の脊椎動物遺体」『トコロチャシ遺跡オホーツク地点』東京大学大学院人文社会系研究科考古学研究室・常呂実習施設

杉浦重信 1993「青森県出土のオホーツク式土器についての疑問」『北海道博物館協会学芸職員部会ニュース』40

鈴木克彦・寺田徳穂 1993「本州初見のオホーツク土器」『北海道考古学』29

鈴木 信 2003「道央部における続縄文土器の編年」『千歳市ユカンボシ C15 遺跡 (6)』北海道埋蔵文化財センター調査報告書第 192 集

鈴木 信 2004「古代北日本の交易システム」『アイヌ文化の成立』北海道出版企画センター

鈴木 信 2011「擦文文化と交易」『古代中世の蝦夷世界』高志書院

瀬川拓郎 2011「古代北海道の民族的世界と阿倍比羅夫遠征」『海峡と古代蝦夷』高志書院

瀬川拓郎 2012「①続縄文・擦文文化と古墳文化」『古墳時代の考古学 7 内外の交流と時代の潮流』同成社

関 清 1999「日本古代の鉄生産―北陸・中部地方」『日本古代の鉄生産』

関口 明 1992『蝦夷と古代国家』吉川弘文館

関口 明 1995「渡嶋蝦夷と粛慎・渤海」『日本古代の伝承と東アジア』吉川弘文館

関口 明 2003『古代東北の蝦夷と北海道』吉川弘文館

高畠孝宗 1999「オホーツク文化の墓」『シンポジウム 海峡と北の考古学―文化の接点を探る―』日本考古学協会 1999 年度釧路大会実行委員会

種市幸生 2001「ウサクマイ N 遺跡の性格について―律令国家と擦文文化・オホーツク文化―」『千歳市ウサクマイ N 遺跡』北海道埋蔵文化財センター調査報告書 156 北海道埋蔵文化財センター

寺島文隆 1999「日本古代の鉄生産-東北地方」たたら研究会編『日本古代の鉄生産』

中田書矢 2012「土人長根遺跡―西海岸地方における大規模な製鉄遺跡―」『平成 24 年度青森県埋蔵文化財発掘調査報告会』青森県公立発掘調査機関連絡協議会・青森県埋蔵文化財調査センター

中村和之・竹内 孝 2012「奥尻島出土のオホーツク式土器をめぐる試論―土器の胎土中の砂粒の成分分析による―」『海峡と古代蝦夷』高志書院

奈良智法 2009「擦文文化期包含層出土遺物―金属製品」『ニタップナイ遺跡』(1) 厚真町教育委員会

野村崇ほか 1982「二ッ岩」『北海道開拓記念館研究報告』7 北海道開拓記念館

北海道埋蔵文化財センター 2003『千歳市ユカンボシ C15 遺跡 (6)』北海道埋蔵文化財調査報告書 第 192 集

北海道埋蔵文化財センター 2006『恵庭市西島松５遺跡 (4)』北海道埋蔵文化財センター調査報告書 第 224 集

前田 潮 2002『オホーツクの考古学』同成社

前田 潮・山浦 清 2002「礼文島浜中２遺跡第 2～4 次発掘調査報告」『筑波大学先史学・考古学研究』13

増田隆一 2003「青苗砂丘遺跡から発掘されたヒグマ遺存体の DNA 分析」『奥尻町青苗砂丘遺跡 2』重要遺跡確認調査報告書 第３集　北海道立埋蔵文化財センター

増田隆一・坂絵利 2012「トコロチャシ遺跡オホーツク地点出土ヒグマ骨のミトコンドリア DNA 分析」『トコロチャシ遺跡オホーツク地点』東京大学大学院人文社会系研究科考古学研究室・常呂実習施設

松下 亘 1963「いわゆる北大式についての一考察」『北海道地方史研究』46 号 北海道地方史研究会

皆川洋一 2002「調査のまとめ」『奥尻町青苗砂丘遺跡』重要遺跡確認調査報告書 第２集　北海道立埋蔵文化財センター

簑島栄紀 2015『「もの」と交易の古代北方史』勉誠出版

女鹿潤哉 2003「古代「えみし」社会の成立とその系統的位置付け」『岩手県立博物館調査研究報告書』18 岩手県立博物館

森 秀之 2004「茂漁７遺跡・茂漁８遺跡」『北海道恵庭市発掘調査報告書』恵庭市教育委員会

八木光則 2010『古代蝦夷社会の成立』同成社

山谷文人 2011「まとめ」山谷文人編『利尻富士町役場遺跡発掘調査報告書』Ⅱ 利尻富士町教育委員会

山谷文人編 2011『利尻富士町役場遺跡発掘調査報告書Ⅱ』利尻富士町教育委員会

山本文男 1984『ノトロ岬』音別町教育委員会

Amano, T., Akanuma, H., Kharinskiy, A. V., 2013. Study on the production region of iron goods and the roots of forging technology of the Okhotsk Culture. Bulletin of The Hokkaido University Museum. 6

Derevyanko,A.P., Kim,E., Nesterov, S., Yun K., Khan, D., Myl'nikova,L., Loskutova,Y., Li,G., Shelomikhin,O., Pak,D., Li,K. 2010. Excavation of early middle age settelment lake Oshinovoe 2009. Materials and Researches Korean-Russian Archaeological Expedition in Western Priamur. 3 Tedzhon

Hudson, M. J., 2004. The perverse realities of change: world system incorporation and the Okhotsk culture of Hokkaido. Journal of Anthropological Archaeology 23

Masuda, R., Amano, T., Ono, H., 2001. Ancient DNA Analysis of Brown Bear (*Ursus arctos*) Remains from the Archaeological Site of Rebun Island, Hokkaido, Japan. ZOOLOGICAL SCIENCE 18

Matsumura, H., Hudson, M., Koshida, K., Minakawa, Y., 2006. Embodying Okhotsk Ethnicity: Human Skeletal Remains from the Aonae Dune Site, Okushiri Island, Hokkaido. Asian Perspectives 45, 1

第３部　総括討論

（左から、小口、八木、伊藤。）

北方世界と秋田城

司会：小口雅史・伊藤武士・八木光則

本書第1・2部に収めた諸方面からの多数の報告がなされた後、報告者にフロアーの研究者をも含めて、総括的な討論がなされた。ここでは内容に応じて配置された3人の司会者の分担に応じて、それぞれのテーマごとに当日のやり取りを整理し、また当日の議論と深く関係する若干の後日談をも交えながら、それぞれの概要を取りまとめてみることとする。大きく分けて、小口が正史や出土文字資料など文字系の史資料の解釈をめぐる議論を、伊藤が考古学的遺構からみた秋田城の構造と機能をめぐる議論を、八木が須恵器・土師器などの土器類や鉄器といった考古学的出土遺物からみた秋田城の北方交流をめぐる議論を、それぞれ司会者として担当した。

1　文献史料、出土文字資料からみた秋田城の性格[1)]

最初に小口を司会者として、第一日目の熊谷公男氏による文献史料の解釈にもとづく秋田城非国府説、小口による出土文字資料の解釈によるその補足といった一連の報告を踏まえて、文献史料あるいは出土文字資料からみた秋田城の性格について、あらためて検討がなされた。この問題をめぐっては、立場が明確に異なる学説が対立しているところなので、当初の予想通り、活発な議論が展開されることとなり、学史に残る討論となったのではないかと思う。

まず秋田城と出羽国府をめぐる正史の記事の解釈について。周知のように、秋田城を出羽国府とみるかどうかの見解が分かれる大きな理由の一つが、この問題と次にまとめる出土文字資料の解釈とにあり、学界においていまだ容易に決着をみていないテーマであるので、今回のシンポジウムでも双方が各々の主張する根拠にもとづき自説を展開することとなった。結果として、あらためて様々な研究上の問題点が明確に浮き上がってきたことは、今回のシンポジウムの一つの大切な成果として認めてよいと思う。

1）宝亀11年紀８月乙卯条、延暦23年紀11月癸巳条の解釈と、宝亀６年紀10月癸酉条との関係をめぐって[2)]

第一日目の小口報告でも触れたように、また熊谷報告がそうであったように、今泉説（今泉 2015）は、後の文献史学の研究者の秋田城理解に大きな影響を与えた。ただ最初に小口は、議論の前提として、第一日目の報告の最後でも触れたように[3)]、秋田城には国府は一貫して置かれなかったという立場にたったときに、国府を秋田城から移すという意味にもとれそうな（つまりそれまで国府が秋田城にあったと読めそうな[4)]）宝亀６年紀 10 月癸酉条を熊谷氏はどのように理解するのか、という念押しから話題提起をした。今泉説で、はたしてこの問題は解決しているのかと問いかけたのである。

これに対して熊谷氏は、あらためて、以下のような今泉説を補う議論を展開した。

秋田城の国府の存否問題に関しては、秋田城に国府があったという説と、なかったという説とが対立しているが、このように複数の説が対立して論争が行われている問題では、通常、どちらの側にも、メリットとデメリット、つまりうまく説明できるところと逆に他方の立場からは説明が難しいところが必ずあるのであって、この宝亀６年紀の記事はたしかに秋田城非国府説からは少し説明が難しいかもしれないとした。そのうえで、該当記事については、冒頭に「出羽国言さく、蝦賊の余燼、なお未だ平殄せず」とあり、記事の日付自体は宝亀６年 10 月となっているけれども、「蝦夷の餘燼（残党）」という表現からすれば、蝦夷が何か反乱なり蜂起をして、ある程度鎮まったけれど、まだ鎮まりきってないというニュアンスを示すものと考える。つまり反乱のピークはそれ以前にあるとみるべきで、それがまだ続いているという意味ではないか。その前年の宝亀５年には、有名な陸奥の海道の蝦夷の反乱というのが起こっていて桃生城が焼き討ちされている。その反乱の影響がかなり早く出羽にも及んできて、出羽でも蜂起する蝦夷がかなりいた。その鎮圧はある程度進んだけれどもなかなか鎮めきれず、状況が悪化してきていることを示しているものではないか。宝亀6年紀の背景にそうしたことがあって、それうけて出羽国が「三年の間、鎮兵九百九十六人を請い、且つは要害を鎮め、且つは国府を遷さん」という申請をした。この記事は出羽国の鎮兵の初見記事でもあるけれども、鎮兵を援軍として派遣してもらって一方で要害を鎮め（要するに蝦夷反乱を鎮圧して）、もう一方で国府を遷したい、こういう意味だと考える。（熊谷氏はこの時点で国府は秋田にはなく庄内にあったと考えているので、）以上のような状況理解からすれば、当時は庄内からそんなに遠くないところでも、非常に不穏な状況になっていたという風に考えざるをえない、とした。これは解釈としてやや強引に思えるかもしれないが、熊谷氏はこうした状況はありえるという。なぜなら宝亀11年紀12月庚子条（伊治公呰麻呂の反乱が起こった直後のこと）に「大室塞」というのがみえ「亦是賊之要害」とされる。つまり大室に蝦夷の拠点があったわけであるが[5)]、この反乱は陸奥側で起きている。陸奥側で起きた反乱の影響が大室近辺まで及んでいるということに注目すべきだというのである。さらに熊谷報告史料1（宝亀11年紀8月乙卯条）にも関係するが、同じ宝亀11年に、呰麻呂の反乱が起きて陸奥側が大変なことになっているにもかかわらず、鎮狄将軍が出羽に派遣されている。このことも反乱の影響が出羽に及びかねない、ないしすでに及びつつあるという状況を想定する必要があるという。そのうえで宝亀5年に話を戻すと、宝亀5年の海道蝦夷の反乱が起きた原因ももう少し考えてみる必要があるし、起きた後の反乱の波及の仕方を検討すると、かなり早い段階で出羽の方にも反乱の影響が及んでいることが想定される[6)]。ただしこの宝亀6年紀については、確かに「相摸・武蔵・上野・下野四国の兵士」が出羽に送られて鎮兵になり要害を鎮めたのであろうが、国府を遷すということは、おそらく大半の人もそう考えているように、それは実現しなかったのだ、とした。長時間にわたるコメントであったが、その大要は以上の通りである。いずれにしろ難解な史料ではある。

それに対してフロアの鈴木惠治氏から、宝亀6年紀について、「坂東から兵士を集め、その兵士で要害を鎮めている間に国府を遷した」という解釈はできないのかとの質問があった。熊谷氏は、鎮兵996人と相撲等４か国から兵士を派遣することとの関係については、兵士というのは上番勤務の軍団兵士の意味であって、坂東から陸奥・出羽に来た軍団兵士というのは、これは長上（常勤）の鎮兵になったと考えられる。したがって鎮兵派遣要請については、基本的にその通りのことをしたと理解できるけれども、宝亀６年紀には、その鎮兵を使って何をしたのかということがまったく書かれていない。しかしこれがもし仮に国府を実際に遷したのだとすれば、そのような重大事項を省略するということは考え難いのではないか。多くの研究者は結局、国府は遷さなかったと理解してるはずだと応じた[7)]。

こうしたやり取りの後、フロアの三上善孝氏より、秋田城国府説の立場にたてば、宝亀11年紀にみえる「宝亀の初、国司言さく。『秋田は保ち難く、河辺は治め易し』てへり」という記述のなかの「宝亀の初」という記述は、現存史料のなかで探せば宝亀６年紀以外にありえないのではないか。つまり宝亀６年の国府を遷すという記事を、宝亀11年の段階で「秋田は保ち難く、河辺は治め易し」というふうに言い換えている、（切り離して考えることも可能ではあろうが）一連のものとみた方が、両者の記事の背景がうまく理解できるのではないか（つまり国府は秋田城にあった）という質問がなされた。

熊谷氏からは、この問題については今泉説に全面的にしたがうということで、今泉説の概略が繰り返された。すなわち宝亀11年からみて「宝亀の初」には宝亀６年は含まれないという。今泉氏は他の「宝亀の初」とある史料が具体的に何時を指すのかについて検討していて、全部で９例あるけれども、「宝亀の初」と書かれる場合はすべて宝亀元年～３年に収まる。したがって「宝亀の初」という記事は、宝亀６年の国府移転問題とは別のことを指すという[8)]。

それに対して司会の小口から、たとえば秋田城国府説にたってあえて別な考え方をすれば、宝亀11年紀にみえる「宝亀の初」のできごとを記述した史料が失われていて、そこに宝亀６年紀で述べられている蝦夷の反乱があって、その時、同時に国府移転問題があり、その余燼と国府移転問題を記述した宝亀6年紀だけが残ったという解釈はありえないのかという確認が求められた。

熊谷氏は、それはありえないと応じた。理由としてはそれは宝亀11年紀をみていくと、最初から最後まですべて秋田城の警備問題しかない。ただ最後の方でそれに関連して秋田から河辺への秋田城の移転問題、あるいは住民も含めた移転・移住問題がでてくるだけである。つまりこの記事では国府を遷すことについての具体的記述はまったくない。この記事を国府の移転問題と理解してきたのは、結局は「宝亀の初」という記述を宝亀6年の記事だと理解し、宝亀6年の記事が国府の移転問題であるのは確かなので、対応する宝亀11年の方も国府移転問題に違いないと考えてきたからではないか。逆に宝亀11年の記事から出発すれば、ここで国府を移転するかどうかについて記述されているとはまったく考えられない、とする。

三上氏はそれに納得せず、宝亀11年紀で「宝亀の初、国司言さく」とあるのだから宝亀11年紀も「国府」に関するものとみるべきだと主張した。

それに対して熊谷氏は、宝亀11年紀を冒頭からみていけば、狄の志良須とか俘囚の宇奈古が秋田城を永久に捨てるのか、元通り番を為して警備するのかと鎮狄将軍に聞くことから始まっており、暫定的に警備することにしなさいという指示があり、「但し以(おもん)みるに」とあって、そこで「宝亀の初」に「秋田は保ち難く、河辺は治めやすし」という議論があったという紹介がある。以上の文脈からすれば結局、「宝亀の初」の方も警備問題であって、秋田城の警備をどうするかという問題がいつ起こったのか、そのスタート地点が「宝亀の初」であったということにすぎないのではないか、と応じた。つまり宝亀11年紀にはやはり国府移転については述べられていないということになる。

この問題について、さらに議論を続けることは可能であるが、両者の見解は出揃っており、あとは歴史学に特有の「解釈」の問題であって、他の史料の解釈との整合性が求められるところであるから、司会の小口の方で、いったんこの議論はここで打ち切った。

つぎに同じく宝亀11年紀の記述のなかの「使若くは国司一人を差(つか)はして、

以て専当と為せ」[9]の部分の解釈が議論になった。フロアの鈴木惠治氏はこの文言から、新たに国司一人を秋田城に派遣しなければならないのだから、このことからも秋田城が国府ではないといえるのではないか、という問いがあり、熊谷氏はその通りであると応じた。しかし三上氏は該当部分の「差」について「つかはす」ではなく「えらぶ」ではないかと反論した。であれば国府のなかで専当国司を選ぶという意味になり、国府説の障害にはならなくなる。たしかに「差」は賜禄の時に「有差」と記述されるように、漢字としてのおおもとの意味は「基準」であって、基準があるから選ばれ、派遣され、また比較することも可能になる。正史の一般的用法からすれば本条の「差」も「選ぶ」とみる理解は確かにありうる、と小口が補足した。

これに対して熊谷氏は「差」がかりに「選ぶ」であったとしても、史料全体の文脈からみて、専当国司が外部から派遣されたという意味に解釈するしかないとした[10]。

2）秋田城の軍制と、それをふまえた秋田城の行政機能について

これに関連して伊藤武士氏が、同じく宝亀11年紀にふれながら、秋田城を警備する軍団の問題について、秋田城国府説の立場から、熊谷氏にいくつかの質問をした。伊藤氏は最初に、その宝亀11年紀の内容について、狄志良須・俘囚宇奈古が鎮狄将軍に対して「番を為し旧に依りて、還保たんか」と述べたことをさして、これは軍団兵士が「番を為し旧に依」ると述べているわけだから、秋田城はかつて軍団兵士によって守備されていたと理解していいのかと、まず事実関係の確認を求めたが、もちろんこれはその通りである。そのうえで伊藤氏は、秋田城跡出土文字資料中には、今回小口が取り上げたもの以外にも秋田城国府説を支持するものがあるとし、土器墨書「百長」[11]（軍団兵士百人を束ねる役職）記載の存在を指摘した。この記載からも秋田城に軍団兵士が存在したことは明らかである。その一方で出羽国には一般的に１軍団しか存在しないとされているのだから、であれば秋田城に国府があったと理解するしかないのではないのか、と熊谷氏に質問した。

それに対して熊谷氏は、これまで確かに出羽国には「出羽団」という名称

で史料に現れる軍団しか存在しなかったと考えられきた。しかし東北地方の軍制に詳しい鈴木拓也氏が、8世紀の出羽国に複数の軍団が存在した可能性を指摘している[12)]。最初に出羽国の軍団が1団と確認できるのは弘仁5(814)年のことであるが、この時期はいわゆる「天下徳政相論」後の軍縮期にあたっており、陸奥国でも6団から4団（弘仁元年）、さらに2団（弘仁2年）へと急激に軍団が減少していた時期にあたっている。このことからすれば、出羽国にも8世紀には複数の軍団があったものが、弘仁段階で最終的に1団になってしまっていたということが十分に考えられるという。ただ陸奥国では小田・玉造団が最北の軍団で、現在の岩手県域には建郡後も軍団が置かれなかったことを考えると、出羽国でもおそらく現秋田県域には軍団は置かれなかったのではないか。となると秋田城とはある程度距離があるけれども、現在の山形県域の軍団から上番してきていたのではないか。陸奥国でも陸奥南部の白河・安積団などから国府多賀城に軍団兵士が上番していたたと考えられる例もある。ただし出羽柵が秋田城まで北進した時点で、秋田城の警備が実際にどうであったのかについては、もちろん詳細は不明とせざるをえないけれども、と回答した。

そのうえで熊谷氏は、宝亀11年紀に話を戻し、狄志良須・俘囚宇奈古が鎮狄将軍に対して「番を為し旧に依りて、還保たんか」と述べたことに対して、「且く多少の軍士を遣わして[13)]、之が鎮守と為すべし」とされたのだから、この時点で軍士などの兵士は秋田城にはいない。また新たに派遣された軍士によって城を鎮守させるというわけだから、それ以前には城を鎮守する兵士もいなかったわけで、つまりこの段階で秋田城は誰も警備していない状況であったと考えるしかない（それ以前にはもちろん軍団兵士によって警備されていた）。もし秋田城が国府であったとすると、そうした状況は想定にしにくいのではないかと、自身の見解を補強した[14)]。

伊藤武士氏は、宝亀11年条の解釈とは関係なく、現実に軍団兵士がいることは確実なのだから、そのことは秋田城が国府であることの証左となしうることをあらためて指摘し、そのことからすれば、出土文字資料などから、行政と軍事、それから蝦夷に対する朝貢と饗給という基本的な機能は確実に秋田城のなかにあって、その他に北辺の城柵として特徴的な機能（今触れている軍事、軍制など）がそれに付加されていたと考えたい、と主張した。出土文字資料のなかに、出挙の貸付帳様文書[15]があり、調米木簡[16]の存在もあるので、行政の実務が秋田城で長く行われていたことも確実である。ただ時代によってその程度差は当然あるであろうから、9世紀以後、著しく実態が変わっていくことはあるであろう、と第一日目の自らの基調報告の趣旨を補った。

ところで小口の立場からすれば、第一日目に報告したとおり、秋田城の性格を出土文字資料から位置づけるためには、その史資料の由来をきちんと押さえる必要があるが、その問題は、後に扱うこととし、熊谷氏からは、この史資料の由来を抜きにしても、現状でなお伊藤氏が主張する国府説には疑問があるとして、さらに議論を展開した。なおこの問題は、いうまでもなく秋田城国府説にたつか非国府説に立つかで、同じ史資料に対しても、その解釈がまったく異なることになる。

熊谷氏は秋田城非国府説の立場から、平川氏が提起した「城制」について問題提起した。例の延暦23（804）年紀11月癸巳条[17]には「城を停めて郡と為」す、とあるからそれ以前に秋田郡はなく、その地は秋田城という行政単位だったと考えるべきで、秋田城の城下は誰が支配していたのかということが問題になる。郡が存在しないので郡司も存在しないから、城下の支配は郡司によってなされていたわけではない。もし秋田城に国府がなかったとすれば、秋田城には今泉説でいうところの「城司」（国司の介あたりか）が来ていたと考えられ、「介御館」という漆紙文書（秋田城跡出土第10号漆紙文書）[18]もある。要するに地域支配を行っていたのは、通常なら郡司の役割で国司はその上の管理者なのだけれども、秋田城の場合は延暦23年以前は城司が直接そうした支配を行っていたのではないか。であれば、伊藤氏が例示した計帳や出挙などの業務はその城司がやっていたわけであるから、通常の国であれば国府にあったはずの、国府文書のようにみえるものでも、秋田城の支配体制を前提にすれば、国司の一員でもある城司が発給した行政政文書が多数あるはずで、通常の国の文書の在り方とは違う形を想定する必要もある。秋田城非国府説の立場からすればこのように理解できるのではないか、との見解が示された[19]。

また宝亀11年紀の「番を為し旧に依りて」について、もちろんこれは軍団兵士と考えていいけれども、通常の国であれば軍団兵士が守るのは国府であることは当然であるが、関連史料からみて陸奥・出羽両国ではそれに加えて城柵も守らなければならない。結局、先に引いた鈴木拓也論文が指摘しているように、陸奥国の場合は軍団兵士と鎮兵の二本立てなので、奥地の方は鎮兵が守って多賀城などの南方は軍団兵士が守る体制になっている。ただ問題の出羽国の方は、もともと鎮兵制がそこにないので、常備軍は軍団兵士しかいない。当然、城柵も警備が必要で、それにあたるのは軍団兵士以外はありえない。このことからすれば、そもそも軍団が置かれたこと自体、そこに国府があったかどうかの決め手にはならない、と結んだ。

伊藤氏は、史料的に1軍団しかまだ確認されていないことを前提にすれば、その軍団が主体的に守らなければならないところはやはり国府ではないか、としたうえで、要するに、これらの文献史料の解釈については、いろんな立場があって、秋田城国府説、非国府説の双方に分のあるところと分のないところがある。国府の有無については未確定ということで、この議論は今は終えたい、とした。

司会の小口がこれを引き取って、先にも触れたように歴史学は「解釈」の学問であるから、全体としてどう理解するのが合理的かということが勝負なので（それは我々が自分で決めることではなく、学界で自ずと定まるものである）、議論を他の分野に広げていきたいと提案し、次へ進むこととなった。

3）秋田城跡出土文字資料の解釈と、その移動の可能性

熊谷氏や伊藤氏がそれぞれ出土文字資料にも言及しはじめ、それと国府との関係にも話が及んできたので、今度はその出土文字資料に中心をすえて、第一日目の小口報告を踏まえながら、あらためて議論を進めていくことにした。すでに話題になっているように、国府作成文書が秋田城から出土していることは誰も否定しない。問題はそれが漆紙文書という特殊なものであるこ

とと、その漆紙文書と秋田城の関係をどう捉えるかというところにある。

まず長く秋田城跡出土文字資料の調査に関わってきた、フロアの三上善孝氏が、第一日目の小口報告の一つの中心であった漆紙文書の扱い方、つまり他で書かれた文書が秋田城に搬入されて出土した可能性、あるいは先ほどの討論のなかで熊谷氏の発言にもあったように、秋田城に国司が常駐していたのだから国司関係の文書が出土することは当然で、したがって国司関係文書の出土イコール必ずしも即国府説の証明にはならないという理解について、秋田城国府説の立場から反論を行った。

三上氏は、秋田城第54次調査で出土した第28号漆紙文書[20)]に注目して論を進めた[21)]。この漆紙文書のオモテ面の方では「海直千麻呂陸拾束」のように、人名と稲の束数が1行に一つずつセットで楷書で書かれている。しかもその束数を示す数字には大字が用いられている。漆紙文書現物にあたると界線が引かれていることも知られ、様式・書体ともに正式な公文書と認められるものである。名前と束数の組み合わせは通常、出挙関係の帳簿、たとえば稲の貸し借りの記録であろう。ここで注目すべきは、そのオモテ面の後ろから2行目に、「出羽郡」とあり、続けて「合口壹□□〔伍カ〕拾伍人」と出挙貸付対象となった合計人数が記されていることである。この「出羽郡」の前の記載部分は、出羽国内の別の郡（『延喜式』民部式の記載順と同じように郡が排列されていたとすると、田川郡）の歴名の末尾であろう。であれば、この帳簿は、郡を越えた、出羽一国単位で作成された帳簿であり、整った書式の一次文書であることからみて、国府保管用の帳簿であると考えられる[22)]、という。これに対して漆付着面は、肉太の字で不揃いに書かれたメモのような状態であり、こちらが二次利用面であると考えられる。そしてそのメモのなかに「長官御料」と明記されているが、類似の出土文字資料として大宰府木簡のなかに「帥卿御料帥卿御料六端卅三□〔斤カ〕」[23)]いうのがあって、それを参考にすると「御料」というのは長官に対して支給する何かであって、この漆紙文書では、その数字が「六千」とか「三千」とか非常に巨額である。これはおそらくは小口も述べたように国司に支給される公廨稲としか考えられない。その長官への公廨稲配分額についての記録もここで作られている。であれば、この漆紙文書は表裏ともに国府で作成されたとしか思えず、オモテ面が帳簿として機能した後に、ウラ面にまた長官の公廨稲に関するメモが書かれたことからすれば、同じ場所で廃棄されたとみるのが自然ではないか、とした。

これに対しては、第一日目の小口報告を踏まえると、もしこの第28号漆紙文書が廃棄後移動して秋田城に持ち込まれていたとすれば、議論は振り出しに戻ることになる。しかし三上氏はさらに続けてその可能性を否定した。

この種の国府作成文書については、前述の文書の作成経過からすれば、やはり国府で廃棄されて国府で再利用されたとみるのが自然ではないか。国府作成で国府で再利用された文書が、そこからまた別の場所に移動することが果たして想定できるのか、という疑問を提起したのである。三上氏によれば、たとえば、具注暦のケースでは小口報告のような議論は可能性としては認めていいと思うけれども、国府作成文書については動く可能性はきわめて低いと考える。もし秋田城の外から来たものであるというのならば、より確かな根拠なり論理なりを求めたい、とした。そもそも秋田城では、たとえば文選の習書木簡の存在からも明らかなように、相当な文書行政をしたことは間違いない。であれば秋田城で作成されたものがそのままそこで廃棄されることも当然多数あったはずである。もっとも秋田城非国府説の立場からすれば、それらもすべて他の場所から移動してきた可能性を主張されるのかもしれないが、厳密にいうと、その区分けは難しいけれども、国府作成文書については、ほぼ動かないのではないか。あるいは第13号漆紙文書[24]も断片的な資料ではあるが、小口報告で触れられていたように「越中国官倉納穀交替記」と書式が非常によく似ているといわれていて、国司と郡司がともに署名するようなものは、やはりこれもおそらく国府保管文書のはずであるし、しかもここでは守の署名もあるわけだから、やはり秋田城に長官がいて国府機能があったと考えるしかないのではないか。従来の議論では、今回も盛んに議論された、守の自署のある第11号漆紙文書についての検討ばかりされていて、他の国司の自署のあるものに関しては、非国府説の研究者があまり議論していないのも問題である、とした。

三上氏は以上を踏まえたうえで、秋田城出土漆紙文書を通観したときに、たとえば第72次調査では９世紀半ばくらいのものが多数出土していて、死亡帳に類するものも含まれているし、あるいは第18号漆紙文書は「和太公」「小高野公」などの記載から、俘囚計帳の可能性があり、秋田城周辺の地名を冠した氏族が公を名告っていることも知られるから、９世紀になると、秋田城の文書行政が、秋田城周辺の秋田城の一部の地域に機能が移管されるような形で行われるようになったのではないか。そして逆にその前段階の８世紀段階の漆紙文書の内容は、それよりももっと広汎な内容を有しているので、それらが秋田城の外から来たというのは、やはり考えにくいのではないかと結んだ。

小口は、以上の三上氏の主張について、その可能性は誰も否定できないだろうし、秋田城に国司が常駐している以上、そこで国府作成文書に類似するものが作成されたことも当然だと繰り返したうえで[25]、ただなおかつ、すべてのものが秋田城内で作成され、そしてそこで廃棄され、そこで再利用されたといいきれるのかどうかについて、第一日目の報告同様、なおこだわった[26]。三上氏は第28号が確実に秋田城で制作・廃棄・再利用されたことが認められれば、他の漆紙文書も同じ理屈で考えることができるとするわけであるが[27]。

なお漆紙文書の移動の問題に関しては、長く秋田城の発掘に携わってきた小松正夫氏がここでコメントし、自分自身は秋田城国府説であるけれども、後に討論の対象になるであろうが、残念ながら今までのところ遺構ではそれは証明できていないので、文献史料の解釈に期待している。先ほどの三上氏の説明にはまったく同感であるが、ただ確かに漆紙文書が絶対移動しないかといわれれば自信がない。現代でも湯沢あたりで漆職人が漆の貸し借りするときに、漆の桶に蓋紙をして持参して使っていることがある。だから国府で廃棄された紙で漆容器に蓋をする、そして漆職人がそれを持って移動するということはありうるとは思う。とくに第54次調査の対象は鍛冶工房であるという話が第一日目にあったけれども、ここは同時に漆工房でもあって、そこで漆職人が多く働いていた。秋田城非国府論者が考えているように、そこに国府にあった漆を運ぶというような事態も絶対ないとはいいきれないと思う。考古学の人間としては、三上発言にまったく同感ではあるけれども、漆紙文書が本当に動いていれば、その解釈は変わってくるということは考えざるをえない、と発言した。それに対しては伊藤武士氏が、(出土状況や文書の内容を別として全てについて) それを認めてしまうと考古学と歴史学の協業が成り立たなくなるのではないか、考古学が学問として成り立たなくなる虞もあるとの懸念が再三示された[28]。

小口としては、もちろん基本的には遺物はその出土地で遺構とともに検討すべきものであることは考古学の基本として当然認めるが、前日の報告でも例示したように、漆紙文書については移動した実例が知られていること[29]を再度示して、やはり第一日目に例示した正倉院文書あるいは石山紙背文書などと同様、その扱いに注意が必要ではないか、とした。漆紙文書がすべて秋田城の外部から来たわけではないことはいうまでもないが、一部移動している可能性を捨てきれないでいるわけである。またもし正史の解釈が秋田城非国府説を導けるとすれば、そのことと出土文字資料の解釈ももちろん密接に関わってくる。両者はいうまでもなく車の両輪の関係である。

以上を受けて伊藤武士氏は、本日の討議を聞いても、正史の解釈に関しては秋田城が国府かどうかについては、双方の言い分は理解できたけれども、自分としては確定的なことはいえないように考える。一方、やはり出土文字資料は秋田城国府説を裏付ける内容だと考えていいのではないか。秋田城調査担当者ないし調査担当機関としては、これまでも考古学と文献史学との総合学として調査を実施してきている。文献史料も考古資料もともに扱って総合的に考えてきたのであって、出土文字資料についても正当な検討と評価をしてきた自負がある。それができなければ歴史時代の遺跡調査は難しい、と主張した。また秋田城に限らず城柵は、先ほどの小松発言にもあったように、他の遺跡とは異なって工房を伴っており、漆紙文書をはじめとする文字資料の出土も一般的な官衙よりも例が多いのが特徴で、それをもとに実証的に遺跡の性格を決めていくのがもっとも重要ではないかと考えている。単にある一つの史料解釈で結論を出すのではなく、総合的に判断することを大切にしていきたい、と結んだ。

そのことはもちろん重要なことである。一方で秋田城非国府説に立つ研究者である鈴木拓也氏は、とくに多賀城出土文字資料を中心とした東北の城柵遺跡出土文字資料を丹念に調査して、正史の記述と齟齬する点も多いことを指摘している（鈴木2011）。氏自身が認めているように、その事実の指摘にとどまって解釈はまだ示されていない。その先の考察が今後の課題であるが、あるいは正史の解釈に両論のある秋田城の場合も同様の検討が必要だという意見もあろう。いずれにせよ、総合的に判断する必要があることはもちろんである。

ここで「文字」の解釈をめぐる議論は一旦打ち留めとし、本シンポジウムのタイトルでもある北方世界と秋田城との関わり、あるいは秋田城の北方交流の実相といった分野にテーマを切り替えて、さらに討論を続けることとなった。

（文責：小口雅史）

2　構造と機能からみた秋田城の性格

まずは、秋田城跡の城柵としての構造や遺構群から、秋田城の機能と性格についての議論がなされた。

1）秋田城における国府機能と饗給機能について

前日の発表をふまえ、秋田城の国府機能と饗給機能が論点として取り上げられた。

国府機能については、なぜ行政支配に適さない国域の北端に国府を置いたのかという第一日目の熊谷公男氏の指摘や、政庁規模が小さく、国府に該当しないのでないかという前日の八木光則氏の指摘など、位置や構造における国府機能の有無について意見が交わされた。

饗給機能については、饗給に関係する施設が秋田城に存在したか、饗給の役割を直接的に担ったとされる饗給官衙が秋田城に存在したかなどについて意見が交わされた。

まず、調査担当者でもある司会の伊藤武士は、秋田城の国府機能について、前段の熊谷氏の意見を受けて、国域の一番北に国府を移転しなければならなかった理由として、第一義的に北方支配、外交交流という目的があったためとした。国域の北端に枢要官衙を置くという状況は、越から分かれ、建国した段階からあり、出羽国自体が、「出端国（いではのくに）」としての性格をもっている。その延長線上に出羽柵（いではのき）の秋田への北進・移転がある。出羽柵（秋田城）が第一義的に北方支配や外交交流を重視して設置される段階で、国府も必要な機能の一つとして付加されたという考えを示した。それは、外交、とくに渤海使などの蕃客への対応について、第一にあたるのは地方行政機関では国府ではないのかという考え方に基づいているとした。そのため、社会的状勢の変化や律令国家の施策の転換によって国府機能が秋田城を離れるとことがありうるとの考えを示した。

また、秋田城の饗給機能について、奈良時代から平安時代にかけて秋田城の機能は変化するが、そのなかで饗給に関係する倉庫群の存在と機能は一貫して存在しているとした。饗給に関係する木簡も出土しており、北方支配や北方交易に関係する機能は、秋田城において律令国家が最も重視した機能であるとの考えを示した。

八木氏からは、国府の位置問題について、北端に点的に存在する秋田城は、出羽一国を治める中心地としては不適切ではないか。北方支配、あるいは対外的な役割をもっていた特殊な国であるとしても、その特殊性をもって出羽国のあり方が説明しきれるのかについては、今の段階ではまだ検討が必要だとの意見があった。また、政庁規模の問題については、秋田城の政庁規模が必ずしも奥羽の国府の規模にはなっておらず、国府とは積極的にいえないが、一般の国府、他国の国府は秋田城と同程度の広さで収まっており、政庁規模から、国府機能の有無については、断定できないという見解が示された。

饗給機能については、秋田城における饗給官衙について八木氏の見解が示された。まず、陸奥国側の城柵には、コの字形配置官衙のうち、胆沢城など典型として9世紀の前葉あるいは中葉になり、四面庇建物をもち施釉陶器、輸入陶磁器を使用するという饗給官衙が成立するとした。秋田城には9世紀の前葉あるいは中葉以降にそのようなコの字形配置の饗給官衙はないが、焼山地区の８世紀から９世紀の中葉まで継続する建物群については、倉庫群ではなく饗給官衙になるのではないかとの考えが示された。

具体的には、焼山地区建物群のうち９世紀の総柱建物については、郡衙の倉などと比較して２間×６間と建物が長く、倉として機能したものか疑問があるとした。また、その前段階の８世紀段階の南北棟の建物群は、陸奥側におけるコの字型配置の饗給官衙に該当するとした。

コの字型配置には政庁を補完するような機能があり、本来政庁で行われる朝貢や饗給の儀式の場、あるいは年中行事の儀式の場の機能を補完するような形で、コの字型配置というのは成立するとし、それが出羽国側ではコの字型にならずに、南北棟に並ぶような形をとったとの考えが示された。

八木氏の焼山地区建物群に関する見解を受け、司会の伊藤から、調査担当者としての見解と補足説明が述べられた。焼山地区建物群の機能については、城全体のプランニング、基本構造を踏まえ考える必要があるとした。城の西半分の構造を見た場合、焼山建物群は最も物資の搬入と管理に適した位置関係にあり、ほぼこの場所しか、秋田河の川岸から尾根道を上ってくるルートはなく、そのような位置関係、全体的なプランニングにおいても倉庫群としての機能が考えられるとした。また、９世紀の総柱建物については、単一の倉としてこれだけ長大な建物はあまりないが、詳細にみると、２間か３間単位で建物の柱筋が微妙にずれており、２棟の建物が連結する並倉の構造であるとの考えを示した。焼山地区建物群に関しては、一般の郡衙正倉とは、また違う様相があり、建物構造などから収納物や機能などを検討する必要があるとは思われるが、基本的には倉庫群であるとの見解が示された。

政庁を補完するような実務官衙については、政庁の西側に隣接する焼山地区南東側の南北棟建物群について、奈良時代に遡り、見晴らしが良く、その南側から「厨」の墨書土器が秋田城で一番集中して出土し、近辺に厨院の存在が想定されていることから、奈良時代における饗給的な機能を補完する可能性があるとの見解が示された。

伊藤からは、秋田城においては、その構造から北方支配と交易に関係する饗給および物資朝貢の集積管理に関する機能が把握され、新たに把握できる可能性があること。東北の城柵で最多である「厨」墨書土器の出土数、「狄饗料」の木簡が出土など、出土遺物からも具体的に朝貢饗給機能を裏付けるものがあることが、再度強調された。

2）饗給官衙とはなにか

討論の論点となった城柵における饗給機能に関係するとして、八木氏の提示した「饗給官衙」とはどのようなものか、参加者から質疑があった。

小松正夫氏から、従来は政庁の東側から南側で建物群が検出されると実務官衙として理解していた。コの字型配置の官衙群を実務官衙とせず、饗給官衙と言ったのは、どのような根拠によるものかという質問があった。

八木氏からは、胆沢城の政庁東側建物群の事例を基に説明があった。胆沢城のⅠ期目、9世紀前葉からⅡ期目以降、9世紀半ば以降にかけて、施釉陶器などが出土しない南北棟建物群から、施釉陶器や輸入陶磁器が多く出土する廂付きの東西棟をもつ建物群への変化があり、その性格が大きく変化する点に注目し、南北棟の方は実務官衙、新しい方は饗給に関係するものと考えたとの見解が示された。また、多賀城城内の六月坂地区などのように同様の建物群が増えてくるほか、多賀城城外の館前遺跡、胆沢城城外の伯済寺西部地区のような城外にも四面廂で施釉陶器が出土する施設が認められ、城内の饗給官衙が城外の館へと繋がっていくという見解も示された。

小松氏からは、政庁以外に饗給などを主とする施設があったとして、施釉陶器の有無の差は理解できるが、それ以外に饗給に使用するようなものが何か出土しているのか。施釉陶器の有無だけではそれが饗給に直接結び付くかについては、断定できないのでないかとの意見が述べられた。

それに対し、八木氏からは、政庁には確かに朝貢、饗給などの機能もあったが、それを9世紀のある段階からは別の所で始める。私的な国司、受領官のような人達が私的に営む饗宴、饗給がだんだん増化した結果、政庁から分化するという考え方に基づき饗給官衙を位置づけているとの見解が示された。

一連の饗給官衙に関する討論を通じ、秋田城における政庁以外の饗給施設の把握が、今後の重要として再認識された。

3）加賀国と渤海使―国の成立と饗給施設に関係して―

出羽国の成立と秋田城の設置目的、渤海国との外交における饗給施設あり方に関係して、比較検討を行う見地から、加賀国の事例について小嶋芳孝氏よりコメントがあった。

まず、弘仁14（823）年に越前から分国して加賀国が建国された背景には、国府が渤海使への対応する必要性があったためとの見解が小嶋氏より示された。

加賀国の建国前に、越前の国司が北に離れた加賀周辺地域に国府の支配がいき届かないため加賀国建国の奏上を行っていることを踏まえ、8世紀から9世紀にかけて加賀に渤海船来航に際し、郡司・郷長や王臣家がいろいろな私交易を行っており、国府がその地域の管理をするために分国したというのが加賀国建国の本質的要素としてあったとの見解が示された。

渤海使への対応や交易の管理などの外交上の必要性から建国し、国府が設置されるケースが加賀国でも想定され、国府が外交交流に果たす役割について重要な提示がなされることとなった。

次に国府と饗給施設あり方についてはコメントがあった。まず、加賀国の国府の所在地は確定していないが、現在の金沢市の周辺が加賀郡であり、金沢の周辺に国府が所在するという見解が示された。渤海国との関係を考えると、加賀国にやってきたという事例が非常に多く、金沢の海岸部では港に関係した遺跡や、饗給に関係するような遺跡の存在が把握されているとされた。

奈良時代の加賀の郡津の遺跡が発見されており、おそらくその一角に客館に相当するような饗給施設があると思われる。平安時代に入ると港の場所が、犀川の河口周辺から大野川河口周辺に変わるが、大型建物に井戸があり、緑釉陶器が大量に出土する戸水Ｃ遺跡などに饗給の施設があったと思われるとの見解が示された。また、少し内陸部に入ると、「蕃」の墨書土器であるとか、パルメット文様をつけた帯金具など、渤海使に関係する遺物も出土している事例も紹介された。

それらを踏まえた場合、国府域内にそのような饗給施設や客館がなくても良く、港に接したところに施設を置き、国司や郡司がそこを管理するという形があれば良いとの見解が示された。

出羽国の秋田城について考えた場合、城内にそのような饗給施設があれば越したことはないが、城外にそのような施設がまだある可能性があるのではないかとの見解も示された。

司会の伊藤は、小嶋氏のコメントを受け、前段では城柵内の構造というか機能論に限定して討論したが、秋田城も海岸に近く雄物川河口が近接していることから、饗給施設については城外も含めた利用状況を総体的に把握して行く必要があるとした[30)]。

また、討論を通じて構造論の中でなお検討の余地はあるにしても、最終的には城柵としての基本的な性格として、秋田城には北方交流、交易の把握という機能や役割があり、今後さらに、それらを裏付けるものや実態の把握にさらに努めていかなければならないとの所感を示した。

（文責：伊藤武士）

3　遺物からみた秋田城の北方交流

当初の予定通り、引き続き討論は、遺物を対象とするテーマへと移っていくこととなった。

1）赤焼土器の分析からみた秋田城と北奥との関係

秋田城と北奥との関係を示すものとして、赤焼土器（ロクロ成形で非内黒の酸化焔焼成の土器で、赤褐色土器などとも呼ばれ、土師器の範疇に入れられることも多い）が取り上げられ、また北海道との交流を示すものとして横走沈線をもつ土師器甕、土製支脚、須恵器が議論された。

齋藤淳氏は、土器の地域性についてその法量の統計分析によって可視化した図の提示を行い、東北北部の東西および南北の違いを明らかにした。その結果、米代川流域の胡桃館遺跡から出土した土器が周辺と違って能代に近く、次いで秋田に近いことから、秋田城から能代を経由し胡桃館に至るルートが考えられるとした。

宇田川浩一氏からは、秋田城の周辺地域への影響を探るため、赤焼土器の色の数や形の対称性という分析方法を用いて東北北部の土器の色数のバリエーションが等色線で示された。秋田城から津軽へ離れるにしたがって色のばらつきが増えていくことや、米代川流域では9世紀第3四半期〜10世紀第2四半期に中流の鷹巣盆地もしくは大館盆地までは焼き色が比較的均一で、秋田城の編年にのせやすい土器が増えていることが報告された。

宇田川報告に対し、天野哲也氏から分析に使用した土器は消費地のもので、いわばハネモノが多くばらつきが強調される結果になるのではないかという疑問が出された。宇田川は、秋田城出土の土器は色のばらつきが小さく、ハネモノを除いた土器が納品され、秋田城から離れた地域ではハネモノも含めてばらつきのある土器が使用されていたとの回答があった。

また、土器の色が示す歴史的な意味について、元慶2（878）年の元慶の乱を契機にして、鷹巣盆地の胡桃館遺跡のように律令側の管理が進んだこと、延喜15（915）年の十和田火山の噴火で一度その地域が潰滅してしまった後に奥地への再開発部隊が投入されたことにより、価値観が標準化されたとの解釈も提示された。

司会の八木から、各地の集落遺跡で赤焼土器の焼成遺構の検出されており、一般集落では専門工人とは異なる生産体制が想定されるが、秋田城では異なる生産体制が取られていたのかとの質問が出された。宇田川は、秋田城では土器を納入している工人の存在が想定できるが、米代川流域では土器製作者は組織化されていない。9世紀第4四半期の元慶の乱以後、米代川流域にも律令側の人間が入って来て、価値観を押しつけていき、それに適応した土器が採用されていったのではないかとの回答があった。

伊藤博幸氏からは、秋田城では赤焼土器が9世紀第1四半期ぐらいから出はじめ、後半になると一気に増え、さらに秋田城周辺では9世紀第3四半期ごろに展開するが、陸奥では9世紀の末ぐらいから出はじめ、10世紀になって爆発的に増える。この奥羽のタイムラグが何を意味するのかとの問いかけがあった。また胆沢城出土の土器は、赤と黄色の色目の違いがはっきりと分かれており、儀式食膳具に器種と同じ意味を色目にもたせているのではないかという意見も出された。京都のかわらけでは赤と白の土器があるように、色目にこだわるというのは歴史的な所産だという意見である。

2）横走沈線をもつ土師器甕・土製支脚からみた秋田城と北方を結ぶルート

次に、秋田城と北海道を含む北方とを結ぶルートについて、土製支脚の報告が行われ、横走沈線をもつ土師器甕が討論のなかで取り上げられた。

北海道から東北北部にかけての土製支脚の集成を行った柏木大延氏の報告は、型式や分布の分析を通じて、秋田城周辺地域と北海道の交流の視点でみると米代川の河口域と北海道のとくに石狩低地帯との結びつきが深いというものであった。宇田川氏の発表に土器の色調が秋田城と秋田郡域、能代周辺が比較的近い関係にあるという指摘と合わせると、能代を経由して北海道との結びつきを深めていったという図式がみえてくる。柏木氏は米代川河口域と北海道の関係はダイレクトといえるもので、そのような可能性もあり得るとの考えを示した

横走沈線を口縁部から頸部にめぐらす土師器甕は、北海道では擦文前期の擦文土器深鉢あるいは土師器甕とされている。鈴木琢也氏は、秋田城から北海道石狩低地帯に至るまでの日本海沿岸に分布する実例として、横走沈線をもつ甕が秋田城 1096 号住居や後城遺跡、能代のあたりは不明だが、深浦町、鰺ヶ沢町、五所川原市十三中島跡でも出土し、北海道のせたな町、余市町などの各遺跡から出土していることを示した。これらの地域から出土した横走沈線をもつ甕が系統的に似ており、交流があったことを示すものとして取り上げた。ただしそれらが全て同じものではなく、後城遺跡で出ているような段状の激しい多条沈線のものは北海道の石狩低地帯では主体となっていないことも付け加えられた。さらに横走沈線をもつ甕の時期的変遷として、7 世紀の後葉ないし 8 世紀の段階では口縁部と頚部に 2、3 条の横走沈線がめぐらす形で出現し、8 世紀の末から 9 世紀代には横走沈線が口縁部から頸部ま

で区切りなく全体に回るように変化することの説明があった。

フロアの宇部則保氏からは、７世紀の中葉の段階の田面野木平遺跡で沈線の４条ぐらいの横走沈線のものが出ているので、沈線文の出現は太平洋側の方が早いこと、また八戸から岩手の三陸沿岸部では８世紀前半、1～２本あるいは口縁部と頚部とに分かれて沈線が施され、日本海沿岸では沈線の数が多い多条化したものや口縁部の大きくラッパ状に開いた器形が多いことなどが指摘された。

小野裕子氏からは，柏木報告の支脚にみる能代と石狩低地帯との直接的な関係（９C後半～10C後半）を受けて、これに遡る時期の両地域の関連性を示す資料として能代周辺の沈線文をもつ土師器について質問があった。この問題については当該地域の土器に詳しい関係者がやむを得ない事情により欠席となったため議論を深めることができなかったが、小野氏からのシンポジウム後に出された補足を加えておく。

秋田県における沈線文土器の集成をみると能代地域にそうした資料はほとんど知られていないらしい。これに対し、秋田城や後城では多条沈線ないし段をもつ土師器が竪穴住居に伴い出土しているが、これらと型式論的に関連する北海道の土器は、前期前半の横走沈線分離型ではなく、前期後半に主体を占める多条沈線文型である。つまり、秋田城と北海道との交流が顕在化するのは、擦文文化の竪穴住居を伴う横走沈線分離型が主体を占める段階に遅れる時期であり、多条沈線文型への変化は、渡嶋蝦夷が出羽国の管轄下で饗給・慰喩の対象となったこと[31)]に対応する考古学的変化とみることができる。つまり、この段階までは北海道の続縄文・擦文集団は、陸奥側との交流を通じて文化的影響を取り込んでいたことを意味する。近年、東北地方における北大Ｉ式段階以降の「不在」について、陸奥から出羽への朝貢先や海路でのアクセスの結果とみる意見が鈴木信氏や瀬川拓郎氏から出されているが[32)]、秋田と北海道との関係をうかがわせる考古学的資料はこの多条沈線文段階以前ではわずかな事例を除きほとんど希薄であり、「北大Ｉ」式段階以降、多条沈線文型が一般化する以前の北海道と東北地方との関わり方の実態の解明にはなお検討の余地が残されている。

また柏木氏が想定する能代と石狩低地帯との直接的関係（移住）は蓋然性が高いが、その前半期が元慶の乱（878年）が起こる時期に当たることから、「奥地」への逃亡先には津軽方面に止まらず、渡島を含めた人の動きがあった可能性も浮上するであろうとしている。

なお、伊藤博幸氏から小野氏に対し、秋田城周辺にみられる沈線文をもつ土師器の文化的帰属について質問があり、小野氏は擦文式土器からの影響ではなく、在地の蝦夷による土器に由来するとの認識が示された。

3）須恵器の交易ルート

須恵器の北海道への流入について、鈴木琢也氏が8世紀から10世紀にかけて主に日本海ルートにより須恵器が北海道に入っている事例を紹介した。その中で鈴木氏は、須恵器の流入段階を3段階に分け、第1段階は8世紀後半から9世紀前半で、秋田城周辺の新城や古城廻窯の製品が石狩低地帯に集中して入る段階であることを指摘した。千歳市の末広遺跡の例では3、4軒に1軒ぐらいはヘラ切りの須恵器がみられ、9世紀第1四半期の大沢窯製品が集中的に流入していることから、末広の集落で出羽産（秋田県域産）の須恵器を分配しているとした。2段階目は海老沢や西海老沢窯製品が入る段階で、根室でも最近確認されているが、今のところ流通経過はあまりわかっていない。10世紀以降の3段階目は五所川原窯製品が入ってくる段階で、五所川原の製品が北海道全域に広がっており、破片が多いものの流通の広がりと物量は2段階目から大きく拡大していることなどが述べられた。

1～2段階の秋田など出羽からの須恵器について、伊藤武士氏は、北海道の須恵器は出羽産の比率がかなり高く、また斉一性ももっていることから、途中で交易仲介者を介在させることなく、直接的な交易を行っていたことが推定されるとした。とくに8世紀第4四半期から9世紀の前半にかけてその傾向が強いことが指摘された。伊藤氏はさらに、五所川原窯製品が優勢になる段階では、秋田など出羽の須恵器生産は大きく減少するので、北海道でも出羽の製品の流通も限られる。そのころに秋田城の北方支配や北方地域との関わりも大きく変わってくるものとの考えを示した。

ただどこにも寄港せずに北海道へ行くことは難しく、日本海側を点々と経由して石狩低地帯へもたらされたと想定されてきたが、最近東北津軽の８世紀後半から９世紀代の須恵器が十三湊、折戸遺跡などで見つかりはじめていることが紹介された。

五所川原窯跡群について、中澤寛将氏から９世紀末の操業を開始する窯跡群の時期区分が３段階に区分され、北海道へはその３段階目に一番多く入っていること、その背景としては東北北部におけるいわゆる防御性集落、囲郭集落が東北北部で成立していくなかで、その地域の対外的な動きとの関わりがあったことなどが報告された。

五所川原窯の開窯の工人や経緯については、出羽あるいはほかの地域の須恵器築窯技術等の影響を受けながら津軽にいた人々によって開窯されたとする見解が示され、９世紀末には五所川原に限らず秋田県北などでも窯壁等が出土することや、秋田や岩手県北で五所川原産ではない須恵器も一定量存在する。これらから、９世紀の第４四半期あるいは10世紀初頭ぐらいに秋田県北、岩手県北、青森県のあたりに五所川原以外の窯が複数成立していたと考えられるが、10世紀中ごろ以降になると五所川原窯に集約されるとの伊藤博幸氏らの説への賛同が表明された。

これら土器に関する一連の討論を受けて伊藤武士氏は、秋田城と津軽の関連性について法量や焼き色の様相から津軽地域の独自性の強さと、その一方で秋田城との関連性の弱さというものがうかがい知ることができた。また秋田城の影響がある程度強いなかで操業した十二林窯や海老沢窯の次の段階において、地域をとび越えた五所川原で津軽の地域集団によって主体的に操業、運営された。彼らの活動が充実した段階で須恵器窯が北進しており、そのなかで秋田城との関係性の強弱や、津軽の特異性などが、須恵器生産にも反映しているという考えを示した。さらに海老沢窯段階と五所川原窯段階との差がもつ意味や須恵器の流通状況、たとえば津軽に海老沢窯の製品が流通していないかなど、秋田城の北方支配との関係もからめて研究を進めていく必要があることも指摘した。

4）鉄器の流通と秋田城跡出土の羽釜の位置づけ

大陸を含めた北東アジアにおける鍛冶関連遺跡を紹介した天野哲也氏は、大陸の類例も交えながらオホーツク文化では中期の刻文土器を転用したものがほとんどで、後期の貼付文段階では行われなくなることを指摘した。また鉄器の分析から製作地の特定の可能性も取り上げ、蕨手刀子などは三陸産の可能性があり、刀子などは東北の日本海側ということにも言及した。

天野報告に対して、笹田朋孝氏はコメントという形で、分析データの扱いにいくつか問題があることや大陸側の分析データが少ないことを指摘した。また、トコロチャシ跡遺跡オホーツク地点から出土したオホーツク文化貼付文期の鉄器の分析事例を紹介し、8世紀ごろにオホーツク文化への鉄の流通経路に大きな転換が起こったことを改めて指摘した。

また、天野氏は討論のなかで、技術や手法の問題でもっと精密化する必要があるということと、日本列島の地質構造の反映として元素に地域差を求める手法の有効性をもっと検討する必要があることも付け加えている。また、オホーツク文化後期になると、北から大陸産の鉄製品よりも日本列島からのものが増えることも指摘した。さらにオホーツク文化にみられる曲手刀子について、形態は大陸的であるが素材は本州産のものであることが分析でわかってきているが、後期の貼付文段階では地元で鍛冶を行っていないので、曲手刀子をどこで誰が作ったかという問題が未解決であるとした。

曲手刀子について、小嶋芳孝氏から礼文島船泊砂丘遺跡では遺物の出土状態がよくわからない状態で報告されているので、7世紀に特定できる根拠の質問が出された。天野氏は船泊砂丘遺跡や，近年栄浦第二遺跡や目梨泊遺跡などの墓壙の調査例で、副葬されている土器からおおまかに7世紀を中心とする中期にあたり、時間的な位置づけというのはあまり問題にならないとの回答があった[33)]。

小嶋氏は、これまで進めてきたロシア沿海地方の調査の経験から、曲手刀子は10世紀以降の遺跡から出土していて、7世紀代のオホーツク文化の遺跡から出土する曲手刀子を大陸産とする説は再検討する必要を感じている。また、赤沼英男氏が分析結果をもとに、栄浦第二遺跡や目梨泊遺跡などから出土した曲手刀子を大陸産としていることについても、さらに検討が必要と述べた。

これに対し天野氏は、曲手刀子の起源は日本では認められず、しかも厚真町ニタップナイ遺跡の鉄鏃のように、銅・コバルト・ニッケルの含有率が著しく高いという数字が出ており、組成的にも日本起源とは考えられないと反対意見を述べた。

司会の八木からは鉄器の分析の難しさ、考古学的な型式論と化学分析の対比がまだ充分な展開はなされていないので、考古学側からも型式学的な詰めをしていく必要があることを指摘した。とくに刀子のような小形品は小鍛冶で繰り返し補修が行われると想定されることから、考古学的な手法でさらに研究を進めていくことも重要であるとした。

続いて、秋田城跡出土の鉄製羽釜について、小嶋氏は以下の事を述べた。日本で出土した彩子の羽釜資料は飛鳥の川原寺で検出された鋳造遺構の鋳型で、胴部が球形で口縁が短く直立する形状をしている。この形状は、漢代以来の古典的な形状で、長岡京出土の緑釉羽釜や中世以降の鉄製羽釜もこの形状を引き継いでいる。秋田城から出土した羽釜は口縁部が長く直立し、日本の羽釜の形状としては異質である。この形状は、大陸の渤海から金代の羽釜に類例があり、型式学的には大陸的様相が濃いといえる。ただし、大澤正巳氏の分析で鉄素材が砂鉄起源とされていて、始発原料からすると日本産の可能性が高いことになる。『遼史』には渤海人が河で砂を漉して鉄をとっていたことが記されていて、大陸北部では砂鉄を始発原料とする製鉄が行われていた可能性がある。この問題の解決に向けて、大陸産鉄製品の始発原料について研究が進む事を期待したいと述べた。

小嶋報告に対して、笹田氏は類例・鋳造・材質分析から、器形は大陸の資料に類似していること、砂鉄製錬による銑鉄であることと埼玉県東台遺跡では８世紀第３四半期の羽釜の鋳型が出土していることから、渤海から渡来したとする小嶋Ａ案ではなく、「渤海人好み」の羽釜を日本で制作したとする小嶋Ｂ案を支持した[34)]。

一方、小松正夫氏からは、器形が大陸のものに近いことは明らかで、日本の羽釜の系譜に載らないことからすれば、やはり大陸製と考えることができればうれしいとのコメントがあった。

中国東北部の鉄鍋についての伊藤博幸氏の報告[35]に関連して、笹田氏は東京大学に所蔵される東京城（上京龍泉府）の鉄器について報告するとともに、日本ではほとんど出土することのない車馬具や門金具の資料を紹介した。また古代の北海道の鉄器生産や鉄の流通の実情について紹介し、7世紀には北海道でも利器の鉄器化がほぼ完了しているが、東北と比べて鉄器の生産能力が低かったことや擦文文化よりも道東オホーツク文化の方が鉄器の出土が多いことについても報告があった。

最後に、これまで長年秋田城跡の調査にたずさわってきた小松正夫氏から、出羽国府論あるいは秋田城の国府論が、今回でも決着しなかったわけで、これからもそれが引き続き大きな研究テーマとして議論されるであろう。文献史料は出尽くしているので、やはり、動くこともあるのだろうけれども、出土文字資料が大きな決め手になると思われる。今後、その分野の研究の進展を期待したい旨の発言があり、それをもってシンポジウムの締めくくりとした。

（文責：八木光則）

註

1）第3部1で引用する先行研究は、特記しない限り、すべて本書所収熊谷報告や小口報告で参考文献として掲載されているものであるので、出典略号についてはそちらを参照されたい。本書47頁～・68頁～。

2）史料は本書熊谷報告史料1～3（25・26頁）、また小口報告参考史料⑪（80頁）参照。

3）本書小口報告註21）参照。

4）現に秋田城国府説の論者は、この史料をそういう意味で利用してきた。新野1976ほか。

5）この大室は、天平9（737）年4月戊午条にみえる陸奥・出羽連絡路についての記述のなかの大室駅と同じ場所で、山形県内陸部の尾花沢のあたりとみる。

6）熊谷公男「蝦夷支配体制の強化と戦乱の時代への序曲」『東北の古代史』3蝦夷

と城柵の時代（吉川弘文館、2015 年）参照。

7）新野旧説（1976）は実際に国府を移したと理解していた。註 4）参照。

8）この問題は前日の熊谷報告のなかでは述べられておらず、この討論のなかでなされたが、本書所収熊谷報告のなかでは本文中に加筆されている（29 頁～）。

9）本書所収熊谷報告史料 1（7）の部分（25 頁）。

10）この点についての討論におけるやりとりは、本書所収熊谷報告で補註 1 として加筆されたので、そちらをあわせて参照されたい（45 頁）。

11）第 54 次調査出土。秋田市教育委員会・秋田城跡調査事務所編 2000

12）鈴木拓也『古代東北の支配構造』（吉川弘文館、1998 年）113 頁。また同「秋田城とその支配」『秋田市史』1 先史・古代通史編（秋田市、2004 年）385 頁。

13）ここは「差」ではなく「遣」の字が用いられている。

14）なおシンポ当日においては、このとき派遣された軍士について、誰がどこから派遣したのか、といった派生的問題についても詳しい討論があった。議論の本筋からやや外れるので、ここでは註に回したが、熊谷氏の見解は以下の通りであった。

この時の軍士は国府から派遣されたものであるが、本書熊谷報告でも少し触れているように、軍団兵士ではなくて、この時臨時に秋田城に派遣されてきている、鎮狄将軍（鎮狄使）が引き連れてきた兵士である。つまり常駐しているものではない。鎮狄使自体が中央政府が派遣するもので、それが引率してきた軍士はおそらく関東あたりで、徴兵したものであろう。軍士はこの時は秋田城までは来ていなくて、まだ近くに駐留していた段階ではないか、とした。

15）本書所収小口報告参考史料①ほか。

16）本書所収小口報告参考史料⑨。

17）本書所収熊田報告史料 2。

18）秋田市教育委員会・秋田城跡調査事務所編 1992、181 頁。最初に掲載されたのは、秋田市教育委員会・秋田城跡調査事務所編 1991『平成二年度秋田城跡発掘調査概報』である。

19）この発言に対しては、本書出版に向けての討論の取りまとめの過程で、伊藤武士氏から、この解釈ないし考え方を成り立たせるためには、城司制における国府行政文書の発給形態に係わる（体系的）研究と事例の明示が必須であって、それがない状況で、漠然と指摘するのは、問題があると思われる。秋田城下（支配地域）ではない「出羽郡」の計帳が庄内国府ではなく、秋田城内で出土する意味と背景も分からない、との付帯意見が後日出された。

20）本書所収小口報告参考史料⑤。

21）同じ土壙から第13号漆紙文書（本書所収小口報告参考史料⑦）も出土していて、これらは内容的に神護景雲年間、すなわち8世紀の後半のものと考えられている。

なおこの討論における三上発言は、じつは三上氏がかつて第40回古代史サマーセミナー（於：新潟市万代市民会館、2012年8月24日）の全体会で報告した内容に即したものであった（三上2012）。残念ながら三上氏はこの報告をまだ活字化しておらず、司会の小口も本書所収小口報告に記したように、その内容を討論当日まで承知していなかった。討論のまとめにあたっては、後日、当該サマーセミナー資料集を入手できたので、それに即して三上発言をより分かりやすく再整理している。なおこの資料集入手にあたっては、三上氏本人に加えて服部一隆氏、徳竹亜紀子氏、相澤央氏らのご高配に預かることができた。ここに謝意を表したい。

22）以上はサマーセミナー資料集（三上2012）にも記載されていることであるが、三上氏は討論においてさらにこれを補強して「しかもこれは郡を越えた領域、郡を越えた範囲が一つの帳簿のなかに書かれているのみならず、「出羽郡」と明記されている。それはたとえば秋田城がその周辺の一部の地域を管轄するような役割を課せられていたとすれば、ここに出羽郡とくるはずはおそらくない。出羽郡だったら出羽の国府が管轄しているはずだから」とも述べた。

23）大宰府跡第26次調査出土、『日本古代木簡選』（岩波書店、1990年）所収。

24）本書所収小口報告参考史料⑦。

25）三上氏が8世紀の方が出土文字資料から知られる行政内容が豊かであるとした点について、熊谷説の立場からすれば、東北の城柵に特有の問題である国司（城司）常駐による様々な行政業務の実施、とくに秋田城近辺には延暦23年まで郡がなかったことにより、通常の城柵よりもさらに城司の行政機能がより広範囲だったとみられるのだから、行政文書の保管も多方面にわたったのではないか、という論点とも関わるように思う。完全に整合性はとれないが。

なお、国府にあらざる秋田城で国府作成類似の文書が作れたとの考え方については、当然、註19）に記した伊藤武士後日コメントが提起されるので、それに応えるきちんとした用意をする必要がある。もっとも秋田城非国府説派からすれば、出羽国府の文書行政について、国府説派は詳細に説明できるのかという反論もできそうで、相互に無い物ねだり状態になりかねないという危惧はある。

26）本書所収小口報告61頁～参照。加えていえば、第28号漆紙文書に、秋田城に国府が存在すると明記されているわけではない。第28号文書に限らず、そうした史料は現在まで見出されていない。

27）熊谷氏は本シンポジウム終了後にあらためて第28号文書を検討し、まずそこでは秋田城に国府があったことを直接明示しているわけではないこと、ついでその漆付着面について、「長官御料」という記載は、長官以外が記したメモであることを示していることなどから、三上説に疑問を呈している（本書所収熊谷報告補註4）参照)。つまり国守以外の人物が（秋田城の外にあった国府で）記したメモを、記主ないし記主以外の人物が携行して秋田城へもたらして、そして秋田城で廃棄され（廃棄場所を秋田城とは断定できない)、そこで再利用された可能性を主張するわけである。通常ならばそこまで考える必要はないのであろうが、正史から秋田城に国府があったことを見出せない熊谷氏としては、それとの整合性を図りたいわけで、こう考えた方が、文字史資料群総体として合理的だとする。

28）関連して、討論終了後のことであるが、三上氏と同じく、当日シンポジウムにも全日程参加し、やはり秋田城においてその出土文字資料の調査･整理にも関わっている武井紀子氏から、秋田城跡出土漆紙文書の移動の可能性について、以下のようなコメントが私に示された。もちろん論理的には国府作成文書が移動した可能性を完全に否定することはできないけれども、としたうえで、やはり可能性としては少ないのではないか。秋田城で文書行政をまったく行っていなければ外から持ち込まれるのは当然であるが、国府の有無にかかわらずこれだけの文書行政機能をもっていた場所だから外部から紙を持ち込む必然性が考えられない。とくに暦は表裏使っていて、表の暦の翌年の暦が裏に書かれているケースがあるから、秋田城にずっと保管されていたものであろう（暦を表裏使う例としては胆沢城にもある。ちなみに三上氏は、討論の場では前述のように暦が動く可能性を認めていた)。さらに第54次調査の漆紙文書は同じ土壙から一括出土している。時間的にみて移動する余裕はないのではないか。またそもそも一括廃棄されているということ自体、それが外部から持ち込まれたものというより内部で保管されていたものと考えた方が自然である。秋田城に保管されていたものがそのまま漆容器の蓋紙として再利用されたと考えるべきではないか。以上のような状況から、秋田城跡出土漆紙文書は、秋田城で作成・廃棄・再利用されたものとみたい、として、三上説を支持した。

29）討論当日には、移動する出土遺物として、流路などに廃棄された木簡・墨書土器などを例に挙げ、その記載を誤って出土地に適用したケースを問題として指摘したが、もちろん秋田城の場合にはこうしたケースはないことを附言しておく。

30）なお秋田城国府説に関わる第３部１の討論の最後において熊谷氏は、そもそも渤海使や北方交易についても国府が担当したとすると、国府の機能というのはそれだけに限定されるものではなく、漆紙文書にみられるような行政上の通常業務も多く行っているので、もし天平５（733）年に出羽国府が出羽柵とともに秋田の地に来たとなると、そうした通常業務が可能なのか。この点も秋田城国府説のネックではないかと述べていた。またシンポジウム終了後に、渤海と秋田城に関する今泉隆雄氏の遺稿が公刊されたことを受けて、熊谷氏は本書所収熊谷報告第３章第２節「渤海との通交と秋田城」においてこの問題をより詳しく論じている。この問題については今後の課題として残された。

31）宝亀 11（780）年紀５月甲戌（11 日）条「勅出羽国曰、渡嶋蝦狄早効丹心、来朝貢献。為日稍久。方今帰俘作逆、侵擾辺民。宜将軍国司賜饗給之日、存意慰喩焉」

32）鈴木 信 2004「古代日本の交易システム―北海道系土器と製鉄遺跡の分布から―」『アイヌ文化の成立：宇田川洋先生華甲記念論文集』北海道出版企画センター、瀬川拓郎 2011「古代北海道の民族的世界と阿倍比羅夫遠征」『海峡と古代蝦夷』高志書院

33）Tetsuya Amano, Hideo Akanuma, Artur V. Kharinskiy 2013 Study on the production region of iron goods and the roots of forging technology of the Okhotsk Culture. *Bulletin of the Hokkaido University Museum*. 6: 1–17.

34）本書所収小嶋報告では、渡来した渤海人の技術指導で列島内で製作したという仮説については最終的に否定した。本書 251 頁参照。

35）本書では伊藤博幸報告は掲載を割愛した。その間の事情については「本書のなりたち」参照。

むすびにかえて

以上２日間にわたる濃密な報告や討論を、やっとのことで何とか一書にまとめることができた。しかし最後の総括討論でも明らかになったように、まだ残された課題は大きくまた多い。

本書の内容全体をあらためてここでまとめなおす必要はないと考えるが、今回のシンポジウム、あるいはその前提としての科学研究費補助金による４年間の研究活動によって、秋田城という日本最北の城柵のもつ特異性が今まで以上に際立ってきて、かつその日本古代北方史における重要性はますますもって明確になってきたといっていいように思う。

この科研費研究は、申請時の発想としては、秋田城が律令国家の最前線に位置する城柵であって、この科研（いわゆる秋田城科研）に先行する科研（いわゆる津軽海峡科研）において明らかになってきた津軽海峡をまたぐ交流の世界を前提にしたときに、はたして秋田城の役割はどのようなものであったのか。また具体的にどのような形でどこまで律令国家の支配は北の世界に及んだのかを明らかにし、その過程で、かねて古代史学界の一大関心事である８世紀の秋田城における出羽国府存否問題もできれば解決したいという、かなり大胆というか欲張りなものであった。

この私の科研費申請時点の関心は以後も一貫しており、幸い、今回のシンポジウムもこれに忠実にそった形で構成することができ、総括討論もまたこの関心にそったものであった。

しかしながらこれだけの大問題をそう簡単に解決できると最初から思っていたわけではないし、研究を進めるうちにその困難さがあらためて身にしみてきた。今回の総括討論を読んでいただければ、まだまだ残された課題が山積みであることは一目瞭然であろう。

一つは、いうまでもないことがであるが、とくに文献史学者にとって関心の高い秋田城国府問題である。今泉隆雄氏の学説が世に現れて以来、おそらく六国史などを読むことを専門としてきた文献史学者の多くは、長年の疑問に終止符が打たれたと思ったに違いない。筆者自身もその一人である。その主張は明確で、長年のもやもやが晴れた気がしたものである。

しかしことはそう簡単ではない。筆者は、青森県史編纂事業を立ち上げるときの準備委員会の段階で、青森県域はその最たるものであるが文献史料が少ない古代北方世界においては、その歴史をより豊かなものにするために、出土文字資料が鍵になると考えていた。しかし今さらここで私が力説するようなことではなく自明のことではあるが、この出土文字資料というものは文献史料とは異なって断片的なものであり、また単にその文字だけをみても何も理解できない。それらを考古学的知見を踏まえながら集成して初めて利用価値がでてくる。せっかくなら東北地方全体に、北海道と新潟を加えた地域の出土文字資料を集成したら学界に貢献すること大ではないかとそのとき考えた。この企画は無事に採択されるところとなり、『青森県史』古代資料編の２冊目は北方世界における出土文字資料集成として実現し、筆者は古代部会長（当時）としてその編集責任を負い、東北地方や北海道、新潟各地の膨大な研究者、あるいは大学院生のみなさんの協力で、何とか刊行することができた。エクセルデータも付録で添付し、検索の便を図った。

この出土文字資料こそ、秋田城国府説の一つの重要なよりどころなのである。本書にも随所に記述があるが、秋田城跡には考古学的に国府であることが明確となる遺構があるわけではない。本書所収の八木論文で述べられているように、規模的にも国府としてはやや物足りない。しかしこの地から出土した文字資料たちは明らかに国府作成文書の様相を色濃く呈している。正史と出土文字資料で解釈が齟齬した場合には、その昔の著名な「郡評論争」ではないが、当然出土文字資料を重視すべきであることはいうまでもない。そして秋田城に国府があったという立場にたったうえであらためて問題の正史類を解釈し直せば、正史からも秋田城に国府があったと理解することはまったく不可能ではないようにみえるのである。ただし本書で熊谷公男氏が力説しているように、どちらがより自然な解釈であるかといえば、繰り返しになるが秋田城に国府がなかったと読める、それは正史だけみれば、多くの文献史学者は納得するのだろうと思う。正史を優先した場合、絶対的価値を誇る一次資料である出土文字資料をどう理解すればよいのか。それが本シンポジウムを立案したとき、あるいはそもそも科研費を申請したとき以来の、私に与えられた課題であった。それに対する私なりの解答が本書所収の拙稿である。平川南氏自身が認めているように、また古尾谷知浩氏が都城を舞台に詳細に論じたように漆紙文書はほかから移動してくる可能性がある。しかしこれは可能性の提示にとどまっていて、かついかにも歯切れが悪いことは自分でも認めざるをえない。もっとも小松正夫氏が総括討論の場で一番真正面からこれを受けとめて下さったのは印象的であった（もちろん本人は否定したつもりではあろう）。

本書で伊藤武士氏が力説しているように、秋田城の解釈は様々なデータを総合したものでなければならない。単に出土文字資料だけにとどまるだけではやはり物足りない。そこで次に登場するのが、やはり平川南氏らが力説する、秋田城には渤海使が来ていて、古代国家の外交の一翼をになっている、こうした場所は国府以外にあり得ない、という論点である。総括討論の場では、同じく渤海使が来航した北陸の例について、小嶋芳孝氏が、加賀立国の要因に渤海使への対応があったこと、来航した渤海使への応対は国府の仕事であったことを述べた。このことは確かに秋田城国府説に有利にみえるかもしれないが、これまたことはそう簡単ではない。渤海使への応対は国府の国司が担当することには誰も異論はないと思う。しかし加賀の場合、国府跡がまだ発見されておらず、国府に渤海使が来たとは断言できないし、実際の来航地は能登であったり様々。そもそも加賀立国以前は越前国司が応対したのであるが、越前国府は現在の武生である。小嶋発言の趣旨は、加賀の事例を参考にすれば秋田城が国府である可能性はあるけれども、この点だけでは決められないという趣旨であったと私は理解している。なお本書所収の熊谷論文で、さらにこの問題が、深く関連する今泉隆雄氏の遺稿公刊を受けてシンポジウム後に加筆されて論じられているので参照されたい。

要するに熊谷氏は、秋田城を国府と考えた場合、秋田城の停廃問題をはじめ、国府の通常業務、渤海使の受け入れ施設の問題など、あまりにも多くの説明困難な問題が残されていることに対して、秋田城国府説の側から説明がないことが不満なのだと推測される。実はこれらの問題は、多かれ少なかれ今泉氏がすでに指摘していたことでもある。

これに対しては逆に秋田城が国府でなかったときの、そこで行われているという城司体制とかそこで作成された国府作成「類似」文書の実態がわからないから納得できないというまことにもっともな伊藤武士氏の反論があったが、ただこれに回答することは、史料的制約から、熊谷氏も総括討論の場で述べていたように現時点ではかなり難しいと思う（本書第3部註25）参照）。

これについては、関連してもう一つの問題が浮かび上がってくる。これはシンポジウム終了後に、佐藤信氏や古尾谷知浩氏と私との非公式の談話のなかで語り合ったことであるが、こうした国府に関わる執務の場所を、当時の用語として、あるいは現在の研究上の用語として、「国府」とするかどうか、という問題である。そこが「国府」か否か、という問いと、そこで国府の文書が作成・保管・廃棄されたのかどうか、という問いは、きちんと分けて考えた方がいいのかもしれない。介がそこに常駐していれば、現地住民たちはそこを「国府」（出先機関としての国府）と認識してしまうであろうのと同じ理屈で。

この問題については、本シンポジウムによって一躍有名になった三上善孝氏の新潟での2012年の第40回古代史サマーセミナー全体会報告も関係する。手許にあるのは資料集のみで、そのセミナーにも筆者は在外研究中であったため出席できなかったことから直接拝聴できていない。また残念ながらいまだ論文化されていないので必ずしも趣旨を正確に読み取ることができないのだが、三上氏は間違いなく出羽国の分割統治システムを論じていることだけは確かである。ただし秋田城国府説に立つので9世紀以後の話であるが。9世紀の出羽においては、国府（出羽郡）に守、秋田城（秋田郡）に介、雄勝城（山本郡）に掾、そして雄勝城以南の内陸部には目による分割統治システムが存在した可能性を指摘している。こうした状況は8世紀まで遡らないのだろうか。

話がだんだん複雑になってくるが、残存史料が少なく、自分が知りたいと思うことを書いてくれた史料がうまく残ってくれない古代史というものは本当に厄介なものである。

漆紙文書ははたして動いたのか、秋田城の文書行政は通常の文書行政なのか、介の支配下の文書行政なのか、それは具体的にどのようなものなのか、そもそも出羽国府に限らず通常の各国府における文書行政はどこまで具体化されているのか、などなど疑問は尽きない。

私たちは見事に復元された秋田城跡の地に立つとき、やや小ぶりとはいえ、秋田城のほかには平城宮と大宰府でしかみられないという総瓦葺の築地塀に目を奪われる。その荘厳さを目の当たりにしたとき、これは国府があった場所に違いないという感覚が自然と涌いてくることもある。一方で、いやいやこの荘厳さはあくまで対渤海交渉限定のことであって（事実として渤海が出羽の地に来なくなると築地塀は材木塀に変わっていく）、国府云々とは無関係であるというささやきも聞こえてくる……。

さて本シンポジウムは国府問題ばかり扱ったわけではない。確かに討論時間のおよそ半分を占めてはいたのであるが、ほかにも秋田城をめぐっては重要な問題がたくさんあることは前にも述べたとおりである。そもそもこの科研費研究は、律令国家が具体的に青森から北海道方面に具体的にどのような支配を及ぼしたのか、もし及ぼさなかったのなら北方世界独自の内部での交流はどのようなものであったのかを明らかにするという方が本来の目的であった。したがって本書では討論の時間配分とは逆にこちらを扱う第2部の方が圧倒的に分量は多い。

論点が多岐にわたるので、冒頭にも書いたように各論文の指摘をいちいち繰り返さないが、本科研の目的に即して誤解を恐れず簡潔にまとめれば、宇田川浩一氏の土器論からも秋田城の支配が直接津軽方面に及ぶことはなかったとみたい。柏木大延氏の土製支脚も石狩低地帯と出羽の関係はあっても秋田城との関係は見出せなかった。齋藤淳氏の報告でも秋田城と北方世界との関係は希薄だという。ただ鈴木琢也氏は五所川原以前の須恵器を中心に秋田城周辺との関係を指摘し、伊藤武士氏もそれに全面的に賛意を表している。まったく無縁ではなかったということになる。中澤寛将氏が扱った五所川原須恵器窯跡群は以前より、秋田城の影響かどうかがやはり学界の議論の対象であって、最終的結論は出ていないと思うが、私自身もかねてより在地の勢力によるものだと考えている。秋田城の影響は直接には見出せないと思う。もっとも中澤氏は城柵支配が衰えた10世紀以降北海道への進出が始まったとしているので、この辺り微妙ではある。

北方世界の鉄の問題は実に興味深い。小嶋芳孝報告、高橋学報告、天野報告、そしてシンポジウム当日の笹田朋孝コメント、いずれも読みごたえがある。鉄は生活必需品であるから、とくに北海道では何かと交換で必ず手に入れなければならないものである。その交易相手が日本か大陸か。成分分析では鉄の生産地はたぶん片付かないのであろうから、この問題への回答はきわめて難しいはずである。天野報告はそれに果敢にチャレンジした画期的なものではないか（シンポジウム当日の原稿を全面改稿している）。もちろんこれまたすぐに片づく問題ではないが、今後の議論の進展に大いに期待したい。

こうしてみると、結論的にいうと、秋田城の北方「支配」は予想したほど明確なものではなく、津軽以北の世界は中央政府からはかなり自立した側面をやはり強調すべきなのかもしれない。この問題は秋田城との関係だけで述べていいようなものではないが。

さて本シンポジウムは平成26年の暮れも押し迫った12月27日から28日に、秋田市中央公民館サンパル秋田で開催されたものである。シンポジウム終了から1年半以上を要してしまった。理由は様々であるが、最終的には編者である私が責任を負うべきものである。早々に原稿を入稿してくださった皆さんには心よりお詫び申し上げたい。これでも予定されていた原稿数本が間に合わなかったが（別な機会に公刊されることを強く期待している）、この遅延の間に、シンポジウム報告を大幅に書き換えて今後の議論をより豊かにしてくれる素材を提供してくれる論考が本書中に含まれていることも事実である。この点、どうぞ皆さんのご海容を請いたい。

冒頭にも書いたように残された課題はあまりに大きくまた多いが、今後の研究の進展を祈念して、一先ずここで擱筆することとする。

平成28年8月22日

小口雅史

執筆者一覧（執筆順）

伊藤　武士（いとう　たけし）	秋田城跡歴史資料館
熊谷　公男（くまがい　きみお）	東北学院大学文学部
小口　雅史（おぐち　まさし）	編者紹介参照
八木　光則（やぎ　みつのり）	蝦夷研究会
宇田川浩一（うだがわ　こういち）	秋田県教育庁払田柵跡調査事務所
柏木　大延（かしわぎ　だいすけ）	札幌市埋蔵文化財センター
齋藤　　淳（さいとう　じゅん）	青森県中泊町博物館
鈴木　琢也（すずき　たくや）	北海道博物館
中澤　寛将（なかさわ　ひろまさ）	青森県埋蔵文化財調査センター
小嶋　芳孝（こじま　よしたか）	金沢学院大学文学部
高橋　　学（たかはし　まなぶ）	秋田県埋蔵文化財センター
天野　哲也（あまの　てつや）	北海道大学総合博物館

編者紹介

小口雅史（おぐち　まさし）
1956年長野県生まれ。
東京大学大学院人文科学研究科博士課程単位取得。
現在、法政大学文学部教授・国際日本学研究所所長。
主要著作は『北の防御性集落と激動の時代』（編著、同成社、2006）、『古代末期・日本の境界―城久遺跡群と石江遺跡群―』（編著、森話社、2010）、『海峡と古代蝦夷』（編著、高志書院、2011）、『東北の古代史』5 前九年・後三年合戦と兵の時代（共著、吉川弘文館、2016）他多数。

考古学リーダー25
北方世界と秋田城

2016年11月20日　初版発行

編　　者　小口　雅史
発 行 者　八木　唯史
発 行 所　株式会社　六一書房
〒101-0051　東京都千代田区神田神保町2-2-22
電話 03-5213-6161　FAX 03-5213-6160　振替 00160-7-35346
http://www.book61.co.jp　Email　info@book61.co.jp
印刷・製本　藤原印刷株式会社

ISBN 978-4-86445-083-6　C3321

考古学リーダー24

列島東部における弥生後期の変革
～久ヶ原・弥生町期の現在と未来～

西相模考古学研究会　西川修一・古屋紀之　編

A5 判／435頁 ／本体4000円 ＋ 税

―目　次―

推薦します

弥生後期は、古代国家形成に向かう日本史上とても重要な時代です。本書は、土器、青銅器、鉄器、玉類、貝輪などの動きを通じて、東日本の弥生後期社会の地域間の関係がどうなっているのか、白熱の議論を重ねた研究会の記録集です。若い方々を中心とした基調報告に、ベテランの方が辛口のコメントを加えるという熱い試練の場の様子もうかがえますし、社会変動の理由を環境変化に求めた分析や、人々の集合を衢（ちまた）の形成という視点からとらえた挑戦的な分析も新鮮です。北海道の研究者から南洋の文化人類学に強い方まで、さまざまな方のコラムも充実しています。弥生文化研究をリードしてきた西相模考古学研究会の渾身の力作。考古学がその独自の方法論によって、歴史の研究に食い込んでいく模範の書といえるでしょう。最後まで一気に、そして楽しく読みました。

東京大学大学院人文社会系研究科教授　設楽博己

Archaeological L & Reader Vol. 24

六一書房